省级精品课程教材

高等院校工商管理类创新课程体系教材

丁淑芹 王先鹿 主 编

闫 敏 副主编

财务软件应用

Financial Software Application

（第三版）

东北财经大学出版社
Dongbei University of Finance & Economics Press
大 连

图书在版编目（CIP）数据

财务软件应用 / 丁淑芹，王先鹿主编．—3版．—大连：东北财经大学出版社，2023.12

（高等院校工商管理类创新课程体系教材）

ISBN 978-7-5654-5010-5

Ⅰ.财… Ⅱ.①丁…②王… Ⅲ.财务会计-高等学校-教材 Ⅳ.F232

中国国家版本馆CIP数据核字（2023）第202231号

东北财经大学出版社出版

（大连市黑石礁尖山街217号 邮政编码 116025）

网 址：http：//www.dufep.cn

读者信箱：dufep@dufe.edu.cn

大连永盛印业有限公司印刷 东北财经大学出版社发行

幅面尺寸：185mm×260mm 字数：459千字 印张：19.75

2023年12月第3版 2023年12月第1次印刷

责任编辑：王 莹 周 慧 责任校对：何 群

封面设计：张智波 版式设计：原 皓

定价：53.00元

教学支持 售后服务 联系电话：（0411）84710309

如有印装质量问题，请联系营销部：（0411）84710711

第三版前言

党的二十大报告指出："教育是国之大计、党之大计。培养什么人、怎样培养人、为谁培养人是教育的根本问题。"全面贯彻党的教育方针，深化教育领域综合改革，就需要加强教材建设和管理。习近平总书记在2018年召开的全国教育大会上指出："教材是传播知识的主要载体，体现着一个国家、一个民族的价值观念体系，是老师教学、学生学习的重要工具。"

会计是伴随着社会经济的发展而不断发展的，同时需要根据客观经济环境的变化做出相应的变革。当前，整个社会经济环境已进入信息时代，计算机技术、网络技术等信息技术广泛地应用到各个领域。以经济业务作为核算对象的会计，其处理方式必须适应信息时代的需求，采取信息化的处理方式，即会计信息化处理。会计信息化处理的主要实现方式便是财务软件的应用。财务软件的应用水平不断提高，由核算转向管理，由管理慢慢向决策转化；同时，其应用范围也不断扩展，由财务范畴逐渐向业务财务一体化转化。这些都在信息化素养方面对会计、审计等相关管理人员提出了更高的要求。与此同时，在数字化环境下，国际化交流与传播日趋紧密，媒体传播的影响越来越大，国内外各种社会思潮同步交织、相互冲击，影响着大学生的思维方式与认知习惯。其中有积极向上的思想意识，但也不乏消极的思想。可见，高校思想政治工作面临日趋复杂的环境，思政课"唱独角戏"的育人方式已不能适应新时代高校思想政治教育发展的需求，构建"寓价值观引导于知识传授和能力培养之中"，"让所有高校、所有教师、所有课程都承担好育人责任，守好一段渠、种好责任田，使各类课程与思政课程同向同行"①的课程思政教育新范式是重要且迫切的任务。

综上，作者在"博采众长，为我所用"理念的指引下，结合课程体系的设置，尤其是信息化相关课程的设置，并与本系列其他教材相配合，选取国内代表性软件产品金蝶、用友作为应用软件，以软件系统功能模块的具体应用为主线，按照会计学习者和会计人员的日常工作特点设计了本书章节，并在每一章节里都遵循先理论介绍后实例操作的思路，同时在课程内容中融入课程思政。全书共分11章，主要内容包括概述、账套管理、初始设置、账务处理、出纳管理、工资管理、固定资产管理、应收款管理、应付款管理、会计报

① 《教育部关于印发〈高等学校课程思政建设指导纲要〉的通知》（教高〔2020〕3号）。

表、模拟实验操作。

第三版基于上一版的内容进行了如下修订：

（1）对第二版中各章节内容里表述不太准确、不太完善的地方进行了修订。

（2）更新了用友软件的操作截图，对第2章至第10章中的相关内容进行了梳理与修订。

（3）补充“思政小课堂”模块。

（4）修订章末习题中错误或不严谨的题目。

（5）更新章节后实验及第11章模拟实验中的业务日期并修订不完善的内容。

本书的特点主要体现在以下几个方面：

1.实务与原理结合

本书虽是实务性教材，但是书中在具体介绍软件应用的同时，也对每一部分做了规律性的总结，提升到软件一般应用原理的层次。书中每一部分都先介绍软件的一般性原理，然后以“金蝶KIS云专业版”与“用友T3-用友通标准版”为例进行实务操作与应用，最后在章末习题中引导读者在实际操作的基础上体会、总结其异同，并重新回归至一般性原理的理解与把握，遵循“原理介绍—软件实务操作—规律总结”的路线，使得学习者更有效地掌握软件操作，尤其是通过这条路线可以更好地把握一般规律，不局限于单一软件的应用，而是辐射各种软件的操作，真正掌握各种软件的操作应用，弥补了只介绍一种软件操作的技能型讲解而忽略一般性原理总结的不足。

2.案例驱动

本书针对每一个知识点举例详述完整的操作过程，同时在部分章节的“章末习题”中设计了简答题，便于读者对软件原理的理解，而实验操作题则可以帮助读者通过案例驱动来进行实务操作验证从而更好地掌握软件。本书还在最后一章设计了一套完整的模拟操作练习，可以自行检验对软件的整体掌握程度以及灵活处理的能力，也可以作为期末上机检验资料。

3.经验总结

除了图文并茂、深入浅出的讲解，本书核心章节还配有大量操作提示。这些提示一方面来自多年工作经验的总结，另一方面是各章实验操作以及综合模拟操作时可能遇到问题的总结。这些提示有助于开拓读者的思路，将某一知识扩展应用、举一反三，有助于读者避免一些操作错误，有助于读者更有效地找出操作中存在的问题，及时修改调整。

本书是山东省精品课程教材及青岛理工大学特色名校工程建设成果。本书适合会计学专业和其他相关专业的本科生及有兴趣从事会计、审计、会计信息化等相关领域的学习、研究和工作的读者。

本书编写中所用的教学软件可以在相关软件的官网下载，其中，用友T3软件可以在畅捷通网站（https：//www.chanjetvip.com/product/）下载，金蝶KIS软件可以在金蝶云网站（https：//vip.kingdee.com/article/430920036731455520）下载。本书所使用或涉及的相关软件及其资料、商标和著作权归所属公司，在案例中使用的人名、公司名称等均为虚构。此外，教材对应的课程“财会软件应用”上线智慧树山东省联盟课程，课程网址为https：//coursehome.zhihuishu.com/courseHome/1000095279#teachTeam。

本书由丁淑芹、王先鹿任主编，由闫敏任副主编，丁淑芹负责总体框架和大纲的确定，并对教材进行总纂。各章编写分工如下：丁淑芹编写第1、2、3、4、5、6、7、11章，王先鹿编写第8、9、10章，闫敏编写教材中用友T3软件操作截图。

在教材编写期间，王曙光教授、杨成文教授、宋荣兴教授多次关心写作进展，并提供了宝贵的指导和建议，东北财经大学出版社对本书的出版给予了大力帮助，在此一并表示由衷的感谢！

由于作者水平有限，本书难免存在不足和疏漏之处，恳请各界同仁不吝指正，反馈至邮箱 sunflowerd@sina.com，以便本书再版时能够及时修正。

作　者

2023年10月

目 录

第1章/
财务软件概述

【学习目标】理解财务软件的含义；了解并理解财务软件的分类以及功能结构；了解财务软件的发展情况以及中外商品化财务软件市场及主流品牌。

应用实践问题导入

财务软件在我国会计工作中应用已有几十年，从简单到复杂、从低级到高级逐步发展完善，应用也逐步在各行各业以及各种规模的企事业单位中得到普及。那么，你理解什么是财务软件吗？你了解的财务软件有哪些？目前的财务软件发展现状是怎样的？

1.1 财务软件的含义

对于财务软件的理解，从不同的角度，有不同的语言表述。

第一，从软件的设计原理角度，财务软件可被定义为专门用于会计工作的电子计算机应用软件，包括采用各种计算机语言编制的用于会计工作的计算机程序、数据库和用户界面。

第二，从软件的形成过程来定义，一般认为，财务软件是指由开发人员根据具体会计工作，使用一种或多种计算机语言编制的，经过评审通过并在市场上公开销售的通用软件，它可以配合计算机完成记账、算账、报账等会计核算和部分财务管理工作。

第三，从软件的功能构成来看，可定义为：财务软件是由各种功能模块构成的、依据一定的应用步骤用以完成财务数据的收集、整理、加工和输出的系统，其中主要包括财务核算模块和财务管理模块。

因此，财务软件可以被定义为专门用于会计核算与管理的电子计算机应用软件，即一组指挥计算机进行会计核算与管理工作的程序，它包括计算机程序、存储数据以及有关资料。

1.2 财务软件的分类和功能结构

1.2.1 财务软件的分类

财务软件根据不同的应用情况，可以分为不同的类型：

1）按适用范围划分

按适用范围不同，财务软件可以划分为专用财务软件（定点开发财务软件）和通用财务软件（商品化财务软件）。

（1）专用财务软件

专用财务软件也称为定点开发财务软件，是指仅适用于个别单位会计业务的财务软件。例如，某企业针对自身的会计核算和管理的特点而开发研制的软件。

定点开发财务软件的特点是把适合单位特点的会计核算规则与管理方法编入财务软件，如将报表格式、工资项目、计算方法等在程序中固定。其优点是比较适合使用单位的具体情况，使用方便。其缺点是受到空间和时间上的限制，只能在个别单位、一定的时期内使用。

（2）通用财务软件

通用财务软件，又称商品化财务软件，是指经过评审通过的用于在市场销售的通用性财务软件。商品化财务软件一般具有通用性、合法性和安全性等特点。选择商品化财务软件是企业实现会计电算化的一条捷径，是采用最多的一种方式。但是，商品化财务软件有一些缺点：一是不能全部满足使用单位的各种核算与管理要求；二是对会计人员要求较高（如要求用户定义各种计算公式，设置各种单据表格等），使其感到使用不便。

目前，大多数企业对于通用性比较好的部分模块，如总账和报表模块，一般使用商品化财务软件，而对于本单位有特殊核算和管理要求的功能，在商品化财务软件不能满足的情况下，自行开发，然后利用商品化财务软件提供的接口，将它们连接起来。

2）按硬件结构划分

按硬件结构不同，财务软件可以划分为单用户版财务软件和网络版财务软件，不同企业可适当选择不同类型的软件。一般而言，单用户版财务软件适用于中小企业，网络版财务软件适用于大中型企业。两种类型软件的核算原理与模块划分差异不大，仅仅在数据传递的时间和空间上存在差异，网络版财务软件通过网络连接，空间分布没有界限，时间上可以多人同时操作，比单用户版财务软件更有效率，但成本也更高。

3）按提供信息的层次划分

按提供信息的层次不同，财务软件可以划分为核算型财务软件、管理型财务软件和决策型财务软件。

（1）核算型财务软件

核算型财务软件是指专门用于完成会计核算工作的电子计算机应用软件，用以实现会计核算电算化。会计核算电算化是会计电算化最重要的组成部分，它面向事后核算，采用一系列专门的会计核算方法，实现会计数据处理电算化，提供会计核算信息，完成会计电算化基础工作。其主要任务是设置会计科目、填制会计凭证、登记会计账簿、进行成本计算和编制会计报表等。其主要内容包括总账处理、工资、固定资产、成本、采购、存货、销售、往来账款核算和报表处理等。

（2）管理型财务软件——部门级财务软件

企业在市场经济环境下，面临激烈竞争，企业的经营方式、筹资渠道以及经济活动更加复杂，为加强经营管理，要求规范细化财务核算与管理，从1996年开始，我国会计电算化工作已从全面会计核算的基础上，向会计管理方向过渡。

从狭义上讲，管理型财务软件是指支持企业财务部门整体会计业务处理工作要求的部门级财务软件，即指专门用于完成财务部门内部的会计核算与管理工作的电子计算机应用软件。从广义上讲，管理型财务软件有三层含义：一是指以财务为核心的，包括物资、设备、生产、销售等管理在内的企业管理信息系统（Management Information System，MIS）；二是指能综合以财务信息为主的各种因素，分析未来发展趋势，为管理者提供各种决策信息的会计决策支持系统（Decision Support System，DSS）；三是指用于完成会计过程中的事前、事中、事后三个阶段的管理工作，融会计核算与监督、分析与控制、预测与决策于一体的多功能财务软件。

管理型财务软件的功能是在全面会计核算的基础上，对会计信息进行深层加工，实现会计管理职能。它是核算型财务软件内涵和外延的扩展，面向管理工作。管理型财务软件以财务管理学为理论基础，以决策支持为目标，以数据为中心，广泛采用会计学、统计学、运筹学、数量经济学等方法，建立反映特定财务管理问题的模型，提供管理上所需要的各种财务信息。其主要任务是开展财务分析、进行会计预测、编制财务计划和进行会计控制。

管理型财务软件的总目标是通过核算、分析、决策处理过程的现代化，提高工作效率、管理水平，使企业达到经营成本最低、资金周转最快，实现利润最高。其具体作用如下：

从物资、设备、生产、销售、薪资等管理系统中收集各种原始会计数据，进行记账、算账、编制报表等全面会计核算业务处理。

对资金运动进行管理，实现会计的监督与控制职能。例如，进行资金结构分析、资金需要量预测、资金的筹集与管理；进行资金和利息管理、应收账款管理；进行股票投资管理、债券投资管理、设备投资管理；进行成本预测、成本计划、成本控制和成本分析；进行销售收入管理、价格管理、利润预测和利润分配管理；进行现金流量分析、量本利分析和盈利能力分析；进行分支机构财务监控和领导查询等。

（3）决策型财务软件

决策型财务软件主要是运用数据库和方法库建立各种模型，根据模型进行预测和辅助会计决策，为管理者提供科学的预测与决策信息。例如，利用成本核算数据和回归分析方法，建立成本估计模型；利用存货核算数据和经济批量法，建立财务预测模型。

4）按会计信息共享性划分

按照会计信息是否具有可共享的功能划分，财务软件可分为单用户财务软件和多用户财务软件。单用户财务软件生成的资料不能在计算机之间进行交换和共享。多用户财务软件是指不同工作站或终端上的会计人员可以共享会计信息，通过各用户之间资料共享能够保证资料一致性的软件。

1.2.2　财务软件的功能结构

本书主要讲授财务软件的常用功能模块操作，财务软件的功能模块需要按照一定的原则和标准进行划分。财务软件运用系统论的观点分析其核算内容，按照一定的标志横向和纵向层层分解核算内容，将其划分为数据相互关联的、具备各自功能的模块。

模块划分时要科学合理，主要应遵循以下原则：

第一，独立性强。独立性是指同级模块间功能界面十分清晰，不存在模块功能包含现象，也没有功能重复。独立的模块结构有利于用户操作，并有利于软件的调试和维护。

第二，隶属清晰。隶属关系是指处于上下级关系的层次模块结构，其关系清晰，即下级完成的功能应该是上一级模块中某一功能所具有的。

第三，适用性广。适用性广是指模块结构适用范围广，不仅应适用于某几家企业或某一个行业，而且应适用于所有的会计主体，即“全通用”。

第四，专业性好。专业性是指模块结构与会计工作紧密联系，模块本身体现了会计的工作内容。

按照独立性强、隶属清晰、适用性广、专业性好的原则和标准，结合实际，一般财务软件功能模块具体划分如下：

简明财务软件功能模块

1）制造企业

（1）财务核算

财务核算功能模块包括账务处理模块、工资管理模块、固定资产管理模块、报表管理模块和成本管理模块等。

① 账务处理模块主要完成凭证的输入和处理、记账、结账、银行对账、账簿查询及打印输出以及系统服务和管理工作。

② 工资管理模块主要完成职工工资项目、计算公式等的设置以及工资的计算、工资费用的汇总与分配、个人所得税计算、查询统计和打印各种工资表的功能。

③ 固定资产管理模块主要完成对企业固定资产卡片的管理，灵活增加、删除、修改、查询、打印、统计和汇总卡片，对固定资产新增、减少等进行日常管理，并计提折旧和分配折旧费用，查询及打印各种固定资产账表。

④ 报表管理模块主要根据账务处理等模块产生的数据完成各种会计报表的编制和汇总工作，生成各种内、外部报表。

⑤ 成本管理模块主要根据制造企业成本核算的要求，通过用户对成本核算对象的定义、成本核算方法的选择以及各种费用分配方法的选择，在获取其他模块成本数据的基础上，进行成本计算和管理。

（2）购销存

购销存功能模块包括采购管理模块、销售管理模块和存货管理模块。

① 采购管理模块主要是根据企业采购业务管理和采购成本核算的实际需要，制订采购计划，对采购订单、采购到货及入库情况进行全程管理的模块。

② 销售管理模块主要以销售业务为主线，实现对销售收入、销售成本、销售费用、税金及附加等的计算，生成各种销售账表。销售管理模块一般与存货管理模块相联系。

③ 存货管理模块主要针对企业存货的收发存业务进行核算，掌握存货的耗用情况，及时准确地把各类存货成本归集到各个成本项目和成本对象中，为成本核算提供数据，并

动态反映存货资金的增减变动。

（3）财务管理与决策

财务管理与决策功能模块包括资金管理模块、财务分析模块、预算管理模块、决策支持模块、业绩评价模块。

随着会计管理理论的发展及其在会计实务中的不断应用，对经济活动事前预测、事中控制、事后分析的功能模块逐渐实现并得到重视，资金管理、预算管理、分析与决策、业绩评价等模块的应用丰富和完善了财务软件系统。

2）商业企业

商业企业财务软件功能模块的划分比照上述制造企业，一般没有“成本管理模块”。

1.3 我国财务软件的发展

1.3.1 财务软件的历史发展

我国财务软件的发展始于20世纪70年代，大致经历了三个阶段：

第一阶段，探索发展阶段（1979—1988年）。

第二阶段，政府推动发展阶段（1989—1998年）。

第三阶段，市场化发展阶段（1999年至今）。

1.3.2 会计电算化发展故事①

我国的会计电算化虽然起步晚，但是实现了从0到1的创新，并不断进步，成为中国软件自主创新的典范。

1）会计核算软件管理的几项规定

会计软件在中国完全是从0到1的创新，从1979年的试验开始，到1989年的10年时间，完成了从个别的会计软件项目开发到会计软件的通用化。通过财政部财会字〔1989〕65号文件《会计核算软件管理的几项规定（试行）》，财政部对会计软件实质性地进行了推动，特别是对会计核算软件的评审，创造性地规范了会计软件，也推动了会计软件市场的发展。这个文件发布的其中一个背景是，1988年在吉林省吉林市召开了会计电算化的学术讨论会，当时在中国会计学会下设立了会计电算化研究组，中国人民大学王景新老师任组长。当时要开会很难，而王老师恰巧有个学生在中国石油吉化集团公司担任总会计师，在他的支持下会议才得以召开，会议的主题就是会计软件的通用化和规范化，主要讨论的是软件的通用化问题，因为那时候主要还是定点开发，怎么通用化还在探索中。在会上，全国各界人士都提出希望财政部出台软件相关的制度。于是，经过一年左右的时间，文件出台。对于会计电算化来讲，这个文件起到了极大的推动作用。从此，会计软件得到了迅猛的发展，成为国产软件最为成功的典范。

之后，根据会计软件评审和管理实践中存在的问题，还发布了相关的补充文件：如《关于会计核算软件评审问题的补充规定（试行）》（财会字〔1990〕19号）、《关于加强对通过财政部评审的商品化会计核算软件管理的通知》（财会字〔1991〕20号）等。

①本部分资料参考毛华扬老师微信公众号中的相关文章整理形成。

借助政府的推动力，依据具体可操作的文件，会计软件得到有序的快速发展，成为管理软件的核心力量，也是中国软件自主创新的典范。

这个文件的完成还有一个背景，就是上海先行先试，取得了很好的经验。上海市是我国最大的工业城市，技术力量强，管理水平高，各项条件比较好。20世纪80年代初，上海市的会计电算化有了较为迅速的发展，涌现出了像吴泾化工厂等一批会计电算化骨干企业。在这种情况下，上海市财政局于1986年7月制定颁发了地方性的会计电算化行政管理法规《关于在本市国营工业企业中推广会计电算化应用工作的若干规定（试行草案）》（沪财会〔1986〕44号），对开展会计电算化涉及的一系列问题作了规定，奠定了上海市会计电算化管理的基础。

1998年，由于市场竞争格局形成，财政部适时停止了会计软件的评审工作，从规范化角度进行宏观化的管理。

2）会计电算化知识培训管理办法

通过评审，财务软件得到了政府主管部门的认可，有关财务软件厂商原以为会快速地推广起来，但推广起来还是非常难。因为多数人不懂计算机，甚至很抵触，特别是年纪在50岁左右的很多老会计。

这是一个普遍存在的问题，很多人不会输入汉字，更不了解财务软件的工作原理，甚至怀疑财务软件。各方面的信息汇集到财政部会计司，解决方法就是进行会计电算化培训。那时候，会计证每年都要年审，于是要求两年内全体会计人员学习会计电算化，考试合格后发给会计电算化证，年检的时候没有会计电算化证不能年检。这招非常灵，全国大规模开展会计电算化培训，不管怎么说，针对会计软件，参加培训的人都要操作一下，知道了基本的方法，理解了会计电算化是怎么一回事。考试还包含汉字输入，要求每分钟输入20个汉字。现在想来，财政部开展大规模的会计电算化培训，对后续会计软件的普及起到了巨大的作用，这种推动力是企业不可能在短期内做到的。如果没有这场轰轰烈烈的会计电算化培训，会计软件的应用普及至少会延迟5年。会计电算化培训的相关办法，起到了巨大的助推作用。

之后的培训实际上转到了大学和职业院校，会计电算化（后来叫会计信息化）成了一门通用课程。2017年12月11日，中华人民共和国财政部令第92号——《财政部关于废止部分规章和规范性文件的决定》——废止有关规章和规范性文件，其中《会计从业资格管理办法》被废止，由此作为会计从业资格考试的会计电算化也就停止了，历经20多年的会计电算化培训和考试画上了句号，完成了它的历史使命。

3）会计电算化工作规范

1989年《会计核算软件管理的几项规定（试行）》发布后，到1996年，财政部已经评审了几十家企业的会计软件。各地财政部还评审了近100家企业的会计软件，如重庆就有四维、康迪、中联、金算盘四家，但只有金算盘一家被送到财政部评审。

财务软件逐步走向普及，但会计电算化后的工作管理成了问题，需要加以规范。因此，1996年，财政部发布了《会计电算化工作规范》。通过十多年的应用积累，财政部会计司于2013年12月6日发布了《企业会计信息化工作规范》，目前这个规范依旧适用。

会计电算化后的工作管理，也是从0到1的创新，这与以前的手工会计有很多不同，对上述工作规范进行了系统性的界定，这对会计信息化的健康发展起到了促进作用。

4）会计核算软件基本功能规范

会计软件应该具备哪些功能？由于中国的财务软件完全是从0开始的，从1979年开始，首先通过项目定制的方式进行探索，然后缓慢地走向通用化、规范化。

1989年后，会计软件开始评审，软件的通用化程度开始提高，但都是在摸索，根据用户积累的需求来开发。通过几年的积累，会计软件的主要功能逐步稳定下来，基本达成了共识。

当时，哪家公司推出了一个特别的功能，都会进行特别宣传。如杨英选推出了一个通用转账功能，叫作"万能转账"，当时觉得很新奇，所以叫"万能软件"，公司也叫"万能"了。尽管现在觉得通用转账没什么，但那时候的确觉得是个好办法，每探索、进步一点，都很不容易。

就开发工具来讲，有汇编语言、C语言、编译BASIC、DBASE、FOXBASE、CLIPPER、PB、DELPHI等。那时候大家看不清楚到底用什么好，都是在试，都有自己的看法。直到1994年，财政部会计司发布了《会计核算软件基本功能规范》，对会计软件起到了方向性的指导作用，在评审会计软件时，自然就产生了门槛作用。《会计核算基本功能规范》所列出的，是会计软件必须具备的基本功能，也就是最低要求，由此促进会计软件向更高层次发展。

2013年，财政部发布了《企业会计信息化工作规范》。《会计核算软件基本功能规范》（财会字〔1994〕27号）、《会计电算化工作规范》（财会字〔1996〕17号）不再执行。2014年发布了《关于全面推进管理会计体系建设的指导意见》，旨在指导企业建立财务共享中心，加快会计职能转变。2015年，财政部对企业会计准则通用分类标准进行了修订，形成了2015版通用分类标准，用来确保采用XBRL格式编报的财务报告质量。2016年发布的《会计改革与发展"十三五"规划纲要》关注技术对会计工作的影响。2017年发布的《新一代人工智能发展规划》旨在更好地抢抓人工智能发展战略机遇。2018年发布的《会计人员管理办法》明确了会计人员专业能力要求。2021年两会表决通过的《中华人民共和国国民经济和社会发展第十四个五年规划和2035年远景目标纲要》明确指出，要打造数字经济新优势，促进经济技术与实体经济相融合，赋能传统产业转型升级。同年，为科学规划、全面指导"十四五"时期会计信息化工作，根据《会计改革与发展"十四五"规划纲要》（财会〔2021〕27号）的总体部署，财政部制定了《会计信息化发展规划（2021—2025年）》。

1.4 商品化财务软件市场及主流品牌

中国的财务软件从无到有，走出了一条具有中国特色的发展之路，已形成相当规模，成为中国软件领域的一面旗帜。随着信息技术的广泛发展与应用，企业的信息化程度越来越广泛与深入。目前，中国软件市场上产品百花齐放，综合分析市场份额、用户口碑、业界影响力等各方面因素，在此简要介绍几个软件品牌及其代表产品，详细资料请参见各公司（如图1-1所示）官网。

用友软件股份有限公司
金蝶国际软件集团有限公司
任我行软件股份有限公司（管家婆）
畅捷通信息技术股份有限公司
深圳市速达软件有限公司
杭州新中大软件有限公司
北京智邦国际软件技术有限公司
浪潮集团有限公司
博科资讯股份有限公司
北京用易通软件技术有限公司

图1-1　财务软件相关重点企业

思政小课堂

思政目标	思政素材
培养学生的国家荣誉感，激发民族自豪感	我国软件实现从0到1的发展：见证会计信息化发展系列资料 刘勤，杨寅.改革开放40年的中国会计信息化：回顾与展望［J］.会计研究，2019（2）：26-34.

章末习题

1.简述你对财务软件的理解。

2.制造企业财务软件应用方案的功能模块有哪些？与商业企业有何不同？

3.财务软件在我国发展经历了哪些阶段？如何实现从0到1创新？

第2章/
账套管理操作原理与比较应用

【学习目标】了解一般通用财务软件账套管理部分的主要功能；理解并能结合不同的财务软件进行账套管理中的主要操作，包括账套的建立、修改与删除；财务分工；账套备份与恢复。

应用实践问题导入

用户选择、购买通用财务软件并安装完成之后，是不是就可以直接进入软件进行账务处理了？答案是否定的。用户使用通用财务软件时首先要建立核算单位的账套。那么，建立完账套后通常要进行的操作又是什么？一般而言，建立完账套需要进行财务分工，即需要新增用户并针对不同用户进行授权处理。

2.1 账套管理概述

在手工记账方式下，各个单位都有自己的一整套会计核算体系，对本单位的记账方法、凭证类型、记账程序、会计期间、记账本位币、账簿体系、财务分工、会计档案等进行规定和管理。计算机条件下对上述各项内容也需要进行设定和规范，所谓账套是指在财务软件系统中为每一家独立核算的单位所建立的一套完整的账务体系。

财务软件账套管理的核心即对单位所使用账套的各项内容进行管理。

2.2 账套管理操作原理

2.2.1 账套管理模块的主要功能

记载一个独立核算的经济实体的所有往来信息的一整套记录表和统计分析报表统称为一个账套。

财务软件通常会有单独的账套管理模块，该模块主要用来处理与账套相关的操作。一般通用财务软件的账套管理模块主要包括如下功能：账套的建立、修改和删除；财务分工；数据备份与恢复。

账套管理模块的主要功能

操作提示

📖账套管理模块的主要功能如上所述，但是各个软件的具体功能组成不尽相同，会在此基础上增加其他账套管理的辅助模块，如“数据库数据维护”功能等，须在具体软件中加以学习。

📖账套管理模块在各个软件中的位置和命名也不一致，如用友T3-用友通标准版在“系统管理”中，金蝶KIS云专业版则在“账套管理”中。

2.2.2 账套管理

1）建立账套

建账工作是单位首次使用财务软件进行会计工作必须进行的步骤，如同手工会计需要建立会计核算体系一样。一般来讲，建账的原理是在计算机中建立一套电子数据库文件，用来存储各种会计和业务活动的数据和信息。建账的操作是按照不同软件给定的向导步骤，在其指引下进行的，主要确定以下一些项目：

（1）账套存储路径与名称。用来输入账套所存储的路径及文件名称。

（2）账套号。用来输入新建账套的编号，用户必须输入，每个账套允许有唯一的编号，不允许重复编号，但是可以不连续编号（有些软件账套号自动生成，不需要手工填写，则一定为连续编号）。一般编号为2位数字或3位数字，如01、001等。

（3）账套名称。用来输入账套的名称，标识该账套所属的会计主体，账套名称在输出凭证、账簿、报表等时显示在各个资料中，因此必须输入单位全称。

（4）账套会计期间与启用日期。不同的会计主体可能有不同的会计期间，我国会计制度规定以公历年度为会计年度、以自然月份为会计分期，然而有些国家规定不同，因此需要对单位会计期间进行设定。账套的启用日期是指开始使用财务软件账务处理系统处理数据的日期。

（5）行业性质。选择单位所属的行业性质，此功能选择的结果直接导致给定的会计科目和报表存在差异，用户应按实际情况选择。

（6）记账本位币。选择一种货币单位作为记账本位币，则其他货币为外币。我国会计制度规定一般采用人民币作为记账本位币。

（7）会计科目级数与级长。会计科目都有其科目编码，会计科目的级数代表单位使用的最明细的会计科目是多少级；会计科目的级长代表每一级会计科目编码的长度是多少，该长度直接影响该级科目可增加的数量。

（8）财务主管。用来确认新账套的主管，可选择，可输入，有的需要在财务分工中进行设置，各个软件要求并不一致，但是此项功能必须存在。

结合具体的软件根据建立账套所需信息的提示完成以上特定项目的选择或填写即可完成建账工作。

操作提示

📖建立账套时，具体在向导中需要设置或输入的信息不完全是上述项目，可能是其中的一部分，需根据不同的软件进行设置。

📖建账工作一般由系统管理员完成，系统管理员负责系统的建立、维护与更新，不参与日常账务处理工作。各个软件都给定系统管理员账号，如用友T3-用友通标准版默认的系统管理员是admin，金蝶KIS云专业版默认的系统管理员是manager。

📖会计期间、启用日期、行业性质、记账本位币、会计科目级数与级长一经设定，不能再修改。

📖修改账套只能修改部分信息，如账套名称等，对不再使用的账套，可以直接删除，删除账套将把该账套数据存储文件全部删除，因此需要谨慎使用该功能。

📖账套建立日期与会计启用日期可以不一致，启用日期可以在建立账套的日期前，也可以在建立账套的日期之后。

2）修改与删除账套

通常只有设置账套的操作员本人才有权修改账套数据。修改账套只能修改部分信息，如账套名称等。系统已经确认或已经处理的一些关键信息是无法修改的。例如，账套编号、账套数据路径、启用会计日期、科目编码规则等都不允许修改。

对不再使用的账套，可以直接删除，删除账套将把该账套数据存储文件全部删除，因此需要谨慎使用该功能。

2.2.3 财务分工

财务分工工作是对使用财务软件进行数据处理的人员进行设定并给予一定操作权限的工作，只有进行了财务分工，才能进行软件的后续初始化和日常处理工作。各个软件财务分工设置的位置也不相同：用友T3-用友通标准版在“系统管理”—“权限”中；金蝶KIS云专业版在主控台“基础资料”—“用户管理”中；新中大财务管理系统在“系统管理”—“权限管理”中。其设置的主要内容有：

1）设置操作员

对操作员，可以进行增加、修改和删除，也可以对操作员分组，同一类职能的操作员为一个操作组，如会计组、成本核算组等。

2）授权

授权即岗位及操作员权限设置，可根据不同岗位人员选择相应的权限，人员岗位变动时可以修改。

操作提示

📖设置操作员和授权工作，各个软件要求不一：金蝶KIS云专业版要求由系统管理员进行人员（包括财务主管）的设置和授权工作；用友T3-用友通标准版由系统管理员进行人员设置和授权工作，财务主管可以进行授权，不能进行人员增减；新中大财务管理软件由系统管理员增加财务主管和财务人员，并赋予财务主管权限，然后由财务主管赋予普通操作员权限；高信财务软件由系统管理员增加财务主管，再由财务主管增加操作人员及赋予权限。

2.2.4 数据备份与恢复

数据备份与恢复是各个软件操作中很重要的一个环节。所谓数据备份是指将当前电子账簿中的数据文件全部复制粘贴到其他硬盘或者软盘上。这项操作的目的包括：一是防止当前硬盘由于突发原因损坏而导致电子账簿数据丢失；二是通过数据备份可以将账套数据恢复到以前某一天的状态。

数据恢复是指在硬盘数据丢失或者需要恢复到以前某一天（这一天已经有了备份）的情况下，将已经备份在其他硬盘或者软盘上的数据再复制回来的过程。

操作提示

🕮数据备份需要定期（一般为每个月月末）或不定期（输入了大量数据等情况）进行。

🕮数据恢复不需要定期进行，只有在数据遭到破坏或者需要恢复到以前某一天的状况下进行。

🕮数据恢复一般会完全覆盖当前账套数据，因此要谨慎使用。

2.2.5 其他功能

账套管理除具备上述几个主要功能外，还有数据维护、操作日志等功能，不同软件设置各有差异，需要在具体软件中加以体会。

2.3 通用财务软件账套管理实务操作比较应用

2.3.1 金蝶KIS云专业版账套管理实务操作

1）建立账套

在菜单中选择金蝶KIS云专业版主控台“工具”—“账套管理”，点击【新建账套】，即可进入建账向导，如图2-1所示。

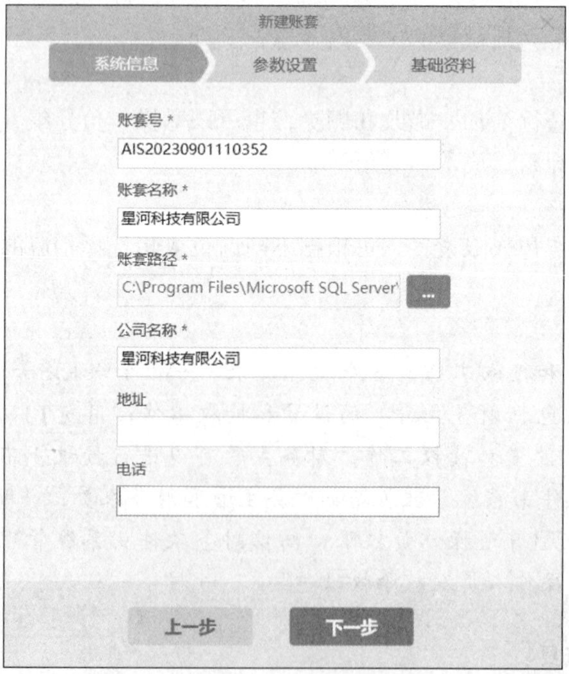

图2-1 系统信息

第一，在图2-1中输入账套名称，选择单位性质，选择数据库路径，输入公司名称星河科技有限公司。

第二，在系统参数设置页面中设置公司纳税性质、税率、启用日期、本位币等信息，如图2-2所示。

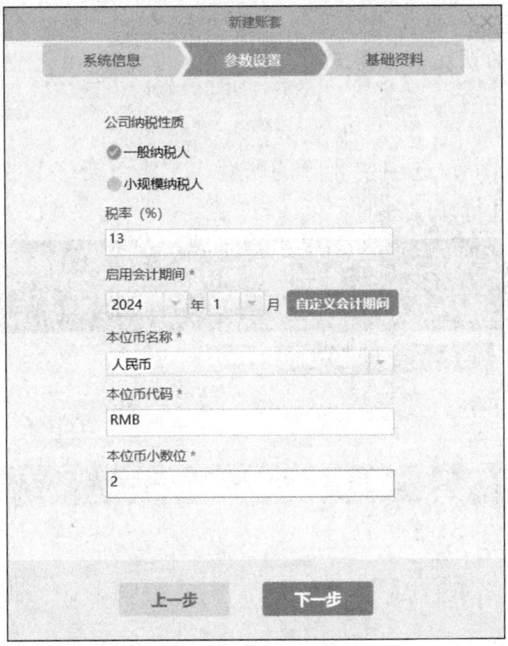

图2-2　参数设置

第三，在基础资料页面中选择新会计准则科目，以及要使用的凭证类型，如图2-3所示。

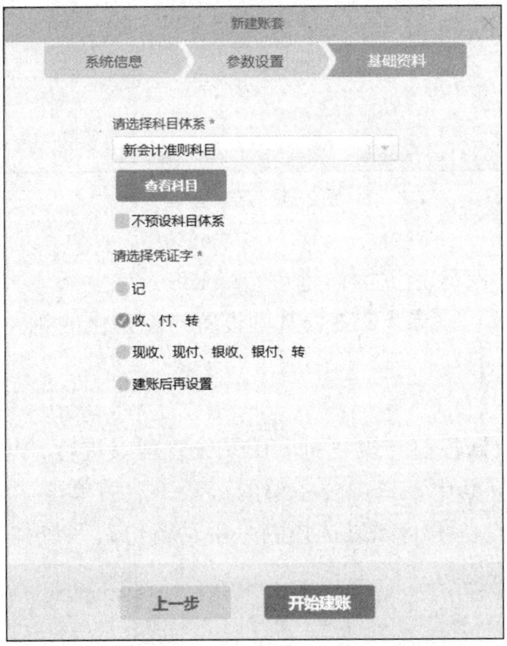

图2-3　基础资料

第四，单击开始建账，金蝶KIS软件建账完成。

操作提示

其他相关系统参数的设置可以在建立完整套账之后，登录金蝶KIS云专业版主程序，选择“基础设置”—“系统参数”，在系统参数中进行设置。

金蝶KIS云专业版的明细科目级长是不需要设置的，用户可以根据自己的需要自行新增特定级长的明细科目代码。

2）账套删除

在图2-4所示的界面中，选中要删除的账套，单击【更多】按钮，在列表中选择【删除】按钮，即可对账套进行删除操作。

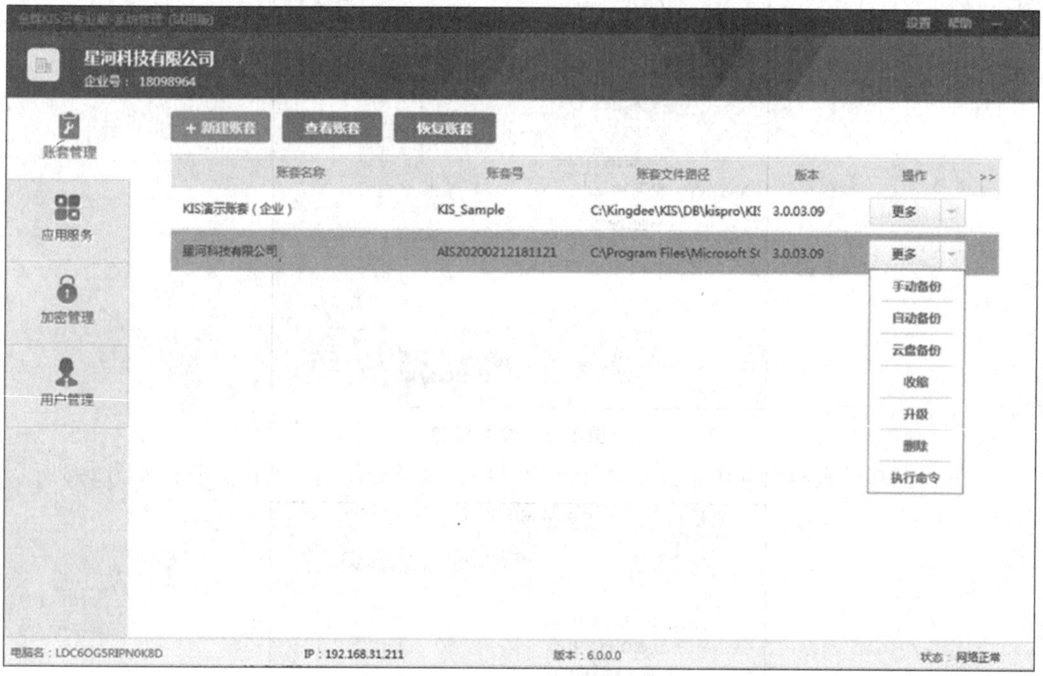

图2-4　账套管理

3）财务分工

金蝶KIS云专业版的财务分工操作是在金蝶KIS云专业版主控台“基础设置”—“用户管理”中实现的。具体可以参考第3章基础设置与初始化的相关内容。

4）数据备份与恢复

（1）账套备份

金蝶KIS云专业版数据备份与恢复可以由系统管理员进行，也可以由具有该权限的人员进行。在账套管理的界面中，选中要备份的账套，然后单击“更多”，在列表中选择手动备份、自动备份或云盘备份。如果选择的是手动备份，系统弹出如图2-5所示的界面，选择备份输出的路径进行备份。

图2-5　手动备份界面

如果选择的是自动备份，系统弹出如图2-6所示的界面，设置自动备份的时间，在指定的时间系统会自动备份到指定的路径。

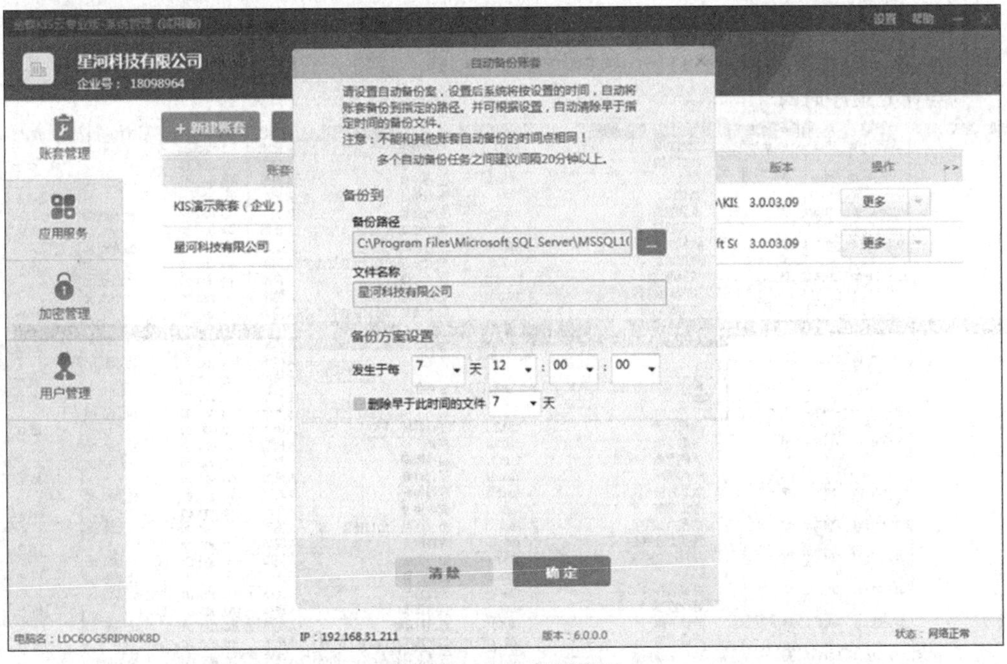

图2-6　自动备份界面

（2）账套恢复

打开系统管理，在账套管理的界面中，单击工具栏中的【恢复账套】按钮，在如图2-7所示的界面中选择备份文件，并单击【确定】按钮，即完成账套的恢复。

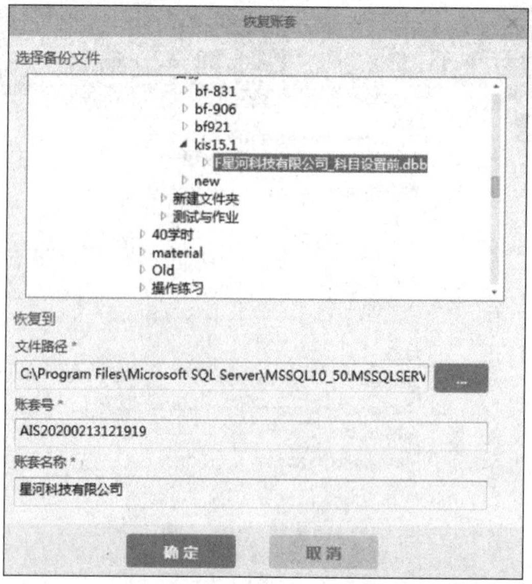

图2-7　金蝶数据恢复界面

5）账套的异常处理

如果用户进行了异常操作，比如使用账套时突然关机或是其他的系统认为的异常操作，系统会对部分功能进行锁定，使得用户无法进行相应的操作，如图2-8所示。

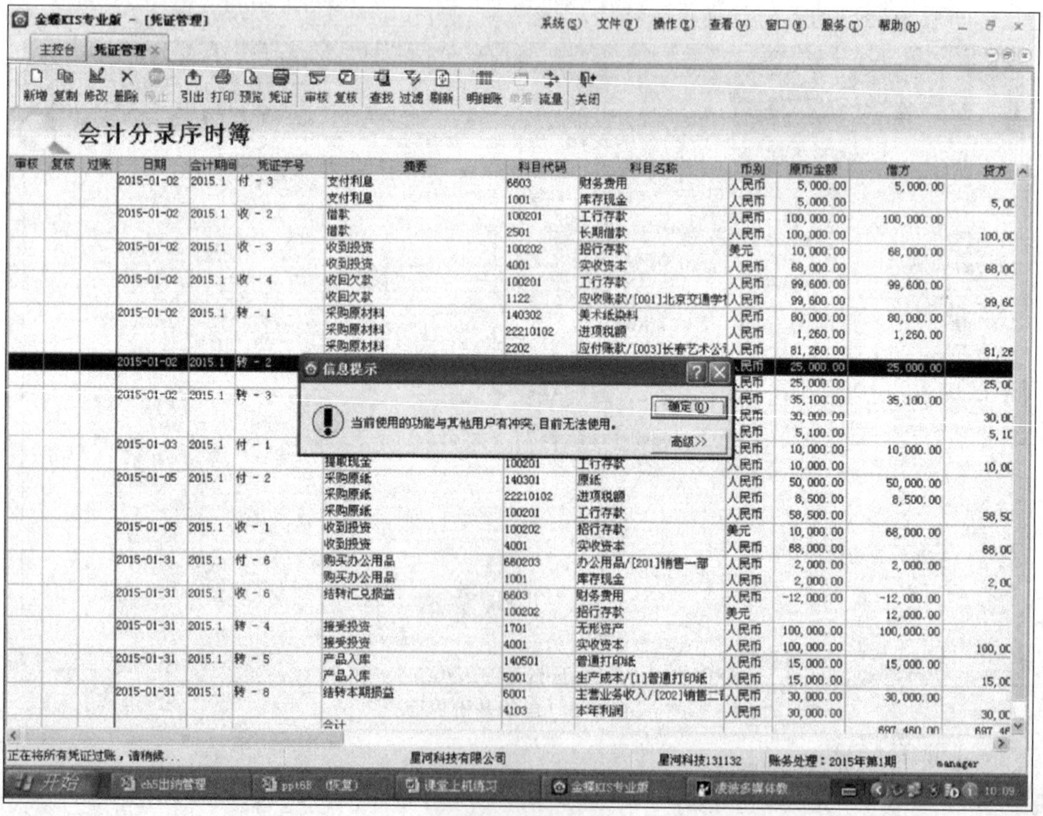

图2-8　用户冲突

金蝶KIS云专业版提供了解决方法，选择“开始”—“程序”—“金蝶KIS云专业版”—“工具”，进入如图2-9所示界面，选择“系统工具”—“网络控制工具”，系统进入网络控制工具窗口，在该窗口中选中需要清除的记录，单击菜单“控制”—“清除当前任务”，即清除网络控制工具中选中的记录。

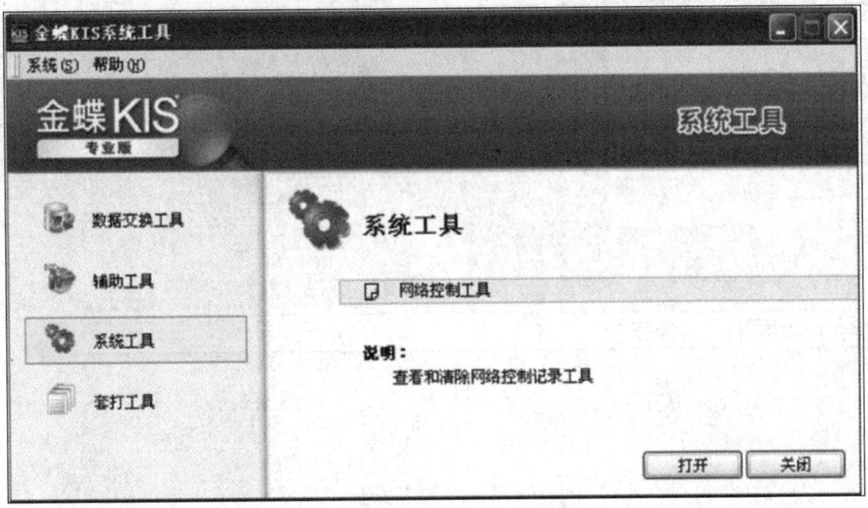

图2-9　系统工具

2.3.2　用友T3-标准版账套管理实务操作

1）建立账套

（1）进入系统管理模块，选择由系统管理员（admin）注册（密码开始为空），进行登录，如图2-10所示。

图2-10　注册登录

（2）在系统管理界面中，选择“账套”—“建立”，如图2-11所示。

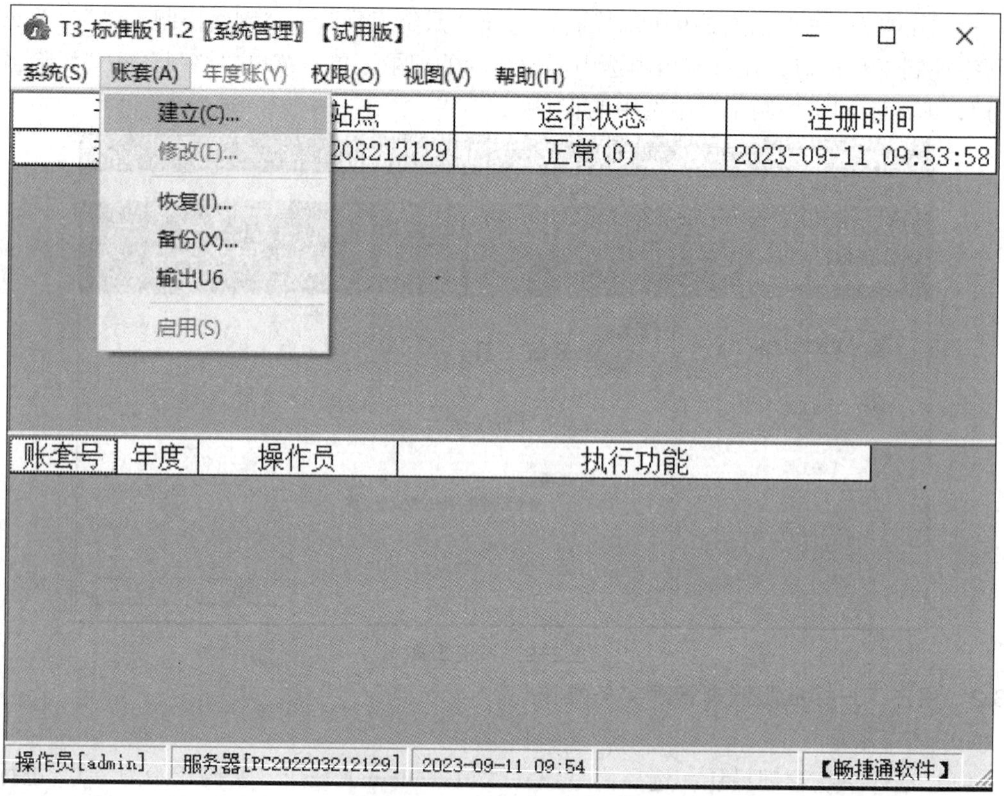

图2-11 系统管理建立账套

（3）按照向导要求，填入账套号、账套名称、账套路径及启用会计期，如图2-12所示。

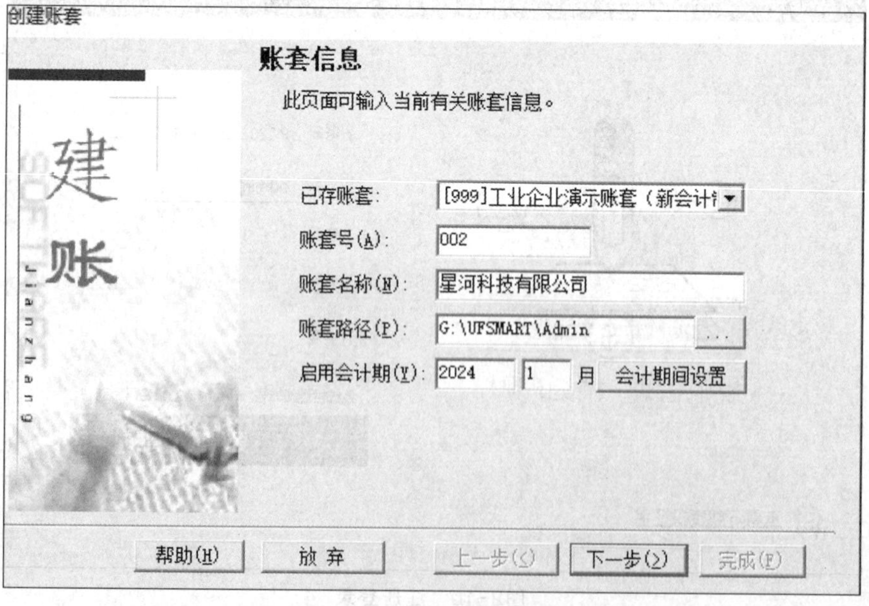

图2-12 账套信息设置

操作提示

🕮账套号：不能重复，账套名称：必须填写。

🕮启用会计期：企业准备从哪个会计年度的什么月份开始使用该财务软件进行账务处理。

🕮账套路径：可以按各个企业的要求更改存储地址。

（4）点击【下一步】按钮，继续完成单位的各项信息填写，如单位名称与简称、单位地址、法人代表、联系电话等，这里要求单位名称必须填写完整，其他事项可以选填，如图2-13所示。

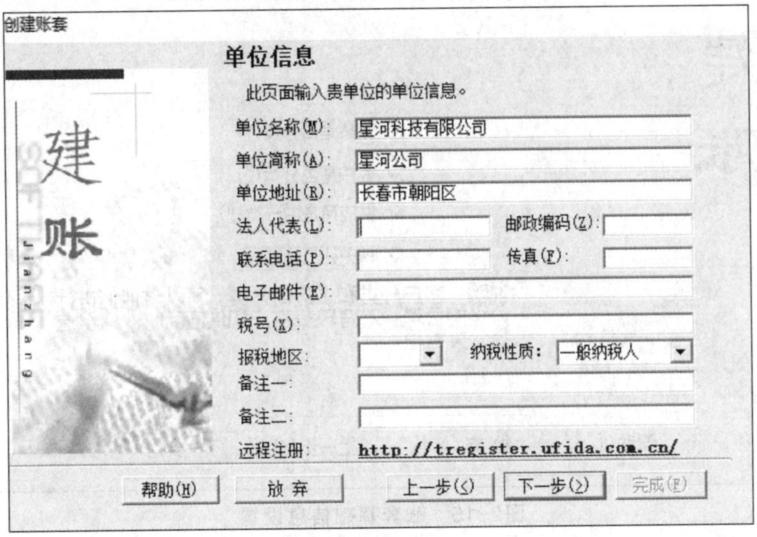

图2-13　账套单位信息设置

（5）点击【下一步】按钮，设置单位记账本位币、企业类型与行业性质、账套主管，如图2-14所示。

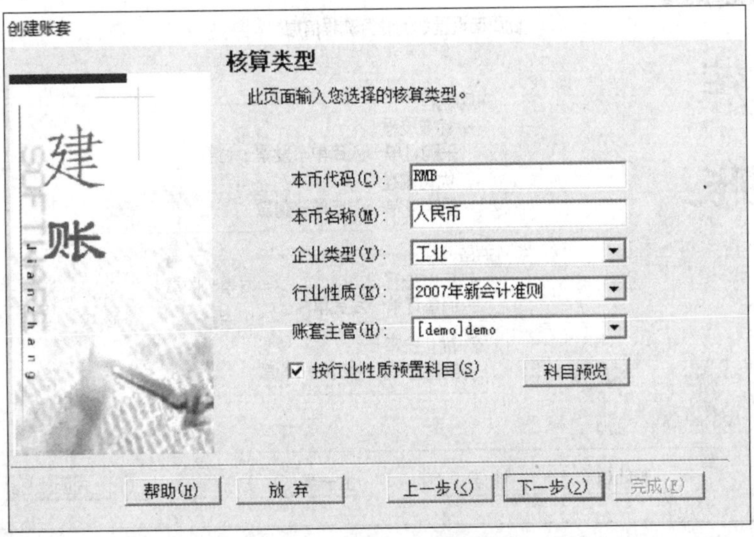

图2-14　账套核算类型设置

操作提示

📖账套主管选择：在没有增加自己单位账套主管之前，可以任意选择一个，然后在“权限”菜单增加员工账户后将其更改为账套主管。

（6）点击【下一步】按钮，进行基础信息设置，如存货是否分类、客户与供应商是否分类、有无外币核算等，如图2-15所示。

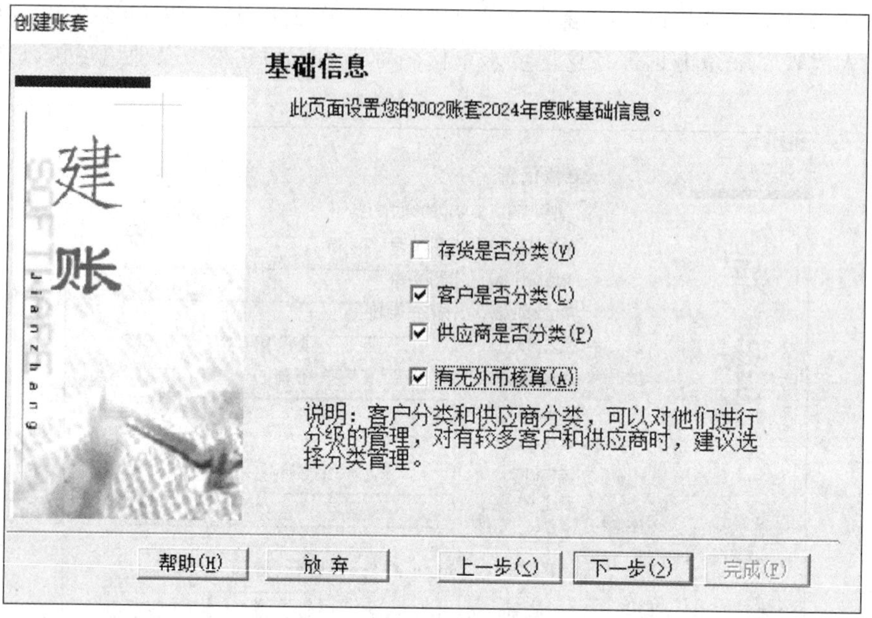

图2-15　账套基础信息设置

（7）点击【下一步】按钮，设置业务流程，如图2-16所示。

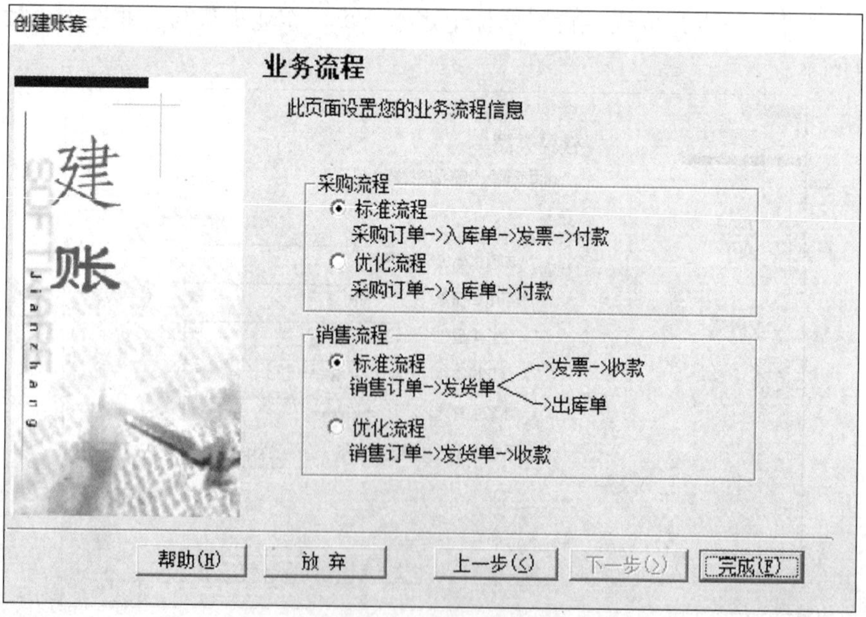

图2-16　账套业务流程设置

（8）分类编码方案设置，包括科目级长、级次的设置等，如图2-17所示。

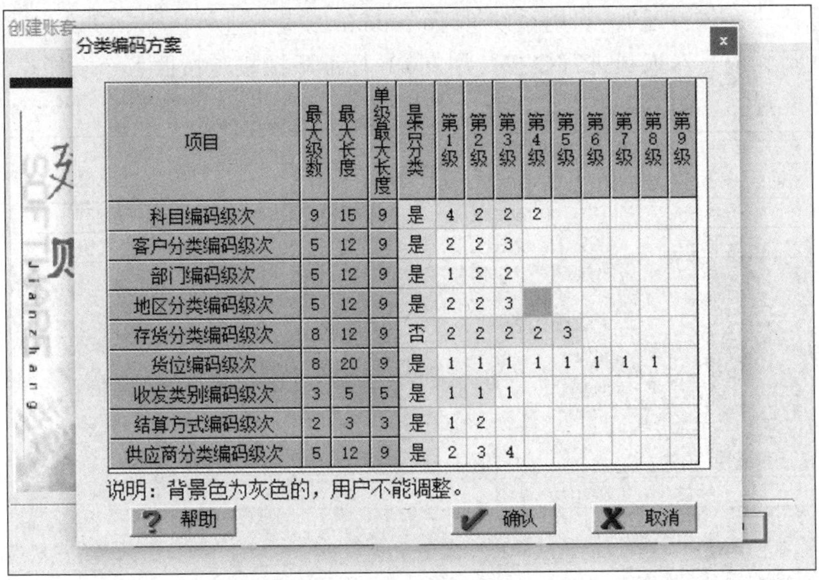

项目	最大级数	最大长度	单级最大长度	是否分类	第1级	第2级	第3级	第4级	第5级	第6级	第7级	第8级	第9级
科目编码级次	9	15	9	是	4	2	2	2					
客户分类编码级次	5	12	9	是	2	2	3						
部门编码级次	5	12	9	是	1	2	2						
地区分类编码级次	5	12	9	是	2	2	3						
存货分类编码级次	8	12	9	否	2	2	2	2	3				
货位编码级次	8	20	9	是	1	1	1	1	1	1	1	1	
收发类别编码级次	3	5	5	是	1	1	1						
结算方式编码级次	2	3	3	是	1	2							
供应商分类编码级次	5	12	9	是	2	3	4						

图2-17　账套分类编码方案设置

（9）完成账套建立之后，系统自动提示是否启用账套，选择“是”，出现如图2-18所示界面，进行启用期间的设置。

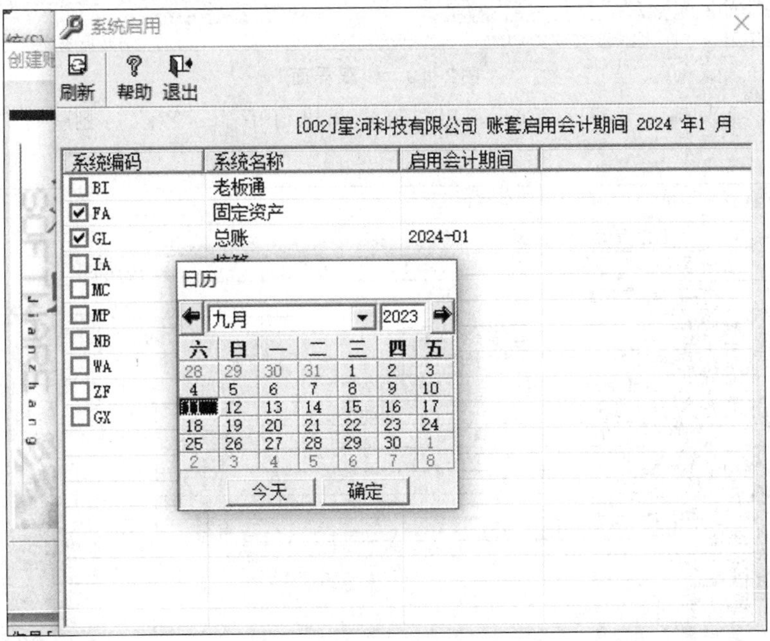

图2-18　账套启用期间设置

操作提示

📖进行完上述工作即完成建账工作，如果需要修改账套信息，需要进入“系统管理”，用财务主管账号进行登录修改即可。

2）财务分工

（1）选择“系统管理”，利用系统管理员admin的身份进行注册，进入“权限”菜单，可以增加人员，或是对人员进行授权，用友T3-标准版授权是按照各个功能模块及具体操作功能进行设置的，如图2-19所示。

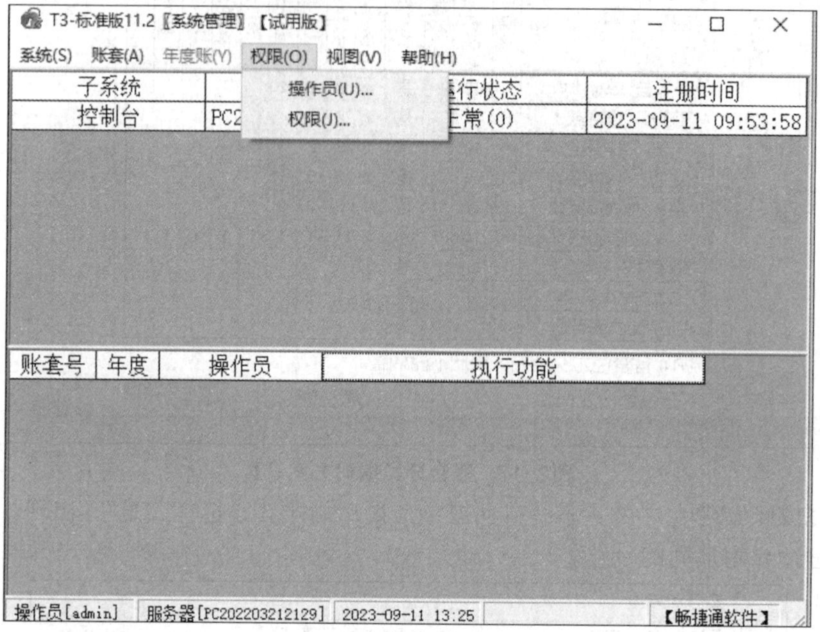

图2-19　权限界面

（2）选择“权限”—“操作员”，可对操作员进行增加、修改、删除等相关操作，如图2-20所示。

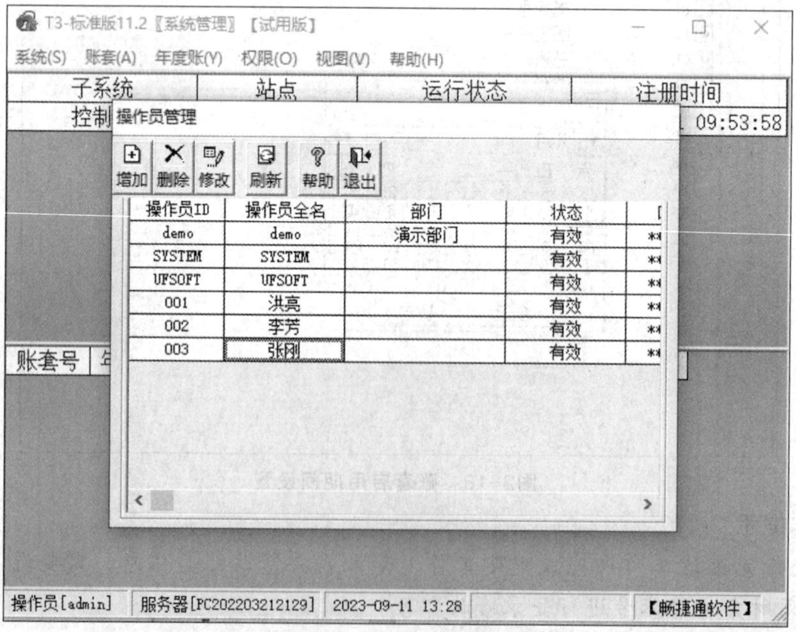

图2-20　操作员管理

（3）选择“权限”—“权限”，进入权限设置界面，如图2-21所示。

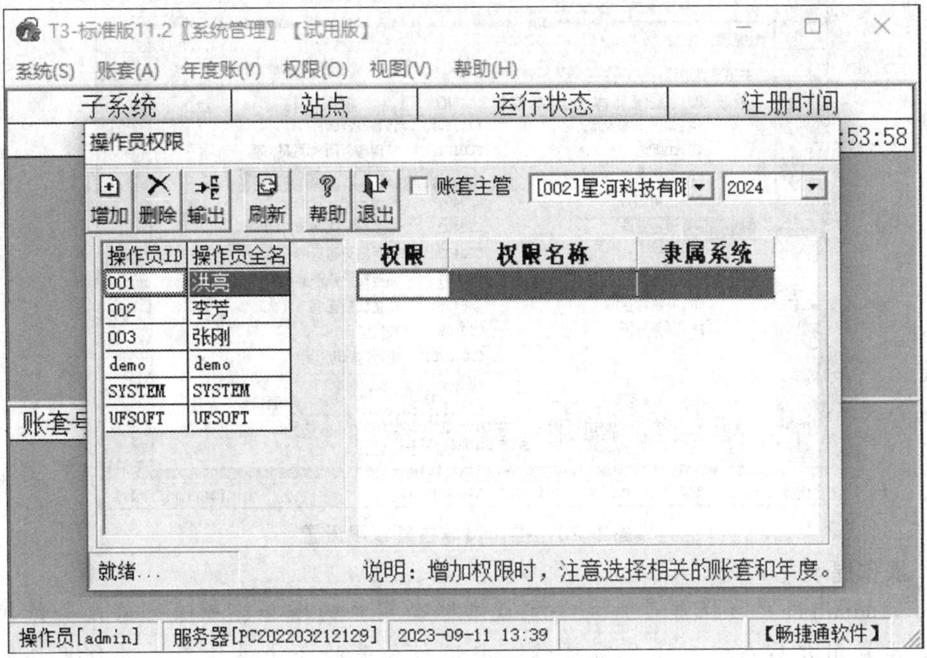

图2-21　操作员权限设置

将操作员设置为账套主管，可以选择要设置权限的账套，然后直接选择“账套主管”，即可将人员设置成为某一账套的主管，拥有所有权限，如图2-22所示。

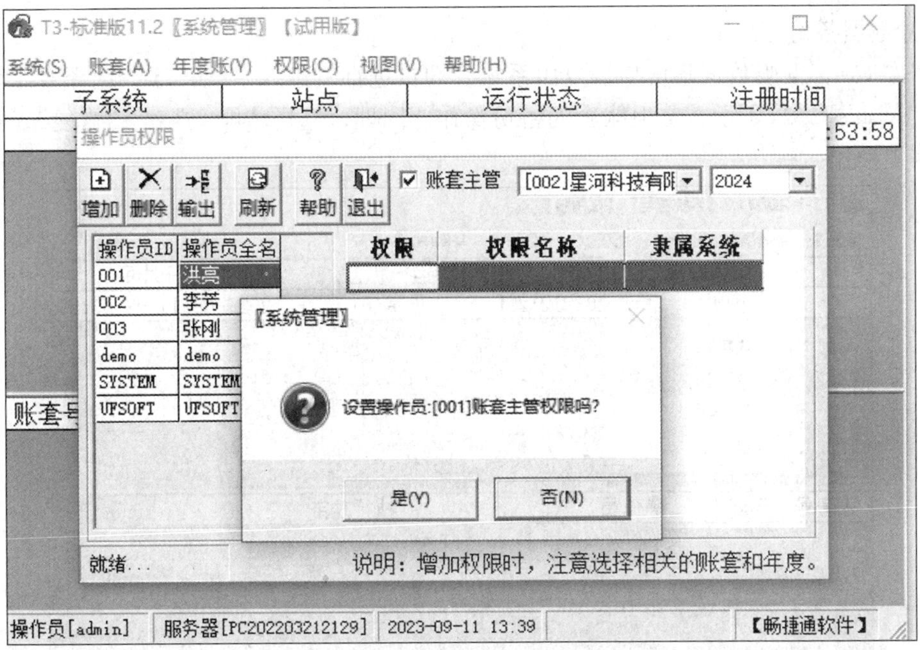

图2-22　账套主管权限设置提示

如果设置权限的人员不是账套主管，则需要在图中单击【增加】按钮，在如图2-23所示的界面中进行权限设置。

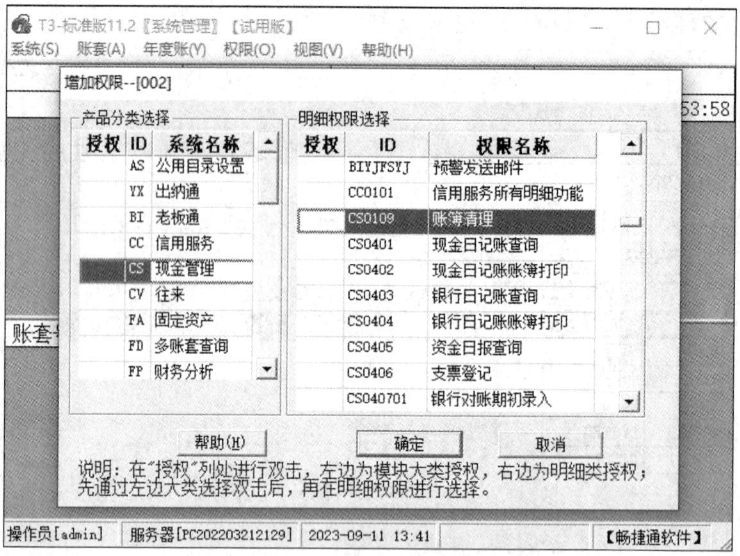

图2-23 操作员非主管权限设置

操作提示

📖admin用户（操作员）主要完成本账套用户的增加、删除、修改等维护工作。设置用户后系统对于登录操作，要进行相关的合法性检查。其作用类似于WINDOWS的用户账号，只有设置了具体的用户之后，才能进行相关的操作。

📖只有系统管理员有权限进行本功能的设置。

3）数据备份与恢复

用友T3-标准版数据备份与恢复由系统管理员进行，进入系统管理，选择“账套”—“备份”，如图2-24所示，实现账套的备份操作。同理，选择“账套”—“恢复”，实现账套的恢复操作。

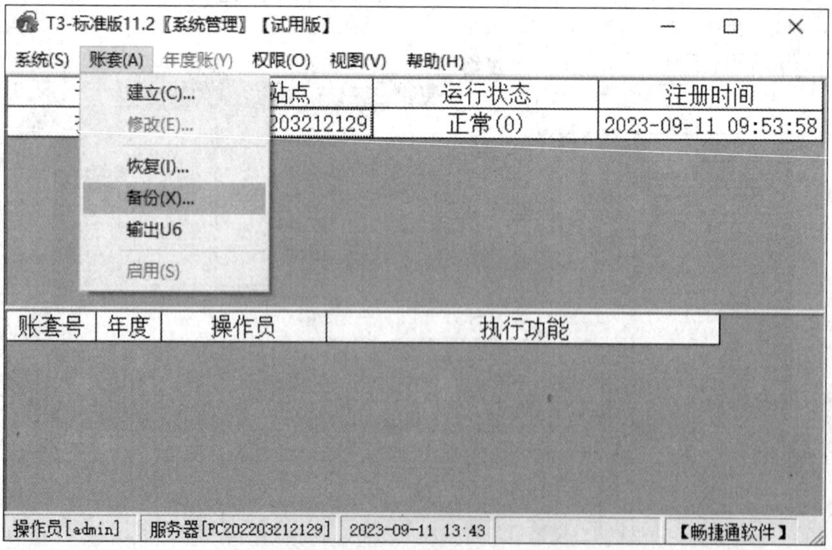

图2-24 用友T3-标准版数据备份与恢复

操作提示

📖备份工作每进行一次，就会形成一个备份文件，用户可按照单位需要选择恢复的文件。

思政小课堂

思政目标	思政素材
通过账套建立、备份与恢复提升数据思维，培养学生的数据安全思维	热点政策：中华人民共和国数据安全法

章末习题

一、单项选择题

1.下列不属于建立账套时需要设置的信息是（　　）。

A.设置账套信息　　B.设置单位信息　　C.确定记账本位币　　D.输入期初余额

2.以系统管理员的身份注册系统管理时，不能进行的操作是（　　）。

A.建立账套　　B.设置会计科目　　C.系统更新　　D.设置操作员

3.一个账套可以代表（　　）的账簿体系。

A.一个部门　　B.一家分公司　　C.一家总公司　　D.都可以

二、多项选择题

1.下列属于系统管理员的操作权限的有（　　）。

A.建立账套　　B.分配操作员权限　　C.设置账套主管　　D.年度结账

2.账套初始化设置时，对账套的说明参数主要包括（　　）。

A.账套号、账套名称　　B.单位性质、启用会计期间

C.会计科目编码方案　　D.会计主管、记账本位币

3.下列属于账套管理基本功能的有（　　）。

A.建立账套　　B.备份账套　　C.引入会计科目　　D.设置操作员

三、判断题

1.账套号是区别不同账套的唯一标识。（　　）

2.任何用户都可以设置操作员。（　　）

3.账套备份是指在硬盘数据丢失或者需要恢复到以前某一天（这一天已经有了备份）的情况下，将已经备份在其他硬盘或者软盘上的数据再复制回来的过程。（　　）

四、简答题

1.为什么启用日期可以先于建账日期，也可以后于建账日期？

2.通用财务软件通常都有账套管理的子模块，账套管理一般包括哪些功能？

3.金蝶和用友软件在账套建立过程中的具体设置项目不同，你认为哪种设计更合理？

4.通过两个软件的实务操作，理解并梳理财务软件账套管理模块的一般原理与操作流程。

五、上机实验

要求：根据下列资料，建立账套，并根据两个软件的账套建立过程，比较二者之间的异同。

1.建立新账套

（1）账套信息

账套名称：星河科技有限公司；账套启用日期：2024年1月；启用会计期间：2024年1月。

（2）单位信息

单位名称：星河科技有限公司；单位简称：星河公司；单位地址：长春市朝阳区。

（3）核算类型

记账本位币：人民币；类型：工业；行业性质：新会计准则科目；按行业性质预置科目。

凭证类型：收、付、转。

（4）基础信息

该企业有外币核算，进行经济业务处理时，需要对客户、供应商进行分类。

注：用友T3-标准版需要设置客户、供应商分类，金蝶KIS云专业版不需要设置客户、供应商分类。

（5）分类编码方案

科目编码级次：4-2-2-2	客户和供应商分类编码级次：2-2-3
部门编码级次：1-2-2	结算方式编码级次：1-2
地区分类编码级次：2-2-3	其他：默认

注：用友T3-标准版需要设置，金蝶KIS云专业版不需要设置。

2.财务分工

洪亮——账套主管，系统所有模块的全部权限；

李芳——出纳，基础资料、账务处理查询权、凭证出纳复核权、出纳管理的全部权限；

张刚——会计，基础资料、账务处理的全部权限。

第3章/ 初始设置功能操作原理与比较应用

【学习目标】理解通用财务软件初始设置的内涵以及必要性；掌握通用财务软件账务处理初始设置的主要操作内容并能够结合具体的财务软件进行实际操作应用。

应用实践问题导入

张希在本公司购入财务软件并使用软件建立完账套后就直接使用自己的账户密码登录软件进行凭证制作等日常核算与管理工作。你觉得张希的做法正确吗？正确的做法应该是怎样的？

3.1 初始设置概述

系统初始设置是指正式录入记账凭证前应该做的各项前期工作。财务软件的初始设置实际上是手工记账和计算机记账的交接过程。在这一过程中要输入一家企业具体的会计核算规则、方法和基础数据，将通用财务软件系统转化成一个适合特定企业的专用的财务软件系统，使之能够完成该企业的会计电算化工作。

初始设置是在建立账套完毕之后、系统正常使用之前需要进行的一项重要工作。由于现有商品软件为通用财务软件，因此各个单位都需根据自身实际情况，对本单位使用的会计科目、部门、往来单位、外币信息等进行初始设置。在此项设置中，有些内容及参数初始化完成后仍然可以修改，有些则不能再修改，在操作过程中需要仔细体会。

3.2 初始设置功能操作原理

3.2.1 基础设置

基础资料，就是在系统中使用的各种基础数据的总称。用户在录入凭证或者录入单据时，都毫无例外地需要输入一些业务资料信息，如科目、币别、商品、客户、金额等。可以这么说，所有的凭证、单据都是由一些基础资料信息和具体的数量信息构成的。对于这些基础的数据，为了便于进行统一的设置与管理，财务软件提供了基础设置或基础资料管理功能。

初始设置功能

1）设置系统参数

为了使得通用财务软件更适合软件应用企业的具体业务需求，财务软件会有系统参数设置的功能，用来设置部分特殊的业务需求，包括系统参数、会计期间、财务参数、业务参数等。

2）设置凭证类型

各个单位在进行会计核算时都要使用会计凭证，单位的规模及组织结构不同，选择的凭证类型也有所不同。一般来说，规模小、组织结构单一、业务较少的单位可采用不分类的记账凭证；规模较大、组织结构较为复杂、业务较多的单位可采用分类的记账凭证。为了便于管理，不同单位具体的选择要根据其实际情况进行。

分类的记账凭证按照其反映的经济业务内容不同，可分为收款凭证、付款凭证和转账凭证；收款凭证和付款凭证又可具体分为现金收款凭证、银行收款凭证及现金付款凭证、银行付款凭证。各个财务软件都提供了选择凭证种类的功能，用户可以根据具体情况选择其中之一。

设置好凭证类型后，一般财务软件要求设置不同类型凭证的限定条件，一般来说，限定条件如下：一类记账凭证没有限定条件；三类凭证，收款凭证要求借方必须存在“库存现金”或“银行存款”科目、贷方不能出现“库存现金”与“银行存款”科目，付款凭证要求贷方必须存在“库存现金”或“银行存款”科目，转账凭证要求借贷双方都不能出现“库存现金”及“银行存款”科目；五类凭证与三类凭证相似，仅仅把库存现金和银行存款分开。

操作提示

📖如果上述类型中不存在本单位使用的凭证，财务软件提供了用户自定义凭证类型功能。

📖一般说来，会计年度内凭证类型一经设置好，则不允许修改。

3）设置外币

本功能只适用于有外币业务的单位进行设置，这类单位在进行业务交易过程中涉及的货币不仅仅是记账本位币，譬如以人民币为记账本位币的单位，可能涉及美元、日元等业务；以美元为记账本位币的单位，可能涉及人民币、日元等业务；这些业务都属于外币业务，按照会计制度和准则的要求，必须把外币折算成记账本位币，因此需要对所使用的外币及发生的汇兑损益进行管理，各个财务软件都提供了该功能，基本操作步骤如下：

（1）增加（删除）外币

对于需要使用的外币，可以在此进行增加，并且可以增加多个外币；对于不使用的外币可以进行删除。

（2）定义外币汇率类型

汇率一般分为固定汇率和浮动汇率两种，设定了浮动汇率的币种，其在日常外币折算过程中需要按照每天业务发生时的记账汇率进行；设定了固定汇率的币种，其在日常外币折算过程中需要按照各期期初汇率或者年初汇率进行。企业在初始设置时需要对上述汇率进行规定。

(3) 设置折算方法

该功能是确定外币与记账本位币如何进行折算，各个财务软件定义此功能的模式不同，主要有以下两种：

一是直接给出如下两个折算公式进行选择：本位币=外币×汇率；本位币=外币÷汇率。

二是给出“直接汇率”和“间接汇率”两个选项。一般来说，直接汇率=本位币÷外币，可理解为一个单位的外币金额可以折算成的本位币金额，如1美元=7元人民币，直接汇率就是7；间接汇率=外币÷本位币，可解释为一个单位的本位币金额可以折算成的外币金额，如1元人民币=80日元，间接汇率就是80。

财务软件使用者可以根据各个财务软件的不同，选择其一即可完成设置。

操作提示

🕮外币一经使用，不能删除。

🕮外币汇率数额一般要求在此模块中输入，也可以在日常业务发生时输入。

4）设置计量单位

因为财务软件进行核算与管理时需要针对存货类科目进行数量金额式的核算与管理，因此，所有的财务软件都必然提供设置计量单位的功能，一般包括计量单位的代码设置、计量单位的名称。有些情况下，为了方便计量单位的管理，还需要设置计量单位组，在计量单位组的下面再分别设置具体的计量单位名称。

5）设置结算方式

结算方式是指建立和管理用户经营活动中所涉及的结算方式，如现金结算、支票结算、汇票结算等，结算方式最多可分为2级，一旦被引用，不能进行修改和删除。通用财务软件都会在基础设置里提供结算方式管理的功能，一般包括新增、修改、删除的基本操作。新增时，输入的内容主要包括结算方式代码、结算方式名称。

6）设置辅助项目

辅助项目也可以称为基础档案资料，这些资料的输入主要是为了实现辅助管理功能，可以使用，也可以跳过，各个单位可根据实际情况进行选择。许多单位需要对各个部门的费用收支等业务进行考核，有些单位需要对本单位员工进行业务考核和管理，有些单位需要对客户和供应商进行管理，需要在此模块中设置好部门档案、员工档案、客户与供应商档案、项目档案等，以便后期调用这些档案资料。

各个财务软件辅助核算内容都必须输入的共有项目为：辅助核算编码、辅助核算名称。

操作提示

🕮该项内容填写完毕后，在以后日常工作中仍可以继续增加和修改。

🕮各项内容需要进行编码输入，有编码方案规定的软件，需要按照编码方案进行输入。

🕮各个软件辅助核算输入的内容不尽相同，需对具体软件加以了解。

🕮本部分仅对辅助核算内容进行输入，如何调用这些内容，将在下部分“设置会计科目”中进行说明。

7）设置会计科目

会计科目设置是初始化最重要的工作，会计科目设置的好坏直接影响日常会计工作进行得顺利与否。会计科目是填制会计凭证、登记会计账簿、编制会计报表的基础，财务软件一般都提供了符合国家会计制度和准则规定的一级会计科目，明细科目需要各个单位根据实际情况自行确定，因此会计科目设置工作的主要操作功能为：增加会计科目、修改会计科目和删除会计科目。

（1）增加会计科目

增加会计科目分为两类：一类是增加一级科目；一类是增加明细科目。一般来说，一级会计科目各个财务软件已经根据会计制度和准则给定，因此科目增加的主要工作集中在明细科目的增加上。

一般财务软件增加会计科目时，需要设置的科目属性主要包括：会计科目编码、会计科目名称、会计科目性质或类别、会计科目余额方向、是否为辅助核算科目、是否为外币核算科目、是否为数量核算科目等内容。

根据会计科目设置属性的不同，可以将会计科目的新增分为以下几种情况：

①一般会计科目增加设置。

对于一般会计科目，需要在新增科目的界面上，添加会计科目代码、会计科目名称，选择科目性质、类别及余额方向。

第一，增加会计科目代码，必须按照建立账套时设定好的科目编码方案（即会计科目级数与级长）进行，系统要求科目代码必须存在且不能重复。长度不符合既定的要求，编码不唯一，系统不允许存储。

操作提示

📖增加明细科目时，科目编码操作是：首先输入其上级科目的代码，然后根据编码方案自行编写本级科目代码。例如，银行存款代码为1002，要在“银行存款”科目下增加“工商银行存款”，如果建立账套时编码方案为4-2-2，则“工商银行存款”代码为100201。

第二，增加会计科目名称，输入企业所使用的会计科目名称，会计科目名称可以为汉字、英文字母或者数字等符号，但是不允许为空。

操作提示

📖明细科目一般只需要填入明细科目名称，如上例中，只需要填入“工商银行存款”即可。

📖已经录入期初余额或者已经制单的会计科目有些财务软件不允许增加下级科目，有些财务软件允许增加，但把余额自动追加到第一个明细科目中，需在使用中体会。

第三，设定会计科目性质、类别及余额方向。会计科目一般分为资产类、负债类、所有者权益类、成本类、损益类五大类别，并且有些科目如“库存现金”“银行存款”需要登记日记账并参与现金流量表的编制，财务软件为了能够区别这些会计科目，需要操作人员对会计科目的性质与类别进行选择，同时，不同性质的会计科目余额方向也不相同，一般来说，资产类科目（除资产抵减类科目）余额在借方，负债和所有者权益类科目余额在贷方，成本类科目余额在借方，损益类科目中收入类科目余额一般在贷方、费用与支出类科目余额一般在借方。

操作提示

🕮不同财务软件此三项设置基本都存在，仅仅是在模块设置上存在差异。

②外币核算科目增加设置。

如果科目在进行某项外币业务时使用，为了在日常核算中调用到该外币，需要将此科目设定为外币核算科目。

对于外币核算科目，在新增科目的界面上，除了要添加会计科目代码、会计科目名称，选择科目性质、类别及余额方向之外，还需要选择“外币核算”选项。

操作提示

🕮设置了此功能，有些财务软件对应有个“期末调汇”功能，该功能是期末进行自动汇兑损益调整并生成凭证的功能，可以选择设置（如金蝶KIS云专业版、高信财务软件）；有些财务软件没有设置该功能，但在期末都有自动转账的功能（如用友T3-用友通标准版等）。

③数量核算科目增加设置。

有些会计科目，如原材料、库存商品等，在进行日常处理时除了要知道业务发生的金额外，还要知道业务发生的数量，为了能够在日常凭证处理时填入数量，需要在此设置该功能。

对于数量核算科目，在新增科目的界面上，除了要添加会计科目代码、会计科目名称，选择科目性质、类别及余额方向之外，还需要选择“数量金额辅助核算”选项，并选择计量单位。

操作提示

🕮设置了数量核算的会计科目需要设定计量单位，如千克、吨、箱、平方米等。

④辅助核算科目增加设置。

前面我们已经设置了辅助核算的内容，如各个部门、各个员工、各个客户等，为了在日常凭证处理时调用这些内容，需要在此设置进行这些辅助核算的科目。

如果需要新增辅助核算科目，那么在新增科目的界面上，除了添加会计科目代码、会计科目名称，选择科目性质、类别及余额方向之外，还应该同时添加“核算项目”。如果该核算科目已经存在，那么需要找到该科目，选择“修改”选项，添加“核算项目”。

例如，某单位“应收账款”科目核算客户，需要调出“应收账款”科目，修改辅助核算属性，选中“客户”（有些财务软件称为“单位往来”）选项。

操作提示

🕮一个会计科目可以设置多种辅助核算，一种辅助核算可以被多个科目使用。

⑤银行科目与现金科目增加设置。

对于银行科目，在新增科目的界面上，除了要添加会计科目代码、会计科目名称，选择科目性质、类别及余额方向之外，还需要选择“银行科目”与“出日记账”。对于现金科目，在新增科目的界面上，除了要添加会计科目代码、会计科目名称，选择科目性质、类别及余额方向之外，还需要选择“现金科目”与“出日记账”。

（2）修改、删除会计科目

①修改会计科目。

用户可以通过双击要修改的会计科目，或者单击【修改】按钮，对其会计科目属性进行相应的修改。

操作提示

📖尚未使用的会计科目，一般允许修改除一级会计科目编码外的所有内容。

📖已经使用的会计科目，一般科目编码、辅助核算、外币数量核算等内容不允许修改。

②删除会计科目。

对于不再需要使用的会计科目，我们可以选择“删除”功能。

操作提示

📖尚未使用的会计科目可以直接删除。

📖已经使用的会计科目不允许删除。

3.2.2 初始化

初始化通常是指录入初始余额，即手工处理和计算机处理的衔接点，一个单位使用财务软件进行会计处理时，需要把之前手工处理的各会计科目的发生额和余额输入系统，保证财务软件数据的完整性和正确性。在开始使用财务软件的账务处理系统时，应将手工账簿的发生额和余额整理好，录入软件，主要包括财务初始化（即会计科目的期初余额）、业务初始化（即销售、采购、存货等的期初余额）、出纳初始化（即库存现金、银行存款的期初余额）。

操作提示

📖录入初始余额的时间点以账套启用日期为准，应当把账套启用日期之前的各科目发生额与余额录入。

📖根据建账日期的不同，初始余额的输入分成年初与年中启用账套两种情况：年初启用账套的，只需要录入年初余额即可；年中某个月份启用账套的，还需要录入从年初到该月月初为止各科目的累计发生额。

一般通用财务软件的科目期初余额录入可以分为这样几种情况：

（1）科目期初余额

① 最末级明细科目余额的录入：直接录入。

② 非末级明细科目余额的录入：不需要直接录入，录入其下级明细科目，系统自动

汇总。

③ 辅助核算科目余额的录入：双击或选择“辅助核算”标记出现单独窗口，按核算项目明细录入余额。

④ 外币科目余额的录入：选择币别，输入外币的金额，系统根据汇率自动换算为本位币。

⑤ 数量核算科目余额的录入：同时录入数量与金额的期初数。

（2）固定资产科目余额

通常的处理方式是在科目期初余额处直接录入总额，然后在单独的位置按照卡片明细录入固定资产卡片金额，如用友T3-标准版在固定资产系统中通过初始卡片录入的方式录入，而金蝶KIS云专业版则是在初始化时选择固定资产初始化数据按照卡片明细录入固定资产卡片金额。

（3）应收应付科目期初余额

需要单独在应收应付模块中对应收应付科目（主要包括应收账款、预收账款、应付账款、预付账款）的期初余额进行录入，并保持应收应付科目与总账科目一致。

（4）出纳管理期初余额

在出纳管理的初始化中录入库存现金、银行存款的期初余额，以及银行存款的期初未达账项。

操作提示

📖如果在录入过程中发生错误，查找错误时，可按照以下公式进行：余额方向为“借”的科目年初余额总和等于余额方向为“贷”的科目年初余额总和、余额方向为“借”的科目当前余额总和等于余额方向为“贷”的科目当前余额总和、借方累计发生额栏各项的和等于贷方累计发生额栏各项的和。

📖初始余额录入每套账只进行一次，账套一旦被启用进行日常处理，一般初始余额不允许修改。

期初余额录入完成后，要点击进入“科目余额”选择综合本位币，进行试算平衡。然后，选择结束初始化，进入日常业务处理。

3.2.3　初始设置的其他操作

各个财务软件开发时考虑的功能各有差异，上述功能是必须存在的财务软件初始设置功能，除此以外，不同财务软件还会增加一些功能，为各个单位的不同需要提供方便，在实际学习与工作中，需要根据所使用软件的具体要求进行设置。

3.3　通用财务软件初始设置实务操作比较应用

3.3.1　金蝶KIS云专业版初始设置实务操作

1）系统参数设置

登录金蝶KIS云专业版主控台，选择“基础设置”—“系统参数”，进行账套信息设置。

①系统信息设置，如图3-1所示。

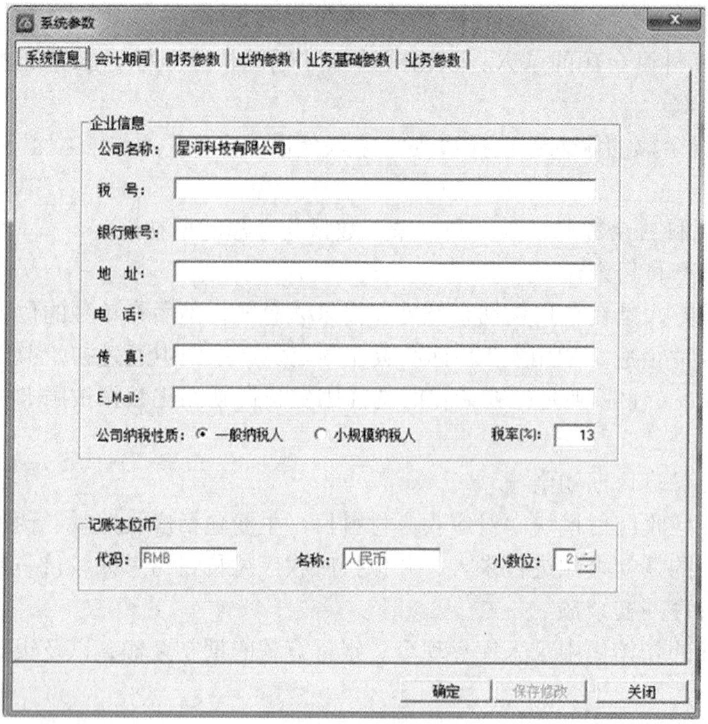

图3-1　系统信息设置

②会计期间设置，在如图3-2所示界面中，系统显示已经设置好的会计期间。

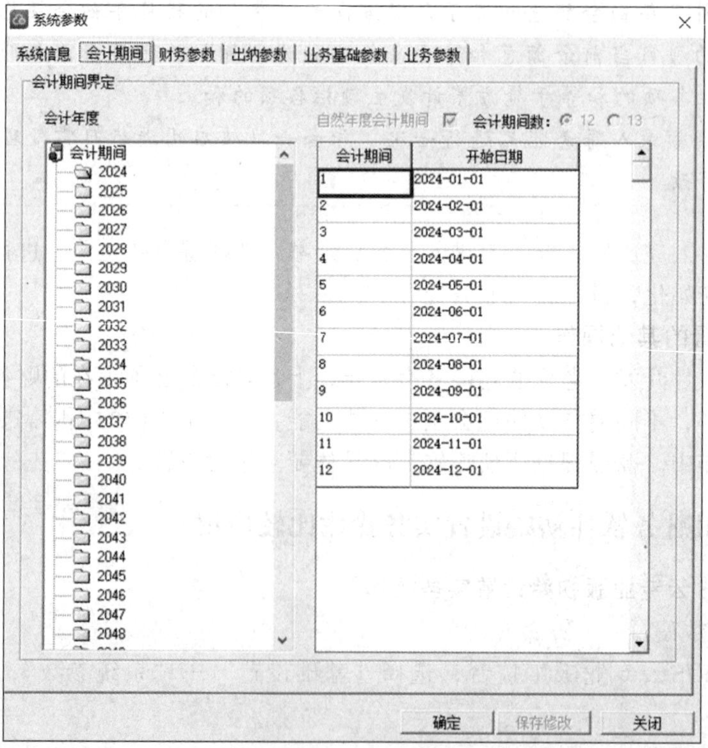

图3-2　会计期间

③财务参数设置，如图3-3所示。

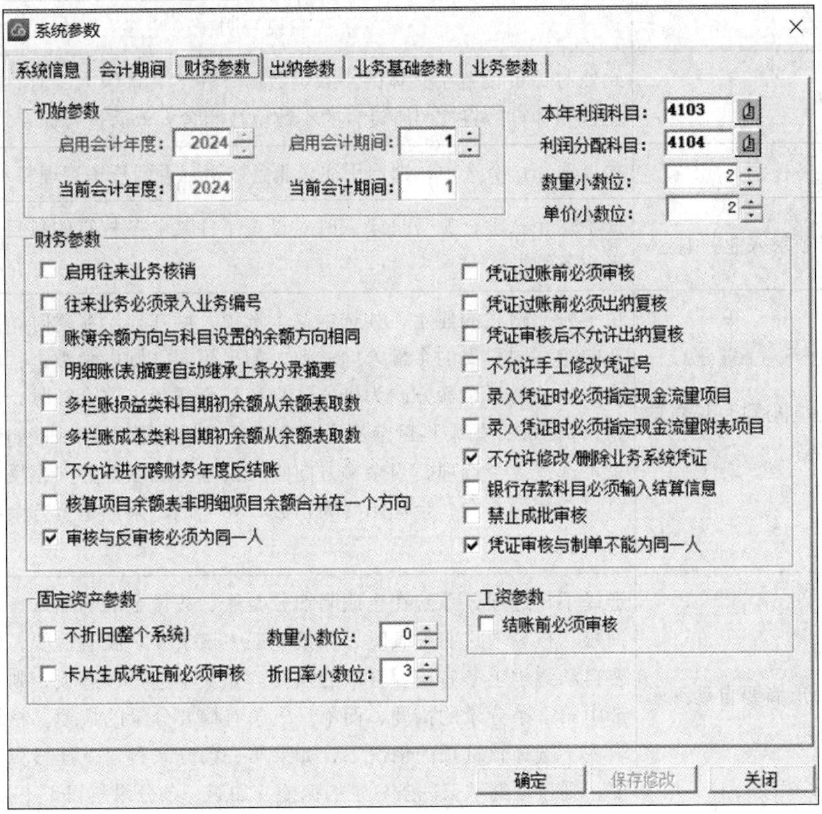

图3-3　财务参数设置

■ 财务参数具体包括内容见表3-1。

表3-1　　　　　　　　　　　　　　　　财务参数

参　数	说　明
启用会计年度/启用会计期间	新建账套后，首先需要定义此项内容，一旦设定后，不允许修改
当前会计年度/当前会计期间	显示账套的当前会计年度和当前会计期间，不可修改，只可查看
本年利润科目	在此处可选择设置本年利润的会计科目。单击<本年利润科目>右面的【 】，系统将为您列示出所有的会计科目，选择一个具体的科目作为本年利润科目
利润分配科目	在此处可选择指定利润分配的会计科目。单击<利润分配科目>右面的【 】，系统将为您列示出所有的会计科目，选择一个具体的科目作为利润分配科目。“以前年度损益调整”科目应结转到该科目
数量小数位	此处对数量设置了具体的小数位数后，在“凭证录入”时，数量和单价在自动计算后将按照所设置的小数位数四舍五入后进行保存

续表

参　数	说　明
单价小数位	此处对单价设置了具体的小数位数后，在“凭证录入”时，数量和单价在自动计算后将按照所设置的小数位数四舍五入后进行保存
启用往来业务核销	如果选择这个选项，则启用往来业务核销，否则核销管理将不能使用
往来业务必须录入业务编号	选中这个选项，则凭证录入时对设置了往来业务核算的科目必须录入往来业务编号
账簿余额方向与科目设置的余额方向相同	用于账簿格式的显示，如选中这个选项，则在显示账簿时，账簿的余额方向始终同科目的余额方向一致，如果不同，则以负数进行显示，如应收账款的科目余额方向为借方，当科目余额为借方余额时，则直接显示为，借100；如果科目余额为贷方余额，以负数来显示，如借-100。如果不选择这个选项，当余额方向同科目本身的余额方向相反时，则显示科目余额的方向，金额始终为正数，如上例，余额是贷方余额时，显示为贷100
明细账（表）摘要自动继承上条分录摘要	选择了该选项，系统在生成明细分类账、数量金额明细账、核算项目明细账、核算项目明细表时，如果凭证中该条分录没有摘要，则明细账摘要自动继承上条有摘要分录的摘要。如果不选择该选项，则自动继承凭证中第一条分录的摘要，而不是上条有摘要分录的摘要。核算项目明细表在不选择该选项的情况下，如果第一条分录科目下挂核算项目且有摘要，则自动继承第一条分录的摘要，如第一条分录科目下不挂核算项目，则不继承摘要，核算项目明细表的摘要栏为空
多栏式明细账损益类科目期初余额从余额表取数	只有在企业性质下有该参数。对于采用表结法的用户来说，不是每一期都会结转损益，该选项使多栏式明细账损益类科目期初余额从余额表取数，从而使多栏式明细账损益类科目期初余额在表结法下能够对应正确取数
多栏式明细账成本类科目期初余额从余额表取数	只有在企业性质下有该参数。成本类科目处于未结平的状态（余额不为零）时，选择该参数。多栏式明细账取数时，左边多栏式与具体明细栏目的期初余额取自初始余额录入的期初余额。成本类科目已结平（余额为零）时，不选择该参数，左边多栏式余额为零，但具体明细栏目的期初余额取自初始余额录入的实际损益发生额
不允许跨财务年度的反结账	选择该参数，不能进行跨年度的反结账
核算项目余额表非明细级核算项目的余额合并在一个方向	选择该参数，核算项目余额表按照其明细级核算项目的余额汇总后，如果既有借方余额又有贷方余额，需要以借贷方的差额填列，填列方向选取差额的正数方向。 如果选择了系统选项“账簿余额方向与科目设置的余额方向相同”，则此选项的作用就会失效

续表

参　数	说　明
凭证过账前必须审核	该参数对凭证过账作出限制，如果不选择此选项，凭证不审核也可以过账；如果选择了这个选项，则凭证必须审核后才可以进行过账处理。一般情况下都应选择这个选项，使业务的处理流程更加严谨
凭证过账前必须出纳复核	该参数控制在凭证过账前需检查凭证是否经过出纳复核。选择该选项，凭证必须经出纳复核后才能过账。该选项只对有现金科目或银行科目的凭证有效，即只对这类凭证在过账前进行检查是否经过出纳复核，对其他不涉及现金科目和银行科目的凭证不用进行检查
凭证审核后不允许出纳复核	勾选该选项，则系统控制了出纳复核在前、审核在后。不勾选该选项，即审核在前、出纳复核在后和审核在后、出纳复核在前可以同时存在，没有控制两者的先后顺序
不允许手工修改凭证号	选择了此参数，新增凭证时，系统自动给出一个凭证号，在凭证中该凭证号显示为灰，不允许用户修改。修改凭证时也不允许修改凭证号。如果不选择此参数，则凭证号可由用户自行修改并保存
录入凭证必须输入现金流量项目	在总账中，可以通过在凭证中对现金流量科目指定现金流量项目的方法编制现金流量表（具体对现金流量表的操作中有详细的说明）。如果在凭证中必须对现金流量科目输入现金流量项目，则需要选择这个选项；否则，现金流量项目为非必录项，凭证保存时不做检查
录入凭证时指定现金流量表附表项目	如果用户选择该选项，则在凭证录入时对于现金流量表附表相关科目，必须输入现金流量表附表项目，凭证保存时检查该凭证是否合法，如未输入附表项目，则视同凭证不合法，不予保存。如果用户取消该选项，则在凭证录入时，不对附表相关科目是否录入现金流量表附表项目做检查
不允许修改/删除业务系统凭证	对非账务系统生成的凭证，如果选择这个选项，则凭证在总账中只能查看，不能进行修改或删除
银行存款科目必须输入结算方式和结算号	选择此项，在凭证录入及保存的时候，对于银行科目（在科目属性设置中选中了<银行科目>这一选项的会计科目），系统会做强制性检查，如不通过，凭证无法保存
禁止成批审核	如果选中这个选项，则必须一张张凭证单独审核，不能进行多张凭证批量审核
审核与反审核必须为同一人	如果不选这个选项，则可以实现反审核其他人的凭证
凭证审核与制单不能为同一人	默认勾选，即凭证审核与制单不能是同一人；如不勾选，则凭证审核与制单可为同一人

操作提示

📖如果需要进行损益的自动结转，则必须进行本年利润科目的设置；如果不进行损益的自动结转，可以不设置本年利润科目。

当单位性质为行政事业单位时，不需要进行本年利润、利润分配科目的设置，但需在科目中设置结余科目。

■ 固定资产参数具体包括内容见表3-2。

表3-2 **固定资产参数**

参　数	说　明
不折旧（整个系统）	如果对固定资产仅进行登记管理，不需要计提折旧，则可以选择此选项（行政单位与事业单位的工会默认勾选）
数量小数位	用户可以根据企业固定资产管理的需要自定义固定资产数量的小数位精度，系统默认为0位小数位
卡片生成凭证前必须审核	如果需要加强对固定资产管理业务的审核监督，则可以选择这个要求对卡片进行审核的选项，由资产管理主管对固定资产卡片的新增、变动、清理业务进行审核后，再进行后续业务处理。该选项控制的是凭证生成时，如果该业务没有审核，则不能生成相关凭证
折旧率小数位	用户可以根据企业固定资产管理的需要自定义折旧率的小数位精度，系统默认为3位小数位

■ 工资参数。

工资参数为"结账前必须审核"，对工资系统结账进行控制。选择该参数，则在工资管理系统结账前必须对工资进行审核，若未审核，则不能结账。系统提示：还有工资数据未审核，请先进行工资数据审核后再结账。未选择该参数，则对工资管理系统的结账不进行审核控制。

④出纳参数，如图3-4所示。

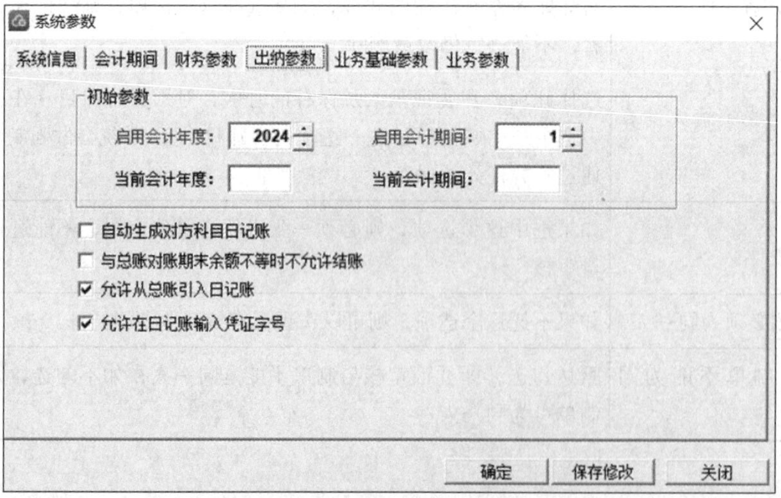

图3-4　出纳参数设置

出纳参数具体包括内容见表3-3。

表3-3　出纳参数

数据项	说　明	必填项（是/否）
启用会计年度	指您启用出纳管理系统的会计年度	否
启用会计期间	指您是在上面指定的会计年度中的哪一个会计期间启用出纳管理系统的	否
当前会计年度	指出纳管理系统目前的会计年度是哪一个年度	否
当前会计期间	指出纳管理系统目前所在的会计期间为哪一个期间	否
自动生成对方科目日记账	在现金日记账中新增，对方科目有“库存现金”或“银行存款”科目时，不自动生成该“库存现金”或“银行存款”科目的日记账；同样，在银行存款日记账中新增，对方科目有“库存现金”或“银行存款”科目时，也不自动生成该“库存现金”或“银行存款”科目的日记账	否
允许从总账引入日记账	不选此参数，则双击“总账数据”—“引入日记账”提示没有选择“允许从总账引入日记账”参数，禁止从总账引入日记账，不可操作，同时现金日记账和银行日记账的引入按钮和文件菜单中从总账引入日记账都应置灰。选此参数，则表示可以从总账引入现金日记账和银行日记账	否
与总账对账期末余额不等时不允许结账	出纳管理系统在结账时，系统判断银行日记账与现金日记账所有科目以及科目的所有币别与总账的对应科目和币别的余额是否相等，只有在相等的情况下才允许结账	否
允许在日记账输入凭证字号	勾选此参数，则录入日记账时，不能对凭证年、凭证期间、凭证字、凭证号进行编辑	否

2）财务分工

金蝶KIS云专业版的财务分工操作不在账套管理里面实现，而是在金蝶KIS云专业版主控台中实现。选择“基础设置”—“用户管理”，在如图3-5所示的界面中进行用户的相关操作。

（1）用户管理

在图3-5所示的界面中，单击【新建用户】按钮，即可添加新的用户。

（2）权限管理

选中要授权的用户，单击【权限管理】按钮，弹出如图3-6所示的窗口，可以进行快速授权，即对系统的查询权和管理权。其中查询权是用户具有的基本使用权限，管理权表明其具有修改数据、删除数据的权限，可以全选或选中一部分，单击【授权】按钮即可。

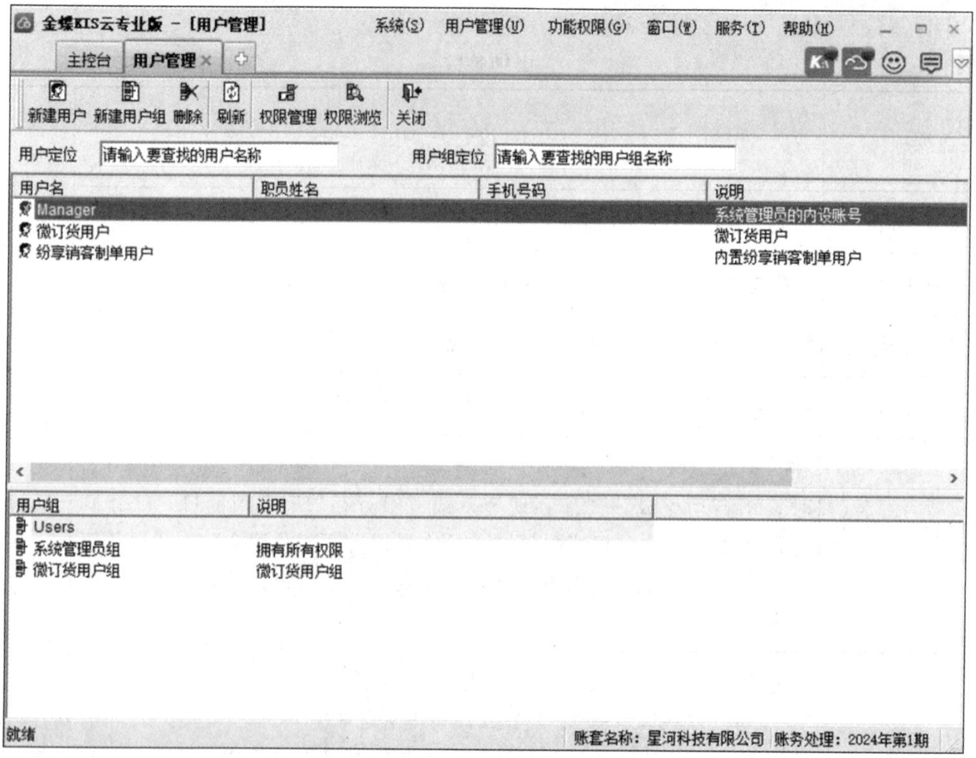

图3-5 用户管理

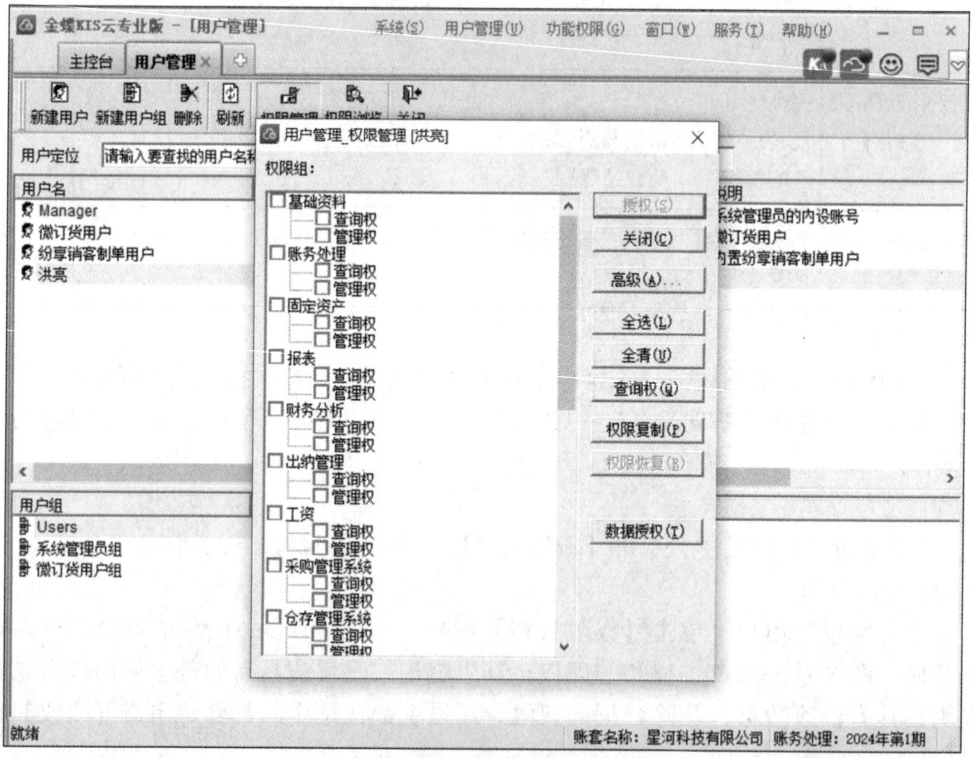

图3-6 权限管理

此外，可以单击图 3-6 中的【高级】按钮，在如图 3-7 所示的界面中进行详细授权，即根据功能进行授权，可以对每一具体业务功能的增加、删除、修改、查询等进行授权。选择其中要授权的功能，单击【授权】按钮即可。

图3-7　明细权限设置

操作提示

📖具体权限的分配。权限分为操作权限（对不同模块各个功能是否可进行操作的权限）、报表权限（是否可查看与打印报表的权限）、科目权限（对哪些会计科目可以进行运用的权限）。

📖权限的适用范围。权限的适用范围可以分为适用所有用户、本组用户和当前用户。下面举例说明不同的分组针对单据操作中是否允许查看、修改等功能授权上的差异：假如某操作人员具有查看采购订单的权限，如果业务单据授权范围选择所有用户，那么此操作人员可以查看所有人制作的采购订单；如果业务单据授权范围选择本组用户，那么此操作人员可以查看到此操作人员所在的用户组内的所有人员制作的采购订单；如果业务单据授权范围选择当前用户，那么此操作人员只可以查看到自己制作的采购订单。

3）基础设置

（1）引入会计科目

账套建立完成进入金蝶 KIS 云专业版主控台后，如果没有引入会计科目，需要引入会计科目。在金蝶KIS云专业版主控台中，选择“基础设置”—“会计科目”，在弹出的如图3-8所示的窗口中，选择“文件”—“从模板中引入科目”。

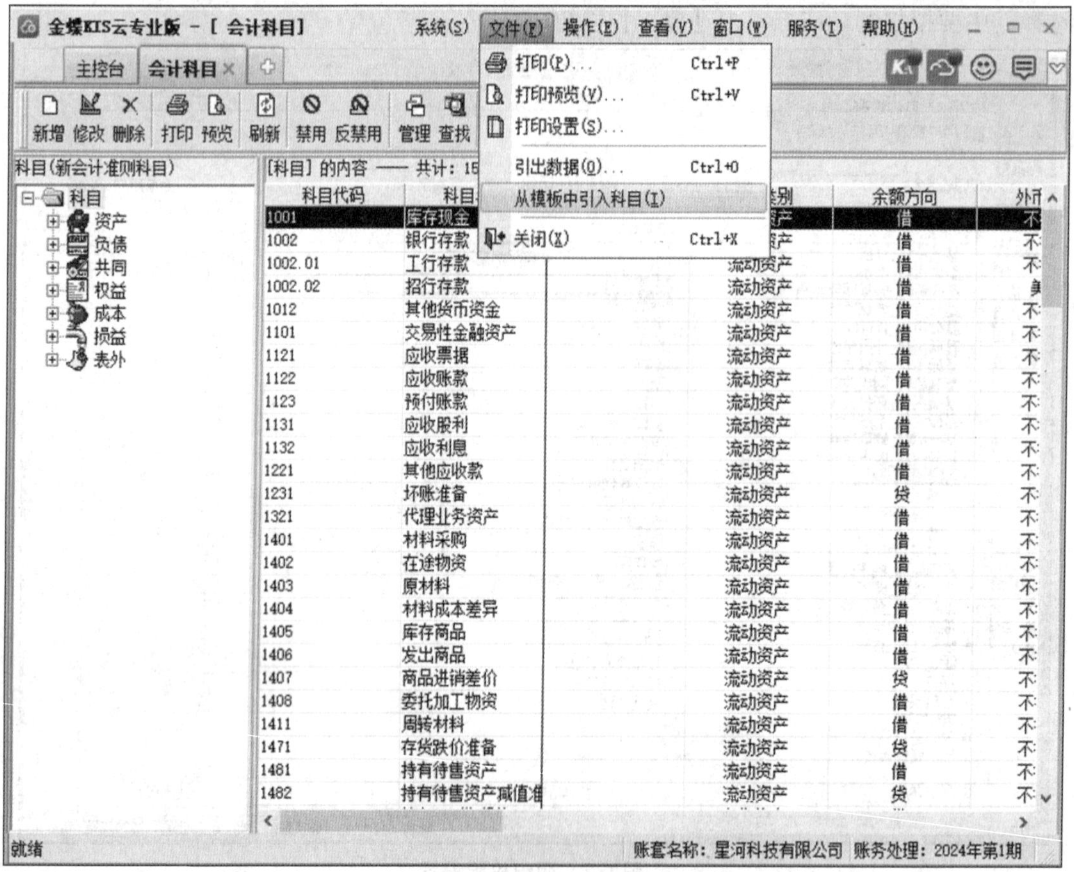

图3-8 引入会计科目

然后，在如图3-9所示的科目模板的界面中，选择科目模板类型，单击【引入】按钮即可。

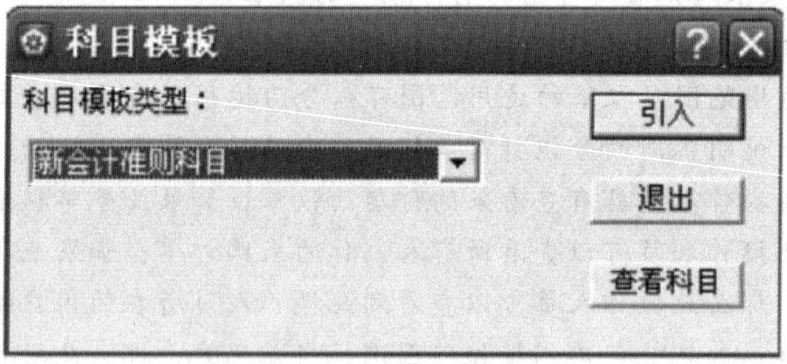

图3-9 科目模板选择

（2）凭证字设置

选择“基础设置”—“凭证字”，在如图3-10所示的窗口中进行凭证字的设置。

针对具体的凭证类型可以对其进行正确性检验的设置，比如付款凭证设置为“贷方必有1001，1002.01，1002.02”，如图3-11所示。

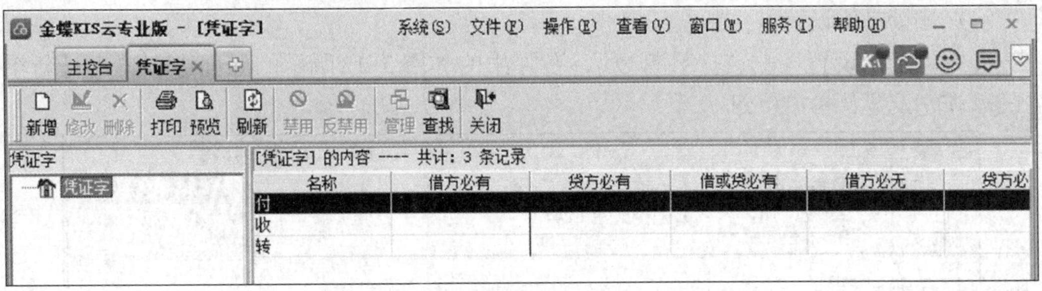

图3-10　凭证字设置

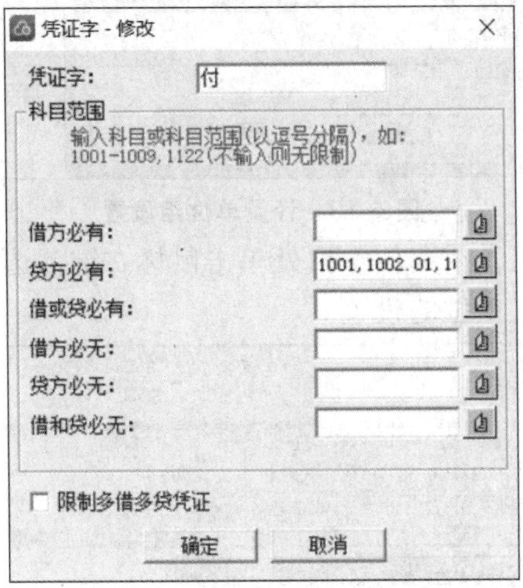

图3-11　凭证正确性检验设置

（3）币别设置

选择“基础设置”—“币别”，在弹出的如图3-12所示的界面中，单击【新增】按钮，进行币别设置。

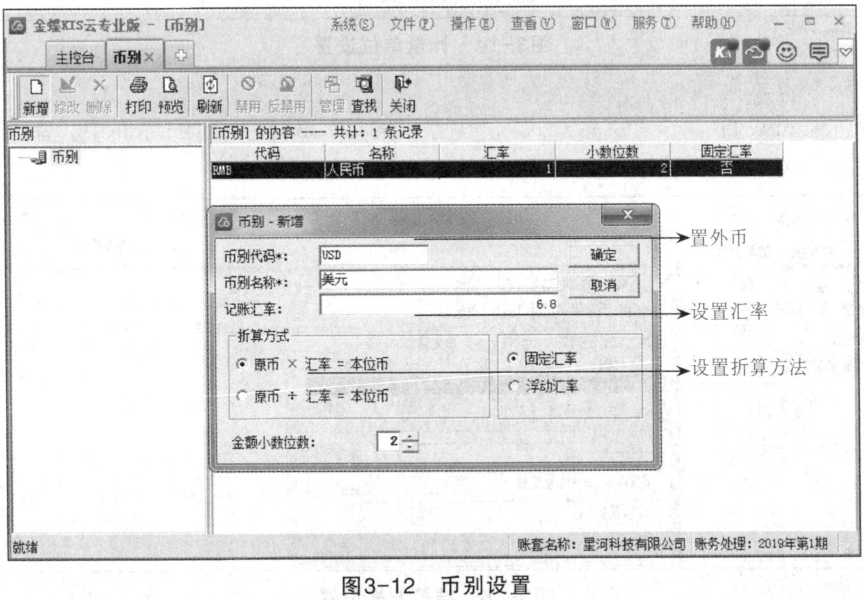

图3-12　币别设置

(4) 计量单位设置

选择“基础设置”—“计量单位”，在弹出的如图3-13所示的界面中，单击【新增】按钮，首先设置计量单位组。

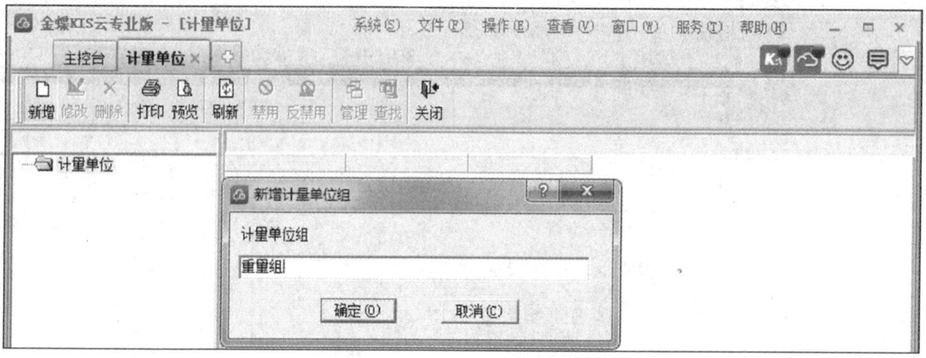

图3-13　计量单位组设置

然后，选中计量单位组，在右侧空白处单击鼠标右键，选择“新增”，在弹出的如图3-14所示的窗口中进行计量单位的设置。

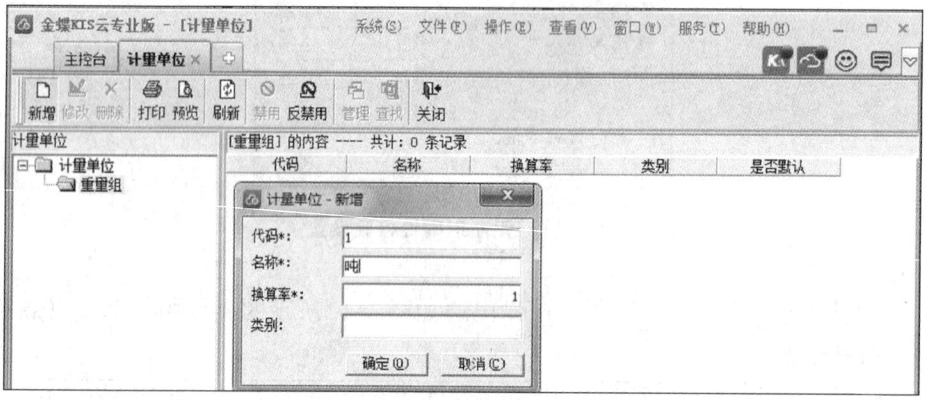

图3-14　计量单位设置

(5) 结算方式设置

选择“基础设置”—“结算方式”，在弹出的如图3-15所示的界面中，单击【新增】按钮，添加相关的结算方式。

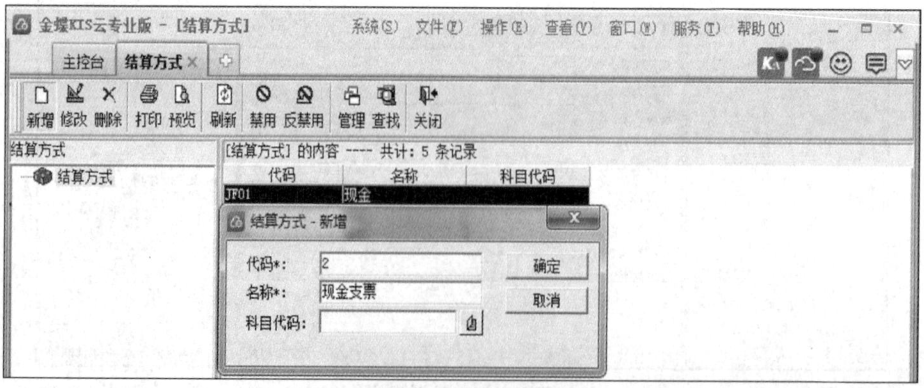

图3-15　结算方式设置

（6）核算项目设置

选择“基础设置”—“核算项目”，在弹出的如图3-16所示的界面中，选中要设置的辅助核算项目类别，如客户，然后单击【新增】按钮，在弹出的“客户-新增”窗口进行添加。

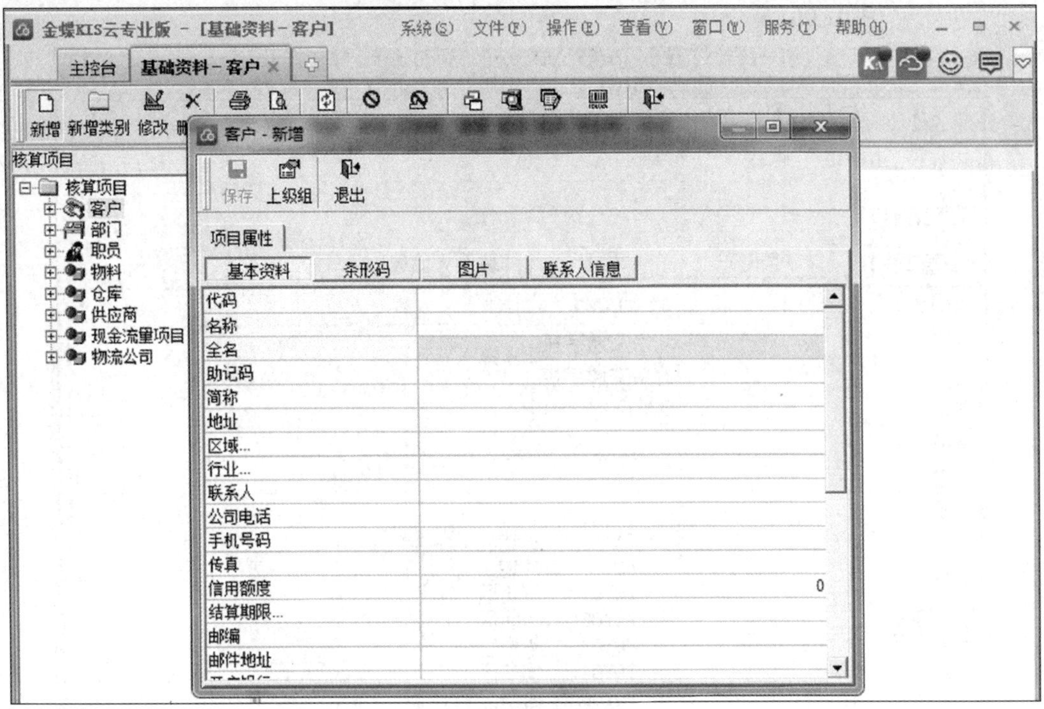

图3-16　核算项目设置

操作提示

🕮在金蝶KIS云专业版中，如果要对客户、供应商进行分类管理，可以在图3-16所示的界面中，首先单击“上级组”，即添加分类，如图3-17所示。

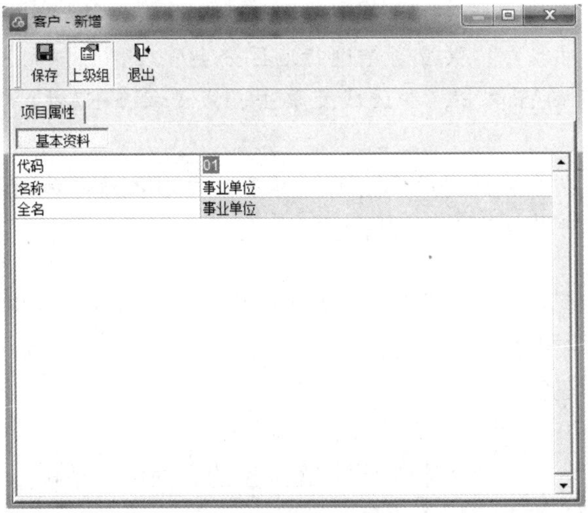

图3-17　设置上级组

如果需要继续分组，那么输入下一级组别名称，选择上级组，直至分组结束，即最后的末级客户不再选择上级组。如图3-18所示，注意代码的写法要用“.”分开，写为“01.01.001”。

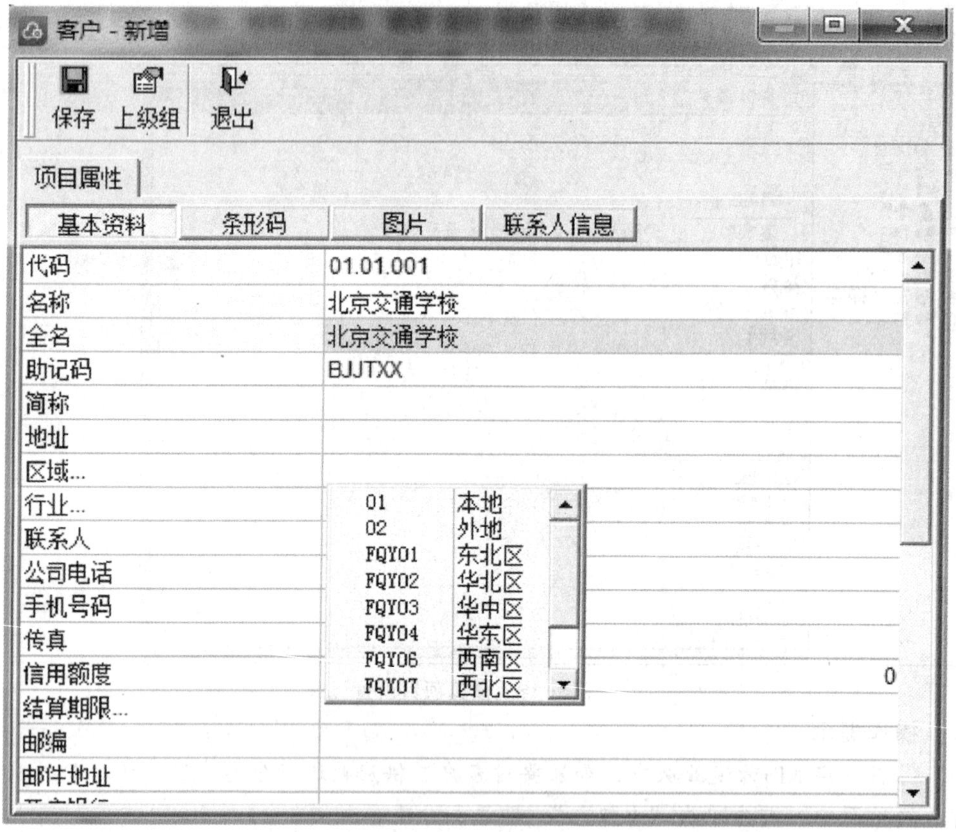

图3-18 添加客户

如果需要对客户、供应商等进行地区分类管理，可以利用客户里的区域属性。在如图3-18所示的窗口中，在区域处单击，或是按下F7键，可以选择或新增地区分类。

如果需要在系统提供的已有的核算项目类别之外添加新的类别，比如项目核算、产品核算，则可以单击“新增类别”。

其他的档案信息，比如部门档案、供应商档案、职员档案等的输入方式可参考客户档案的输入方式，不再赘述。

（7）会计科目设置

①新增会计科目

选择“基础设置”—“会计科目”，在弹出的界面中，单击【新增】按钮，即可出现如图3-19所示的窗口，进行相应的科目设置。

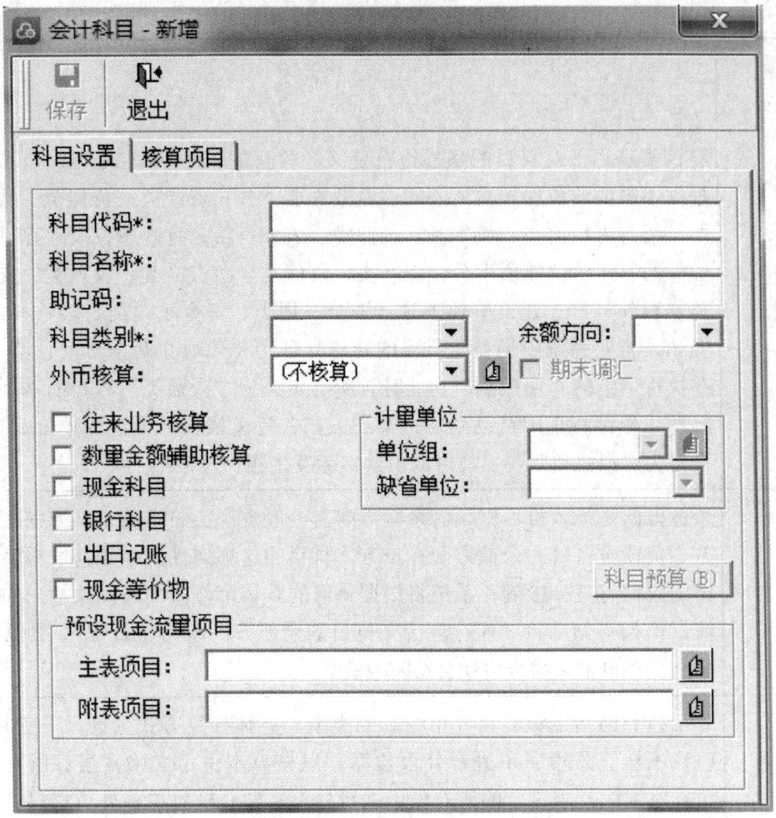

图3-19 新增会计科目

会计科目的各项属性的说明见表3-4。

表3-4 会计科目的属性说明

数据项	说明	必填项（是/否）
科目代码	科目代码在系统中必须唯一。科目代码必须由上级至下级逐级增加：即必须首先增加上级科目代码，只有上级科目代码存在后才能增加下级科目代码。科目代码由“上级科目代码+本级科目代码”组成，中间用小数点进行分隔	是
科目名称	科目名称是该科目的文字标识。在命名科目名称时只需命名本级科目名称，不必带上上级科目名称。输入的科目名称一般为汉字或字符	是
助记码	助记码即帮助记忆科目的编码。在录入凭证时，为了提高科目录入的速度可以用助记码进行科目录入。例如：将“库存现金”科目的助记码输为“kcxj”，则在输入现金科目时输入“kcxj”，系统将会自动找到“库存现金”科目	否

续表

数据项	说　明	必填项（是/否）
科目类别	科目类别用于对科目的属性进行定义。科目的属性系统都已做了设定，根据不同的单位性质有所不同。企业性质下分：资产类、负债类、共同类、所有者权益类、成本类、损益类、表外科目；行政单位及除建设单位外的事业单位性质下分：资产类、负债类、净资产类、收入类、支出类、表外科目；建设单位下分：资金占用类、资金来源类、表外科目。例如，企业系统中损益类科目的特殊处理主要体现在两个方面：第一，在执行“结转本期损益”功能时，所有定义为“损益类”科目的本期实际发生额都将全部自动结转；第二，在自定义报表中设置取数公式时，设定为“损益类”科目便可取出其实际发生额	是
余额方向	余额方向是指该科目默认的余额方向。一般资产类科目的余额方向在借方，负债类科目的余额方向在贷方。科目的这项属性对于账簿或报表输出的数据有直接影响，系统将根据科目的默认余额方向来反映输出的数值。例如：如果将“库存现金”科目的余额方向改为“贷方”，则其借方余额在自定义报表中就会反映为负数	是
外币核算	外币核算即指定该科目外币核算的类型。具体核算方式分为以下三种：(1) 不核算外币：不进行外币核算，只核算本位币。(2) 核算所有外币：对本账套中设定的所有货币进行核算。(3) 核算单一外币：只对本账套中某一种外币进行核算。若选择核算单一外币，要求选择一种进行核算的外币的名称。系统在处理外币核算的同时，会自动默认在“币别”功能中输入汇率	是
期末调汇	期末调汇是指确定是否在期末进行汇率调整。只有科目进行了外币核算，此选项才可用。如选择期末调汇，则在期末执行“期末调汇”功能时，对此科目进行调汇	否
往来业务核算	选择该选项，核算往来业务，凭证录入时要求录入往来业务编号，适用于往来核销模块。此项选择将影响到“往来对账单”和“账龄分析表”的输出	否
数量金额辅助核算	确定是否进行数量金额辅助核算。若进行数量金额辅助核算，要求选择核算的计量单位	否
计量单位	选择科目的计量单位组及缺省的计量单位。只有科目进行了数量金额核算，此项目才可使用	否
现金科目	选中此选项，则将科目指定为现金科目。现金日记账和现金流量表使用	否
银行科目	选中此选项，则将科目指定为银行科目。银行存款日记账和现金流量表使用	否
出日记账	选中此选项，则在明细分类账中按日统计金额	否

续表

数据项	说　明	必填项（是/否）
现金等价物	该选项供现金流量表取数使用	否
预设现金流量项目	可以针对非现金和非现金等价物科目设置现金流量表主附表项目，设置后，在凭证中指定现金流量时可以自动带出，加快用户指定现金流量项目的速度	否
核算项目	如果要为科目增加需要进行核算的核算项目，则选择“核算项目”界面，单击【增加核算项目类别】按钮，在打开的“核算项目类别”界面内选择需要的核算项目，单击【确定】按钮即可。多项目核算，可全方位、多角度地反映企业的财务信息，并且科目设置多项目核算比设置明细科目更直观、更简洁，处理速度更快。例如，企业的往来客户有1 000个以上，如果将往来客户设置成明细科目，那么，应收账款的二级科目至少达到1 000条，如果将往来客户设置成应收账款的核算项目，只要应收账款一个一级科目就可以了	否

不同类型的会计科目的新增方法如下：

■ 一般科目：输入科目代码、科目名称，选择科目类别，保存即可。

■ 外币科目：输入科目代码、科目名称，选择科目类别，在外币核算处选择相应的外币，并勾选“期末调汇”，保存即可。

■ 数量金额核算科目：输入科目代码、科目名称，选择科目类别，勾选“数量金额辅助核算”，并选择计量单位组与计量单位，保存即可。

■ 辅助核算科目：输入科目代码、科目名称，选择科目类别并选择“核算项目”页面，单击“增加核算项目类别”，在列表中选择要进行的辅助核算类别，保存即可。

■ 现金、银行科目：输入科目代码、科目名称，选择科目类别，勾选现金科目或银行科目，并勾选“出日记账”，保存即可。

操作提示

🕮科目可以下设最多4个核算项目。

🕮如果希望对科目进行多核算项目核算，则一定要在科目被使用前为科目增加核算项目。如果没有为科目新增核算项目，而该科目又已经使用，则再不能为该科目新增核算项目类别。

🕮在已发生业务的科目下，再增加一个子科目，系统会自动地将父级科目的全部内容转移到新增的子科目上来，您可以再增加一个新的科目处理相关业务。注意该项操作不可逆。

②修改会计科目

在会计科目界面，单击工具栏中的【修改】按钮或双击科目，打开“会计科目-修改”界面，在界面中进行相应的修改。未使用的会计科目可以随意修改其属性，如图3-20所示。

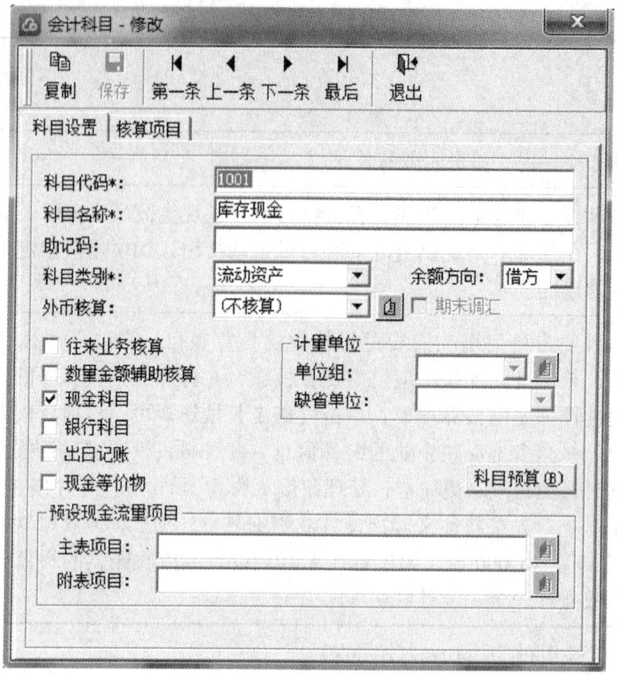

图3-20　修改未使用会计科目

操作提示

🕮对于已使用的会计科目，部分科目的属性是不可以修改的，如图 3-21、图 3-22 所示。

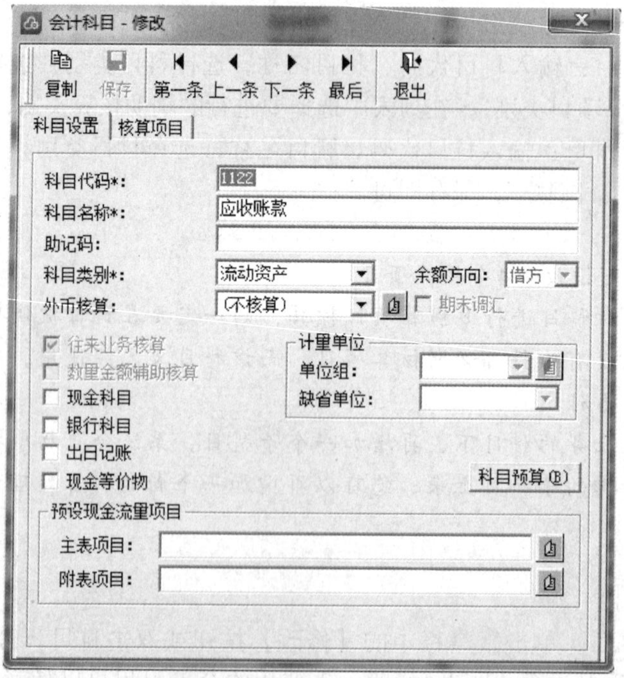

图3-21　修改已使用会计科目——科目设置

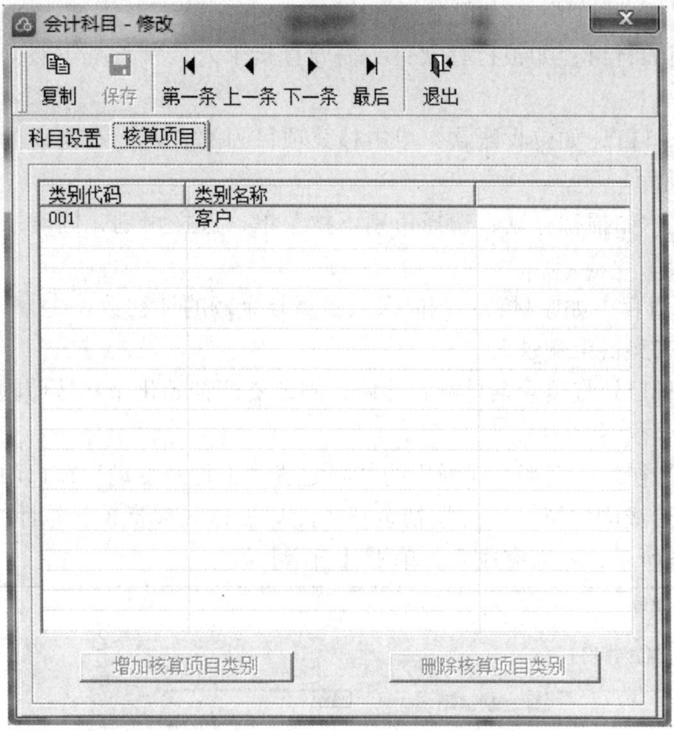

图3-22　修改已使用会计科目——核算项目

③删除会计科目

在会计科目界面，单击工具栏中的【删除】按钮，可以进行科目的删除操作。但是，对于已使用的会计科目，不可以直接删除。

4）初始化

选择“初始化”—“科目初始数据”，在弹出的如图3-23所示的窗口中进行相关科目余额的输入操作。

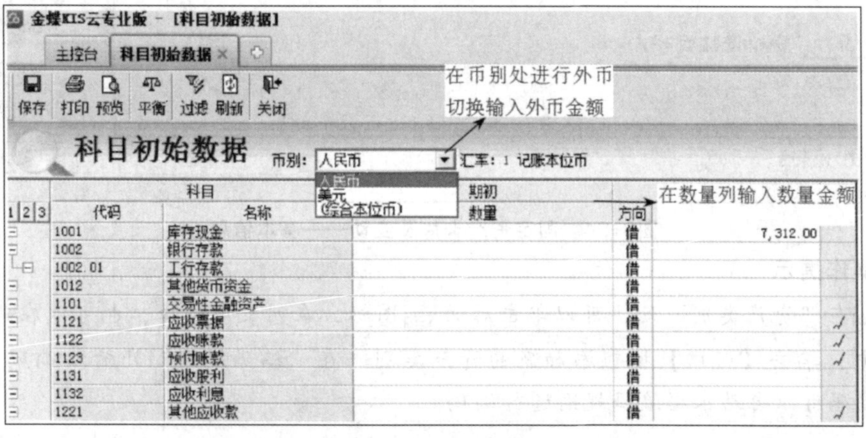

图3-23　科目初始数据

（1）科目余额录入

① 最末级明细科目，如库存现金：直接录入。

② 非末级明细科目，如银行存款：不需要直接录入，录入其下级明细科目，系统自动汇总。

③ 辅助核算科目，如应收账款：单击核算项目列的“√”，在出现的单独窗口按核算项目明细录入余额。

④ 外币科目，如招行存款：选择币别下拉菜单，选择币别，同时录入本位币与外币的金额。

⑤ 数量核算科目，如原材料：同时录入数量与金额的期初数。

（2）固定资产科目余额录入

在固定资产科目处直接录入总额，然后，固定资产初始化余额按照固定资产卡片明细录入期初余额。

选择固定资产初始化余额，在弹出的“固定资产卡片及变动”窗口中填写固定资产卡片的相关信息，形成固定资产卡片期初余额。此项操作共包括3个页面，分别如图3-24、图3-25和图3-26所示，输入完成后，单击【新增】按钮。

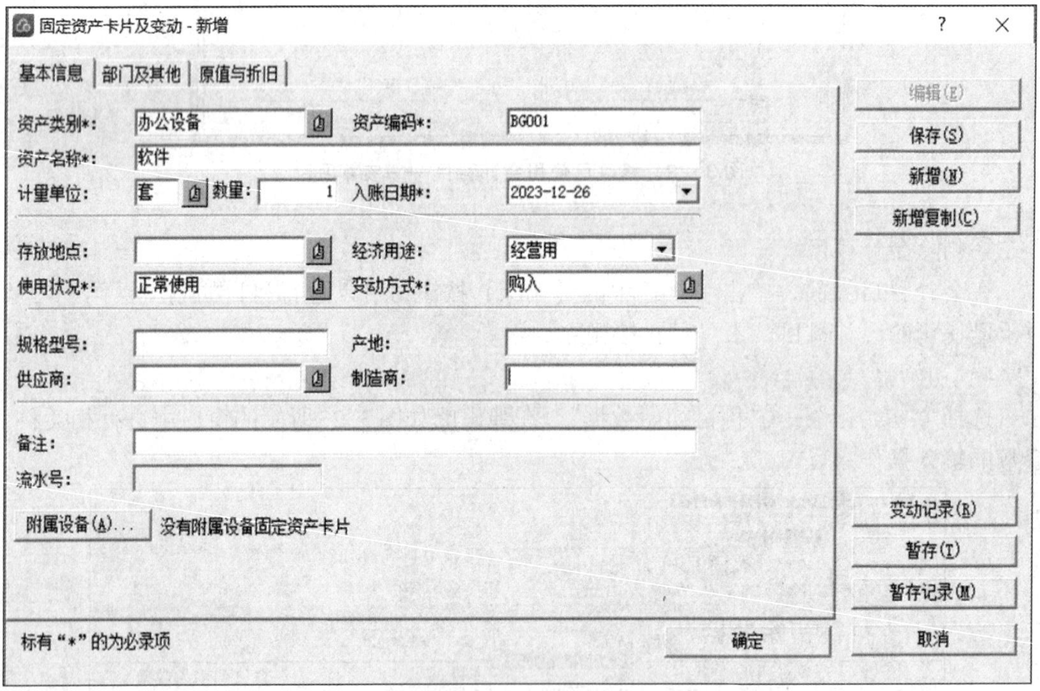

图3-24　固定资产卡片及变动——基本信息

操作提示

📖在“资产类别”处，可以单击后面图标，在列表中选择；也可以在弹出的窗口中，单击【新增】按钮添加新的资产类别。在“编码规则”处输入编码规则，资产编码可以自动根据编码规则进行编码。

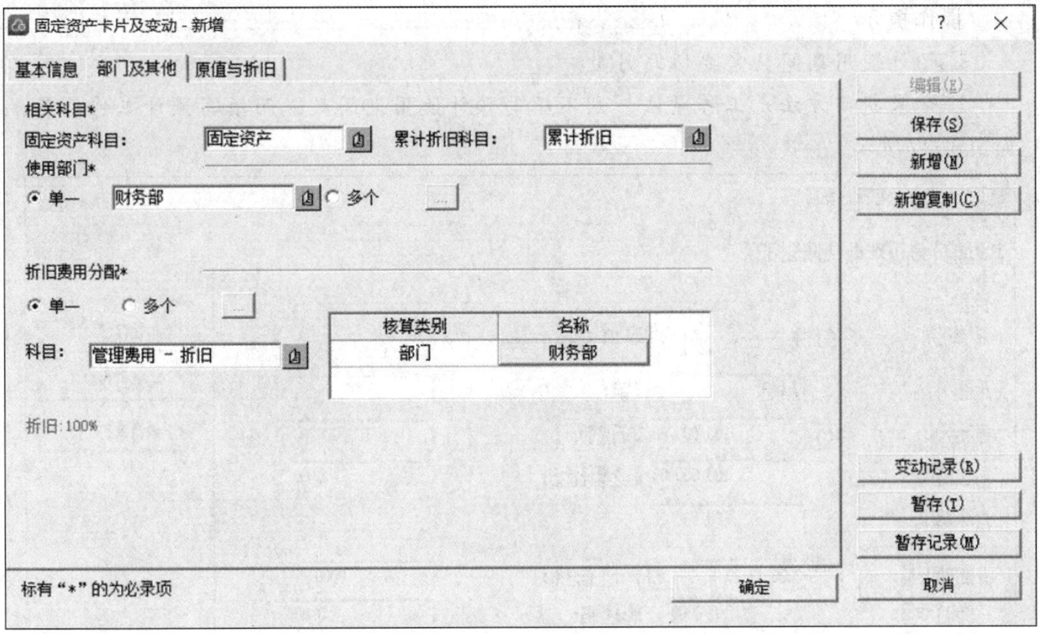

图3-25　固定资产卡片及变动——部门及其他

操作提示

使用部门是“单一”时，直接单击后面图标，在列表中选择，然后在折旧费用分配的科目处选择对应的折旧费用科目；如果是多个部门同时使用，则应选择“多个”，并在弹出的窗口中设置多个部门的使用比例，然后在折旧费用分配里选择“多个”，并进行费用的比例分配与设置。

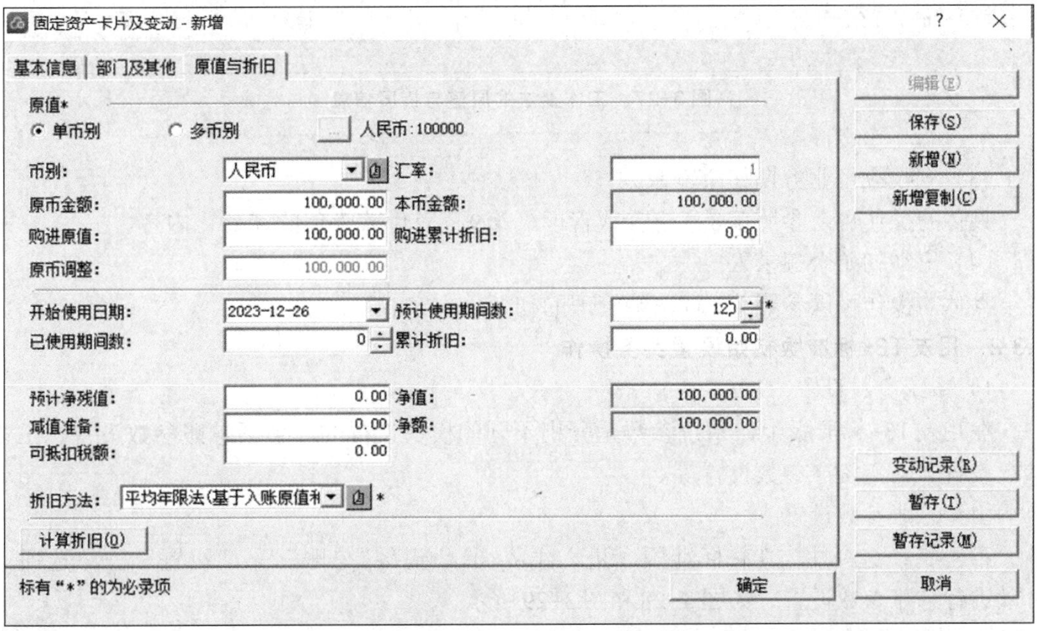

图3-26　固定资产卡片及变动——原值与折旧

操作提示

📖预计使用期间数需要填写月数。

📖如果折旧方法是工作量法，则不填写预计使用期间数，而填写预计工作总量，如图 3-27 所示。

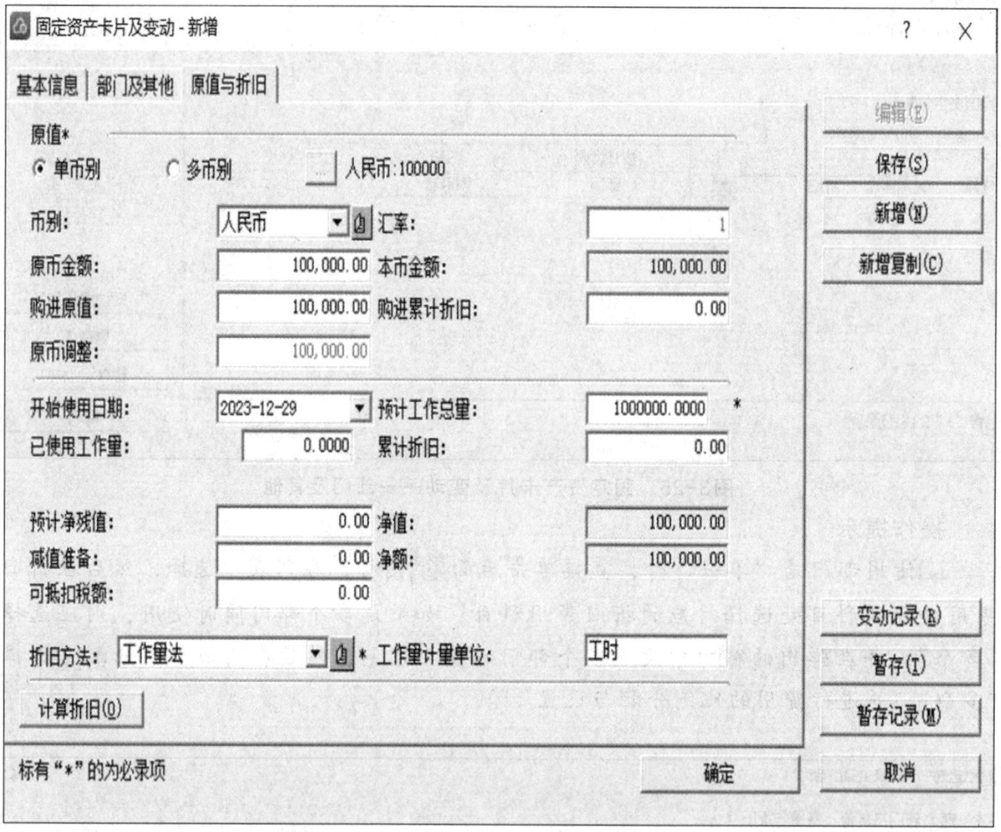

图 3-27　工作量法的原值与折旧信息

（3）应收应付业务期初余额录入

具体的操作可以参照第 8 章应收款管理、第 9 章应付款管理的初始化内容。

（4）出纳初始余额录入

具体的操作可以参照第 5 章出纳管理的初始化内容。

3.3.2　用友 T3-标准版初始设置实务操作

1）系统参数设置

在用友 T3-标准版中，系统参数是分别不同的模块设置的，包括总账参数设置、工资参数设置、固定资产参数设置等。

（1）总账参数设置

第一步，选择用友 T3-标准版，进入主界面，选择“总账”—“设置”—“选项”，可以进行总账参数设置，如图 3-28 和图 3-29 所示。

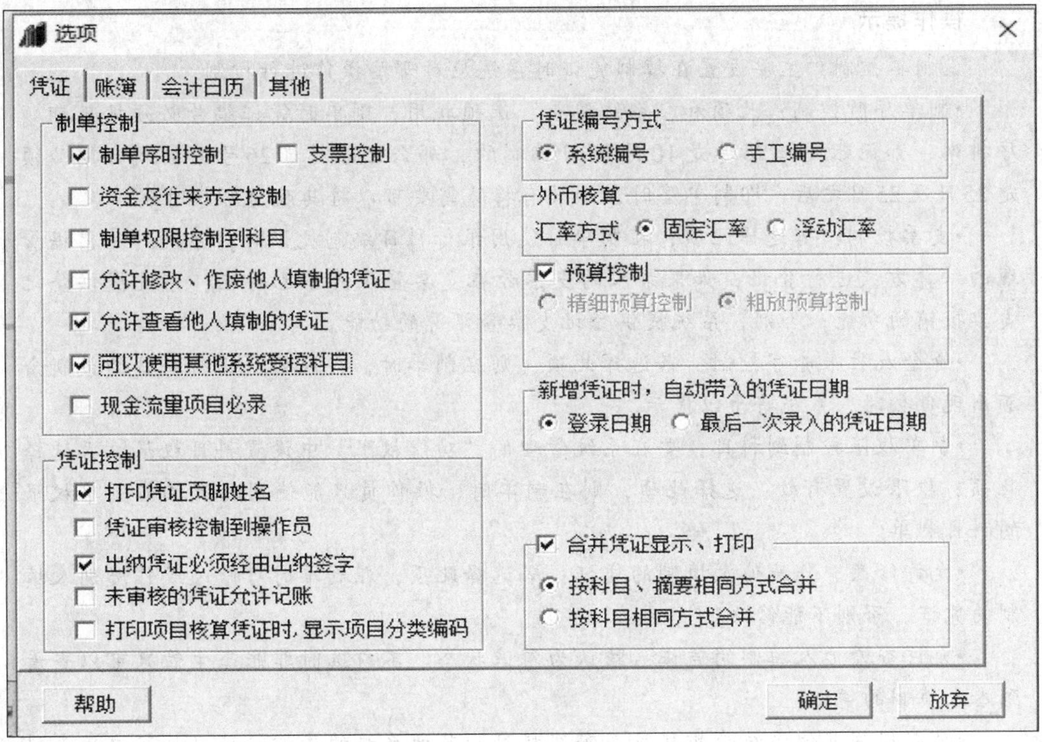

图3-28　总账参数设置选项——凭证

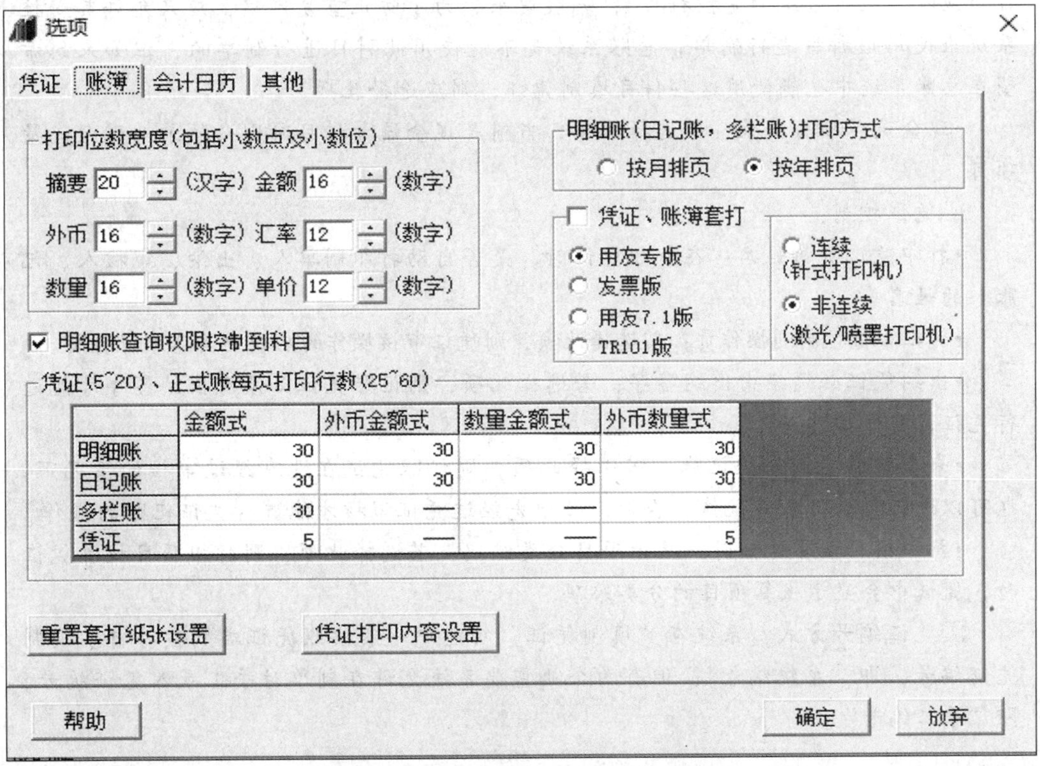

图3-29　总账参数设置选项——账簿

操作提示

📖制单控制：主要设置在填制凭证时系统应对哪些操作进行控制。

•制单序时控制：此项和“系统编号”选项联用，制单时凭证编号必须按日期顺序排列，如记账凭证25号是10月25日编制的，那么记账凭证26号的编制日期必须是25日及25日之后，即制单序时，如果有特殊需要可以将其改为不序时制单。

•支票控制：若选择此项，在制单时使用银行科目编制凭证时，系统针对票据管理的结算方式进行登记，如果录入的支票号在支票登记簿中已存在，系统提供登记支票报销的功能；否则，系统提供登记支票登记簿的功能。

•资金及往来赤字控制：若选择此项，则在制单时，当现金、银行科目的最新余额出现负数时，系统将予以提示。

•制单权限控制到科目：要在系统管理的“功能权限”中设置科目权限，再选择此项，权限设置有效。选择此项，则在制单时，操作员只能使用具有相应制单权限的科目制单。

•允许修改、作废他人填制的凭证：若选择此项，在制单时可修改或作废别人填制的凭证，否则不能修改。

•允许查看他人填制的凭证：默认为勾选状态。不勾选时非账套主管只可以查看到本人填制的凭证。

•可以使用其他系统受控科目：若某科目为其他系统的受控科目（如客户往来科目为应收、应付系统的受控科目），一般说来，为了防止重复制单，应只允许其受控系统来使用该科目进行制单，总账系统是不能使用此科目进行制单的，但如果您希望在总账系统中也能使用这些科目填制凭证，则应选择此项。

•现金流量项目必录：若选择此项，当前是现金流量科目时则必须录入现金流量项目。

📖凭证控制：

•打印凭证页脚姓名：在打印凭证时，是否自动打印制单人、出纳、审核人、记账人的姓名。

•凭证审核控制到操作员：若选择此项，则凭证审核操作的功能要具体到操作员。

•出纳凭证必须经由出纳签字：若选择此项，则记账凭证必须有出纳签字才能进行凭证记账等操作。

•未审核的凭证允许记账：若选择此项，则记账凭证在没有经过审核的情况下，也可以进行凭证记账的操作。否则，必须先经过凭证审核才能进行凭证记账的操作。

•打印项目核算凭证时，显示项目分类编码：若选择此项，则打印项目核算凭证时，凭证中会显示核算项目的分类编码。

📖凭证编号方式：系统在“填制凭证”功能中一般按照凭证类别按月自动编制凭证编号，即“系统编号”；但有的企业需要系统允许在制单时手工录入凭证编号，即“手工编号”。

🕮外币核算：如果您的企业有外币业务，则应选择相应的汇率方式——固定汇率、浮动汇率。“固定汇率”即在制单时，一个月只按一个固定的汇率折算本位币金额。“浮动汇率”即在制单时，按当日汇率折算本位币金额。

🕮预算控制：该选项从财务分析系统取数，选择该项，则在制单时，当某一科目下的实际发生数导致多个科目及辅助项目的发生数及余额总数超过预算数与报警数的差额，则报警。注意报警只针对总账的凭证。

🕮合并凭证显示、打印：选择此项，则在填制凭证、查询凭证、出纳签字和凭证审核时，以系统选项中的设置显示；在科目明细账显示或打印时凭证“按科目、摘要相同方式合并”或“按科目相同方式合并”显示，并在明细账显示界面提供是否“合并显示”的选项。

(2) 工资参数设置

参考工资管理系统章节的相关内容。

(3) 固定资产参数设置

参考固定资产系统章节的相关内容。

2）基础设置

选择用友T3-标准版，进入主界面，选择“基础设置”，如图3-30所示。

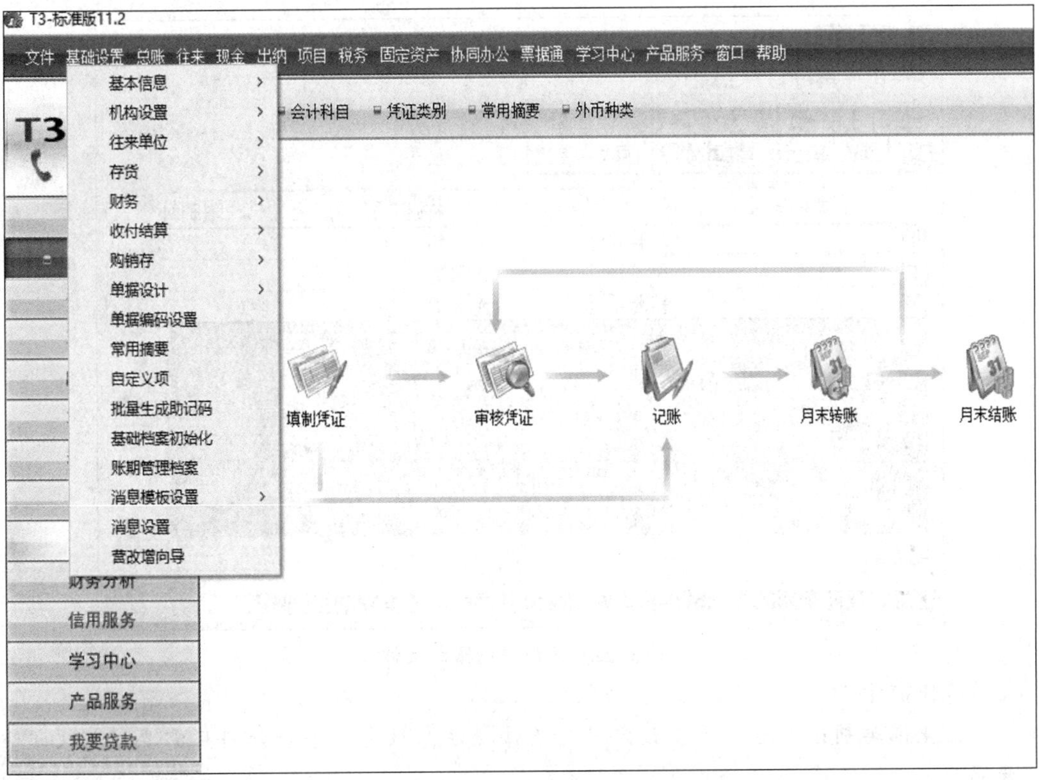

图3-30　基础设置

(1) 凭证类别设置

在用友T3-标准版中选择“基础设置”—“财务”—“凭证类别”，打开凭证类别预置界面，如图3-31所示，选择企业要采用的凭证类别即可。

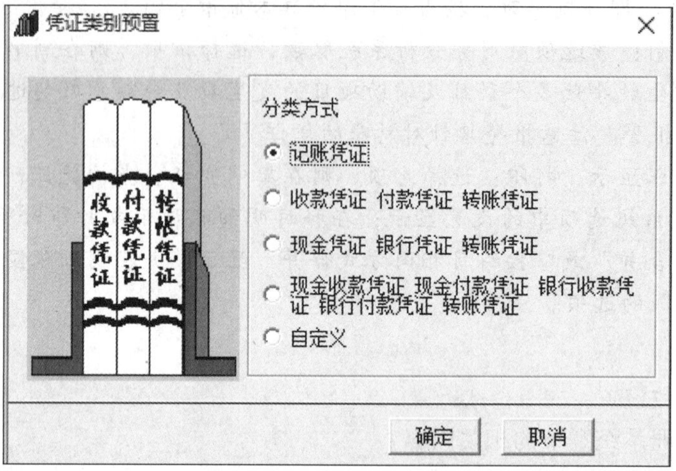

图3-31 凭证类别预置

如果企业选择的是收、付、转三种，或是现金、银行、转账三种，或是现收、现付、银收、银付、转账五种的凭证类型，系统会自动出现凭证类别限定条件的界面，如图3-32所示。

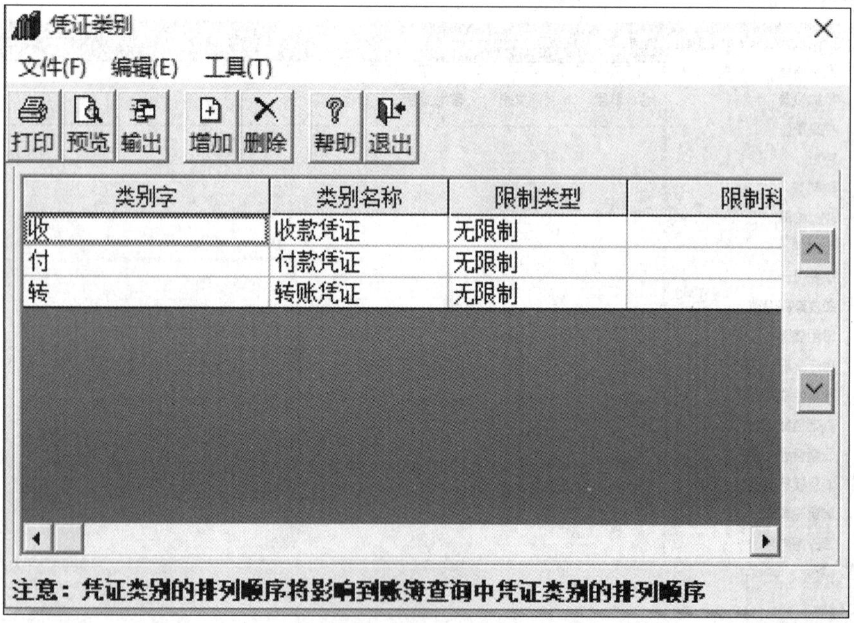

图3-32 凭证类别限制条件

操作提示

📖凭证类别选定后，需要设定限定条件，注意限定多个会计科目需要用英文逗号隔开。

（2）外币币种设置

在用友T3-标准版中，选择“基础设置”—“财务”—“外币币种”，在如图3-33所示的界面中进行外币的设置。输入币符、币名，选择折算方式，单击【增加】按钮，窗口中出现新增的币种，在右侧输入记账汇率即可。

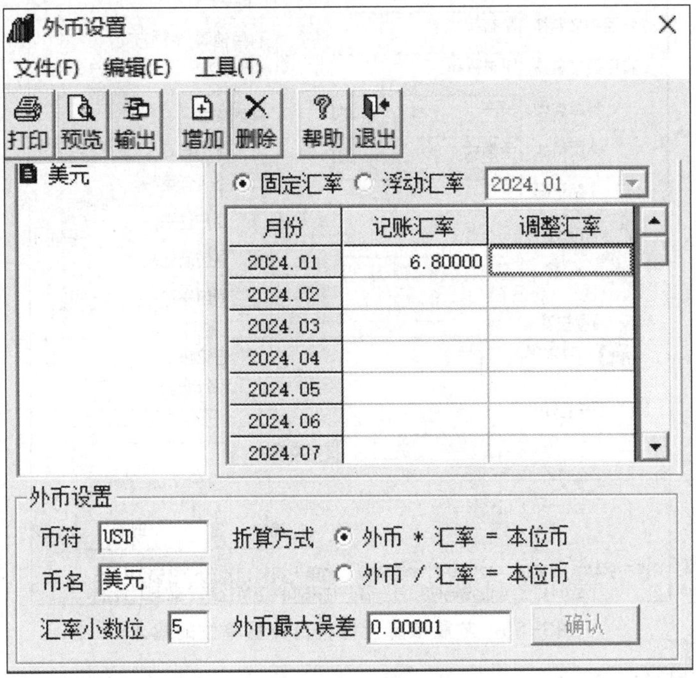

图3-33　外币设置

（3）结算方式设置

在用友T3-标准版中，选择“基础设置”—“收付结算”—“结算方式”，即可出现如图3-34所示的结算方式设置界面。单击【增加】按钮，输入结算方式编码、结算方式名称，选择票据管理标志，单击【保存】按钮即可。

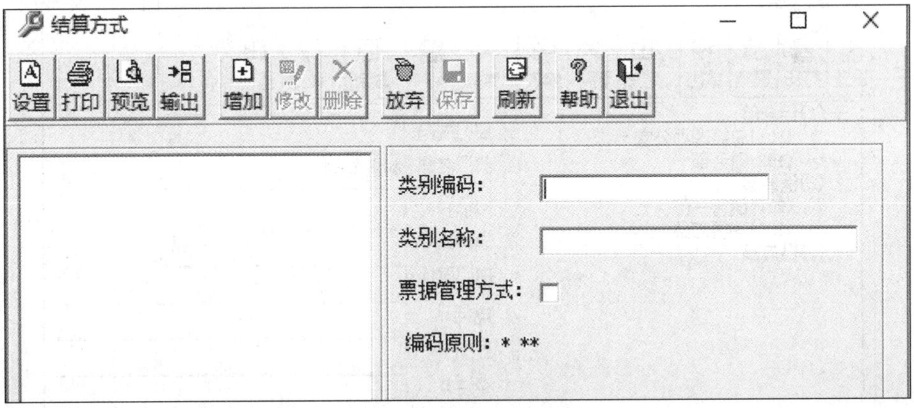

图3-34　结算方式设置

（4）计量单位设置

在用友T3-标准版中，不需要单独设置计量单位，在需要计量单位的时候，直接输入相关的计量单位即可。比如，在进行存货类科目的设置时，直接选择数量，并输入相应的计量单位即可，如图3-35所示。

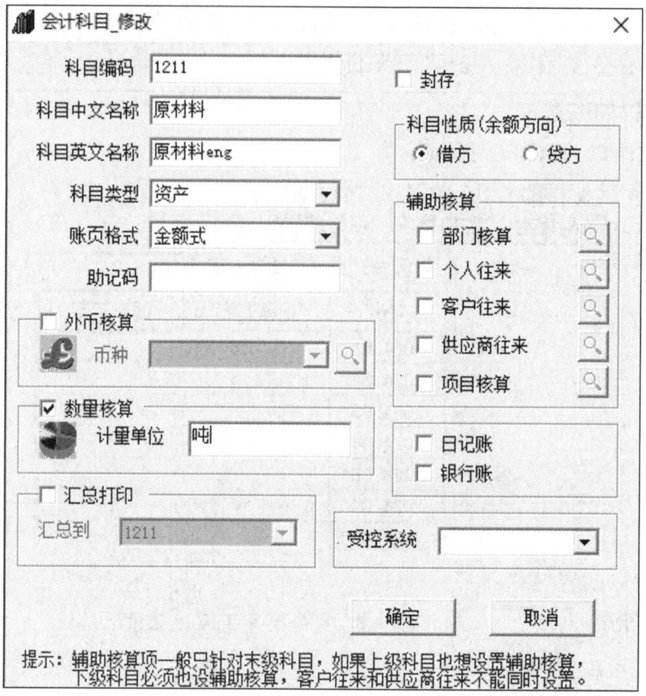

图3-35　数量核算会计科目计量单位的输入

（5）核算项目设置

在用友T3-标准版中选择“基础设置”—“机构设置”，可以进行部门档案、职员档案的设置，如图3-36、图3-37所示；选择“基础设置”—“往来单位”，可以进行地区分类、客户分类、供应商分类、客户档案、供应商档案的设置，如图3-38、图3-39、图3-40、图3-41和图3-42所示。

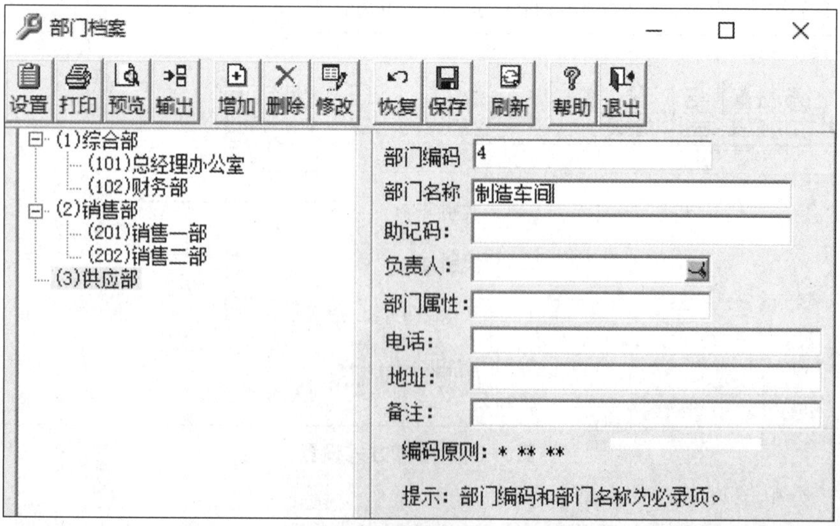

图3-36　部门档案设置

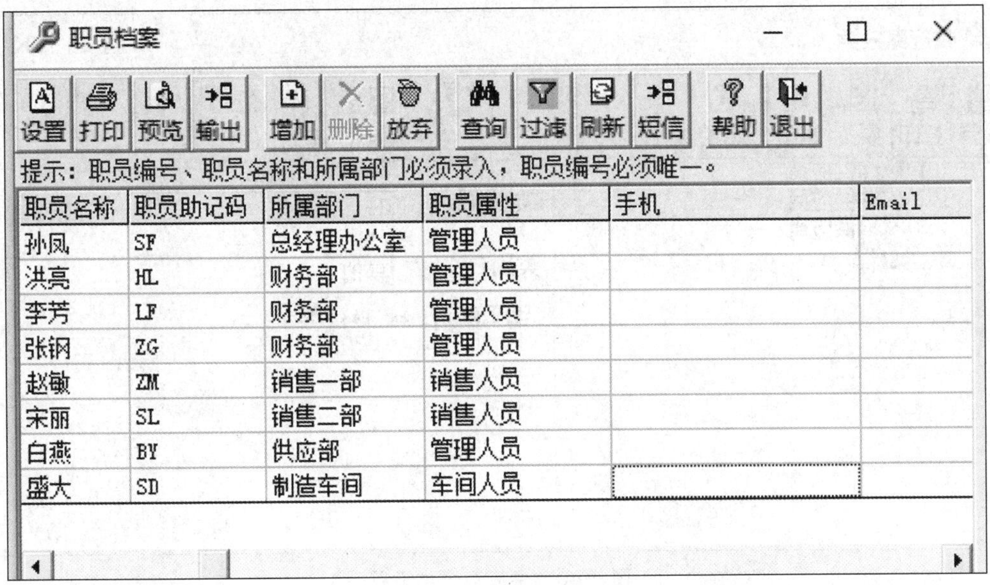

图3-37　职员档案设置

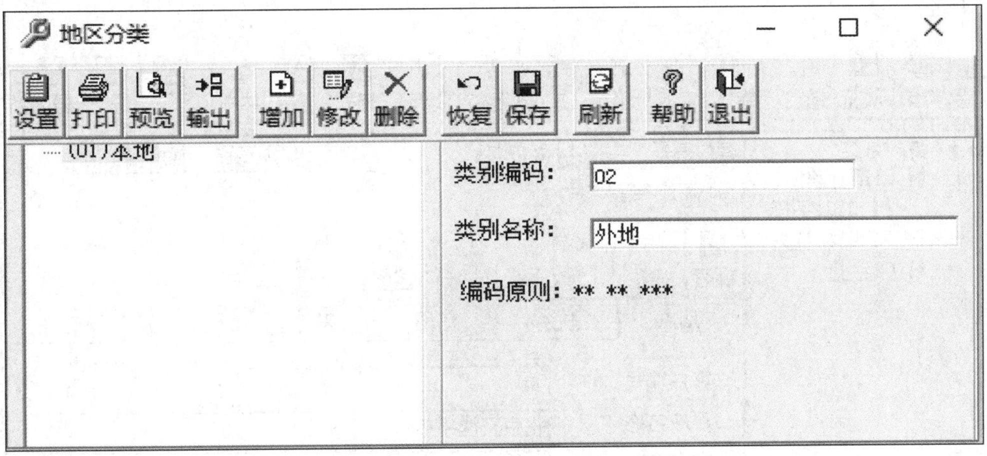

图3-38　地区分类设置

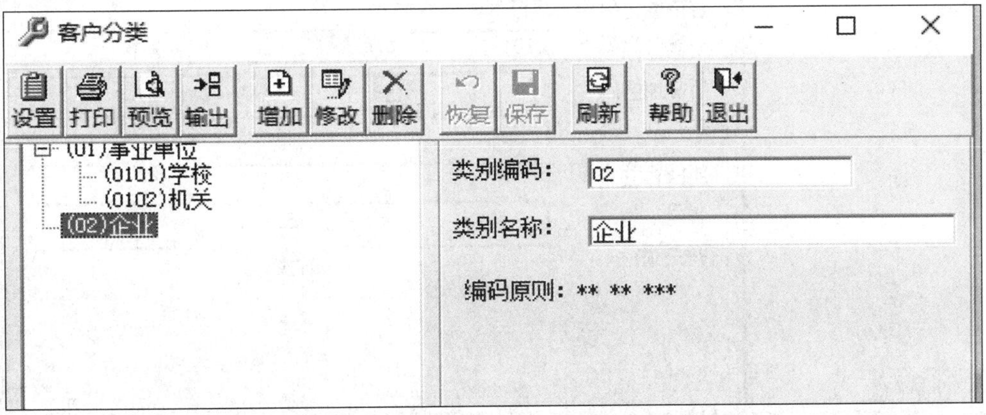

图3-39　客户分类设置

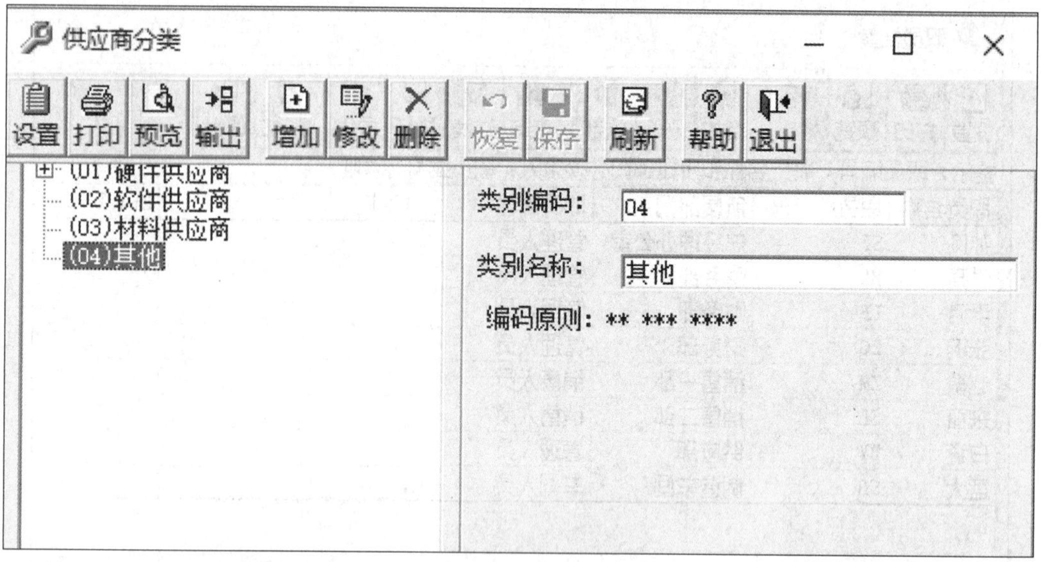

图3-40 供应商分类设置

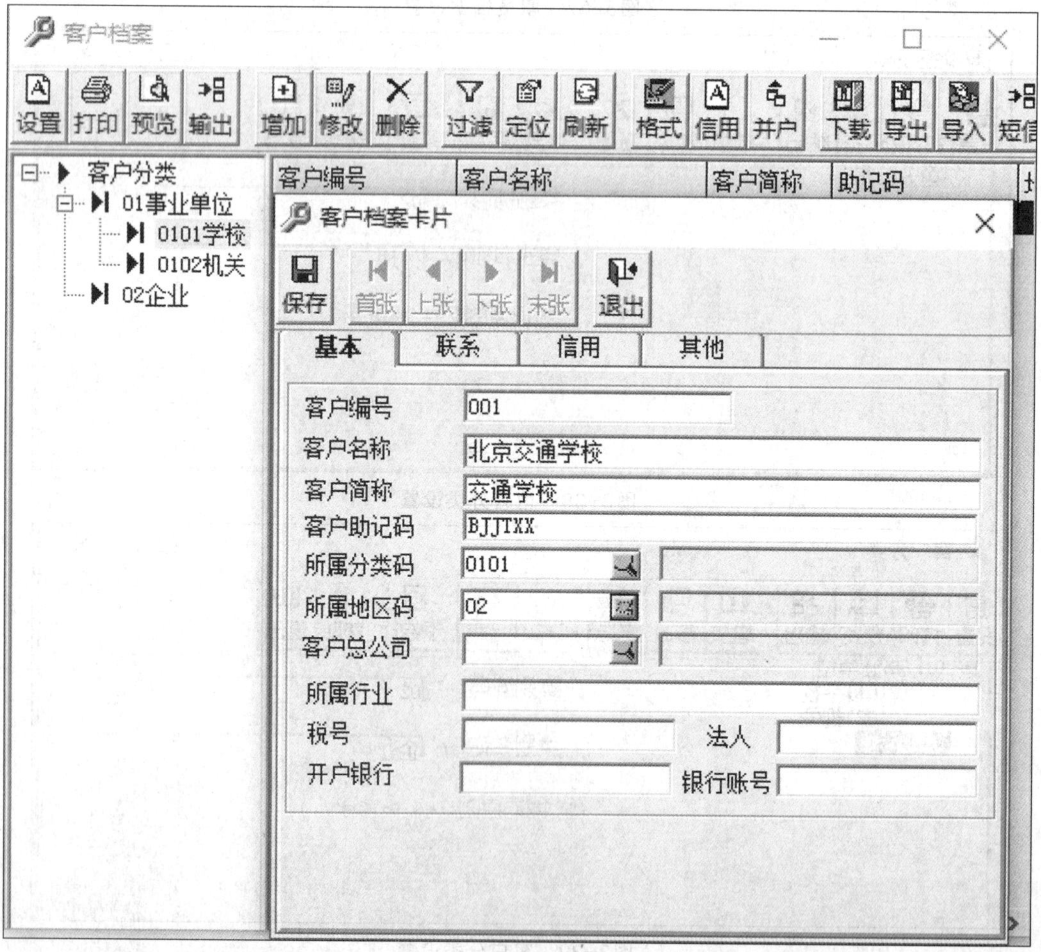

图3-41 客户档案设置

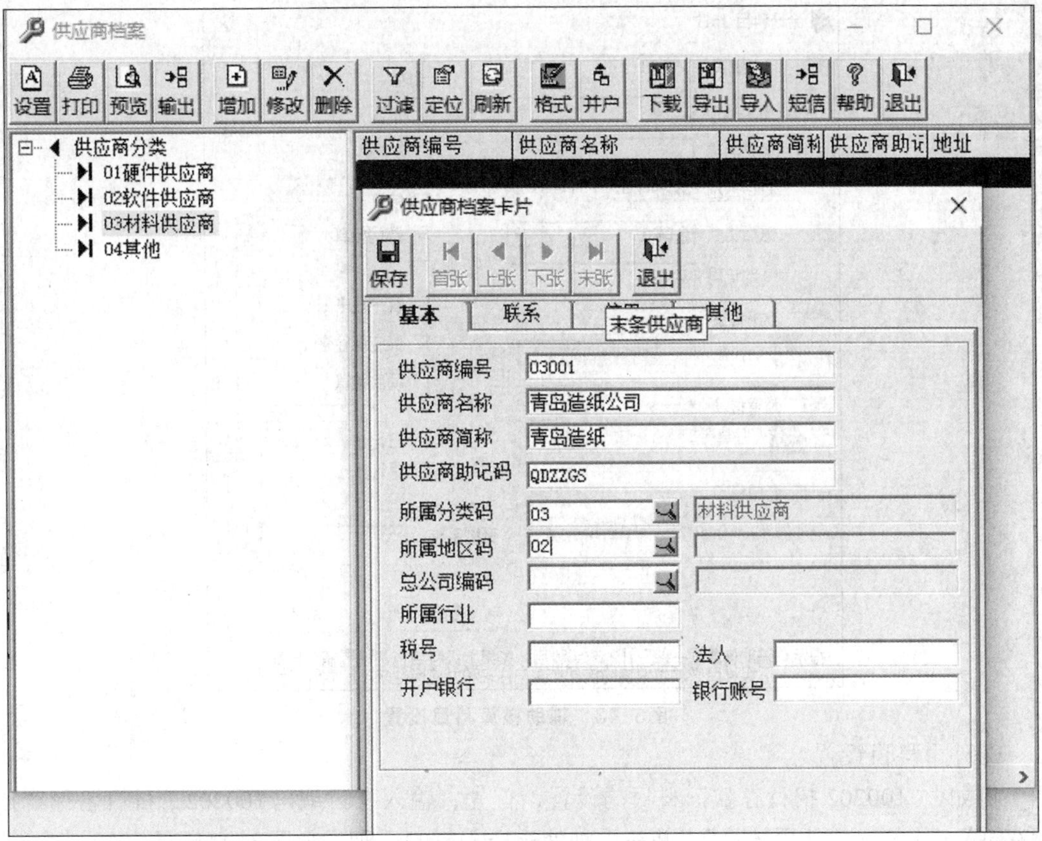

图3-42　供应商档案设置

操作提示

🕮客户与供应商，用户可以按照行业、地区进行分类。建立分类后可以进行客户及供应商档案的增加、修改和删除。已经被引用的客户、供应商分类不能删除，对客户、供应商没有进行分类管理的用户不能使用此功能。

🕮部门、客户、供应商档案的填写注意编码要唯一、名称要填写。

🕮职员档案的填写注意编码唯一、名称必须填写、所属部门必须确定。

（6）会计科目设置

①一般科目设置

例如，要求新增“销售费用（6601）”的明细科目“折旧”，则只需在会计科目新增的界面中，输入科目编码“660101”，在科目中文名称处输入“折旧”即可。

②辅助核算科目设置

例如，增加会计科目“管理费用（6602）”的明细科目“工资”，并且工资要进行部门核算。操作如下：点击“会计科目”，点击【增加】按钮，首先填入“工资”科目的科目编码：660201，然后填写科目名称“工资”，账页格式选择“金额式”（本例中管理费用不核算数量和外币），辅助核算选中“部门核算”，其他默认即可，具体如图3-43所示。

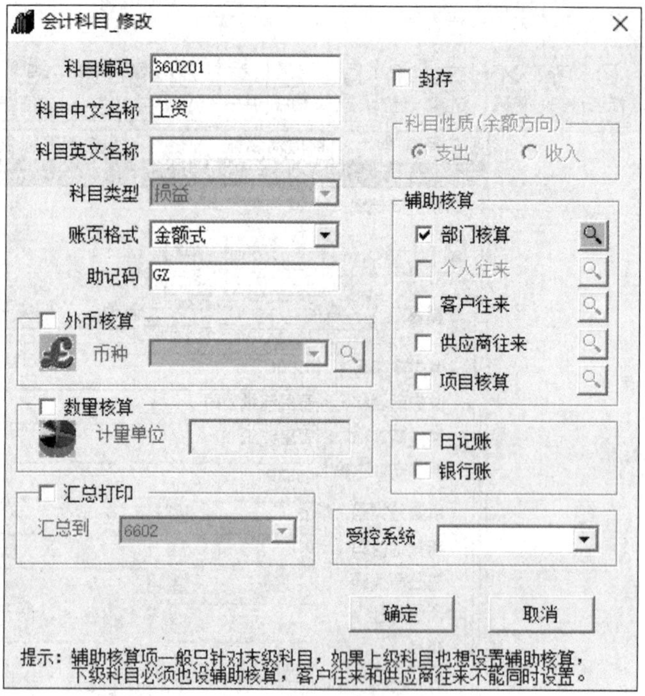

图3-43　辅助核算科目设置

③外币科目设置

例如，“100202 招行存款”科目的设置，首先，输入科目编码100202，科目名称“招行存款”，并勾选“外币核算”，并在币种处选择相应的币种，如图3-44所示。

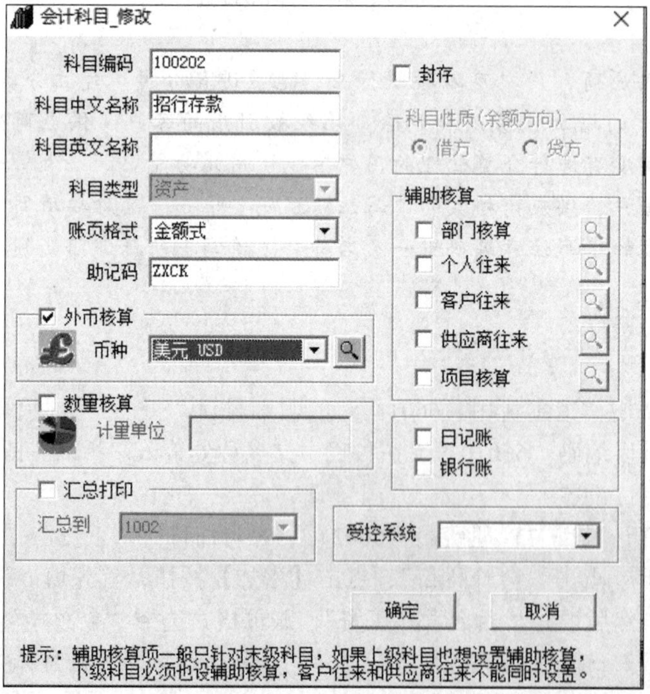

图3-44　外币科目设置

④数量金额核算科目设置

例如，“原材料”科目的设置，要求在输入科目编码和科目名称的同时，勾选“数量核算”并输入计量单位，如图3-45所示。

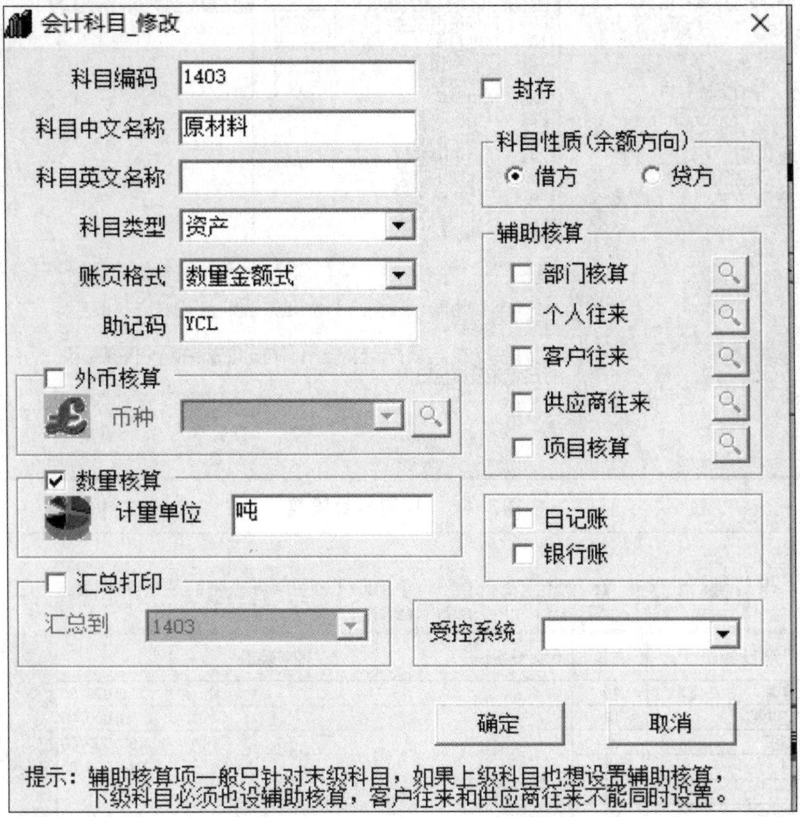

图3-45　数量金额核算科目设置

注意：在科目设置的属性中有“日记账”和“银行账”选项，在科目中选定“日记账”复选框的，可以使用“账簿查询——日记账查询”功能；选定“银行账”复选框的，可以使用“出纳管理——银行对账”功能 。

⑤指定会计科目设置

在会计科目设置主界面的菜单“编辑”中，有个“指定科目”选项，可以指定现金总账科目与银行总账科目，在“编辑”—“指定科目”中选定“现金总账科目”的，可以使用出纳管理的“现金日记账查询”；在“编辑”—“指定科目”中选定“银行总账科目”的，可以使用出纳管理的“银行日记账查询”，并使用“银行对账”功能；凡是使用了“指定科目”功能的，不能再使用“账簿查询——日记账查询”功能，如图3-46所示。

3）初始化

在用友T3-标准版中，选择“总账”—“设置”—“期初余额”，在弹出的期初余额录入界面中进行不同类型会计科目余额的录入，如图3-47所示。

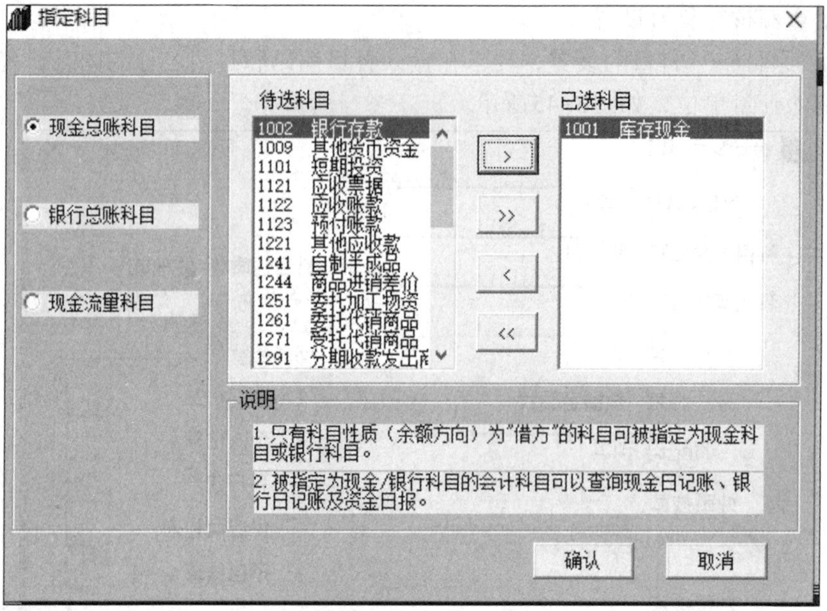

图3-46 指定科目设置

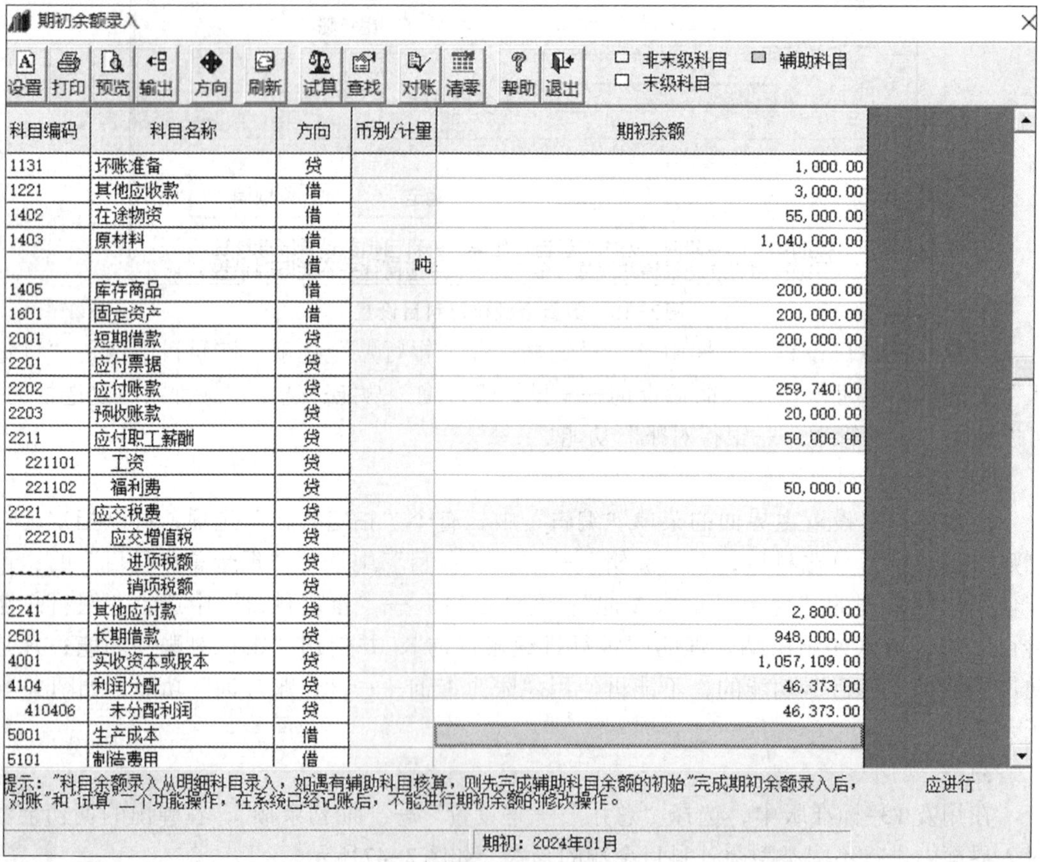

科目编码	科目名称	方向	币别/计量	期初余额
1131	坏账准备	贷		1,000.00
1221	其他应收款	借		3,000.00
1402	在途物资	借		55,000.00
1403	原材料	借		1,040,000.00
		借	吨	
1405	库存商品	借		200,000.00
1601	固定资产	借		200,000.00
2001	短期借款	贷		200,000.00
2201	应付票据	贷		
2202	应付账款	贷		259,740.00
2203	预收账款	贷		20,000.00
2211	应付职工薪酬	贷		50,000.00
221101	工资	贷		
221102	福利费	贷		50,000.00
2221	应交税费	贷		
222101	应交增值税	贷		
	进项税额	贷		
	销项税额	贷		
2241	其他应付款	贷		2,800.00
2501	长期借款	贷		948,000.00
4001	实收资本或股本	贷		1,057,109.00
4104	利润分配	贷		46,373.00
410406	未分配利润	贷		46,373.00
5001	生产成本	借		
5101	制造费用	借		

图3-47 录入期初余额

（1）科目余额录入

①没有任何设置的可直接录入，如1001库存现金。

②有明细科目的需要录入明细科目数据（如100202招行存款），上一级科目金额（如1002银行存款）自动汇总。

③外币科目需要录入外币和本位币金额数据（如100202招行存款）。

④数量金额核算科目需要录入数量和金额数据（如1403原材料）。

⑤有辅助核算的双击进入输入辅助项目明细金额的界面，由系统汇总至辅助核算科目（如1122应收账款）。

（2）固定资产科目余额录入

按部门录入固定资产的期初余额。固定资产的详细卡片信息在固定资产系统建账后，通过初始卡片录入完成。

（3）应收应付业务期初余额录入

参照第8章应收款管理、第9章应付款管理的初始化内容。

（4）出纳初始余额录入

参照第5章出纳管理的初始化内容。

4）现金流量项目预置

在用友T3-标准版中，选择“基础设置”—“财务”—“项目档案”中的项目目录，单击“增加”按钮，弹出如图3-48所示的界面，选择“现金流量项目”，并选择“一般企业（新准则）”，再单击“完成”按钮即可。

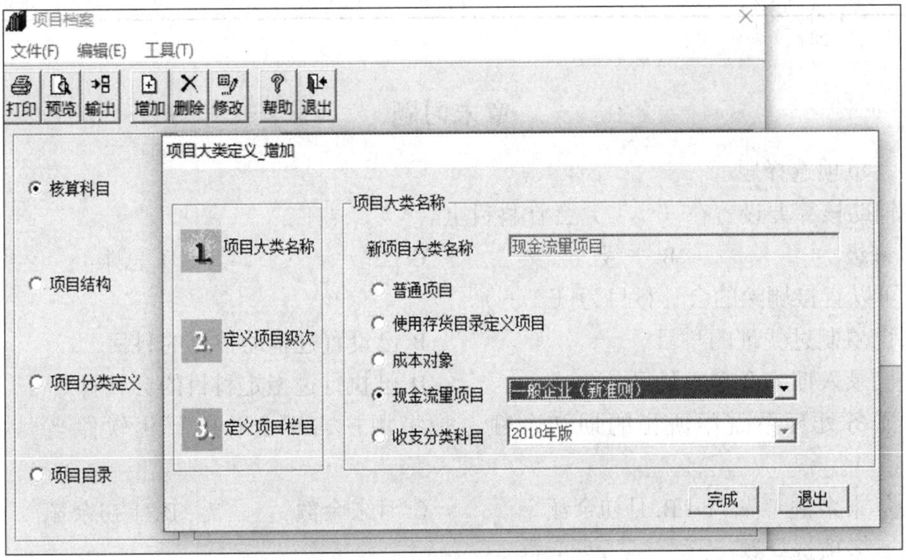

图3-48　现金流量项目预置

操作提示

📖其他初始设置，用户可以在操作中进行具体了解与掌握。

思政小课堂

思政目标	思政素材
针对用户管理与权限设置的相关内容让学生明确岗位职责、强化责任担当	热点案例：佚名."高手"！出纳挪用近亿元资金，4年多无人发现，内控形同虚设？[EB/OL].[2023-11-06].https：//cj.sina.com.cn/articles/view/1704103183/65928d0f020037tv0
基础档案编码规则和基础档案设置，树立规则意识，养成良好的职业道德和职业习惯	阅读材料：ERP系统物料编码规则
辅助核算的意义以及辅助设置的设置方法，增强管理意识，培养问题解决能力	文献阅读：丁淑芹.基于财务软件应用的固定资产管理技术实现[J].财务与会计，2022（19）：65；丁淑芹、刘宁.从业财一体化视角探析政府会计双系统平行记账的技术实现.财务与会计，2018（10）：68-71
理解科目与其他初始资料的关联关系，并进一步理解科目修改对其他相关内容的影响，培养学生数据思维，引导学生讲诚信、要有职业道德	实务问题：如何修改或删除会计科目？

章末习题

一、单项选择题

1.辅助核算要设置在（　　）会计科目上。

A.末级　　B.一级　　C.二级　　D.总账

2.可以直接删除的会计科目为（　　）。

A.已填制过凭证的科目　　B.已设置过辅助核算的科目

C.已录入期初余额的科目　　D.已执行过指定科目的会计科目

3.账务处理系统中所指的期初余额，是指用户启用会计电算化软件当月各科目的（　　）。

A.年末余额　　B.月初余额　　C.月末余额　　D.年初余额

二、多项选择题

1.关于会计科目建立顺序的说法不正确的有（　　）。

A.先建立下级科目，再建立上级科目　　B.先建立明细科目，再建立一级科目

C.先建立上级科目，再建立下级科目　　D.不分先后

2.关于期初余额的描述中，正确的有（　　）。

A.所有科目都必须输入期初余额

B.红字余额应输入负号

C.期初余额试算不平衡，不能记账，但可以填制凭证

D.如果已经记账，则还可以修改期初余额

3.使用财务软件时，可以将凭证类别设置为（　　）。

A.记账凭证一种

B.收款凭证、付款凭证、转账凭证三种

C.现收、银收、现付、银付、转账五种

D.自定义凭证

三、判断题

1.科目一经使用，即已经出现余额后，不允许删除该科目。（　　）

2.如图3-49所示，1122应收账款科目可以被直接删除。（　　）

科目代码	科目名称	当前余额
1122	应收账款	1000
6602	管理费用	
660201	薪酬	
66020101	工资	
66020102	福利费	

图3-49　相关科目截图

3.期初余额的录入是从末级科目开始的。（　　）

四、简答题

1.凭证类型一经使用不允许修改，如果单位由于业务管理需要改变凭证类型怎么办？

2.为什么收款凭证借方必须存在“库存现金”或“银行存款”科目、贷方不能出现“库存现金”与“银行存款”科目，而付款凭证仅仅要求贷方必须存在“库存现金”或“银行存款”科目，举例加以说明。

3.如果单位不再进行外币业务，如何更改外币设置？

4.如果会计科目核算多种外币，有些财务软件给定了多种外币的选项，有些财务软件没有给定，怎么解决没有给定多种外币核算的会计科目核算多种外币的问题？

5.如果本单位有多种原材料，不同的原材料数量核算的计量单位不同，有的用“吨”，有的用“平方米”，怎么解决这个问题？

6.如果账套初始化完毕被启用，还没有进行日常业务处理，或者进行了业务处理但是已经全部删除，是否允许修改初始余额呢？

7.为什么要设置辅助核算，必须要进行该操作吗？辅助核算功能与明细核算有什么异同？

8.怎么看待对于已经使用的会计科目，继续增加下级明细科目时，不同财务软件的不同处理方式？

9.通过两个财务软件的实务操作理解并梳理财务软件初始设置模块的一般原理与操作流程。

五、操作实践题

1.当出现以下两种情况时，应如何修改会计科目？

（1）进行完成建账之前的检查时，发现“原材料——A材料”科目忘记设置数量核算了，且已有输入的期初金额。那么，此时可以如何修改“原材料——A材料”的数量核算？

（2）因为新业务的需要，要求将“在建工程”科目设置为项目核算，经检查发现：该科目没有期初金额，但是已有本期会计凭证2张（凭证未审核未记账）。那么，此时如何修改“在建工程”科目的项目核算？

2.张欣在编制记账凭证时，发现“制造费用”科目的名称错写成“制作费用”了，经过检查发现该科目已有相关的记账凭证使用。如果张欣拟修改会计科目名称，应该怎么办？为什么？

六、上机实验

要求：根据下列资料，进行初始化设置，并根据两个软件的初始设置过程，比较二者之间的异同。

1.总账参数设置

（1）用友T3-标准版控制参数

■ 凭证制单时，采用序时控制，不可修改他人填制的凭证，打印凭证页脚姓名，由出纳填制的凭证必须经出纳签字。

■ 账簿打印参数按系统默认设定，明细账查询控制到科目，明细账打印按年排页。

■ 数量小数位和单价小数位均为2位，部门、个人、项目按编码方式排序。

（2）金蝶KIS云专业版控制参数

■ 凭证过账前必须审核。

■ 凭证过账前必须出纳复核。

2.外币信息

币符：USD；币名：美元；记账汇率：固定汇率6.8。

3.计量单位（见表3-5）

表3-5 **计量单位表**

代　码	计量单位组	计量单位名称
1	重量组	吨
2	数量组	包

4.结算方式（见表3-6）

表3-6 **结算方式表**

结算方式编码	结算方式名称	票据管理
1	现金结算	否
2	现金支票	
3	转账支票	

备注：用友T3-标准版中有票据管理，金蝶KIS云专业版中没有。

5.基础档案信息

（1）部门档案（见表3-7）

表3-7　　部门档案表

部门编码	部门名称	部门编码	部门名称
1	综合部	2	销售部
1.01	总经理办公室	2.01	销售一部
1.02	财务部	2.02	销售二部
3	供应部	4	制造车间

（2）职员档案（见表3-8）

表3-8　　职员档案表

职员编码	职员名称	所属部门	职员类别
101	孙凤	总经理办公室	管理人员
102	洪亮	财务部	管理人员
103	李芳	财务部	管理人员
104	张刚	财务部	管理人员
105	赵敏	销售一部	销售人员
106	宋丽	销售二部	销售人员
107	白燕	供应部	管理人员
108	盛大	制造车间	车间人员

（3）客户与供应商档案（见表3-9和表3-10）

表3-9　　客户档案表

客户分类编码	分类名称	地区
01	事业单位	
01.01	学校	
01.01.001	北京交通学校	外地
02	企业	
02.001	天津华邦公司	外地
02.002	长春宏大公司	本地

表3-10 **供应商档案表**

供应商分类编码	分类名称	地区
01	硬件供应商	
01.001	长春艺术公司	本地
02	软件供应商	
02.001	北京联想公司	外地
03	材料供应商	
03.001	青岛造纸公司	外地
04	其他	

（4）项目档案（见表3-11）

新建项目核算类别：类别编码：101；项目名称：项目。

表3-11 **项目档案表**

项目编码	项目名称
001	普通打印纸
002	美术打印纸

（5）物料（见表3-12）

表3-12 **物料表**

物料编码	101	201
物料名称	美术打印纸	原纸
物料属性	自制	外购
计量单位	数量组-包	重量组-吨
计价方法	加权平均法	加权平均法
存货科目	1405（库存商品）	1403（原材料）
销售收入科目	6001（主营业务收入）	6002（其他业务收入）
销售成本科目	6401（主营业务成本）	6402（其他业务成本）
税率	13%	13%

用友T3-标准版中的核算项目中没有物料，可以不单独设置。

6.会计科目及期初数据（见表3-13）

表3-13　**会计科目及期初数据表**

科目编码	科目名称	辅助账类型	账页格式	余额方向	期初余额（元）
1001	库存现金		金额式	借	7 312.00
1002	银行存款		金额式	借	
100201	工行存款		金额式	借	566 110.00
100202	招行存款	美元	金额式	借	68 000.00 10 000.00美元
1121	应收票据	客户	金额式	借	
1122	应收账款	客户	金额式	借	445 600.00
1131	坏账准备		金额式	贷	1 000.00
1221	其他应收款	职员	金额式	借	3 000.00
1123	预付账款	供应商	金额式	借	
1402	在途物资		金额式	借	55 000.00
1403	原材料	物料、数量核算	数量金额式	借	1 040 000.00
1405	库存商品	物料、数量核算	数量金额式	借	200 000.00
1601	固定资产		金额式	借	200 000.00
2001	短期借款		金额式	贷	200 000.00
2201	应付票据	供应商	金额式	贷	
2202	应付账款	供应商	金额式	贷	259 740.00
2203	预收账款	客户	金额式	贷	20 000.00
2211	应付职工薪酬		金额式	贷	
221101	工资		金额式	贷	
221102	福利费		金额式	贷	50 000.00
2221	应交税费		金额式	贷	
222101	应交增值税		金额式	贷	
22210101	进项税额		金额式	贷	
22210105	销项税额		金额式	贷	
2241	其他应付款		金额式	贷	2 800.00

续表

科目编码	科目名称	辅助账类型	账页格式	余额方向	期初余额（元）
2501	长期借款		金额式	贷	948 000.00
4001	实收资本（或股本）		金额式	贷	1 057 109.00
4104	利润分配		金额式	贷	
410406	未分配利润		金额式	贷	46 373.00
5001	生产成本	项目核算	金额式	借	
5101	制造费用	部门核算	金额式	借	
510101	工资	部门核算	金额式	借	
510102	折旧	部门核算	金额式	借	
6001	主营业务收入	部门核算	金额式	贷	
6051	其他业务收入	部门核算	金额式	贷	
6601	销售费用	部门核算	金额式	借	
660101	工资	部门核算	金额式	借	
660102	折旧	部门核算	金额式	借	
660199	其他	部门核算	金额式	借	
6602	管理费用	部门核算	金额式	借	
660201	工资	部门核算	金额式	借	
660202	折旧	部门核算	金额式	借	
6603	财务费用		金额式	借	

注：如果使用金蝶KIS云专业版，会计科目代码的上下级要使用“.”来分隔，比如“工行存款”是银行存款的下级科目，因此其代码应该设置为1002.01。其他的以此类推。

（1）客户期初数据

应收账款——北京交通学校，2023年12月10日，转10号凭证，销售款245 600元。

应收账款——长春宏大公司，2023年12月31日，转30号凭证，销售款200 000元。

预收账款——长春宏大公司，2023年12月31日，转35号凭证，销售款20 000元。

（2）个人往来期初数据

其他应收款——供应部白燕，2023年12月31日，付18号凭证，出差借款3 000元。

（3）物料期初数据

原材料——原纸，1 040 000元，2 000吨。

库存商品——美术打印纸，200 000元，10 000包。

注：用友T3-标准版中如果没有单独新增“物料”这个核算项目，那么可以将原纸、美术打印纸作为二级科目进行设置，并设置为数量核算。

（4）固定资产数据（见表3-14）

表3-14　**固定资产数据表**

类别名称	资产名称	编码	购入日期	原值（元）	使用时间	残值	折旧方法	使用部门	变动方式
办公设备	软件	BG001	2023-12-26	100 000	10年	0	直线法	财务部	购入
设备	机床	SB001	2023-12-29	100 000	1000 000工时	0	工作量法	制造车间	购入

注意：①卡片型式根据不同的软件编码方式不同，型号需要灵活变化。

②两项固定资产的使用状态都是“在用”，机床的使用年限为10年。

（5）供应商期初数据

应付账款——北京联想公司，2023年10月20日，转22号凭证，采购款259 740元。

7.凭证类别限制条件（见表3-15）

表3-15　**凭证类别限制条件表**

类型	限制类型	限制科目
收款凭证	借方必有	1001，100201，100202
	贷方必无	1001，100201，100202
付款凭证	贷方必有	1001，100201，100202
转账凭证	借贷必无	1001，100201，100202

第4章/ 账务处理系统操作原理与比较应用

【学习目标】了解通用财务软件账务处理系统的主要功能；理解并能结合不同的财务软件进行凭证管理的主要操作，包括凭证管理相关参数的设置含义以及结合具体需要进行参数设置、凭证录入、凭证审核、凭证记账、凭证修改、凭证删除与凭证查询；理解期末处理业务的特点，尤其是理解自动结转功能的应用范围，并能利用具体的财务软件进行实际期末业务的自动结转模板的定义并生成凭证；理解账簿查询的作用，并能够利用财务软件提供的账簿查询功能进行相关账簿的查询。

应用实践问题导入

张希在使用财务软件进行凭证记账时，发现一张转账凭证的会计科目有问题，此时凭证已经由审核人签字了，那么张希应该怎么做？如果在手工记账模式下，修改该凭证可以采取什么方法解决？现假设管理层要求此问题必须在原凭证上进行修改，那么张希应该怎么做？

4.1 账务处理系统概述

账务处理系统，也称总账系统，顾名思义是用来处理企事业单位的账务核算业务的，从功能上看，账务处理系统的主要任务就是“制单”和“记账”。只要能够完成凭证处理和记账功能的系统都可以称为账务处理系统。

账务处理系统中的“制单”是指会计凭证的相关操作，包括凭证的输入、修改及审核；“记账”是指将审核的会计凭证登记到相应的明细账、日记账和总账等相关账簿。此外，会计核算时，期末必然存在期末的结转、计提等业务，此类业务具有一定的规律性，可以利用凭证模板定义的方式实现自动结转，因此，也是账务处理系统中必不可少的一项功能。可见，账务处理系统必须具备凭证处理、登记账簿、期末处理三项功能，这也是会计制度所要求的。

4.2 凭证处理模块操作原理与比较应用

凭证处理是账务处理系统的起点，是会计数据进入财务软件等待加工处理与输出的入口。账务处理系统日常工作首先从填制凭证开始，依次完成凭证审核、记账和结账等工作。

4.2.1 凭证处理模块主要构成

在凭证处理模块中，凭证填制、凭证审核、凭证记账是核心，凭证查询与打印是辅助功能。凭证处理的严格顺序是填制完凭证后须经过审核才能记账。除此以外，按照各个财务软件提供给用户的辅助功能不同，凭证处理模块还会包括凭证汇总、常用凭证（或模式凭证）等。

凭证处理模块主要构成

4.2.2 凭证处理模块操作原理

1）凭证填制

记账凭证是会计人员根据审核后的原始凭证进行归类、整理，利用复式记账法确定会计分录而编制的，是登记账簿、编制报表的主要依据。在手工记账环境下，会计人员利用原始凭证手工填写记账凭证。在计算机环境下，凭证编制可以采用以下三种形式：手工填制记账凭证并录入计算机，这种方法适用于手工账与计算机账并存的单位；根据原始凭证直接在计算机财务软件中编制记账凭证，这种方法适用于已经甩掉手工账的单位；由账务处理系统以外的其他业务系统（如采购管理系统、销售管理系统、固定资产系统等）生成记账凭证传递过来，这种方法适用于已经采用了财务业务一体化系统或者部分一体化系统的单位。本部分讲述的账务处理系统里的凭证主要采用录入的方式，其他系统（包括固定资产、工资管理、应收款管理、应付款管理等系统）的相关业务凭证多数是计算机自动生成的机制凭证。

根据凭证所含会计科目的属性不同，可以将填制凭证分为以下几种情况：

（1）一般凭证的录入

本教材将一般凭证定义为所含会计科目没有特殊属性的凭证。这类凭证在录入时，需要录入以下信息。

① 凭证类型。适用于采用分类凭证的单位，要求凭证类型选择与凭证内容相符合，凭证类型一经选定，保存后不能修改。

② 凭证日期。输入填制日期，一般表示经济业务的发生时间，随着凭证号的增加而增加，只允许输入未结账月份的记账凭证。

③ 附件。输入编制该凭证所依据的原始单据数，并不是每张凭证都需要输入附件数。

④ 凭证号。一般按不同凭证类别按月进行顺序编号，不允许重号或者漏号。

⑤ 摘要、会计科目、金额。

（2）外币凭证的录入

本教材将外币凭证定义为包含外币核算会计科目的凭证。这类凭证在录入时，要点击【外币】按钮，转换为“外币凭证”录入界面，对外币核算科目录入外币金额，其他内容的录入同一般凭证。

（3）数量金额凭证的录入

本教材将数量金额凭证定义为包含数量金额核算会计科目的凭证。这类凭证在录入时，要点击【数量金额】按钮，转换为“数量金额凭证”录入界面，对数量金额核算科目录入数量、单价，其他内容的录入同一般凭证。

（4）银行存款凭证的录入

本教材将银行存款凭证定义为包含银行存款会计科目的凭证。这类凭证在录入时，要选中银行存款科目，同时录入结算方式与结算号，其他内容的录入同一般凭证。

（5）辅助核算凭证的录入

本教材将辅助核算凭证定义为包含辅助核算属性会计科目的凭证。这类凭证在录入时，录入完辅助核算科目后，根据提示选择录入该核算项目的项目明细，比如部门信息、客户信息、供应商信息、职员信息等，其他内容的录入同一般凭证。

操作提示

📖摘要可以由手工输入或者由软件提供的“常用摘要”功能或其他快捷功能录入。

📖输入的会计科目要存在并且为最明细科目。

📖输入的会计科目与凭证类型要相符。

📖按照“有借必有贷、借贷必相等”的原则输入金额。

📖填制完凭证发现错误，在没有审核记账前，可以由制单人直接进行修改、删除。

2）凭证审核

为了确保登记入账的凭证数据正确、全面，需要在记账前由专门审核人员对填制的记账凭证进行检查核对，即凭证审核。

由于在填制凭证时系统已经能够自动识别一些错误并加以提示，因此凭证审核的主要内容有：

（1）记账凭证是否与原始凭证相符。

（2）会计科目是否串户，即业务发生涉及的会计科目是不是制单人选择的会计科目。

（3）金额同增减，即业务发生的金额在录入时是否同时增加或减少了。

通用财务软件中的凭证审核具有两个功能：审核凭证和取消审核。审核凭证又可分为：单张审核与成批审核。具有审核权限的人员应该按照会计制度或准则的要求，对制单人填制的记账凭证进行审核与取消审核。

操作提示

📖审核人与制单人不能是同一个人。

📖具有审核权限的人才能进行审核工作。

📖审核过程中发现错误的凭证，应交由制单人进行修改。

📖凭证一经审核，不允许修改或者删除，如发现错误需要修改的，需由审核人取消审核，再交由制单人修改。

📖有些财务软件提供了主管签字或者出纳签字的功能，即会计凭证须主管签字才有效、出纳凭证须出纳签字才有效的模式，对凭证数据的正确性进行控制。

📖凭证审核可以分次或一次进行，即录入部分凭证进行审核或者全部录入完毕进行审核。

3）凭证记账

在手工记账环境下，会计人员根据已经审核的记账凭证及原始凭证进行明细账的登记，按照不同的账务处理程序登记总账。主要的账务处理程序有：记账凭证账务处理程序、汇总记账凭证账务处理程序、科目汇总表账务处理程序、日记总账账务处理程序及多栏式日记账账务处理程序。各种账务处理程序的主要区别在于登记总账的依据和程序不同。

在计算机环境下，记账工作由财务软件自动完成，一般采用向导模式，由具有记账权限的会计人员按照财务软件的提示完成记账工作，大大地减少了会计人员的工作量，并且不容易出现账簿数据人为登记错误，除非出现程序紊乱或意外中断记账情况。

操作提示

🕮只对已经审核的凭证进行记账。

🕮凭证记账后不允许修改删除，如需要进行修改，现有财务软件一般提供了两种方式：填制补充凭证或者红字冲销凭证进行更正；利用财务软件提供的“取消记账”功能，取消记账，然后取消审核，由制单人进行修改，但是一般会计人员没有此项操作权限。

🕮记账可以分次或一次进行，即审核完毕的部分凭证可以立即记账，也可以全部审核完毕一次性记账。

4）凭证删除

当保存的记账凭证因为记录错误或是记录重复等原因需要从系统中删除时，就要使用凭证删除功能。

操作提示

🕮只有未审核未记账的凭证才可以直接删除。

🕮删除凭证引起的断号，不同的通用财务软件会提供相应的方法进行调整。比如，用友T3-用友通标准版与金蝶KIS云专业版都提供了凭证整理功能来对凭证断号进行处理。

5）凭证查询

用户可以根据实际业务需要查询已经输入的凭证，一般凭证查询具备两项操作：输入查询条件，查询条件包括类型、日期、附件、科目、金额、人员、是否审核记账、辅助核算等；输出查询结果。

6）凭证处理的其他功能

① 凭证汇总。凭证汇总是把记账凭证按照一定的时间、金额、科目等范围和条件进行汇总，生成凭证汇总表。在财务软件里，这项功能提供凭证汇总的参考信息，是辅助功能模块。

② 常用凭证（模式凭证）。在日常处理过程中会出现大量内容相同或几乎相同的凭证，将这些凭证储存起来作为模板，在填制该类凭证时调用该模板，对不相同的部分可以进行修改，大大提高工作效率，因此很多财务软件提供了该操作功能。

4.2.3 通用财务软件凭证处理实务操作

1）金蝶KIS云专业版凭证处理实务操作

（1）填制凭证

在金蝶KIS云专业版主控台选择“账务处理”—“凭证录入”进入凭证填制界面，如

图4-1所示。

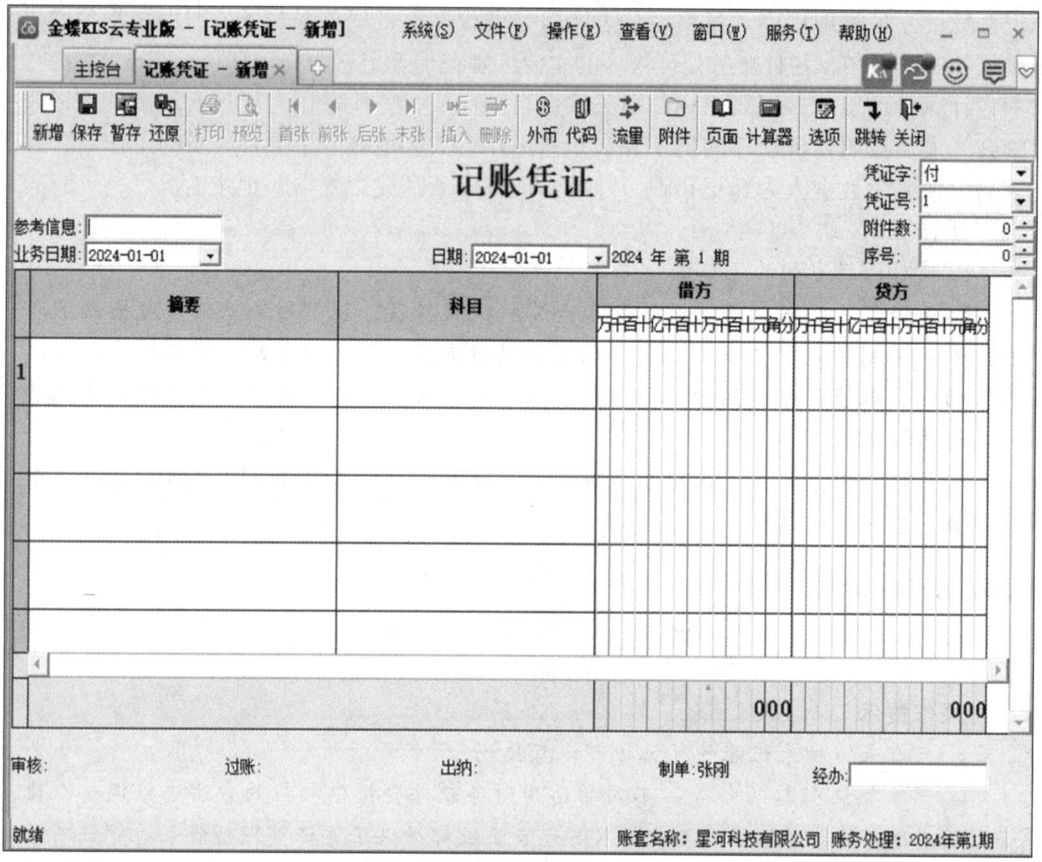

图4-1 金蝶KIS云专业版凭证填制界面

①一般记账凭证的填制。

在金蝶KIS云专业版主控台中，在如图4-1所示的窗口，依次选择“凭证字”，输入“附件数”与“日期”；然后，在摘要栏中输入业务摘要，科目名称处单击工具栏中的【代码】按钮或直接按下【F7】键，在科目参照中选择相应的会计科目，并在借方金额或贷方金额处输入对应的金额；鼠标单击下一行，继续录入凭证。

操作提示

📖在摘要栏内输入//或是··符号可以自动将摘要带入，继续输入下一条记录的相关信息即可。

📖在录入凭证的最后一条记录时，可以按下Ctrl+F7，系统可以自动取凭证的平衡数。

📖凭证保存完，系统默认的是仍显示当然保存的凭证，如果希望系统在保存完凭证后能自动产生一张空白的凭证，那么可以在图4-1的界面中选择“查看”—“选项”，弹出“凭证录入选项”界面，如图4-2所示，勾选“凭证保存后立即新增”。

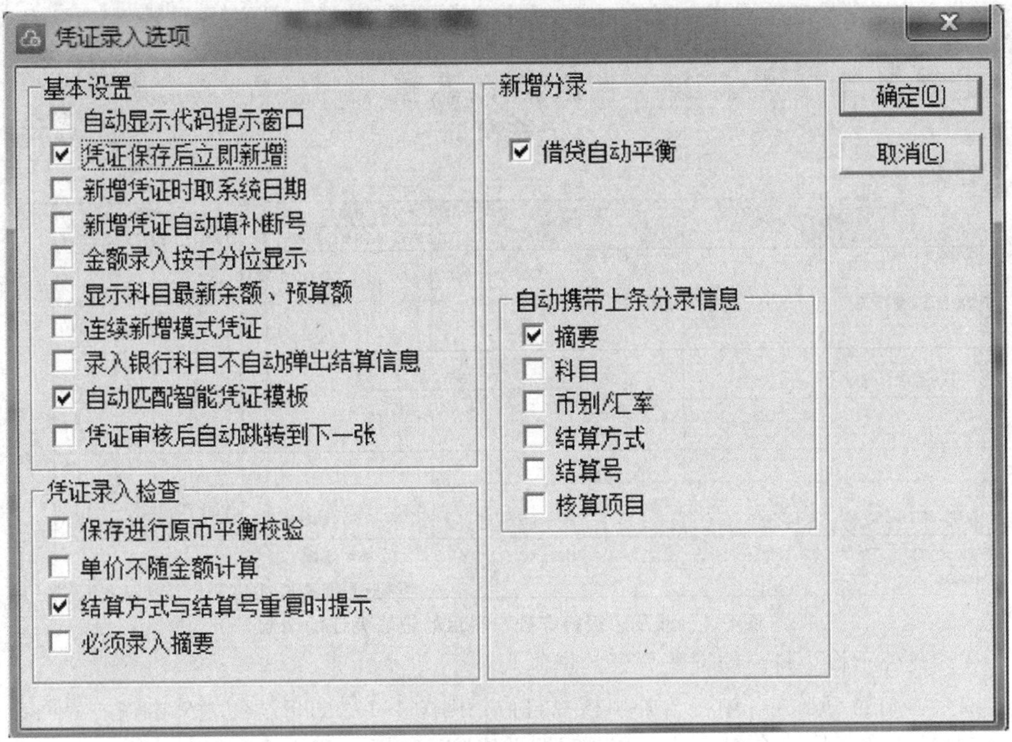

图4-2　凭证录入选项

📖其他选项，用户可以根据自己的需求自行设置。

📖如果凭证字设置了凭证类型准确性检验条件，那么录入凭证时，如果录入凭证中借贷科目与凭证字定义的条件不一致时，系统会弹出如图4-3所示窗口进行错误提示。

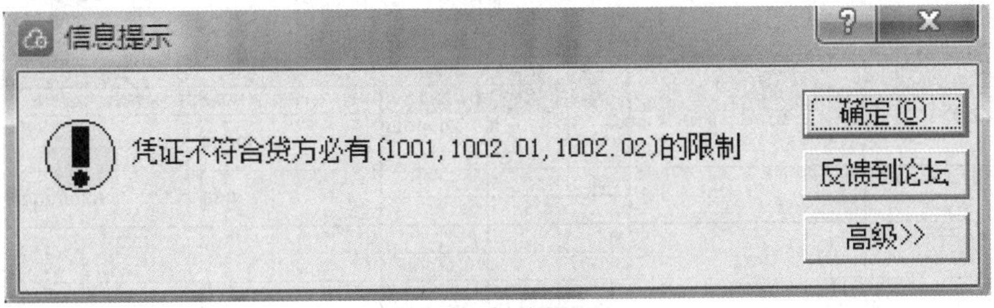

图4-3　凭证类型错误提示

②涉及"银行存款"科目的记账凭证的填制。

如果填制的记账凭证中包含"银行存款"科目，系统会自动弹出结算方式、结算号的窗口，如图4-4所示，在窗口中输入银行存款交易的结算方式、结算号。如果系统不允许输入，说明用户没有在科目设置时将"银行存款"勾选为"银行科目"，需要选择"基础资料"—"会计科目"，选择对应的"银行存款"科目勾选"银行科目"。

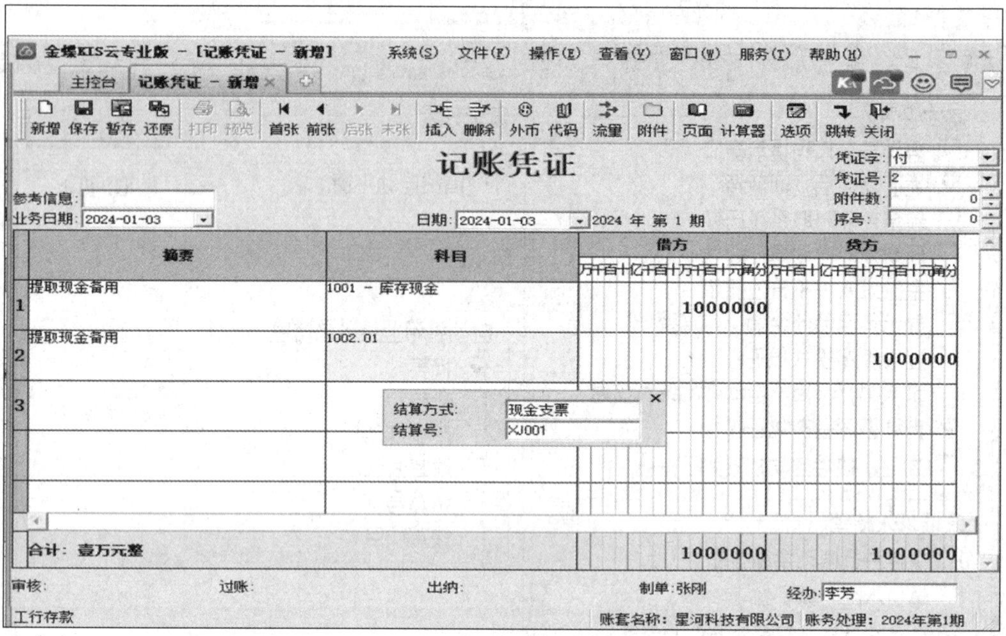

图4-4　涉及“银行存款”科目的记账凭证的填制

③涉及外币核算科目的记账凭证的填制。

如果填制的记账凭证中包含外币核算科目，则图4-1界面自动变为外币输入界面，如图4-5所示，输入原币金额，借贷方金额处系统自动换算为本位币金额。

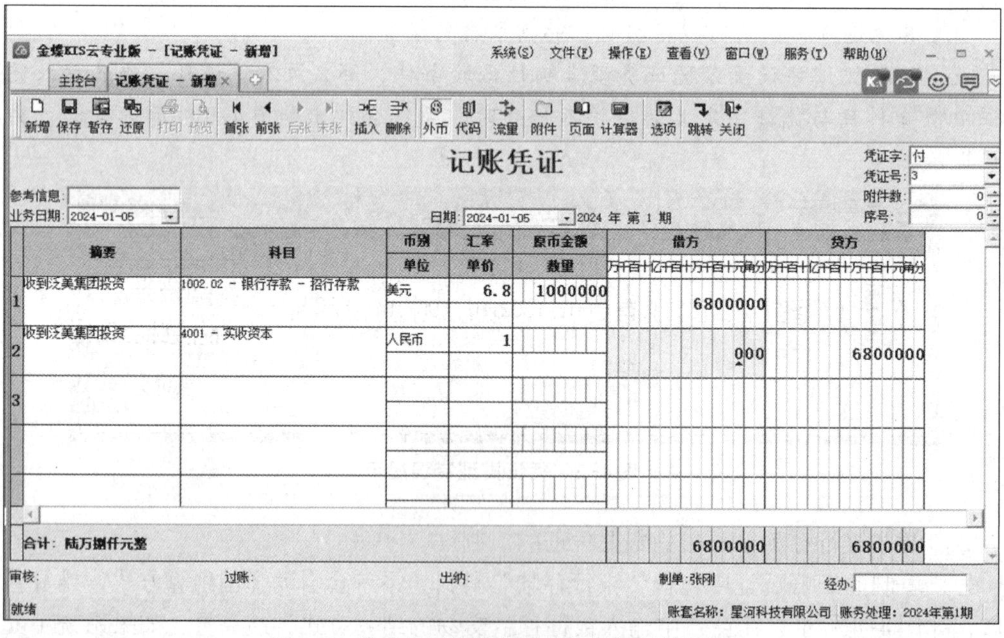

图4-5　涉及外币核算科目的记账凭证的填制

④涉及数量金额核算科目的记账凭证的填制。

如果填制的记账凭证中包含数量金额核算科目，则选择数量金额核算科目后，系统自动转换为数量金额式凭证填写窗口，要求输入相应的单价、数量，如图4-6所示。

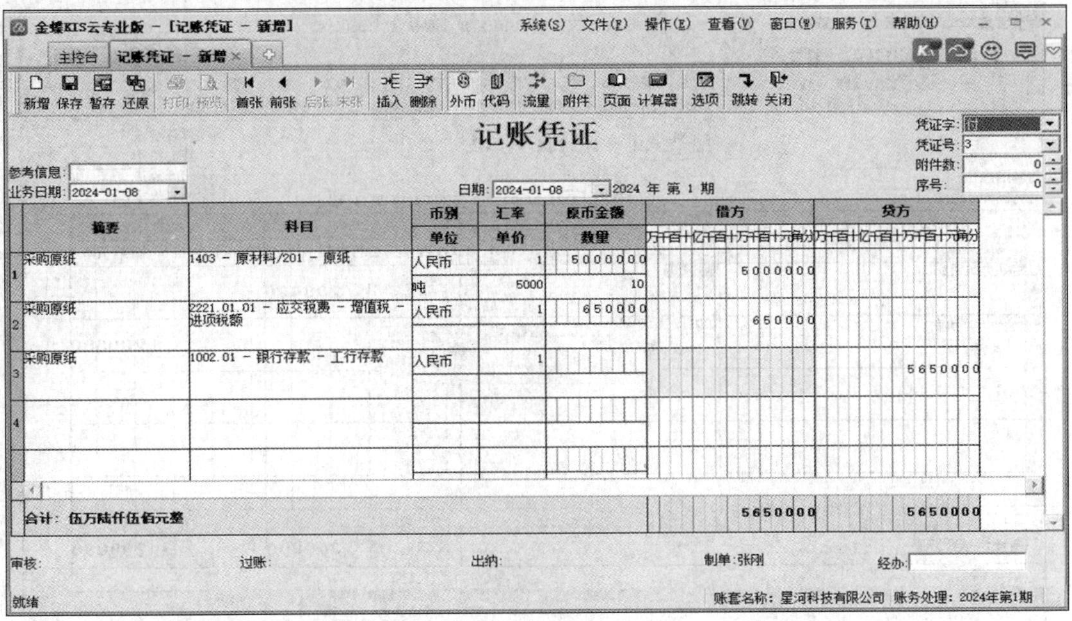

图4-6　涉及数量金额核算科目的记账凭证的填制

⑤涉及辅助核算科目的记账凭证的填制。

在填制记账凭证时，如果因为新业务需要新增科目，则可以直接在记账凭证的科目处双击（或按【F7】键，或点击工具栏中的【代码】按钮），弹出科目列表窗口，在窗口中单击【新增】按钮进行科目新增，如图4-7所示。如果填制的记账凭证中包含辅助核算科目，则系统在记账凭证界面弹出辅助核算项目空白，双击空白处（或按【F7】键，或单击【代码】按钮），在列表中选择相应的核算项目明细，如图4-8所示。

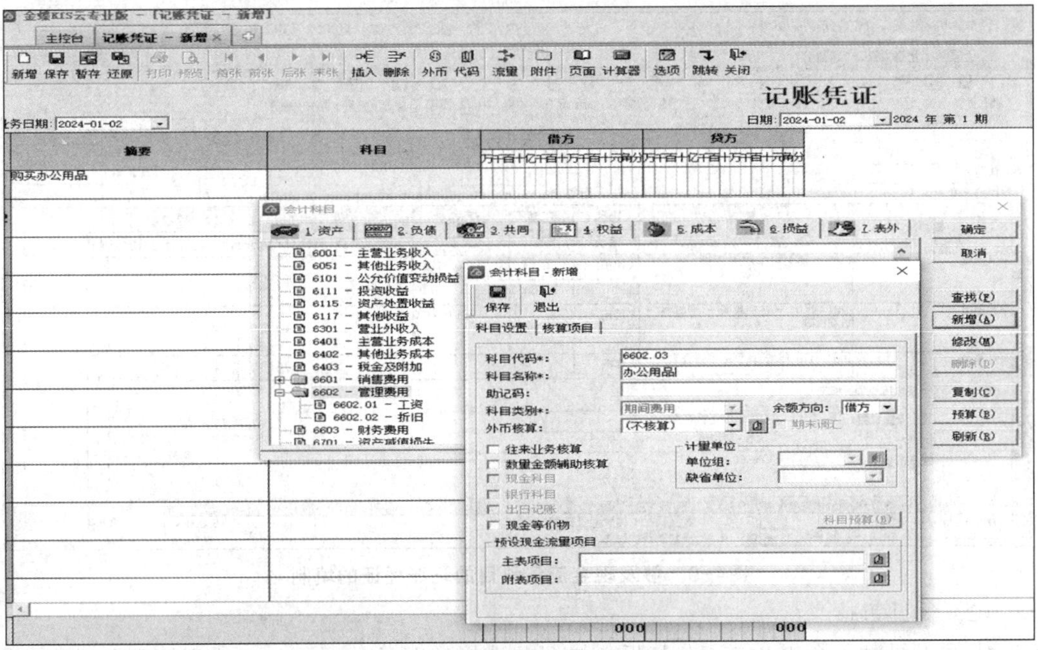

图4-7　凭证填制时直接进行科目新增

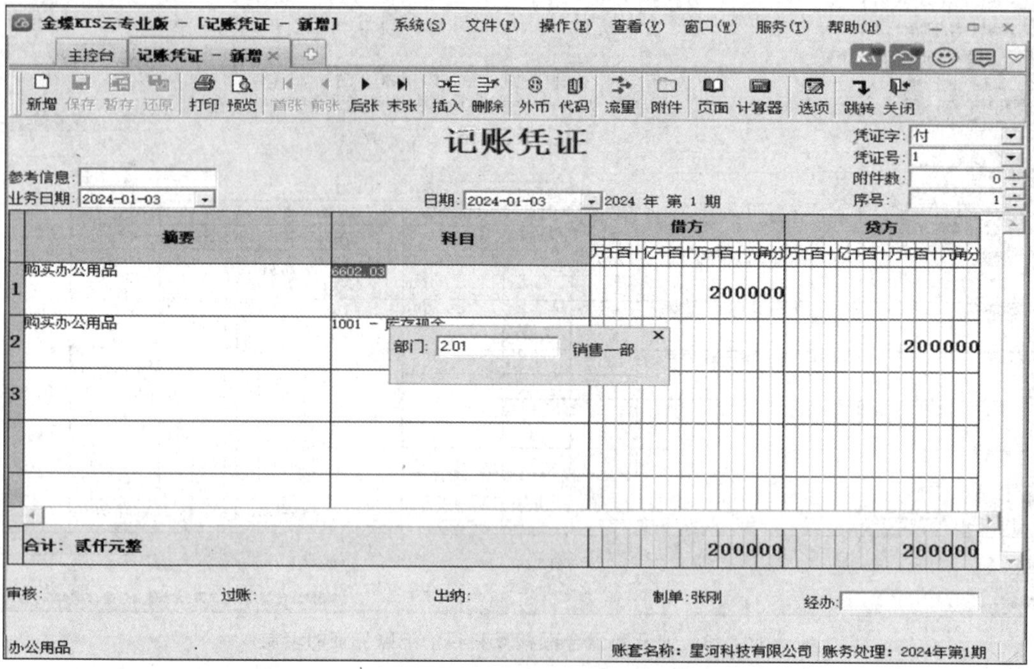

图4-8　涉及辅助核算科目的记账凭证的填制

⑥涉及现金流量科目的记账凭证的填制。

如果记账凭证中选择的会计科目属于现金流量科目，则用户需要单击工具栏中的【流量】按钮，在系统弹出的对话框中选择相应的现金流量项目，如图4-9所示。如果没有主表项目的选项，那么用户需要在科目设置界面中根据具体的科目勾选“现金科目”、“银行科目”或“现金流量科目”。

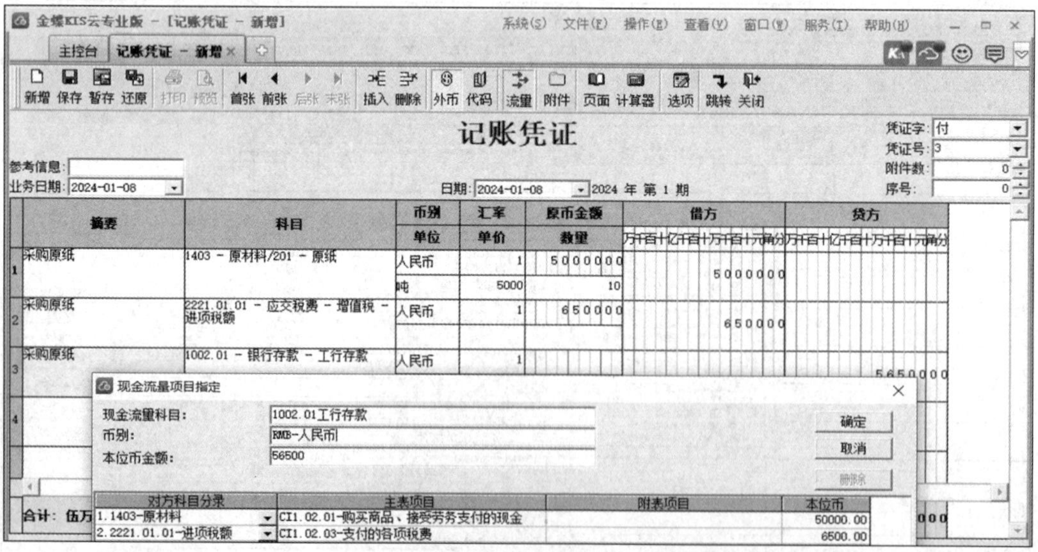

图4-9　涉及现金流量科目的记账凭证的填制

（2）凭证审核

审核人员进入金蝶KIS云专业版主控台，选择“账务处理”—“凭证管理”进入如图

4-10所示的界面，点击工具栏中的【审核】按钮，依次按张审核签章或者选择菜单“操作”—“成批审核”实现成批审核签章。

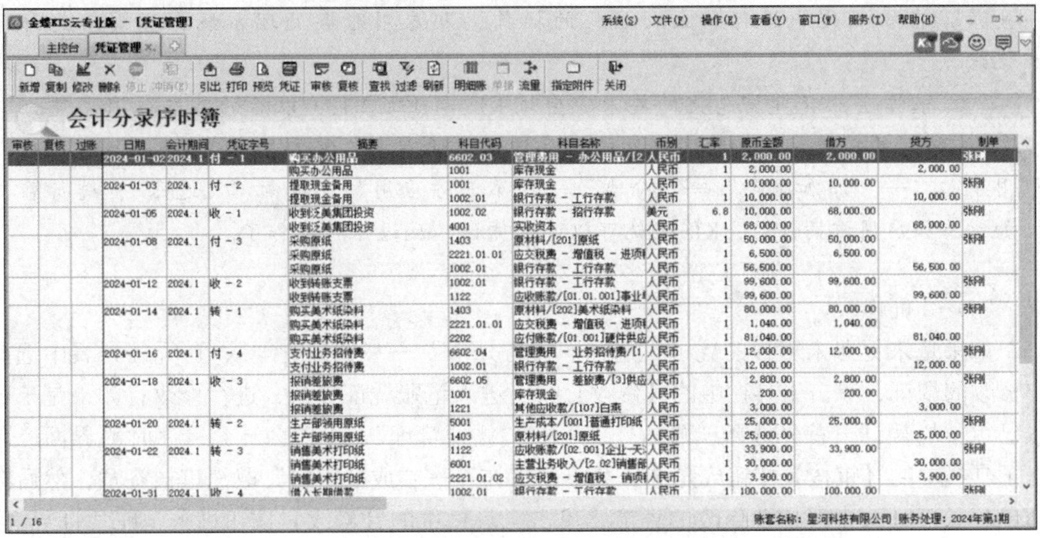

图4-10　金蝶KIS云专业版凭证审核

操作提示

📖如果用户要取消审核签章，则审核人员进入图4-10所示界面，点击工具栏中的【审核】依次按张取消审核签章，或者选择菜单“操作”—“成批审核”实现成批取消审核签章。

📖出纳签字需要由出纳人员登录如图4-10所示界面，选中要签字的记账凭证，点击【复核】按钮进行出纳签字。取消出纳签字，只需选中已签字的记账凭证单击【复核】按钮即可。

（3）凭证记账

选择“账务处理”—“凭证过账”，如图4-11所示，点击【开始过账】按钮出现过账向导，按照向导提示，完成记账工作。

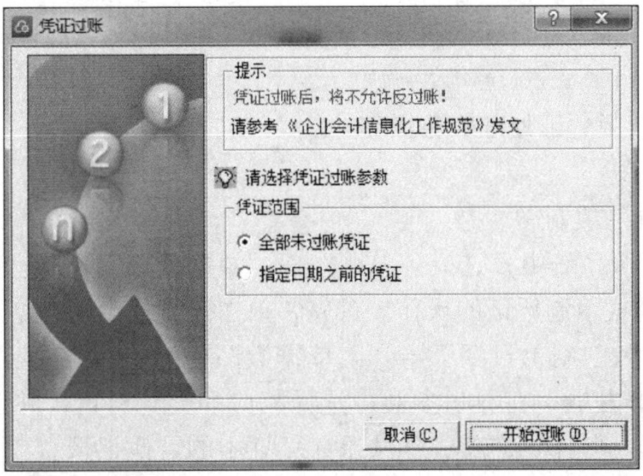

图4-11　凭证过账

操作提示

在金蝶KIS云专业版中要进行凭证记账，首先必须由系统管理员组的操作员登录，在初始化中进行结束初始化的操作，即启用账务处理系统，否则不允许记账。

根据企业会计信息化的要求，金蝶KIS专业版V13.0以后的版本取消了凭证“反过账”的功能，如果确实有凭证“反过账”的需求，需要在“我的KIS”—“应用中心”—“添加服务”—“分类”—“第三方应用”中搜索“反过账”，进行添加。添加启用该插件后，KIS里就可以进行凭证“反过账”操作了。

（4）凭证修改

如果是未记账未审核的凭证，选择“账务处理”—“凭证管理”，在凭证列表中选择要修改的凭证，单击工具栏中的【修改】按钮进入记账凭证界面，进行修改；如果是未记账已审核的凭证，首先选择“账务处理”—“凭证管理”，进入会计分录序时簿界面，单击工具栏中的【审核】按钮或是选择菜单“操作”—“成批审核”取消审核签章，然后在会计分录序时簿中选择要修改的凭证，单击工具栏中的【修改】按钮进入记账凭证界面，进行修改；如果是已记账已审核的凭证，首先选择“账务处理”—“凭证管理”，选择菜单“操作”—“反过账”或是全部反过账，取消记账凭证的记账签章，接着在会计分录序时簿中选中要修改的凭证，单击工具栏中的【审核】按钮或是选择菜单“操作”—“成批审核”取消审核签章，最后单击工具栏中的【修改】按钮进入记账凭证界面，进行修改。

（5）凭证删除

选择“账务处理”—“凭证管理”，在会计分录序时簿中，选中要删除的凭证，单击工具栏中的【删除】按钮，或是选择菜单“操作”—“成批删除选中凭证”，实现删除凭证操作。

操作提示

只有未审核未记账的凭证才可以直接删除。

删除凭证引起的断号，可以使用凭证整理功能处理；或是通过图4-2所示的凭证录入选项“新增凭证自动填补断号”处理。注意两种处理断号的方法的区别。

2）用友T3-标准版凭证处理实务操作

（1）填制凭证

①一般记账凭证的填制。

在用友T3-标准版系统中，选择“总账”—“填制凭证”，系统弹出如图4-12所示的窗口，在该窗口中完成填制凭证的操作。首先，单击工具栏中的【增加】按钮，然后依次选择“凭证字”，输入“制单日期”与“附单据数”；然后，在“摘要”栏中输入业务摘要，在科目名称处单击，在科目参照中选择相应的会计科目，并在借方金额或贷方金额处输入对应的金额；按下回车键，继续录入凭证中的其他记录。

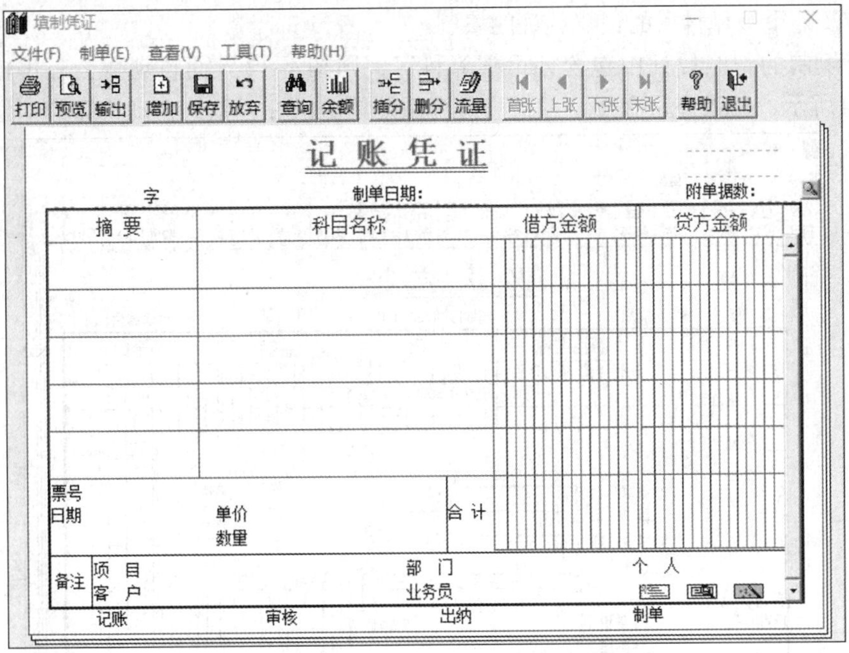

图4-12　用友T3-标准版一般记账凭证的填制

②涉及银行存款科目的记账凭证的填制。

如果填制的记账凭证中包含银行存款科目，则需要在图4-12的界面中选择“银行存款”科目，系统会自动弹出如图4-13所示的对话框，要求用户输入银行存款交易的结算方式、票号以及票据发生的日期。如系统不自动弹出如图4-13所示的对话框，说明用户没有在科目设置时将“银行存款”会计科目指定为银行科目。

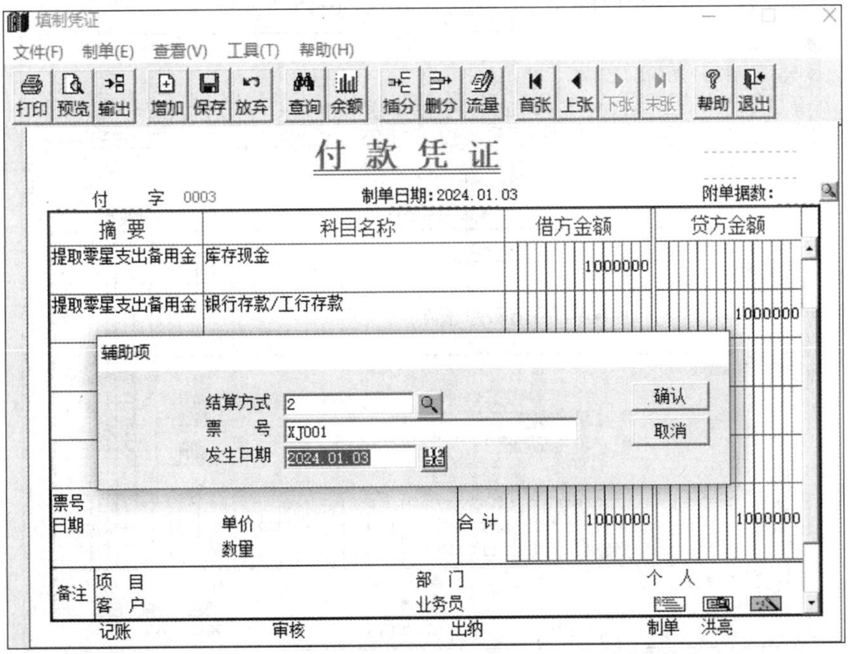

图4-13　涉及银行存款科目的记账凭证的填制

③涉及外币核算科目的记账凭证的填制。

如果填制的记账凭证中包含外币核算科目，则图4-12界面自动变为外币输入界面，如图4-14所示，输入外币金额，在借贷方金额处单击鼠标，系统自动换算为本位币金额。

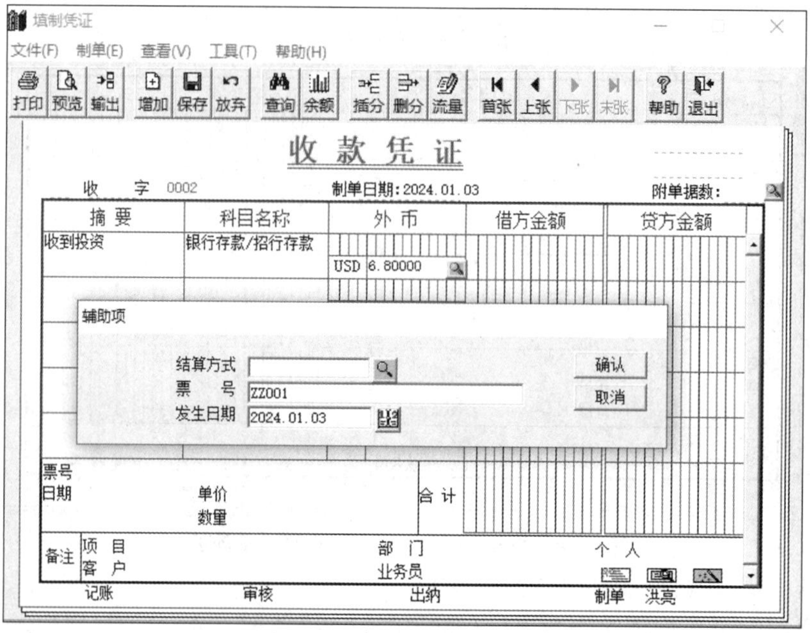

图4-14　涉及外币核算科目的记账凭证的填制

④涉及数量金额核算科目的记账凭证的填制。

如果填制的记账凭证中包含数量金额核算科目，则选择数量金额核算科目后，系统自动弹出对话框，要求输入相应的单价、数量，如图4-15所示。

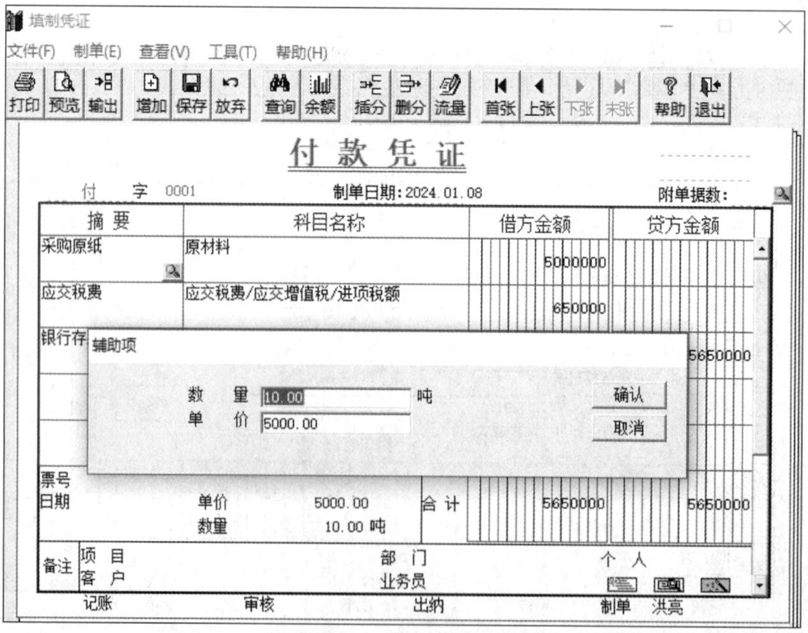

图4-15　涉及数量金额核算科目的记账凭证的填制

⑤涉及辅助核算科目的记账凭证的填制。

如果填制的记账凭证中包含辅助核算科目，则系统自动弹出对话框要求选择相应的核算项目明细，如图4-16所示。

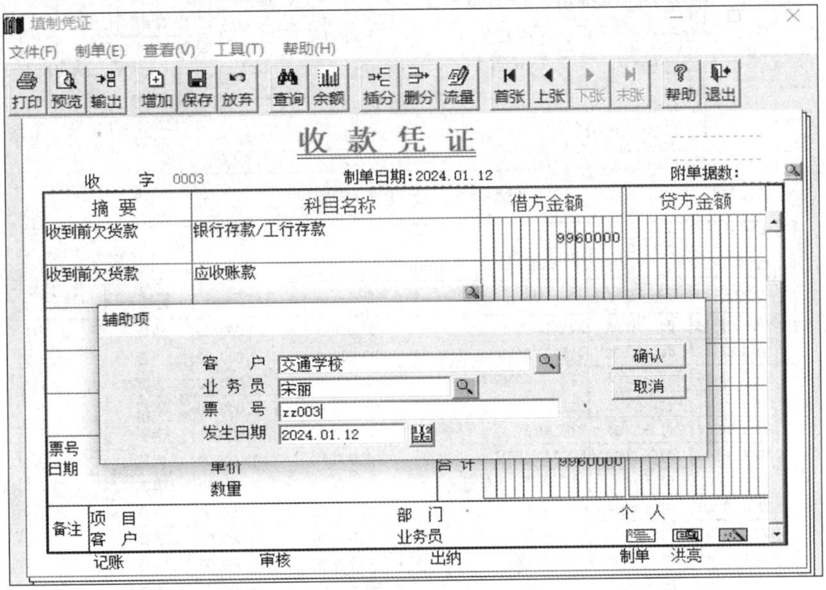

图4-16　涉及辅助核算科目的记账凭证的填制

⑥涉及现金流量科目的记账凭证的填制。

如果记账凭证中选择的会计科目属于现金流量科目，则系统会自动弹出对话框提示选择相应的现金流量项目，如图4-17所示。

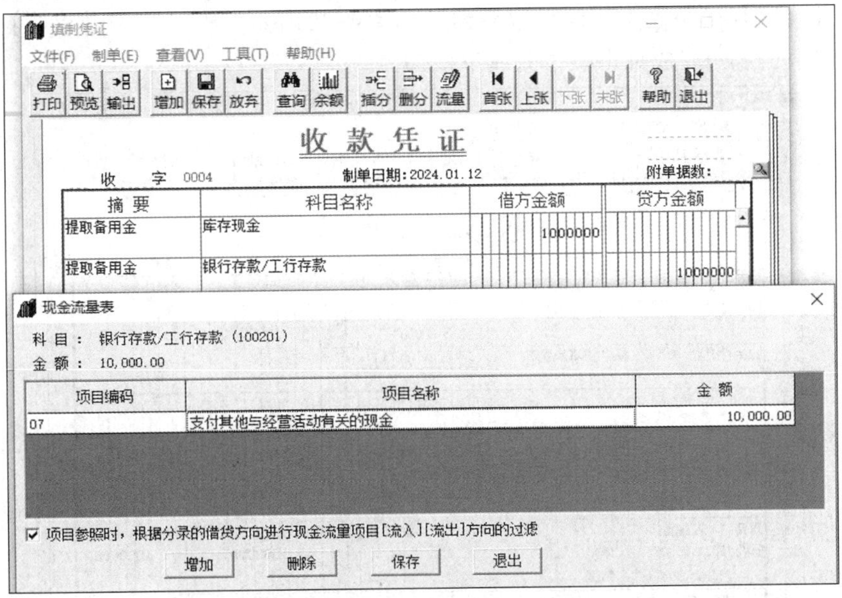

图4-17　涉及现金流量科目的记账凭证的填制

（2）审核凭证

选择“总账”—“凭证”—“审核凭证”，出现审核凭证的条件选择界面，如图4-18

所示，按照要求进行筛选条件的设置，系统弹出如图4-19所示的凭证列表。

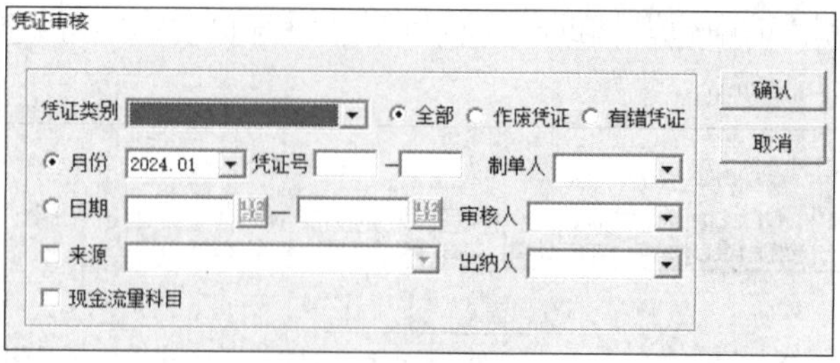

图4-18　凭证审核筛选

图4-19　凭证审核界面

点击【确定】按钮进入凭证显示界面，如图4-20所示，通过点击【审核】按钮或者选择菜单“审核”—“成批审核”完成审核操作。

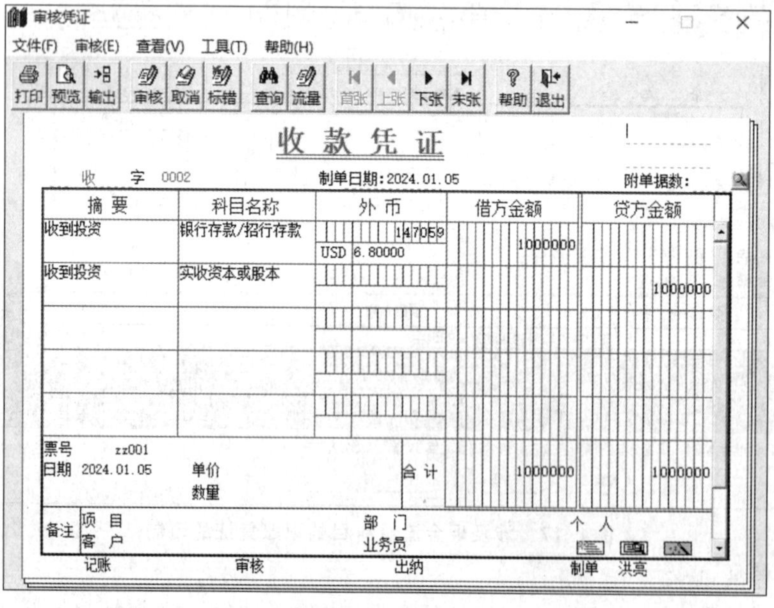

图4-20　审核凭证

操作提示

📖如果需要取消审核，则由审核员进入如图 4-20 所示界面，单击【取消】按钮，实现凭证审核的反向操作，即反审核，审核人的签章自动消失。

（3）凭证记账

选择“总账”—“凭证”—“记账”，出现凭证记账的向导界面，如图 4-21 所示，输入记账范围或是选择“全选”全部记账，通过“下一步”完成记账操作。

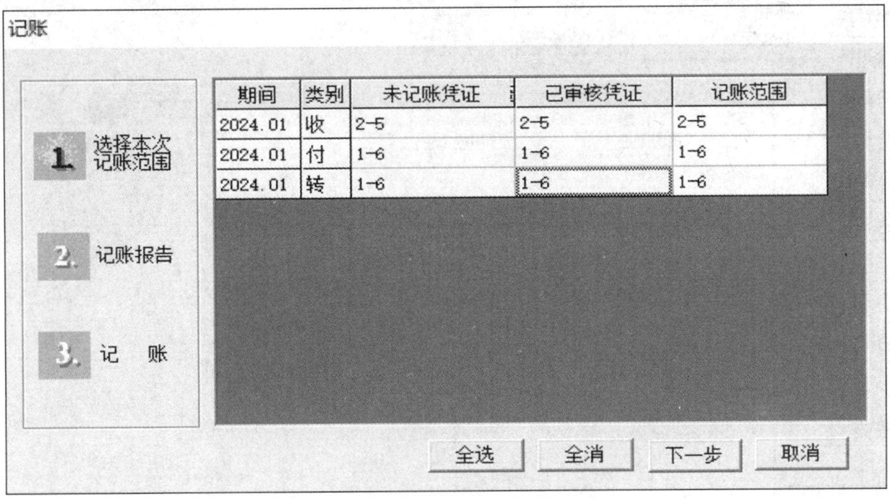

图 4-21　凭证记账

凭证记账完成后，如果用户需要进行恢复记账前状态的操作，则需要选择“总账”—“期末”—“对账”，按下快捷键【Ctrl+H】，激活恢复记账前状态，如图 4-22 所示。然后，选择“总账”—“凭证”—“恢复记账前状态”，如图 4-23 所示，实现反记账的操作。

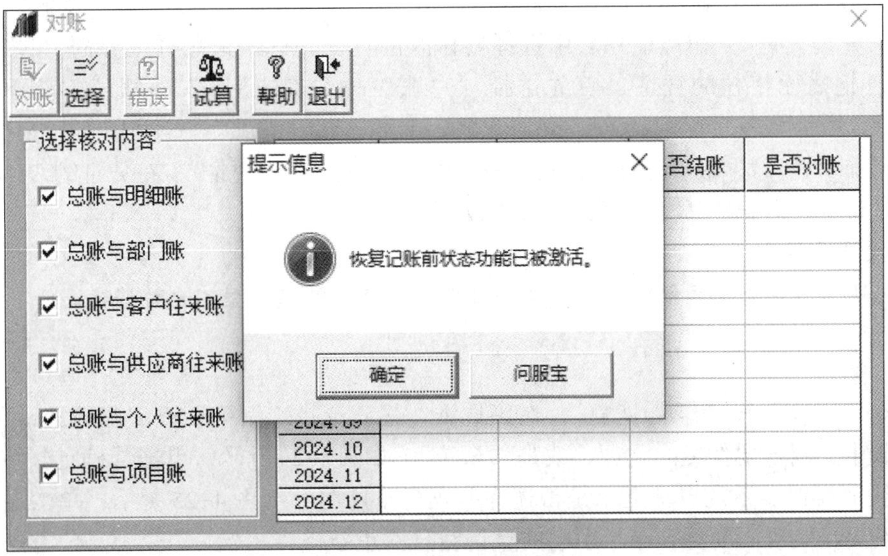

图 4-22　激活恢复记账前状态

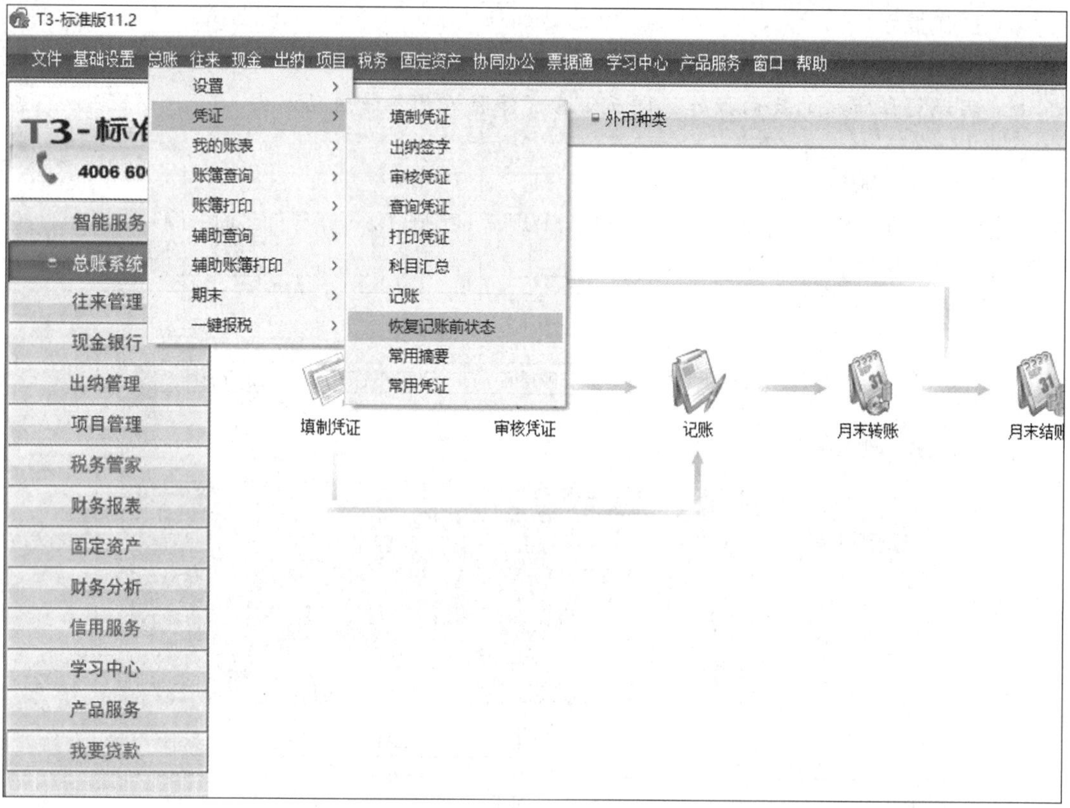

图4-23 恢复记账前状态

（4）修改凭证

如果是未记账未审核的凭证，选择“总账”—“凭证”—“查询凭证”，在凭证列表中选择要修改的凭证，进入记账凭证界面，进行修改；如果是未记账已审核的凭证，首先选择“总账”—“凭证”—“取消审核”，取消审核签章，然后选择“总账”—“凭证”—“查询凭证”，在凭证列表中选择要修改的凭证，进入记账凭证界面，进行修改；如果是已记账已审核的凭证，首先选择“总账”—“期末”—“对账”，按下快捷键【Ctrl+H】，激活恢复记账前状态，取消记账，接着选择“总账”—“凭证”—“取消审核”，取消审核签章，最后选择“总账”—“凭证”—“查询凭证”，在凭证列表中选择要修改的凭证，进入记账凭证界面，进行修改。

操作提示

📖用友T3-用友通标准版中凭证一旦保存，记账凭证类型不允许修改。

（5）删除凭证

选择“制单”—“作废/恢复”，作废凭证，接着选择“制单”—“整理凭证”，在作废凭证表中，双击要作废的凭证，或是“全选”，如图4-24所示，单击【确定】按钮，实现删除凭证操作。系统自动提示是否还需整理凭证断号，如图4-25所示，单击【是】按钮，系统自动实现因为凭证删除引起的凭证断号的重新排序。

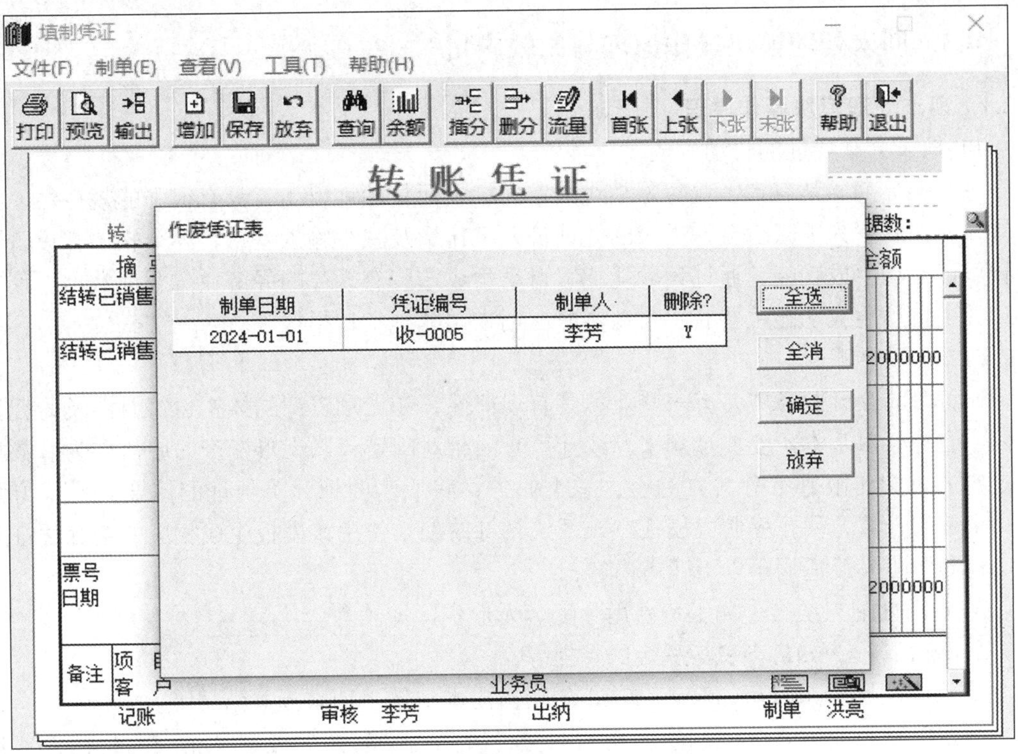

图4-24　确定作废凭证表中的凭证删除

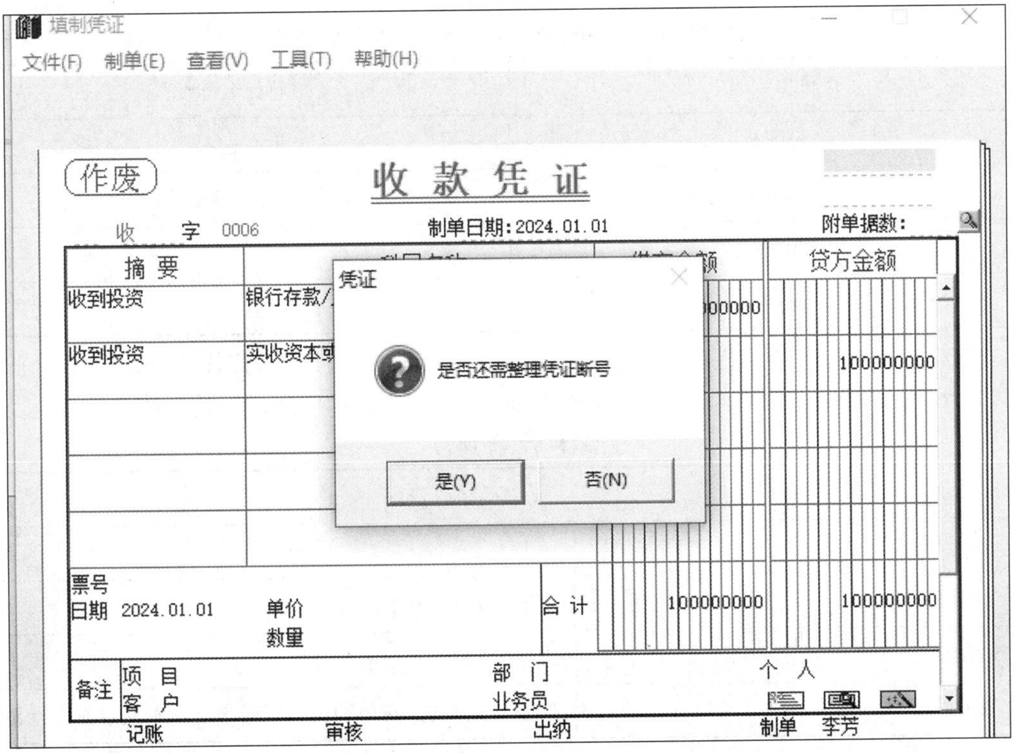

图4-25　删除凭证后提示整理凭证断号

4.3 期末处理模块操作原理与比较应用

4.3.1 期末处理模块操作原理

1）期末会计凭证的自动生成

每个会计期间都有许多业务是相对固定的，周而复始地发生，具有很强的规律性，实现软件处理后，为了减少会计人员的凭证输入工作量及减少输入差错，各个软件都设置了会计凭证自动生成功能，通过该功能能够自动生成这些有规律的经济业务凭证数据。期末会计凭证自动生成功能主要有：自动转账、期末调汇、结转损益等。

（1）自动转账

在每月的会计业务中，有一些业务具有规律性，如无形资产的摊销，每月涉及的凭证摘要、会计科目基本不变，金额来源或计算方法相对固定，以无形资产的原值作为基数按照既定的摊销年限进行分摊，对于这一类业务，我们需要把此类凭证的摘要、借贷方科目、金额的计算方法预先制成模板存入系统，每期期末使用该模板生成相应的会计凭证。

自动转账一般适用于以下业务内容：

① 费用分配与结转，如工资费用分配、无形资产摊销等。

② 税金计提，如房产税等税金的计提等。

③ 具有配比关系科目的对应结转，如销售成本结转、期末损益结转等。

例如，某企业欲将分配制造费用的业务设置为自动转账凭证，其相应的科目设置见表4-1。

表4-1　**某企业制造费用分配相关会计科目设置情况表**

科目编码	科目名称
5001	生产成本
500101	A产品
500102	B产品
5101	制造费用

期末需要将制造费用科目借方余额按A与B产品进行分摊。假定需要将制造费用平均摊入两种产品的生产成本中，则自动转账凭证可定义为如图4-26所示的形式。

转 账 凭 证

摘　要	分摊制造费用			
科　目	部　门	项　目	方　向	公　　式
500101		A产品	借	取凭证贷方合计数的50%
500102		B产品	借	取凭证贷方合计数的50%
5101			贷	取数科目：制造费用5101，取数类型：本期借方发生额

图4-26　制造费用摊销凭证设置

有关项目定义规则如下：

① 摘要。输入该业务的摘要，生成凭证后将会出现在所生成的记账凭证的每一行“摘要”栏中。

② 科目与项目。该业务的科目和项目指凭证借贷双方的会计科目与辅助核算项目。

③ 公式。即在日后由系统调用模板生成凭证时，凭证中金额的来源公式。

设置自动结转公式时，可以按以下步骤进行：首先，概括自动结转业务的会计分录；其次，判断每个科目金额来源的取数公式中的取数科目、取数类型；最后，根据不同财务软件提供的取数向导或函数设置取数公式。

操作提示

📖设定好以上模板，在每期调用后，使用“生成凭证”功能即可生成该业务凭证，不需要手工录入。

📖生成凭证前，所有已经录入的凭证都要审核记账。

📖生成的凭证与手工输入的凭证一样，还需要经过审核、记账的操作。

（2）期末调汇

期末调汇是指有外币核算业务的单位，对外币业务编制记账凭证后，在期末进行的汇率调整和结汇工作。每期期末由于汇率的变动引起本期收益的增加或减少，会计制度上要求必须进行调汇工作，由于汇率增加或者降低引起的损益的变化，除个别情况外，一般增加或者冲减“财务费用”科目。

期末调汇用于定义自动计算外币账户的汇兑损益，并在期末自动生成汇兑损益转账凭证。一般处理步骤为：

① 通过系统的“汇率管理”功能输入本月各种外币的月末汇率。

② 选择输入汇兑损益应记入的会计科目，会计准则中规定除个别情况外，一般记入“财务费用”科目。

③ 设定摘要、凭证类型等参数。

④ 每期期末自动生成汇兑损益结转凭证。

操作提示

📖调汇时要求之前输入的凭证都已经审核、记账，新生成的凭证仍然需要审核、记账。

📖注意凭证类型的选择要根据汇率的增减确定。

（3）结转损益

结转损益是指在一个会计期间终了时对损益类科目发生额所进行的结转。通常，将所有损益类科目的发生额都转入“本年利润”科目，并自动生成凭证。该功能既可以通过上述“自动转账”功能实现，也可以通过“结转损益”功能实现，二者可以选择其一。使用“结转损益”功能的主要步骤如下：

① 输入凭证摘要和凭证类型。这两项必须输入或者选择用自动生成的该凭证的摘要和类型，如果采用了分类凭证，凭证类型为“转”字。

② 选定各个损益类科目的对应结转科目，即“本年利润”科目。

③ 结转损益，自动生成该凭证。

操作提示

📖结转损益前要求之前输入的凭证都已经审核、记账。

📖结转生成的凭证，仍需要审核、记账。

2）期末对账与结账

（1）期末对账是对账簿数据进行核对，以检验记账是否正确以及账目是否平衡的方法。一般而言，利用财务软件进行业务处理，总账、日记账、明细账等数据都来源于已经记账的会计凭证，由于财务软件的记账工作由系统自动执行，只要会计凭证数据录入无误，财务软件自动生成的各种账簿数据应该都是正确和平衡的，但仍然存在由于非法操作或者系统紊乱等原因造成的数据不准确，从而引起账账、账证不符的情况，因此为了保证各种账簿数据的正确与平衡，现有财务软件基本都提供了对账功能，用户可以使用该功能进行对账。对账工作一般在结账前进行，每月至少一次。

（2）期末结账。本期工作结束后、下期工作开始之前都需要进行结账工作，结账功能主要完成如下几项工作：

① 检查并停止本期各科目的各项数据处理工作。

② 计算各科目的本期发生额和累计发生额。

③ 计算本期各科目的期末余额并将余额结转至下期期初。

操作提示

📖结账前应将本期所有记账凭证登记入账。

📖结账后，不能再输入这一会计期间的记账凭证或其他数据资料，也不能再进行记账。

📖结账必须按月连续进行，且每月只能结账一次。

📖年终结账时，必须先进行数据备份或打印输出，以备操作出错时恢复至结账前状态。

📖年终结账后，计算机会自动将年末余额结转到下年作为下年年初余额。

4.3.2 通用财务软件期末处理实务操作

1）金蝶KIS云专业版期末处理实务操作

在金蝶KIS云专业版主控台，选择“账务处理”，该软件提供了三种期末自动结转凭证的功能：自动转账、期末调汇、结转损益。

（1）自动转账

点击【自动转账】按钮进入模板设置界面，单击【新增】按钮，进入“自动转账凭证-新增”界面，如图4-27所示。

自动转账凭证模板中的各个数据项的使用说明见表4-2。

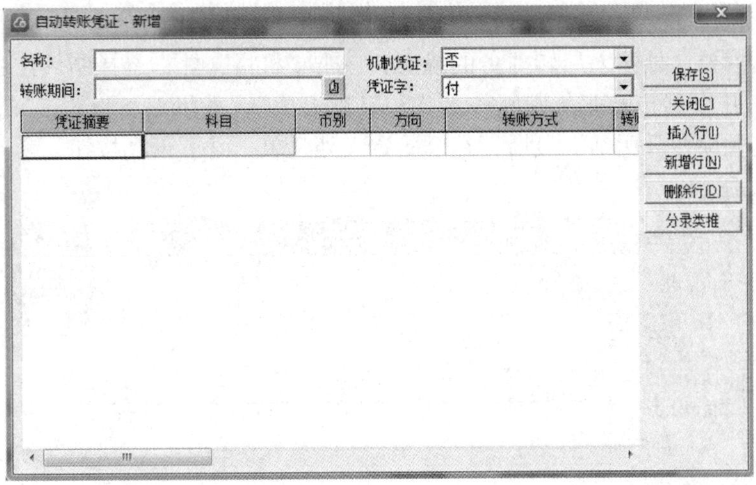

图4-27　自动转账凭证-新增

表4-2　**自动转账凭证模板中的各个数据项的使用说明**

数据项	说　明
转账期间	系统提供了1—12个会计期间
凭证字	选择生成凭证的凭证字
凭证摘要	手工录入正确的意思表达
科目	双击后会自动弹出“科目”对话框，用户可以选择需要的会计科目。选择科目时必须注意要选择科目的最明细一级，如是非明细科目则只能转出
币别	显示币别
方向	会计分录的借贷方向，可以根据转账方式自动判断，除非确定，否则建议用户选择“自动判断”
转账方式	科目的“余额”“借方发生额”“贷方发生额”等转出的金额和方式，共有六种：“转入”指该会计科目属于转入科目；“按比例转出余额”指按该科目余额的比例转出；“按比例转出贷方发生额”指按该科目的贷方发生额的比例转出；“按比例转出借方发生额”指按该科目的借方发生额的比例转出；“按公式转出”指根据后面的“公式定义”中的公式取数转出；“按公式转入”指根据后面的“公式定义”中的公式取数转入
转账比例	用于选择比例转入（出）的转账方式，直接录入比例
核算项目	如果会计科目下还下挂核算项目，则在此选择相应的核算项目
包含本期未过账凭证	选择“包含”和“不包含”二者之一
公式定义	当“转出方式”选择“按公式转入或转出”时，则在此定义公式，根据科目是否下挂外币及数量核算，可以录入原币取数公式、本位币取数公式、数量取数公式。公式设置可以按【F7】键或工具栏中【获取】按钮进入公式向导辅助输入，公式的语法与自定义报表完全相同，通过取数公式可取到账上任意的数据。另外，在公式中还可录入常数
不参与多栏账汇总	提供了自动转账凭证的一些控制参数，如选中“不参与多栏账汇总”，则这种凭证（如月底的成本结转）不参加多栏账的汇总

在图4-27所示的界面中，输入“名称”，选择“转账期间”与“凭证字”类型。然后，在“凭证摘要”处输入结转业务的摘要，单击“科目”处，选择结转凭证的科目，选择借贷方向，并根据转账业务判断并选择“转账方式”，如果该科目设有辅助核算性质，则需要选择其辅助核算明细。最后，在公式定义处，单击【下设】按钮，弹出公式设置向导，如图4-28所示。

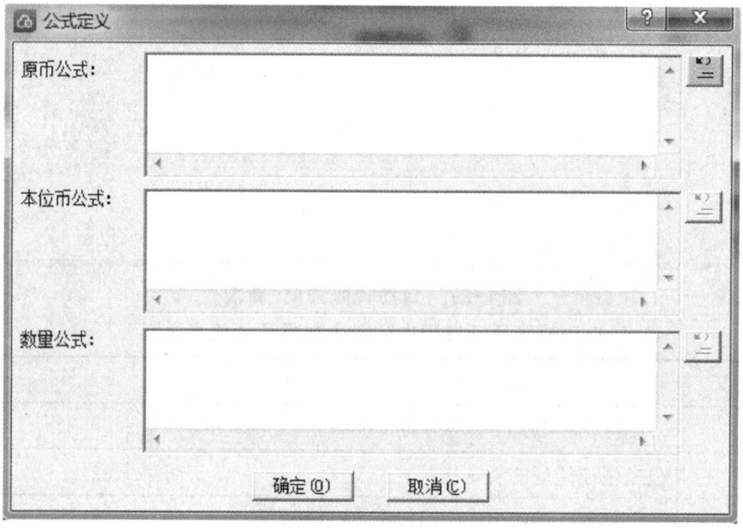

图4-28　公式设置向导

单击右侧的，系统弹出报表函数窗口，如图4-29所示，选择ACCT函数。

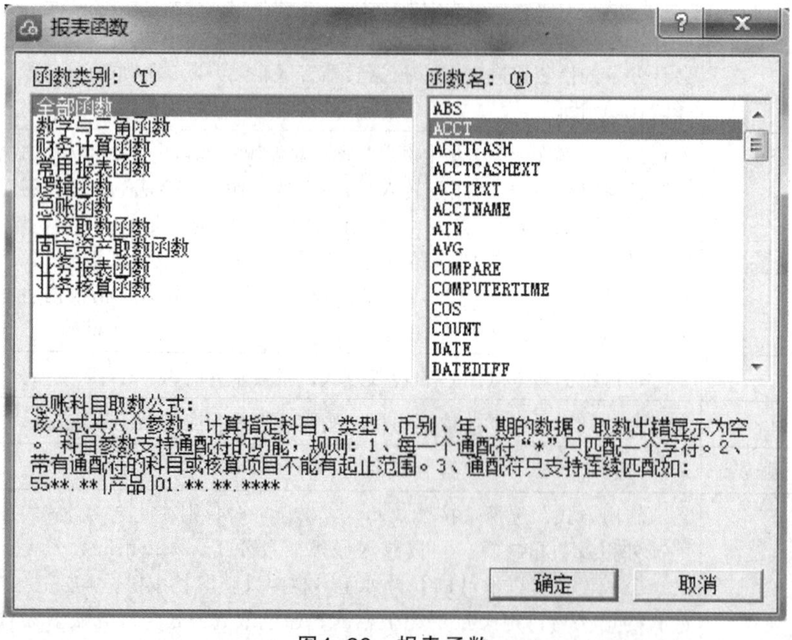

图4-29　报表函数

单击【确定】按钮，进入ACCT函数设置界面，如图4-30所示。以结转制造费用业务为例，在“科目”处按下【F7】键，选择“5101”，并在“取数类型”处按下【F7】键，选择取数类型“借方发生额”，单击【确认】按钮，返回如图4-28所示界面。如果公式中带有常数或是需要运算，则在如图4-28所示的界面中输入常数或是运算符，然后继续编辑公式直至完成为止，如图4-31所示。

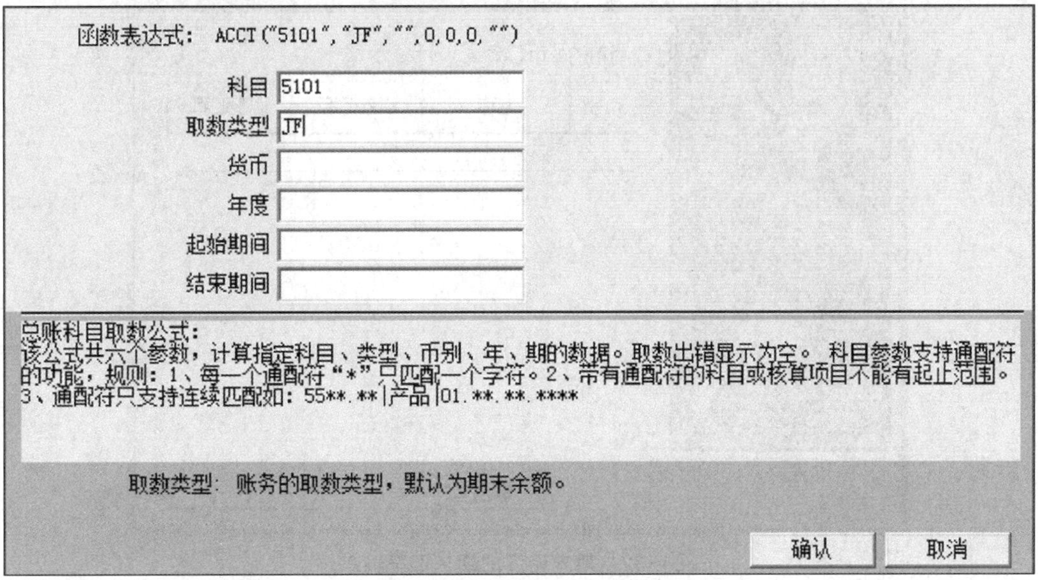

图4-30　ACCT函数设置

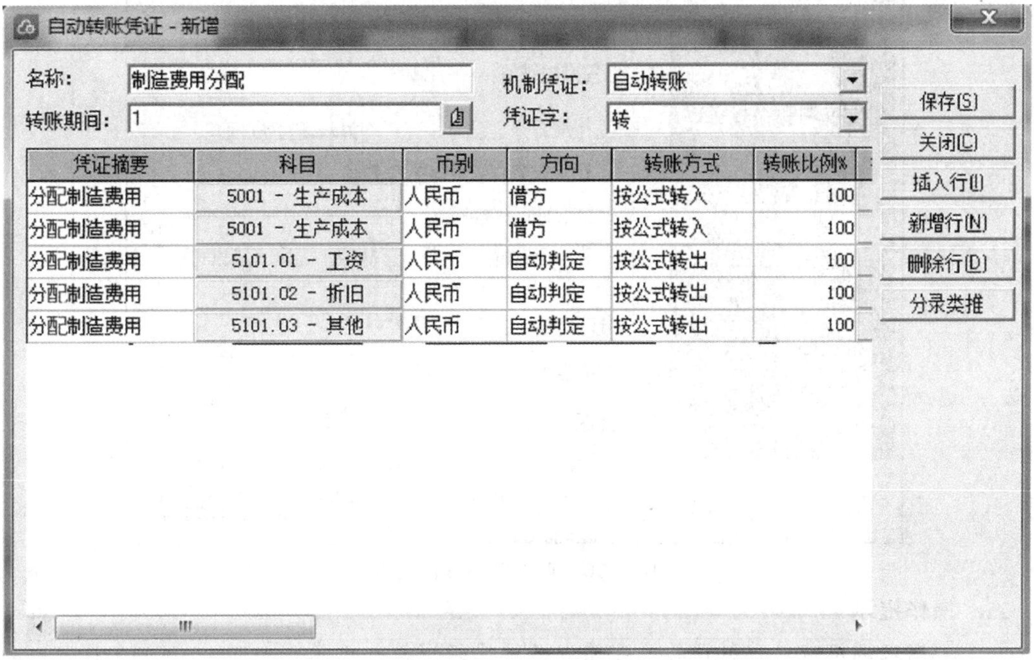

图4-31　分配制造费用自动转账凭证公式定义

（2）期末调汇

点击【期末调汇】按钮，按照向导修订本期期末汇率（也可以在“币别”中设置），如图4-32所示，单击【下一步】按钮，在如图4-33所示界面选择汇兑损益科目“6603”，进而选定摘要和凭证类型，即可生成凭证，用户可以在凭证查询中找到该凭证并加以检查。

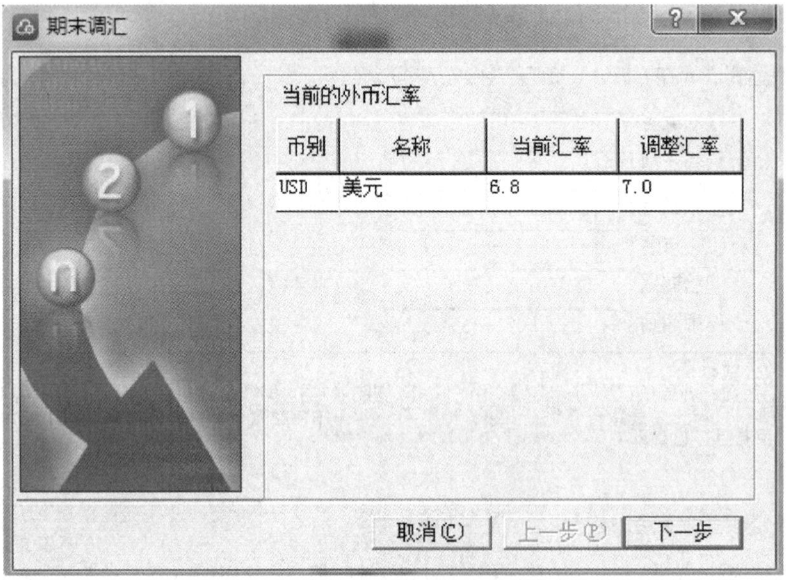

图4-32　期末调汇的期末汇率输入

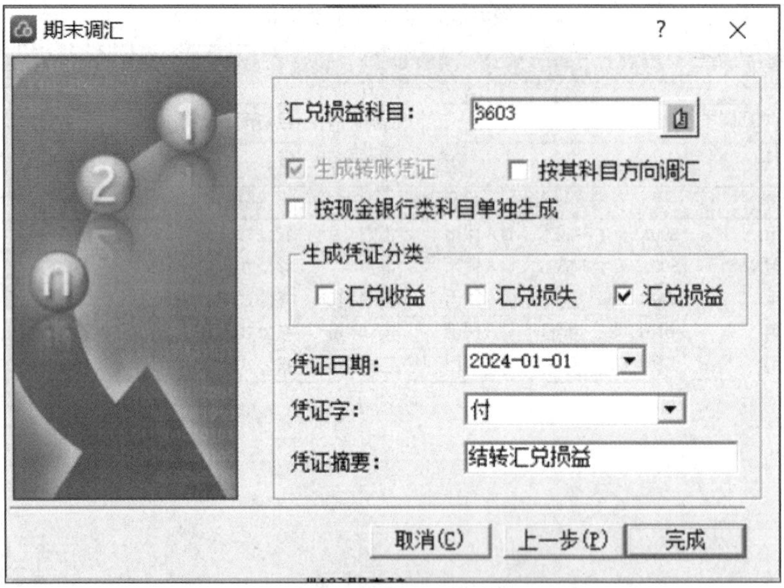

图4-33　期末汇率其他设置

操作提示

🕮期末调汇前外币科目的业务凭证必须已经审核、记账。

(3) 结转损益

点击【结转损益】按钮，进入凭证生成向导，在设定好凭证摘要和类型后，进入如图4-34所示确认界面，点击【下一步】按钮即可完成操作。

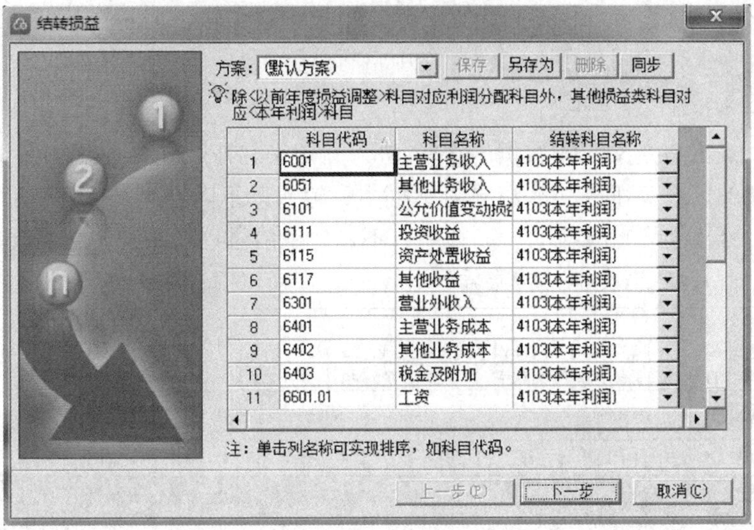

图4-34　结转损益

操作提示

📖进行结转损益操作前，必须先在系统参数中设置“本年利润”“利润分配”科目。

📖进行结转损益操作前，应将已保存的所有凭证都审核、记账。

（4）期末结账

期末，所有凭证在进行过账处理后，即可进行期末的结账处理。在金蝶KIS云专业版的主控台选择“账务处理”—“期末结账”，进入期末结账界面，单击【开始】按钮即可进行期末结账处理，系统自动进入下一个会计期间。

2）用友T3-标准版期末处理实务操作

在用友T3-标准版中，选择“总账”—“期末”—“转账生成”，系统弹出转账生成界面，如图4-35所示。

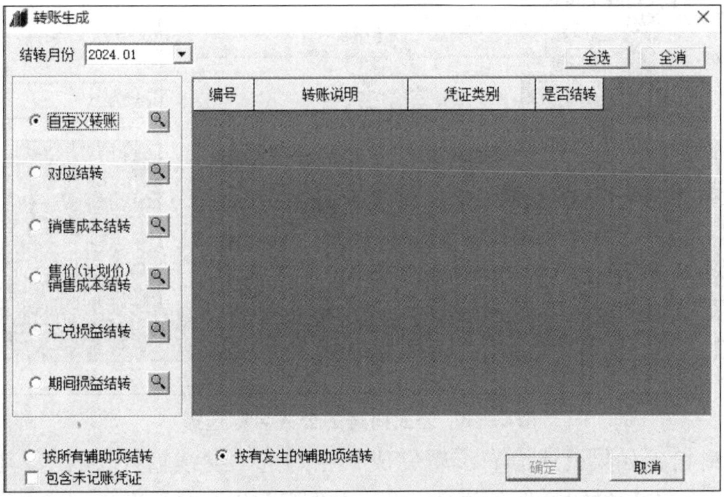

图4-35　月末转账生成

限于本书的篇幅，本章仅对自定义转账、汇兑损益结转、期间损益结转进行说明，其他自动转账模板大体相同，可在软件操作中自行体会。

（1）自定义转账

第一步，点击自定义转账右侧的，进入自定义转账设置界面，如图4-36所示。单击【增加】按钮，在弹出的转账目录对话框中，输入以下内容：转账序号：软件默认为4位编号，该编号代表转账模板的生成顺序，不是凭证编号；转账说明：结转制造费用（自动作为摘要栏目）；凭证类别：转账凭证。

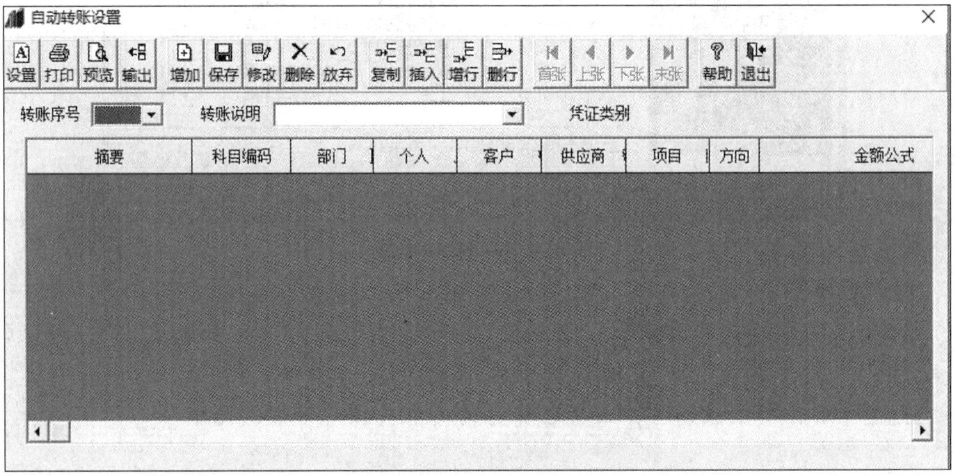

图4-36　自动转账设置

第二步，确定后，进入凭证模板设置界面，在科目编码处选择转账凭证中涉及的会计科目，如果有辅助核算项目科目则在对应的辅助核算列选择具体的辅助核算明细，选择科目方向，在金额公式处单击，系统弹出如图4-37所示的公式向导，在公式名称列选择符合要求的公式名称，单击【下一步】按钮，系统弹出如图4-38所示窗口。

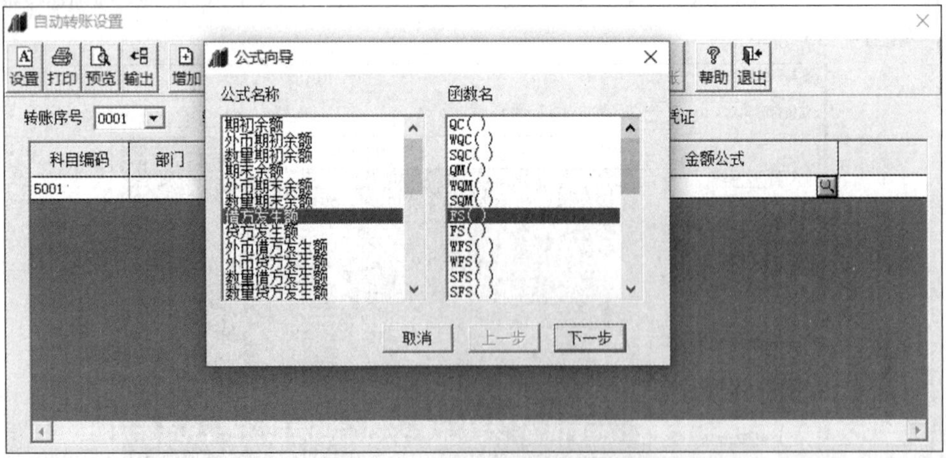

图4-37　公式向导的公式名称选择

选择取数科目，如果公式没有编辑完成，则勾选“继续输入公式”，并选择对应的运算符，单击【下一步】按钮，系统弹出如图4-39所示公式向导窗口。

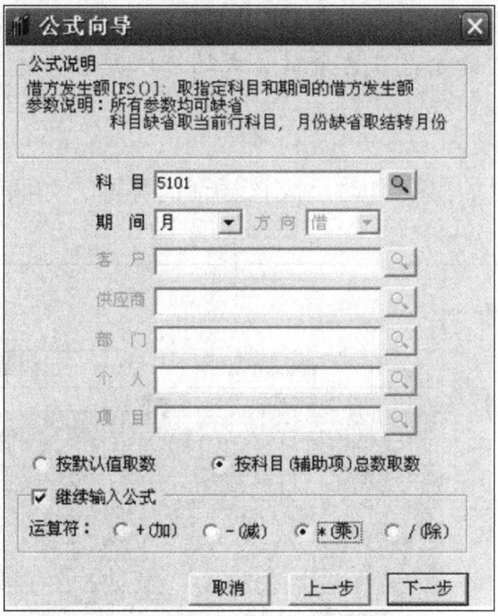

图4-38　公式向导的取数科目

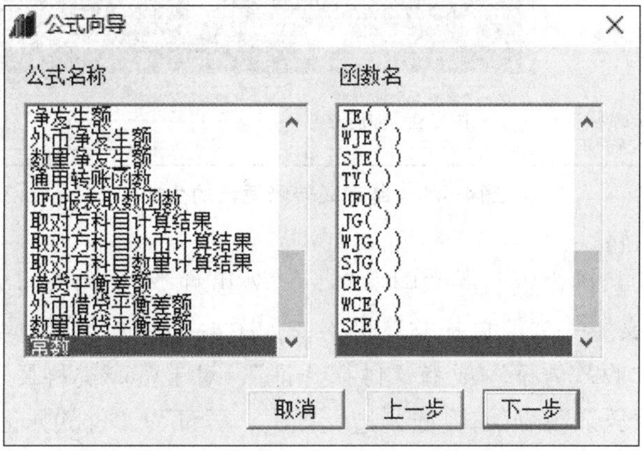

图4-39　公式向导的公式名称选择

在公式向导界面继续选择公式名称，并单击【下一步】按钮，直至完成公式编辑为止，如图4-40所示。

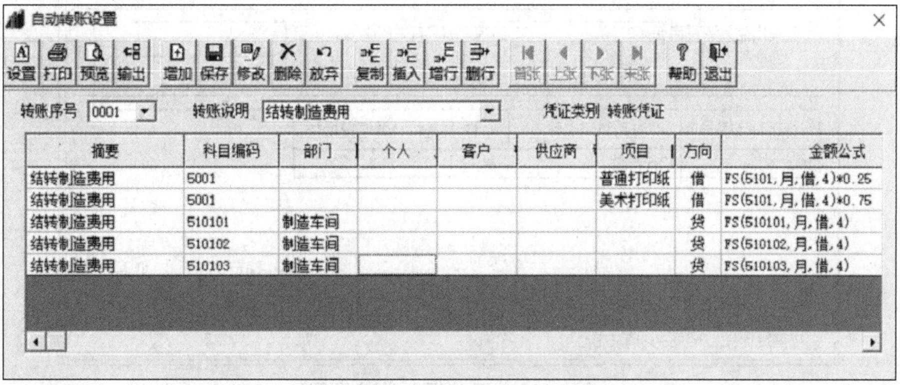

图4-40　自动转账设置模板

操作提示

🕮在公式设置中，借方科目的金额公式还可以利用“取对方科目计算结果”函数进行。

第三步，保存后退出，出现自动生成该凭证的界面，如图4-41所示，选中该模板，点击确定即可生成凭证。

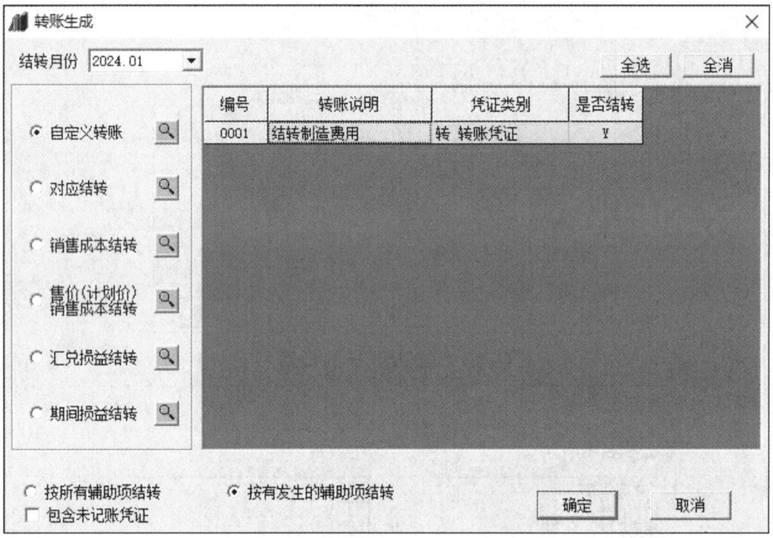

图4-41 自定义转账凭证的生成

（2）汇兑损益结转

第一步，选择“基础设置”—“财务”—“外币种类”，输入月末汇率。然后，点击“期末”—“转账定义”—“汇兑损益”进入，如图4-42所示界面。凭证类别按照汇率增加还是降低，选择“收款凭证”或者“付款凭证”，对于资产类科目一般汇率增加，获得收益，凭证为“收款凭证”；汇率降低，遭受损失，凭证为“付款凭证”。汇兑损益入账科目选择“财务费用”。

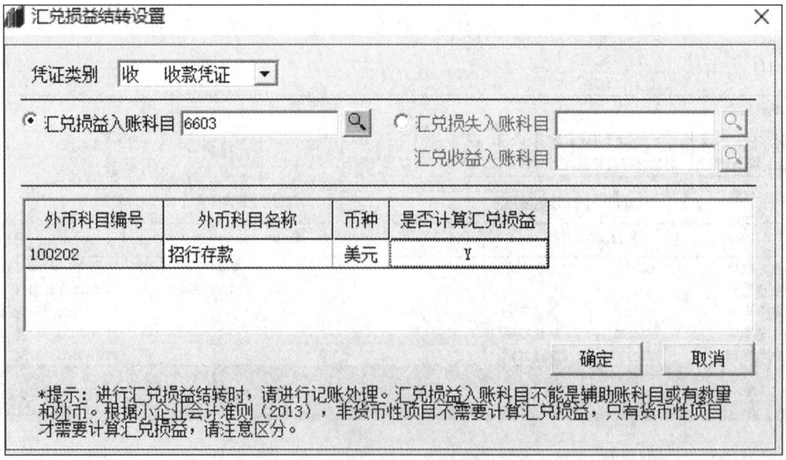

图4-42 汇兑损益结转设置

第二步，点击【确定】按钮，然后选择“转账生成”进入凭证生成界面，如图4-43所示，点击【确定】即可。

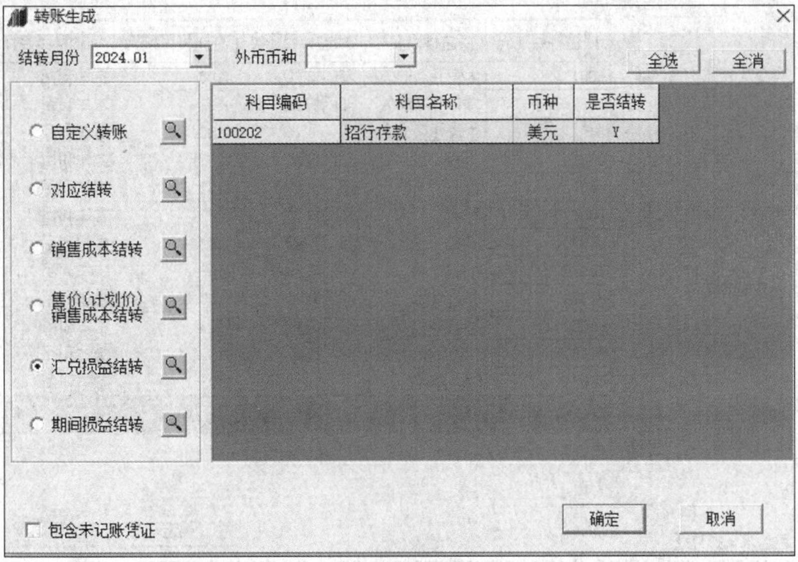

图4-43　汇兑损益结转凭证的生成

（3）期间损益结转

期间损益结转，即把本期损益类科目的发生额转入“本年利润”科目中，操作如下：

第一步，点击“期末”—“转账定义”—“期间损益”进入如图4-44所示界面，选择凭证类别为：转账凭证；本年利润科目选择“4103”；中间内容系统按照科目性质为“损益类”自动给出。

图4-44　期间损益结转设置

第二步，点击【确定】按钮，完成设置操作，进入自动生成凭证界面，如图4-45所示，单击【全选】按钮，然后点击【确定】按钮即可生成凭证。

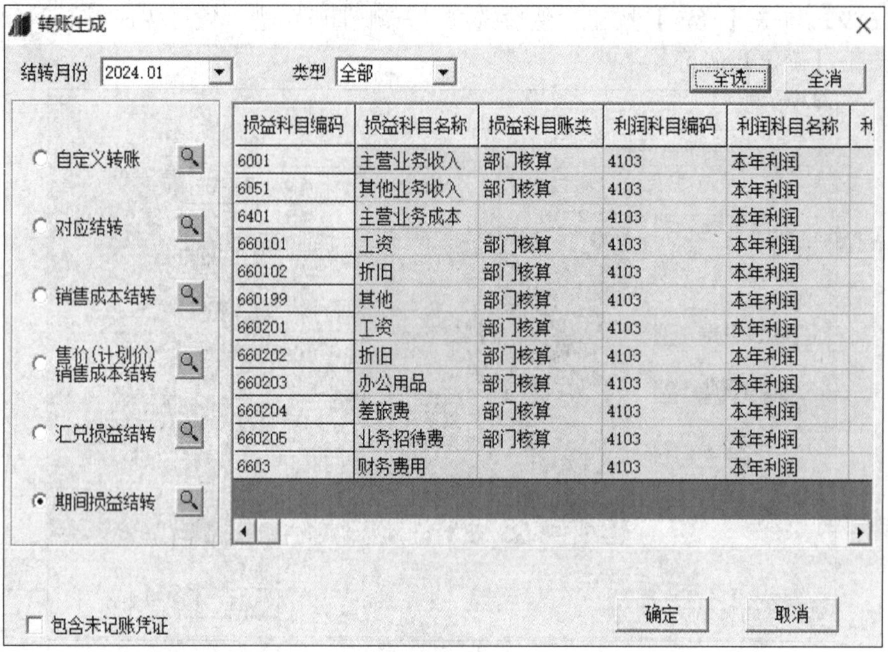

图4-45 期间损益结转凭证的生成

（4）对账与结账

点击【月末结账】按钮，用户通过向导操作如图4-46所示，完成本期会计处理，进行结账。

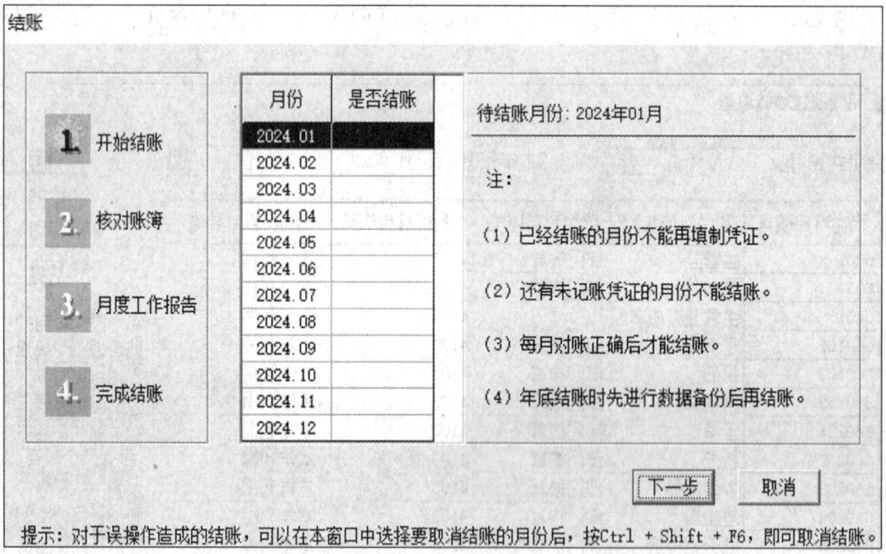

图4-46 月末结账

4.4 账簿查询模块操作原理与比较应用

单位发生的经济业务经过凭证录入、审核与记账后，形成了正式的会计账簿，以供企业管理人员查询各种汇总与明细的信息。在手工记账条件下，账簿登记完毕即形成可供查询的纸质文档资料；在计算机环境下，由于记账由财务软件自动执行，执行完毕，需要设置账簿查询功能，才能输出各种账簿信息。本章指定的账簿为广义的账簿，包括各种余额表、汇总表、平衡表及明细表等。

4.4.1　账簿查询种类

账簿查询是对已经形成的正式或非正式账簿数据进行输出显示的操作。

1）按照查询的方式

账簿查询可分为屏幕查询和打印查询。屏幕查询是用户输入查询条件，在计算机屏幕上输出查询结果信息的方式；打印查询是用户输入查询条件，把查询结果以纸质的形式打印出来的一种方式。在实际工作中，既要节约成本，又有保存会计档案的要求，二者一般结合使用。

2）按照查询的内容

账簿查询按照查询内容的不同可以分为以下几类：

（1）总账查询

输入查询条件，查询各项资产、负债、所有者权益和费用、成本、收入、成果等账户的增减变化，反映财务状况和经营成果总括的信息。一般来讲，显示每个账户各个会计期间借贷方发生数和余额，不按照每笔业务进行显示。

（2）日记账查询

日记账又称序时账，输入查询条件，按照各个会计期间每日经济业务发生的先后顺序，序时地输出各种会计信息，一般每日需要进行小计，每期进行总计。设置了“日记账”属性的会计账户能够查询日记账，一般涉及“库存现金”“银行存款”科目。

（3）明细账查询

输入查询条件，查询各个会计账户每个会计期间连续、详细记录的经济业务信息，一般按照业务发生日期逐笔输出显示，每期进行合计，输出格式多数为三栏式。

（4）数量金额账与外币金额账查询

二者属于明细账，查询过程同明细账，仅仅在格式中多出了数量与外币金额栏目。

（5）多栏式明细账查询

多栏式明细账属于明细账的一种，但在财务软件中，该账适用于有明细科目的科目，凡是有下级明细科目的会计科目，可先建立该科目多栏式明细账，然后输出建立好的明细账，比照上述明细账查询，该账簿的查询需要用户先进行多栏式明细账的定义，建立符合条件的科目的多栏式明细账，然后才能进行查询。

（6）辅助核算账簿查询

该账簿查询适用于设置了辅助核算的会计科目，可以全方位、多角度查询输出企业会计信息，如查询项目账、部门账、往来单位账、职员账等。

（7）其他账簿查询

如科目余额表、凭证汇总表、试算平衡表等，查询过程与上述基本相同，可在具体软件操作中加以体会。

操作提示

账簿查询可以查询正式或非正式账簿。正式账簿是指记账之后形成的账簿；非正式账簿是指记账前的临时账簿，这类账簿输出后不保存，用户查询时在设定条件时需要选定“包含未记账凭证”选项。

财务软件一般都提供“账证联查”功能。所谓账证联查是指在查询账簿的时候通过联动操作直接查询与当前显示内容相关的记账凭证或其他账簿，或者在输出记账凭证时通过联动操作直接查询与当前凭证相关的总账或明细账的一种便捷操作形式。账证联查一般可满足以下查询要求：在记账凭证中查看凭证其他信息；在科目汇总表中联查专项明细账；在查询日记账时联查凭证和总账；在查询总账时联查明细账；在查询明细账时联查凭证和总账。

4.4.2 通用财务软件账簿查询实务操作

1）金蝶KIS云专业版账簿查询实务操作

进入金蝶KIS云专业版主控台，选择“账务处理”，在软件右侧出现账簿查询列表，如图4-47所示。

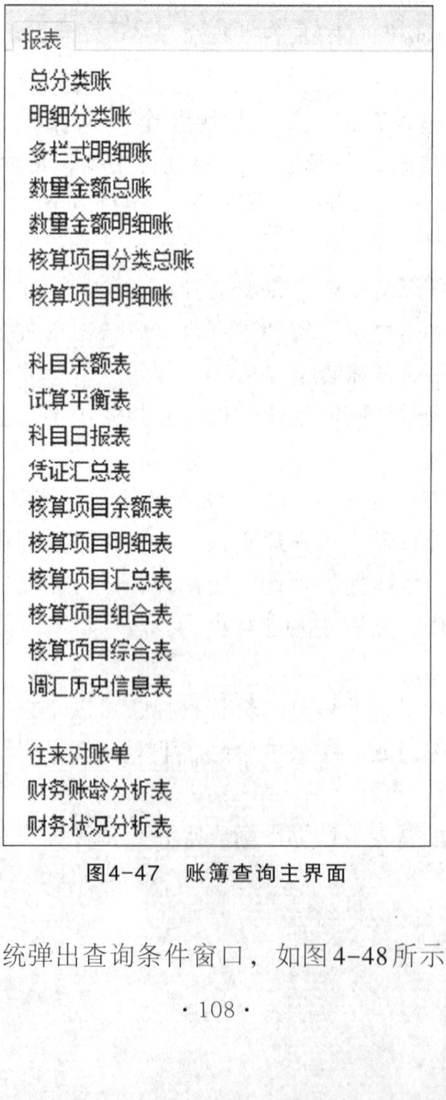

图4-47　账簿查询主界面

（1）总账查询

选择“总分类账”，系统弹出查询条件窗口，如图4-48所示，输入要查询的总账科目代码，如果需要包含未记账凭证，则勾选“包括未过账凭证”，其他选项也可以根据用户需求自行勾选。

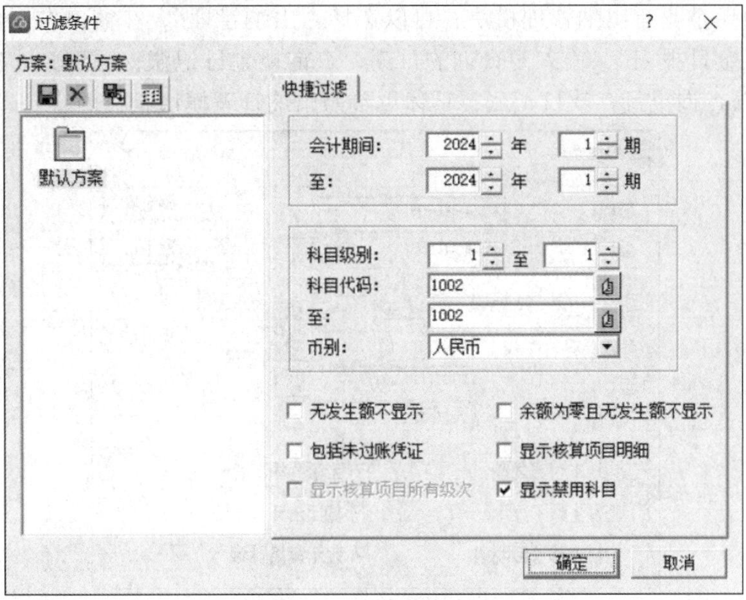

图4-48　总账查询界面

（2）明细账查询

选择“明细分类账”，系统弹出查询条件窗口，如图4-49所示，输入要查询的明细分类科目代码，如果需要包含未记账凭证，则勾选“包括未过账凭证”，其他选项也可以根据用户需求自行勾选。需要注意的是，根据自己要查询的明细科目的级次，注意修改科目级别为相应的级别，否则查询不出明细账。

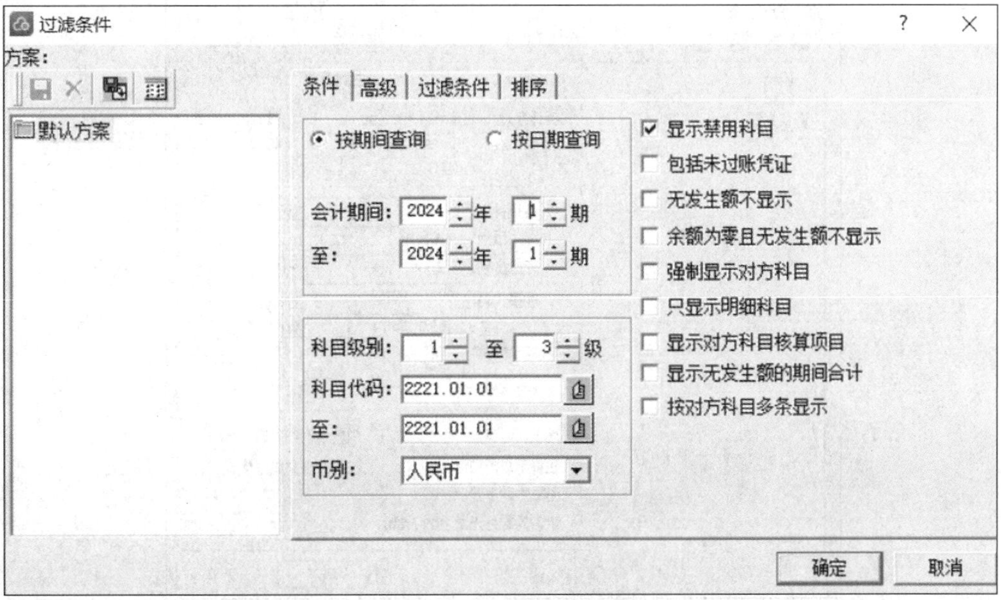

图4-49　明细账查询界面

（3）日记账

选择“科目日报表”，在如图4-50所示界面设置需要查询的科目以及需要查询的日期。此外，如果企业有出纳管理模块，可以选择“出纳管理”，在窗口右侧的“报表”列表中选择“现金日报表”，输入要查询的日期，查询现金日记账；同理，选择“银行存款日报表”，可以查询银行存款日记账，具体可参照出纳管理模块相关内容。

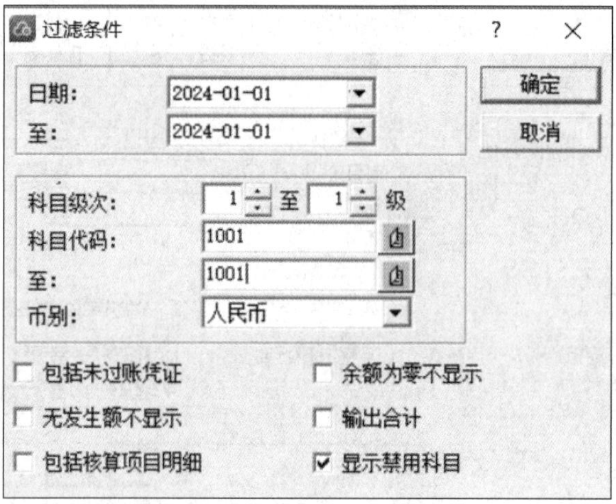

图4-50 现金日记账查询

（4）辅助核算项目明细账查询

选择“核算项目分类总账”查询辅助核算项目的总账情况，选择“核算项目明细账”查询辅助核算项目的明细账情况，在如图4-51所示的过滤条件界面中设置要查询的辅助核算项目的科目、项目类别等信息，并根据用户需求勾选相应的选项。

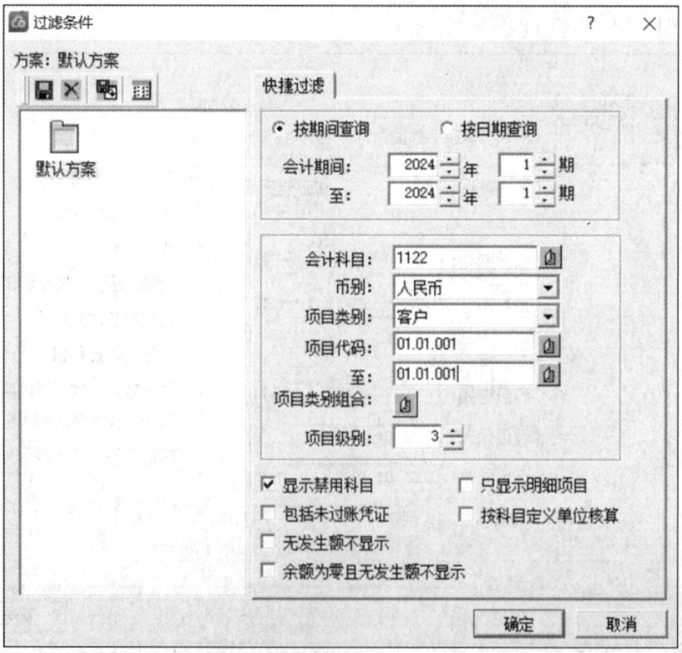

图4-51 辅助核算项目明细账查询

（5）数量金额式账簿查询

选择“数量金额总账”“数量金额明细账”分别查询数量金额核算科目的数量金额账簿，其过滤条件与明细账过滤条件基本一致，只是查询出的账簿格式是数量金额式，不再赘述。

（6）多栏账查询

选择“多栏式明细账”，出现多栏式明细账界面，点击【新增】按钮，弹出如图4-52所示的多栏式明细账设计窗口，在会计科目处选择要设置多栏账的科目，然后，在多栏账名称处单击一下，系统自动生成多栏式明细账的名称。如果有明细或者辅助核算项目，可通过单击【自动编排】按钮调出该科目明细项目形成栏目，形成该科目多栏账，进入即可进行查询；没有明细或者辅助核算项目的，可在“科目代码”—“栏目名称”中增加栏目，需要注意的是，新增的科目代码和栏目必须是科目表中存在的会计科目（一般此种情况不常用）。

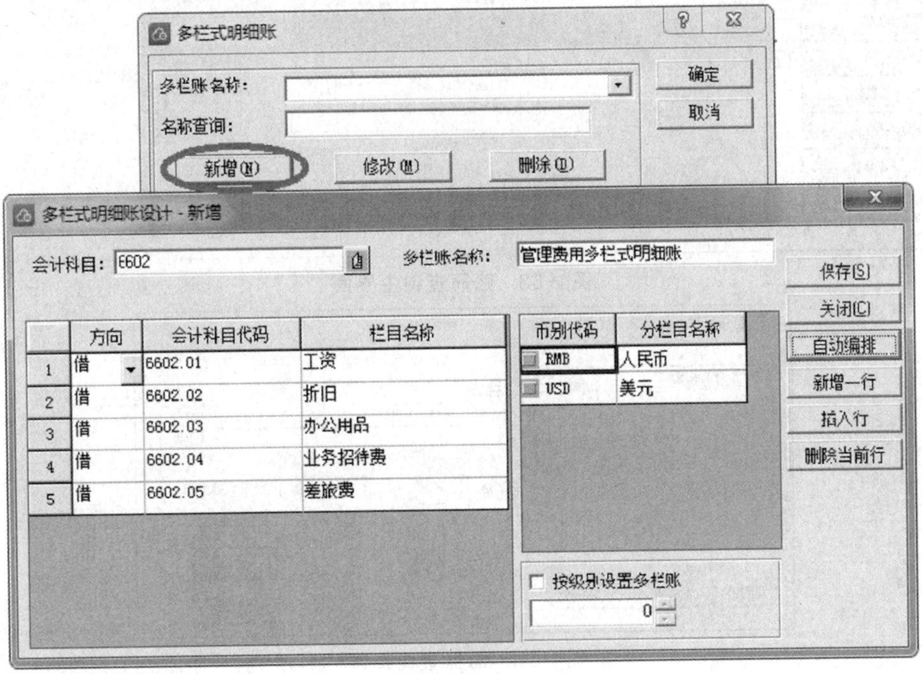

图4-52　多栏账设计与查询界面

（7）其他账簿查询

余额表、科目汇总表等的查询条件的设置与上述账簿查询基本类似，可参考上述讲解，不再赘述。

2）用友T3-标准版账簿查询实务操作

在用友T3-标准版系统中，选择“总账”—“账簿查询”，系统出现如图4-53所示界面，供用户选择查询账簿种类。

（1）总账查询

选择“账簿查询”—“总账”，系统弹出如图4-54所示的界面，输入要查询的总账科目的代码，如果要查询的科目总账需要包含未记账凭证，则需要在图中勾选“包含未记账凭证”。单击【确认】按钮，进入查询的总账界面，如图4-55所示。

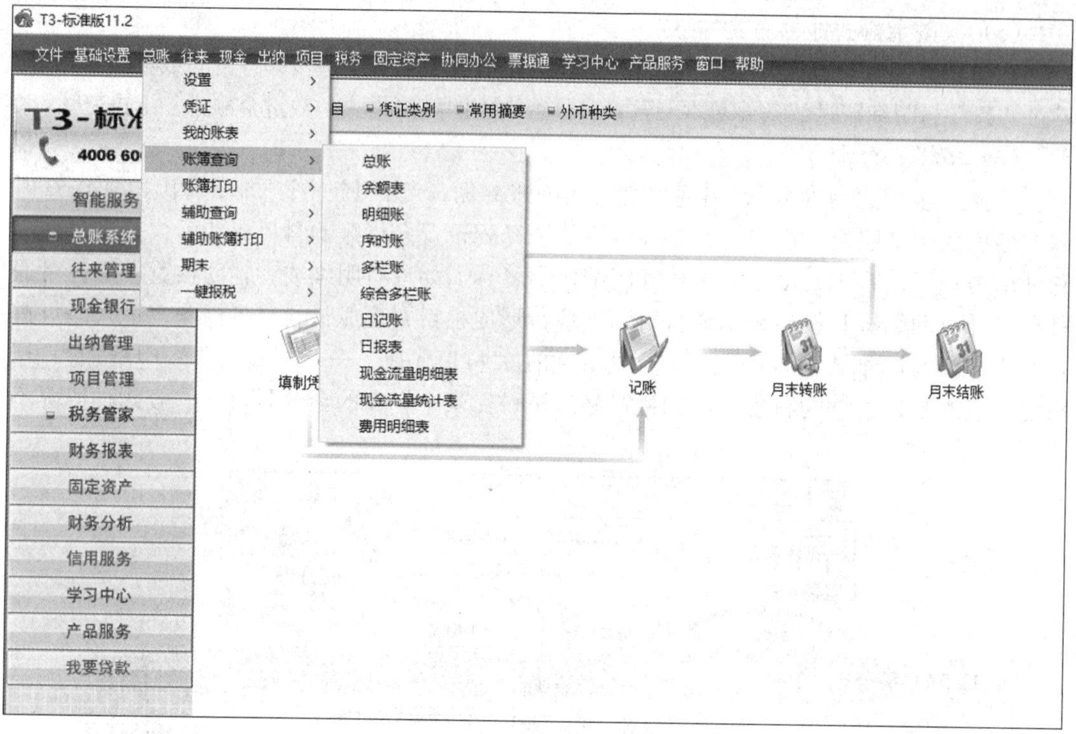

图4-53　账簿查询主界面

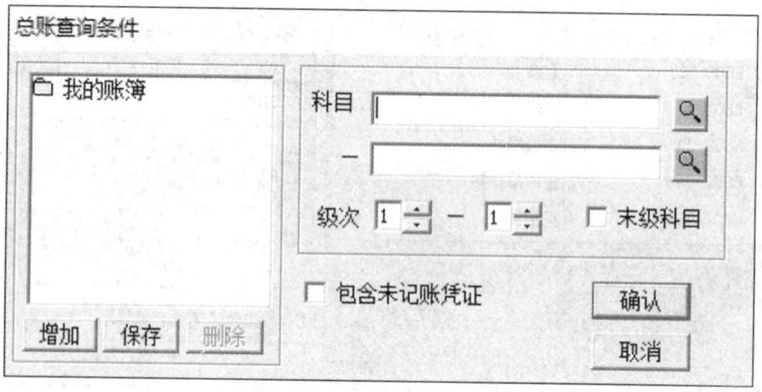

图4-54　总账查询条件

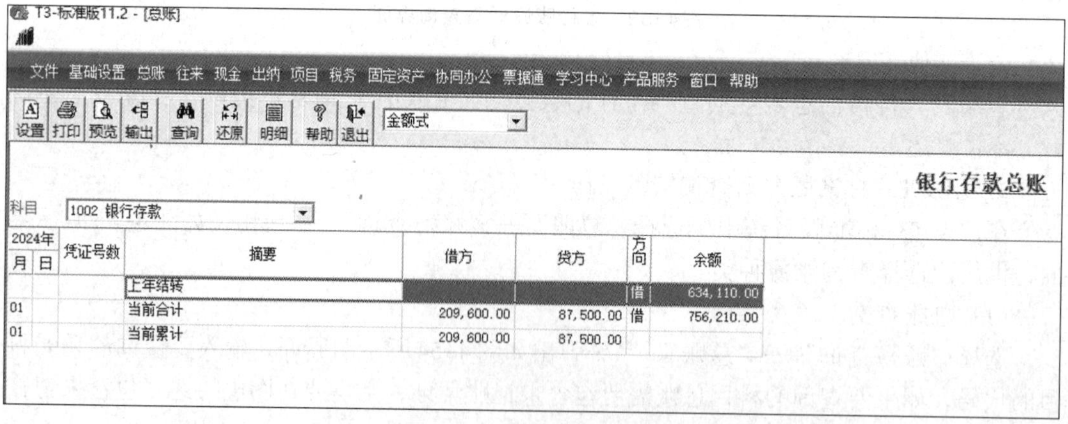

图4-55　总账查询界面

（2）明细账查询

选择“账簿查询”—“明细账”，系统弹出如图4-56所示的界面，输入要查询的明细账科目的代码，如果要查询的科目明细账需要包含未记账凭证，则需要在图中勾选“包含未记账凭证”。单击【确认】按钮，即可查询相应科目的明细账。

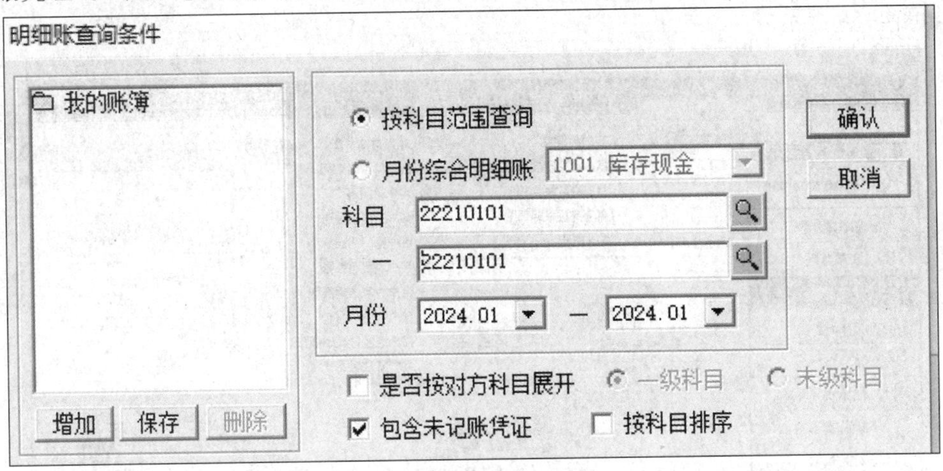

图4-56　明细账查询条件

（3）日记账查询

该软件提供了两种日记账查询方式：可以在账簿中查询，也可以在“现金”中查询现金日记账和银行存款日记账，值得注意的是，二者不能同时使用，即在会计科目属性中选定“日记账”复选框的，可以使用“账簿查询”—“日记账”查询功能；在会计科目“编辑”—“指定科目”下指定“现金科目”的，可以使用菜单“现金”—“现金管理”—“日记账”—“现金日记账”完成现金日记账的查询；在“指定科目”下指定“银行科目”的，可以使用菜单“现金”—“现金管理”—“日记账”—“银行存款日记账”完成银行存款日记账的查询。凡是使用了“指定科目”功能的，不能再使用“账簿查询”—“日记账”查询功能。现金日记账查询界面如图4-57所示，银行存款日记账查询界面类似，不再赘述。

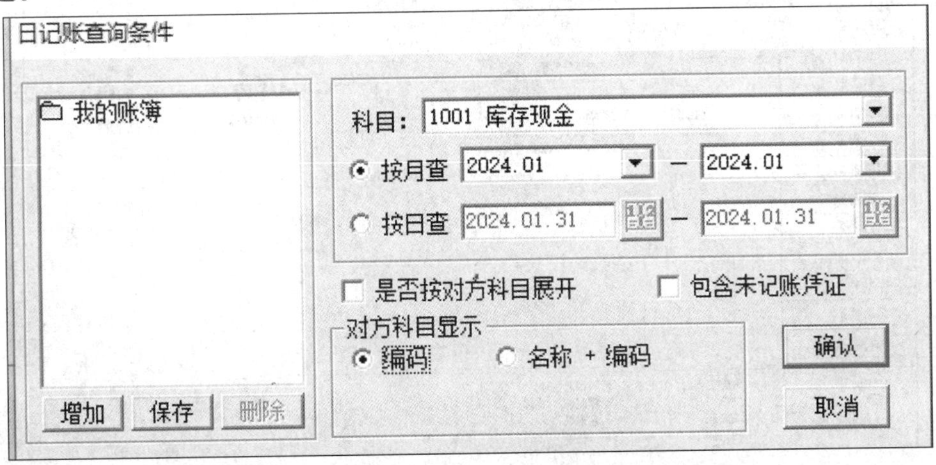

图4-57　现金日记账查询条件

（4）辅助核算账簿查询

用友T3-标准版中辅助账的查询分为两部分：往来科目的辅助账查询需要用户根据需要在“往来”—“账簿”列表中选择具体要查询的辅助账，如图4-58所示；其他辅助账，比如个人往来、部门往来，需要用户在“总账”—“辅助查询”列表中选择要查询的辅助账，如图4-59所示。

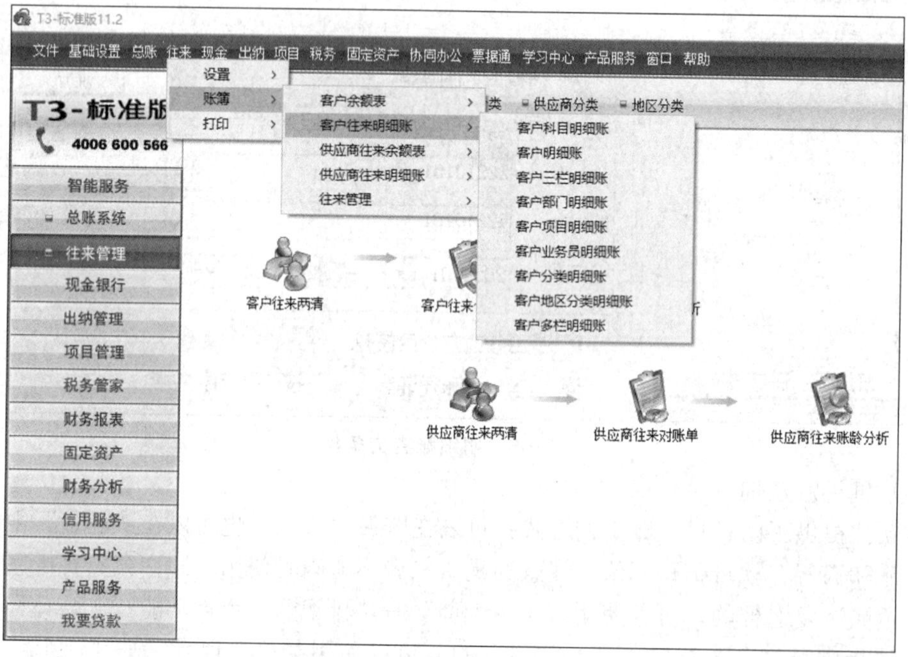

图4-58 往来科目辅助账查询

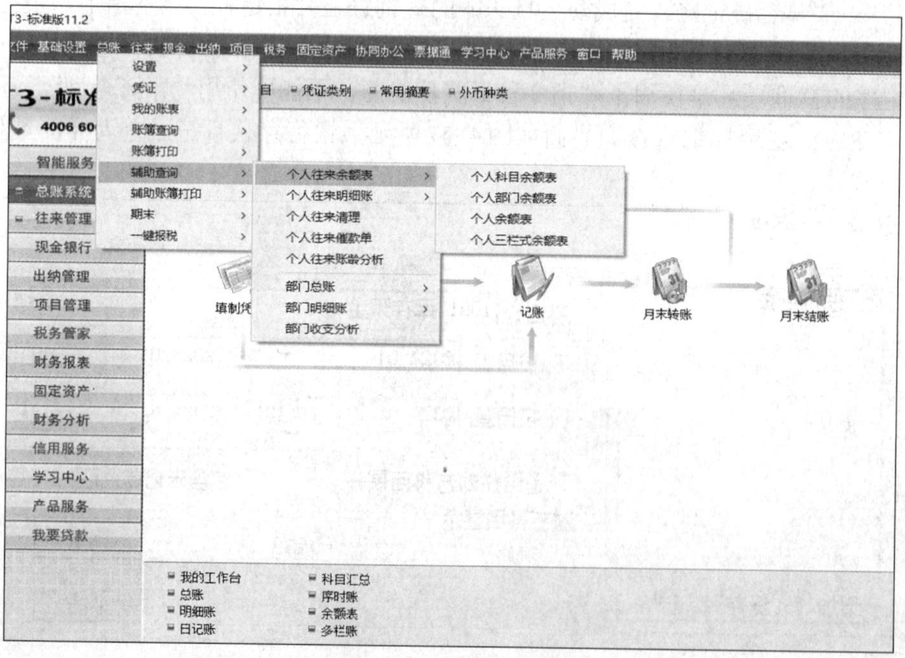

图4-59 其他辅助账查询

(5) 数量金额式账簿查询

选择“总账”—“账簿查询”—“明细账”，在明细账查询界面中，如图4-60所示，点击下拉菜单，选择“数量金额式”，即可显示数量金额式账簿。

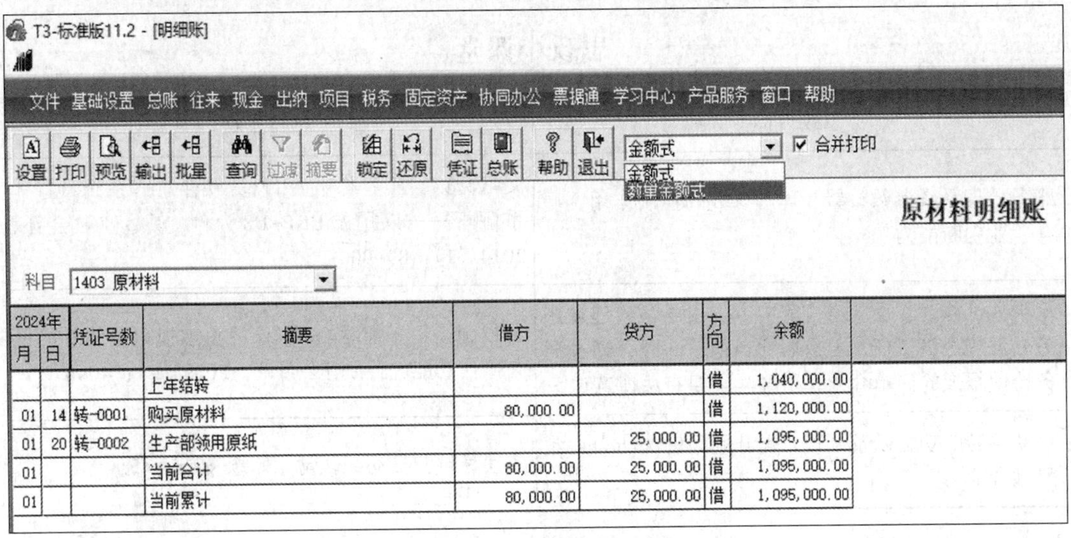

图4-60 数量金额式账簿查询

(6) 多栏账查询

用友T3-标准版软件需要用户自行增加多栏账，选定多栏账科目（必须为有明细科目的科目）后，通过“自动编制”形成多栏账栏目，还可以通过“增加栏目”补充增加栏目内容，如图4-61所示。定义完成后，单击【确定】按钮，在多栏账窗口单击【查询】按钮进行查询。

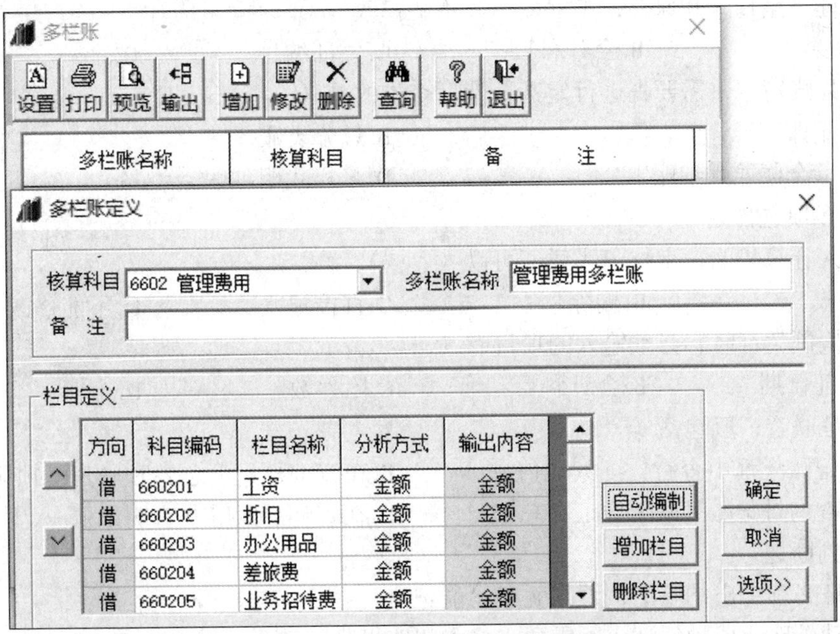

图4-61 多栏账定义与查询界面

（7）其他账簿查询

余额表等的查询操作情况与上面的账簿查询基本类似，在此不再赘述。

思政小课堂

思政目标	思政素材
账务处理系统参数设置，理解参数的控制作用，提升职业判断能力	文献阅读：王春梅.通用财务软件总账系统设置体系解析——以用友ERP-U8为例［J］.商业会计，2014（1）：89-90.
基于凭证修改、反向操作等内容，引导学生理解账务处理的经济责任，要有职业道德；此外，通过财务造假报道的简单介绍，引导学生要有法律意识	文献阅读：丁淑芹.从审计视角审视财务软件的反向操作功能［J］.财会月刊，2009（2）：40-41.
自动结转的功能以及设置，提升问题解决能力、业财融合能力	阅读材料：自动结转常见问题及解决思路

章末习题

一、单项选择题

1.在总账系统中设置转账分录时，无须定义（　　）。

A.凭证号　　B.摘要　　C.凭证类别　　D.借贷方向

2.凭证一旦输入并保存，则（　　）不能修改。

A.摘要　　B.会计科目　　C.凭证编号　　D.金额

3.下列账簿中，需要先进行定义，然后查询的是（　　）。

A.日记账　　B.总分类账

C.数量金额式明细账　　D.多栏式明细账

二、多项选择题

1.输入计算机的未审核记账凭证可以（　　）。

A.修改　　B.删除　　C.直接记账　　D.不能修改、删除

2.在填制凭证时，必须输入的项目有（　　）。

A.凭证日期　　B.会计科目　　C.附件数　　D.金额

3.账证联查一般包括（　　）。

A.在记账凭证中查看凭证其他信息　　B.在查询科目汇总表时联查专项明细账

C.在查询日记账时联查凭证和总账　　D.在查询总账时联查明细账

三、判断题

1.凭证必须由出纳签字，否则凭证不能记账。（　　）

2.自动转账生成的凭证，不需要审核和记账操作。（　　）

3.凭证审核时，发现凭证错误，可以由审核人直接修改。（　　）

四、简答题

1.为什么要求制单人与审核人不能为同一个人？

2.简述不同情况下修改凭证的要求。

3.简要说明审核凭证的一般控制原则。

4.为了保证凭证的正确性，凭证输入时有哪些控制措施？

5.比较说明两个财务软件如何设置自动转账的公式。

6.简要说明结账的注意事项。

7.用友T3-标准版软件中有销售成本结转的功能，金蝶KIS云专业版中没有，试想在金蝶KIS云专业版中能否使用自动转账设置来完成销售成本的结转，如果能，怎么设置？如果不能，为什么？

8.比较说明明细账与日记账输出的区别。

9.通过两个财务软件的实务操作理解并梳理财务软件账务处理模块的一般原理与操作流程。

五、操作实践题

1.卓越公司想利用凭证查询功能查询所需业务凭证，请根据图4-62、图4-63的界面提示代为回答以下问题。

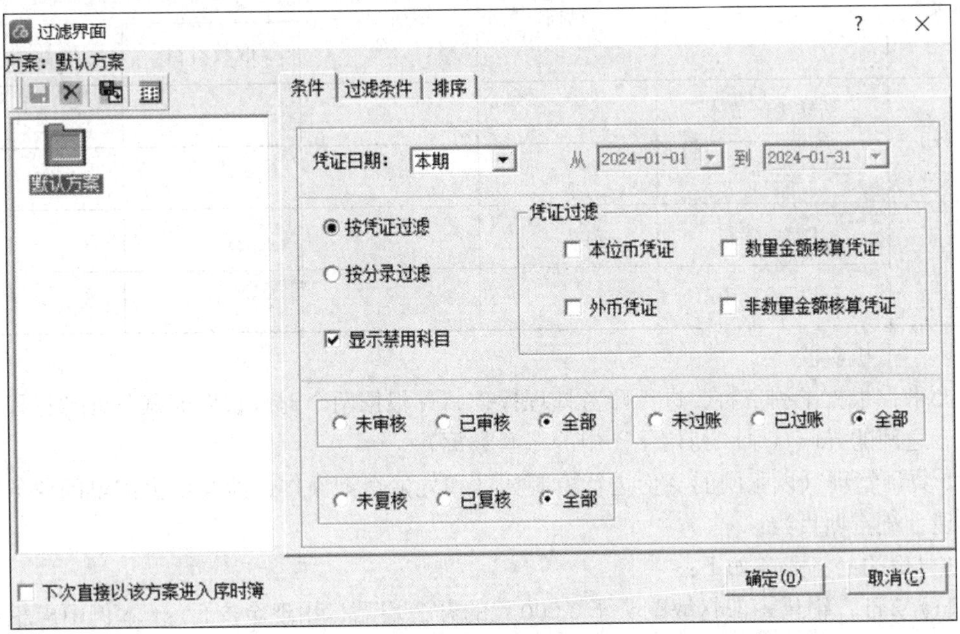

图4-62　过滤界面1

（1）公司拟查询本期所有的外币业务凭证，应该如何设置查询条件？

（2）查询本期财务部门发生的管理费用（6602）的业务凭证，应该如何设置查询条件？

2.辉煌有限公司期末进行结转计提业务处理，需要设置自定义转账凭证，请将下列业务（见表4-3）的自定义转账凭证模板中的关键信息填写完整。（假设公司的流转税只有增值税，涉及科目的写出会计科目名称即可）

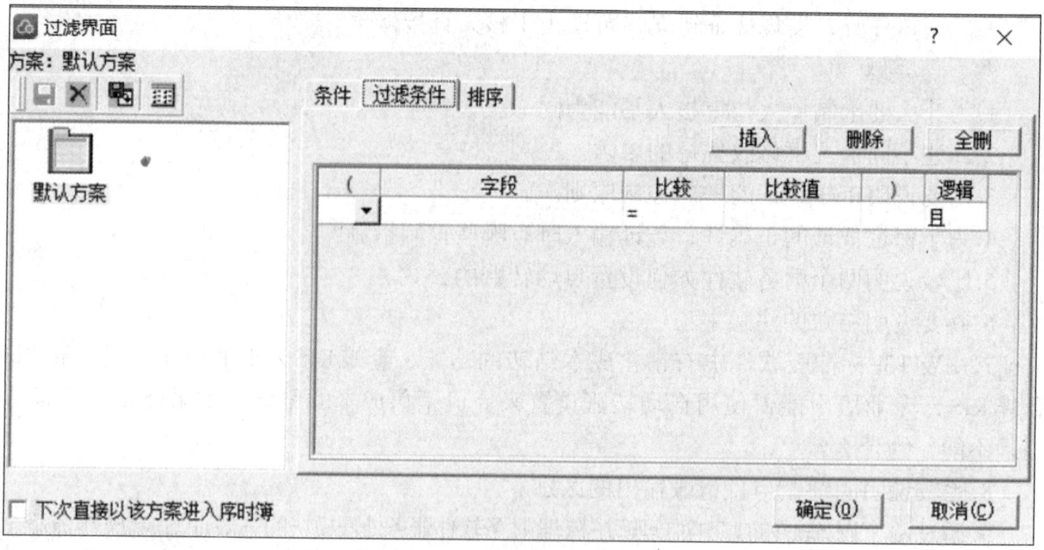

图4-63　过滤界面2

表4-3

自定义转账凭证模板

业务	摘要	科目	借贷	本位币金额公式	
				取数科目	取数类型
业务1	结转生产成本				
	结转生产成本				
业务2	计提城建税				
	计提城建税				

六、上机实验

要求：根据下列资料，进行账务处理操作，并根据两个财务软件的账务处理过程，比较二者之间的异同（续“初始化”中的账套数据）。

1.凭证管理（以张刚的身份进行填制凭证和凭证查询操作；涉及现金流量的业务需要设置现金流量项目）：

1月份的经济业务如下：

（1）2日，销售一部赵敏购买了2 000元的办公用品，用现金支付。（本例中应根据业务需要新增明细科目“办公用品”，且设置为“部门核算”）

（2）3日，财务部李芳从工行提取现金10 000元，作为零星支出备用金，现金支票号为XJ001。

（3）5日，收到泛美集团投资10 000美元，转账支票号为ZZ001。

（4）8日，供应部白燕从青岛造纸公司采购原纸10吨，每吨5 000元，材料直接入库，货款以银行存款支付，转账支票号为ZZ002。

（5）12日，销售二部宋丽收到北京交通学校转来的一张转账支票，金额为99 600元，用以偿还前欠货款，转账支票号为ZZ003。

（6）14日，供应部白燕从长春艺术公司购入美术纸染料1 000吨，单价80元/吨，货款、税款暂欠，商品已验收入库。

（7）16日，总经理办公室孙凤支付业务招待费12 000元，转账支票号为ZZ004。（本例中应根据业务需要新增明细科目“业务招待费”，且设置为“部门核算”）

（8）18日，供应部白燕出差回来，报销差旅费2 800元，交回现金200元。（本例中应根据业务需要新增明细科目“差旅费”，且设置为“部门核算”）

（9）20日，生产部领用原纸5吨，单价5 000元/吨，用于生产普通打印纸。

（10）22日，销售二部宋丽销售给天津华邦公司美术纸1 000包，单价30元/包，货款、税款均未付。

（11）31日，借入1年期银行借款100 000元，存入工行。

（12）31日，用工行存款支付利息5 000元。

（13）31日，接受投入专利技术一项，受益部门是制造车间，价值100 000元。

（14）31日，用银行存款支付制造车间水电费4 000元。（本例应根据业务需要新增制造费用明细科目“其他”，且设置为“部门核算”）

（15）31日，普通打印纸生产完工1 000包，成本单价15元/包，产品入库。

（16）31日，结转已销售美术纸成本，销售数量1 000包，单位成本20元/包。

2.修改凭证：

修改辅助核算项目，在业务（7）中，报销业务招待费是总经理办公室8 000元，财务部4 000元。

3.出纳管理：

以李芳的身份进行出纳签字。

4.以洪亮的身份对凭证进行审核、记账。

5.记账后凭证修改：

业务（1）是财务部李芳购买办公用品。请利用红字冲销法进行修改，并审核、记账。

6.根据以下业务需求进行凭证查询：

（1）查询发生额大于2 000元的管理费用凭证。

（2）查询销售二部实现的销售收入业务凭证。

（3）查询金额大于5 000元的外币业务凭证。

（4）查询北京交通学校的已审核凭证。

7.该企业生产普通打印纸和美术纸，本期发生的制造费用按照生产两种产品的工时进行分配，生产普通打印纸和美术纸的单位工时为1∶3。请按照上述资料，设置该业务自动转账模板，并生成凭证。

8.对企业的无形资产按照直线法进行摊销，摊销期间为10年，设置无形资产摊销业务的自动转账模板，并生成凭证。

9.假设1月31日美元对人民币的汇率为7.0，需要进行汇兑损益调整，请利用“期末调汇”功能自动生成该凭证。

10.利用“结转损益”功能，把本期损益类账户发生额结转至“本年利润”账户。

11.思考与体会：会计科目修改对凭证产生什么影响？在已有科目余额的科目下增加科目，对凭证产生什么影响？

12.以洪亮的身份进行账簿查询：

（1）查询1月份“生产成本”的三栏式总账。

（2）查询1月份“原材料”的数量金额式明细账。

（3）查询1月份与“天津华邦公司”的业务往来，以及1月末的欠款余额。

（4）查询“应交税费——应交增值税（进项税额）”明细账，并进行总账、凭证的联查。

（5）查询“管理费用——办公用品”多栏式明细账。

第5章/ 出纳管理系统操作原理与比较应用

【学习目标】了解通用财务软件出纳管理的主要功能；理解并能结合不同的财务软件进行出纳管理系统中的主要操作，包括现金管理；银行存款管理（主要是银行对账）。

应用实践问题导入

"基础会计"课程中讲到的银行对账的主要方法是什么？财务软件如何解决银行对账的问题？为什么在提供自动对账的银行对账方法之外还提供了手工对账的方法？

5.1 出纳管理系统概述

出纳人员每天需要进行各种货币资金的收付结算、现金及银行存款日记账的登记、各种票据的管理及盘点核对货币资金等重要工作，出纳管理系统是财务软件为出纳人员进行出纳工作提供的一套管理功能，负责核算与管理企业经营活动中的资金，实现出纳工作的电算化。

5.1.1 出纳管理系统的目标

利用出纳管理系统可以及时了解现金收支记录和银行存款收支情况，并做到日清日结，随时查询有关出纳报表，进行银行对账。出纳管理的目标主要有以下几个方面：

（1）及时、准确、全面地查询现金日记账和银行存款日记账，输出企业的现金与银行存款的收支情况。

（2）实现现金账账核对、账实核对的要求。

（3）实现银行存款的账账核对、账实核对的要求，银行存款的账实核对即银行对账。

（4）实现对支票的购置、使用及核销的规范管理。

（5）及时、准确地输出各种资金账表，如资金日报表、资金月报表、未达与已达账、余额调节表等。

5.1.2 出纳管理系统的主要功能及构成

1）出纳管理系统的主要功能

出纳管理系统与账务处理系统相互联系，主要实现现金日记账查询、银行存款日记账查询、现金对账、银行对账、支票管理及账表查询的功能。

2）出纳管理系统的主要构成

按照上述功能要求，一般财务软件出纳管理系统主要包括如图5-1所示的三个方面主要内容。

图5-1 出纳管理系统的主要构成

操作提示

📖日记账查询包括现金日记账查询和银行存款日记账查询。

📖这里的对账包括现金对账和银行对账，重点与难点操作是银行对账。银行对账工作包括银行初始余额录入、输入银行对账单、银行对账。部分财务软件还单独设置了出纳轧账功能。

📖出纳账表的输出包括输出资金日报表、未达与已达账、余额调节表等。

5.2 出纳管理系统操作原理

5.2.1 库存现金与银行存款日记账的查询

为了加强现金和银行存款的管理与控制，随时掌握现金及银行存款的收付动态和余额结存情况，保证货币资金的安全，企业必须设置库存现金与银行存款日记账。财务软件下日记账的登记通过“记账”功能自动完成。在本系统中一般进行日记账查询功能，查询步骤为：

（1）设置所查询日记账的条件，一般包括会计科目与查询日期。

（2）输出日记账查询结果。

5.2.2 对账

出纳管理系统中的对账工作一般包括现金对账和银行对账。

1）现金对账

现金对账是进行现金账账、现金账实核对的模块，一般来讲，现金账账核对数应当相等，账实核对数可能相等，也可能不等，如果不相等，则可能存在现金盘盈或盘亏，需要及时进行业务处理。具体的出纳管理系统现金对账过程如图5-2所示。

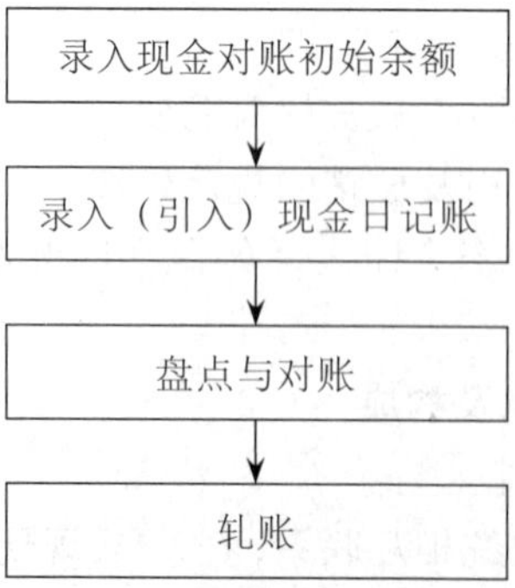

图5-2 出纳管理系统现金对账过程

2）银行对账

这里我们主要来介绍银行对账，企业对银行存款的管理也需要进行账账与账实核对，由于财务软件的账簿登记功能是自动实现的，因此如果不出现数据被破坏等特殊情况，账账数据来源唯一，应当是相等的；账实核对是对银行存款账簿记录和实物进行核对的过程，而银行存款实物与现金不同，不在本单位而在开户银行保存，因此银行存款的账实核对主要是进行银行存款日记账与银行传递来的对账单核对，在多数财务会计教程中称之为银行存款清查。

由于结算凭证在企业和银行间传递需要一定的时间，会计工作需要分期进行，因而在各个会计期间都可能会产生银行存款日记账余额与银行对账单余额不相符的现象。除去出现企业或银行对单位存款记错账及资金被非法使用等特殊的情况外，当不相符的事实出现后，会产生未达账项。未达账项是指由于企业与银行取得相关凭证的时间不同而发生的一方已经取得凭证入账，而另一方由于未取得凭证尚未入账的事项。一般来讲，未达账项有以下四种情况：银行已收企业未收；银行已付企业未付；企业已收银行未收；企业已付银行未付。

企业应当由专门人员定期对本单位银行存款进行核对，找出未达账项。银行对账就是定期将银行存款日记账的记录和银行传来的对账单进行逐笔核对，发现其中未达账项，编制“银行存款余额调节表”，将单位银行存款日记账余额与对账单余额调节一致的过程。需要注意的是，银行存款余额调节表不是作为调节银行存款账面余额的原始凭证，它仅仅是为了调节未达账项因素的影响而编制的分析表。

（1）录入银行对账初始余额

第一次使用银行对账功能时，系统要求用户进行两项重要的工作：确定银行对账的启用会计期间；录入该期间期初企业银行存款日记账和银行对账单余额以及之前产生的未达账项。

银行对账的工作顺序

确定银行对账启用会计期间，该期间决定启用对账模块期初的各项未达账数据，许多用户在启用账务处理系统后可能并不使用银行对账模块，因此一般启用月份应当大于或者等于建账日期。

操作提示

📖目前，各类财务软件对银行存款日记账余额的输入方式一般划分为两种：一种是系统自动调用总账期初余额数据，不需要用户输入；另一种是要求用户输入，但是输入的金额一定与总账金额相等。

📖对账单余额一般需要根据期初对账单余额填写，由于可能存在未达账项，因此该余额与银行存款日记账余额可能不相等。

📖录入未达账项。在存在未达账项的情况下，企业银行存款日记账和对账单余额一般是不相等的，这时候需要站在企业和银行的角度，将未达账项分别对银行存款日记账和银行对账单余额进行调节，调节后的余额应相等。

📖录入银行对账初始余额工作，各个银行账户只在启用时进行一次。

📖在实务工作中，按照启用会计期间期初手工对账形成的银行存款余额调节表进行录入。

📖初始银行存款余额调节表录入完毕，如果余额不相等，则不能启用该模块。

（2）录入（引入）银行存款日记账

在进行银行对账前，用户需要将企业记录的银行存款日记账信息引入出纳管理系统。通常财务软件会提供两种方式实现银行存款日记账信息的引入：一是手工录入，即用户根据企业的银行存款日记账业务一一地在出纳管理系统中录入；二是直接引入，即用户通过系统提供的引入功能直接将账务处理系统中的银行存款日记账信息从凭证中引入。

操作提示

📖有的财务软件在总账系统完成记账操作后，会直接将账务处理系统中的银行存款日记账信息从凭证中引入出纳管理系统，比如用友T3-用友通标准版。

（3）录入（引入）银行对账单

使用银行对账模块进行对账时，必须在对账前将银行开出的银行对账单数据输入财务软件。现有财务软件采集对账单数据的方式有两种：一种是直接通过录入界面由用户根据银行送来的纸质对账单录入，录入时需要注意的是一般银行对账单中的借贷方向与账簿方向正好相反，因此要考虑不同财务软件对对账条件设定的要求，如果财务软件的对账条件之一是“方向相反、金额相等”，则要按照对账单实际方向录入；如果对账条件之一是“方向相同、金额相等”，则要把对账单中的借贷方向反向录入财务软件中。另一种是通过银行传来的电子版对账单数据，利用财务软件开发的“对账单导入”功能实现数据自动连接。各个财务软件对导入的数据格式有不同的要求。

操作提示

📖录入银行对账单时，一般要求各项业务如果有单据编号的应当录入，便于自动对账。

📖一般财务软件在录入银行对账单记录时，可以每笔结出余额，也可以最后一笔结出余额。

（4）银行对账

银行对账是将企业银行存款日记账与银行提供的对账单逐笔核对的过程，一般财务软件提供的对账方法主要有两种：自动对账和手工对账。

自动对账是根据用户设定的对账条件，计算机对日记账和对账单记录自动进行核对、勾销的过程。对于已经核对上的业务，系统会自动在日记账和对账单双方做出两清的标志，表示这些为已达账项，没有勾对上已达账项标志的，视为未达账项。

操作提示

📖一般财务软件要求设定的对账项目主要有：日期、结算方式与单据号、借贷方向及借贷金额。

📖由于各个财务软件的开发思路不同，因此主要的自动对账条件有：第一，单据号相同、借贷方向相同、金额相等；第二，单据号相同、借贷方向相反、金额相等；第三，在以上两种情况下，缺少“单据号相同”条件，系统一般在自动核对中会出现提示框，要求用户确认是否为同一业务。

手工对账是对自动对账的一种补充，使用完自动对账功能后，可能还有一些特殊的已达账项没有勾对出来，包括一对多、多对一、多对多的情况，需要利用手工对账功能进行核销。手工对账需要利用鼠标选中两个账簿数据窗口的两个或者多个记录，点击手工核销即可。

操作提示

📖银行对账模块一般设置取消银行对账功能，适用于解决在对账过程中出现问题需要重新对账的情况。

（5）输出银行存款余额调节表

银行存款余额调节表是在对账完毕后由系统自动生成的，对账完毕后财务软件自动整理本次对账的未达账项和已达账项，生成余额调节表，供单位和银行查询使用。

5.2.3　票据管理

财务软件的出纳管理系统通常会提供支票管理的功能，包括支票购置、支票领用和支票报销几个方面的具体操作。

1）支票购置

支票购置就是将企业从银行新购置的空白支票在财务软件的出纳管理系统中进行登记的操作，即新增支票。

2）支票领用

企业相关人员在领用支票时需要将领用的支票相关情况在出纳管理系统中进行相应的登记，包括支票的用途等。

3）支票报销

对已领用的支票，在支付业务处理完毕后，进行报销处理时要在出纳管理系统中进行支票的报销处理，即填入待报销支票的相关信息，包括支票号、结算方式、付款金额等。

5.3　通用财务软件出纳管理系统实务操作比较应用

5.3.1　金蝶KIS云专业版出纳管理系统实务操作

进入金蝶KIS云专业版主控台，选择“出纳管理”，进入出纳管理界面，如图5-3所示。

1）出纳管理系统启用

设置出纳管理系统启用会计年度及期间：在使用出纳管理系统前，应当设置出纳管理系统的启用会计年度及期间，可以与账务处理系统一致，也可以有所不同，金蝶KIS云专业版出纳管理系统启用会计年度及期间设置在“基础设置”—“系统参数”—“出纳参数”页面中进行，如图5-4所示。

2）初始化

使用金蝶KIS云专业版时，进行出纳管理系统日常业务之前，必须进行出纳管理系统初始化。选择“初始化”—“出纳初始化”—“出纳初始数据”，进入出纳初始数据界面，如图5-5所示。

图5-3 出纳管理界面

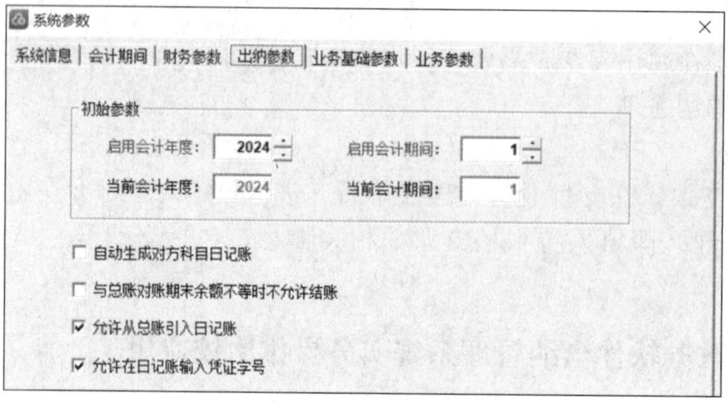

图5-4 出纳管理系统参数设置

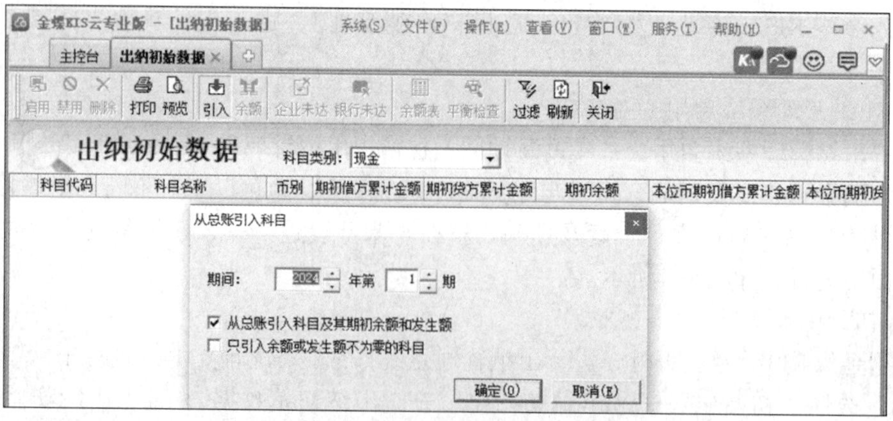

图5-5 出纳初始数据引入设置

（1）初始数据引入。

单击工具栏中的【引入】按钮，在弹出的小窗口中设置期间等参数，单击【确定】按钮，将“库存现金”“银行存款”科目期初余额引入出纳管理系统，如图5-6、图5-7所示。

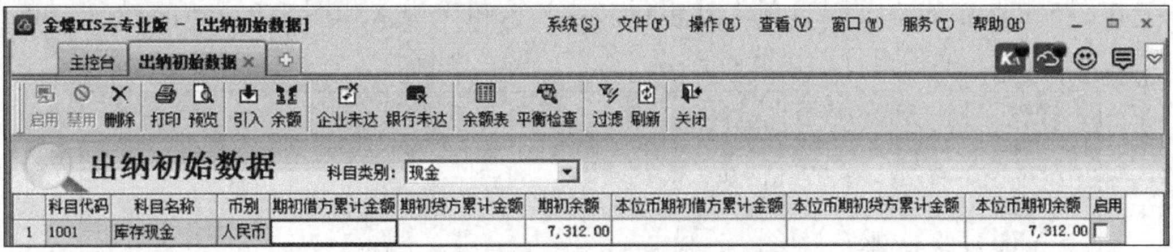

图5-6 “库存现金”科目初始数据引入

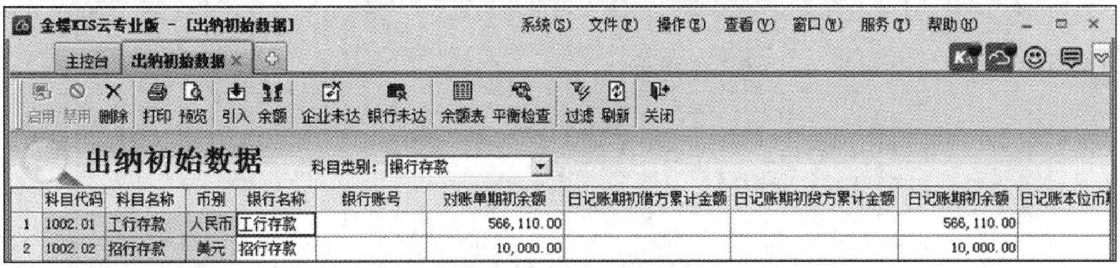

图5-7 “银行存款”科目初始数据引入

操作提示

📖在金蝶KIS云专业版的出纳管理系统中，必须输入银行账号，否则不允许启用出纳管理系统，需要在“基础设置”—“辅助资料”—“出纳管理账号及开户行”进行银行账号信息的新增；如果在基础设置中没有设置银行账号，可以在图5-7中的“银行账号”处按下【F7】键，新增银行账号或选择。

（2）银行存款期初未达账项录入。

在图5-7所示的界面中，首先在“对账单期初余额”处输入银行对账单的期初余额，然后，单击【企业未达】按钮，进入如图5-8所示的界面，单击【新增】按钮录入期初企业未达账。

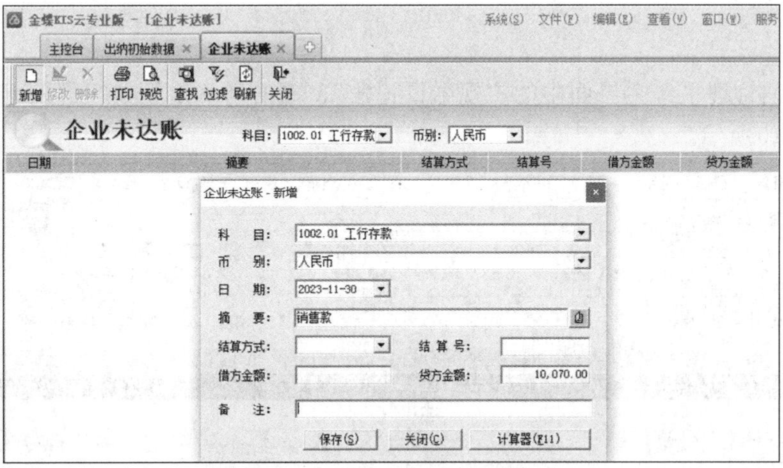

图5-8 企业未达账录入

操作提示

🕮企业未收，金额在贷方金额处录入；反之，金额在借方金额处录入。

在图5-7所示的界面中，单击【银行未达】按钮，进入如图5-9所示的界面，单击【新增】按钮录入期初银行未达账。

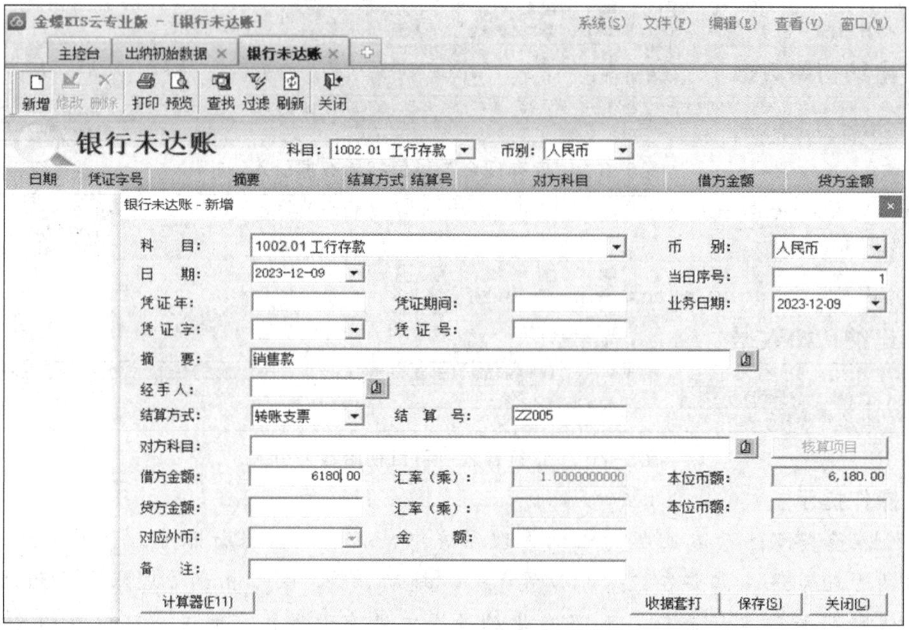

图5-9　银行未达账录入

操作提示

🕮银行未收，金额在借方金额处录入；反之，金额在贷方金额处录入。

（3）单击图5-7工具栏中的【平衡检查】按钮，如果已平衡，则退出，在出纳初始化中选择启用出纳管理系统。

3）现金管理

（1）现金日记账

选择出纳管理系统主界面中的“现金日记账”，单击【确定】按钮进入现金日记账界面，如图5-10所示。

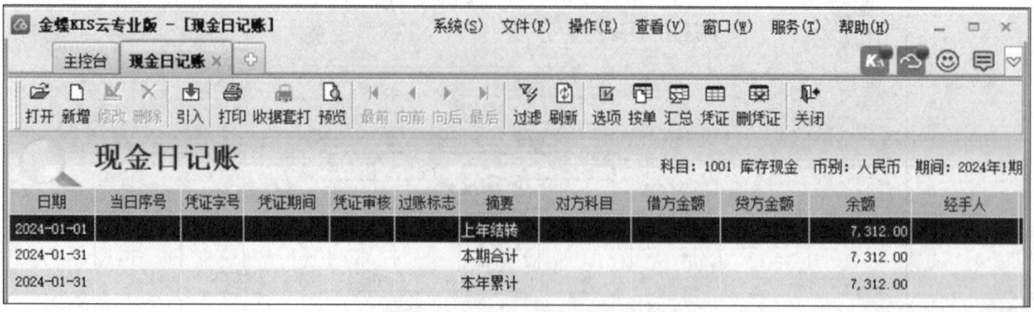

图5-10　现金日记账

出纳管理系统的现金日记账除了可以手工录入外，还可以利用引入功能直接从账务处理系统引入。

手工录入日记账的功能是为了对现金进行重点管理而设置的。相同的业务，一方面通过凭证录入、审核、记账形成分类账；另一方面出纳人员可在出纳管理系统登记日记账，进行账账核对，确保数据的正确性。一般说来，财务软件的账账核对功能已经弱化，凭证通过审核自动记账，能够形成分类账与日记账。

在图5-10所示的界面中，点击【新增】按钮，出现如图5-11所示输入数据的界面，录入本期各项现金业务数据。录入完成后，点击【保存】按钮即可。

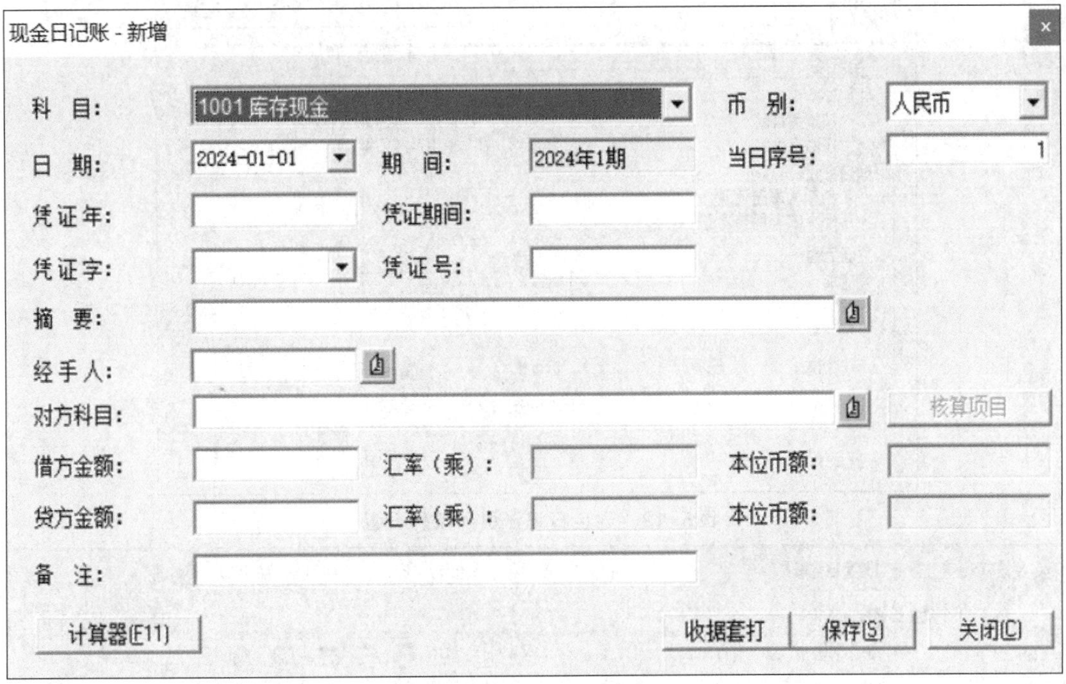

图5-11　手工录入现金日记账

金蝶KIS云专业版提供了从凭证引入现金日记账的功能，进行此功能操作前，需要在初始设置界面中，勾选"允许从总账引入日记账"。然后在图5-10所示的界面中，点击【引入】按钮，系统弹出如图5-12所示窗口，在窗口中进行引入条件设置，单击【引入】按钮，即可引入符合条件的现金日记账，如图5-13所示。

（2）现金盘点与对账

现金盘点与对账体现会计核算体系中的账账核对与账实核对。这里账账核对是指出纳管理系统现金日记账与账务处理系统现金分类账核对；账实核对是指出纳管理系统现金日记账与库存现金实盘数核对。通过账账核对可以反映账务处理系统现金总账与出纳管理系统现金日记账是否相符；通过账实核对，可以反映现金日记账的结余数与实际库存数是否相符。在出纳管理系统主界面选择"现金盘点单"，进入现金盘点单界面，单击【新增】按钮，弹出新增盘点单窗口，如图5-14所示。

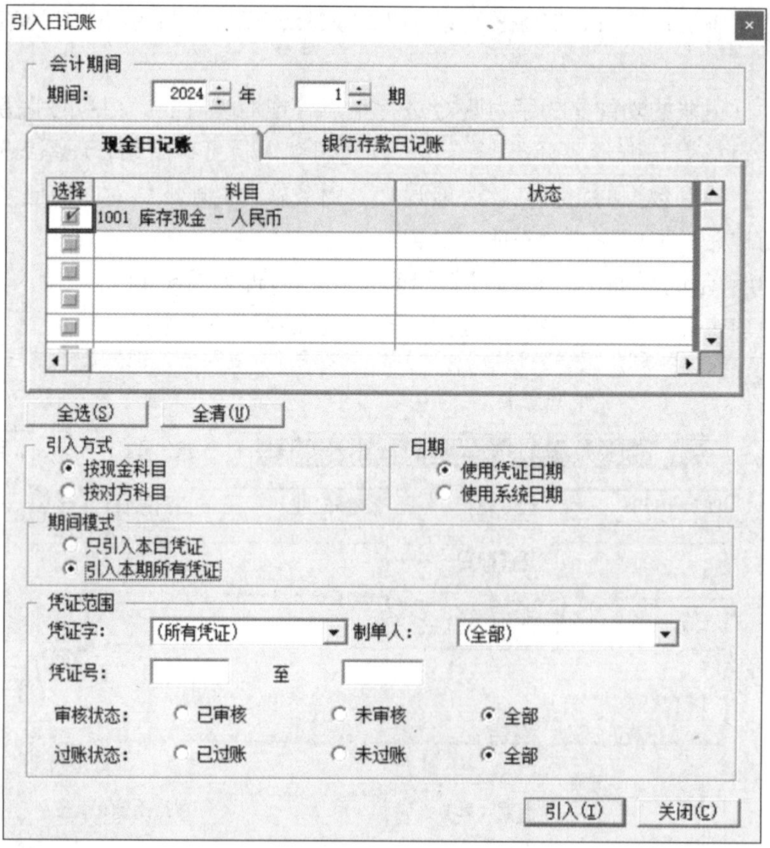

图5-12 现金日记账引入条件设置

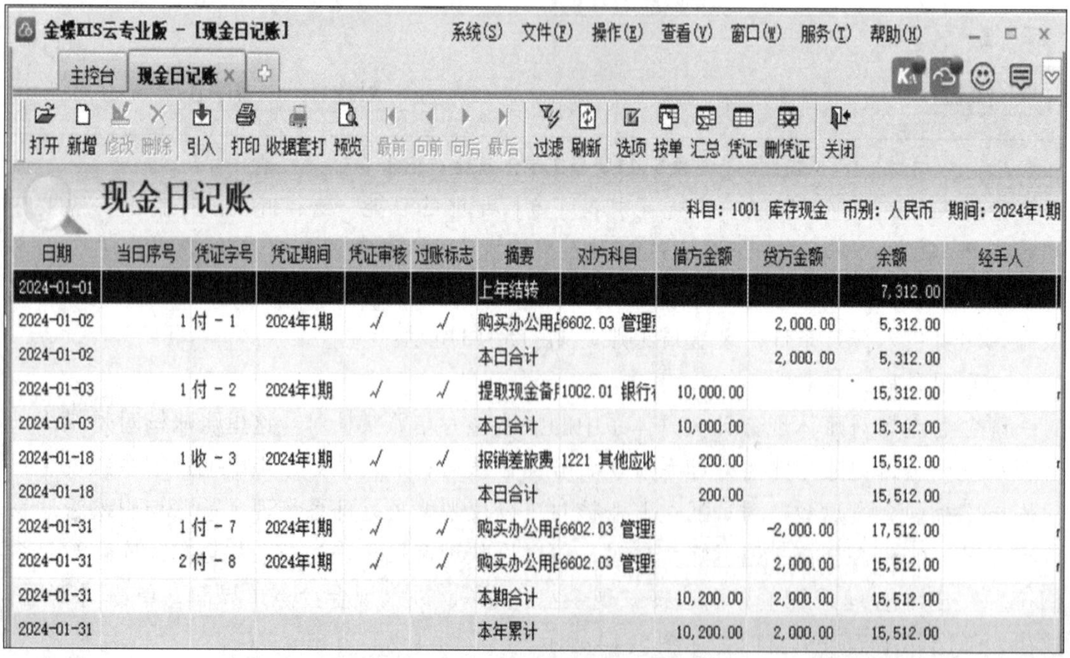

日期	当日序号	凭证字号	凭证期间	凭证审核	过账标志	摘要	对方科目	借方金额	贷方金额	余额	经手人
2024-01-01						上年结转				7,312.00	
2024-01-02	1	付－1	2024年1期	√	√	购买办公用	6602.03 管理		2,000.00	5,312.00	
2024-01-02						本日合计			2,000.00	5,312.00	
2024-01-03	1	付－2	2024年1期	√	√	提取现金备	1002.01 银行	10,000.00		15,312.00	
2024-01-03						本日合计		10,000.00		15,312.00	
2024-01-18	1	收－3	2024年1期	√	√	报销差旅费	1221 其他应收	200.00		15,512.00	
2024-01-18						本日合计		200.00		15,512.00	
2024-01-31	1	付－7	2024年1期	√	√	购买办公用	6602.03 管理		-2,000.00	17,512.00	
2024-01-31	2	付－8	2024年1期	√	√	购买办公用	6602.03 管理		2,000.00	15,512.00	
2024-01-31						本期合计		10,200.00	2,000.00	15,512.00	
2024-01-31						本年累计		10,200.00	2,000.00	15,512.00	

图5-13 现金日记账引入记录

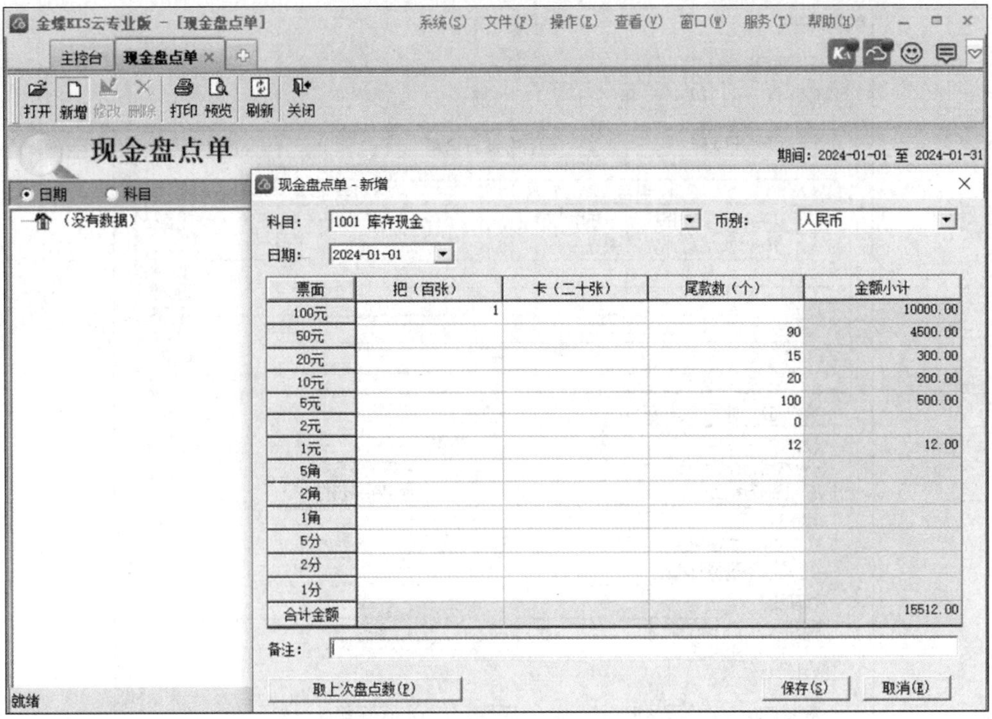

图5-14　现金盘点单

保存退出后，单击【现金对账】按钮，进入现金对账界面，如图5-15所示，进行账账及账实核对，并进行相应处理。

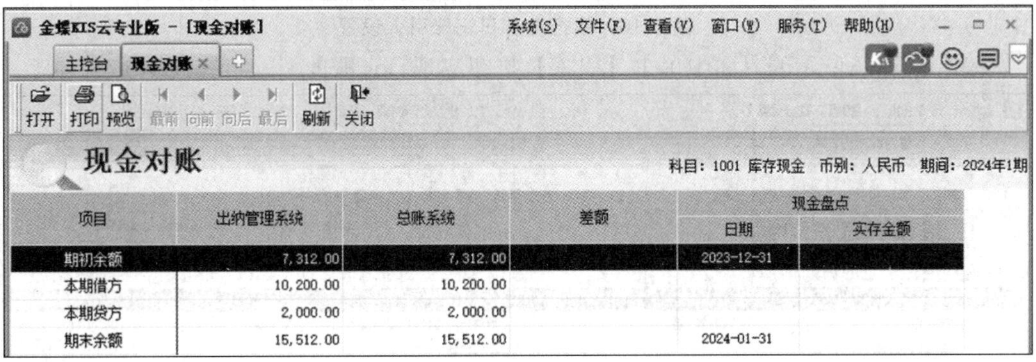

图5-15　现金对账

4）银行存款管理

（1）银行存款日记账

银行存款日记账是由出纳人员进行登记、用来逐日逐笔反映银行存款增减变化和结余情况的账簿。出纳管理系统的银行存款日记账除了可以手工录入外，还可以利用引入功能直接从账务处理系统引入。该模块处理过程与上述现金相同。

在出纳管理系统主界面，选择“银行存款日记账”，进入银行存款日记账界面，单击【新增】按钮实现手工录入银行存款日记账；单击【引入】按钮实现自动从总账引入银行存款日记账，如图5-16所示。

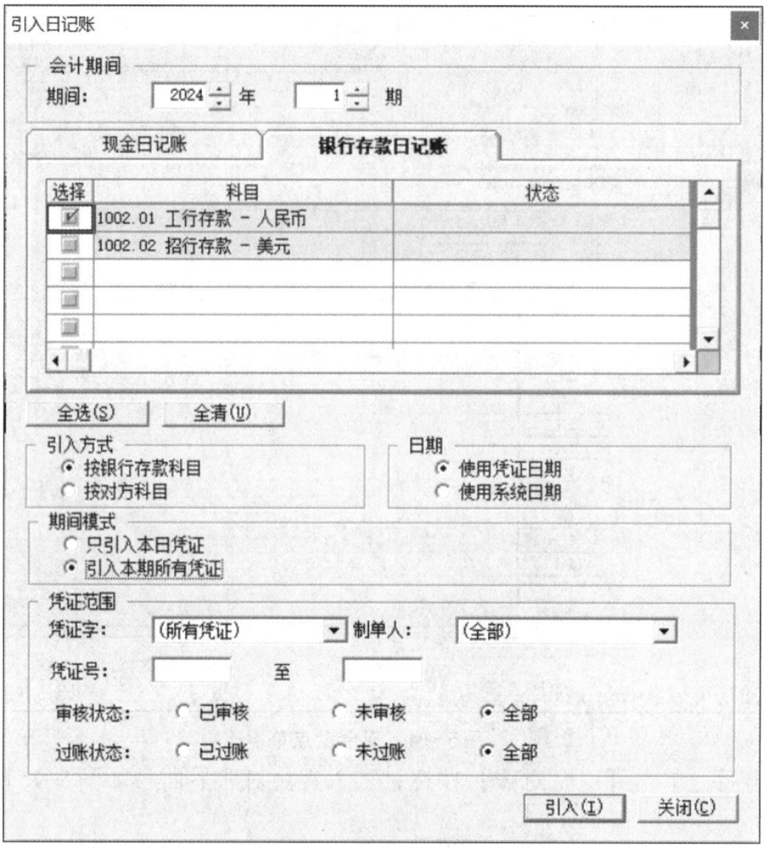

图5-16　银行存款日记账引入设置

在如图5-16所示的界面中单击【引入】按钮实现日记账的引入，如图5-17所示。

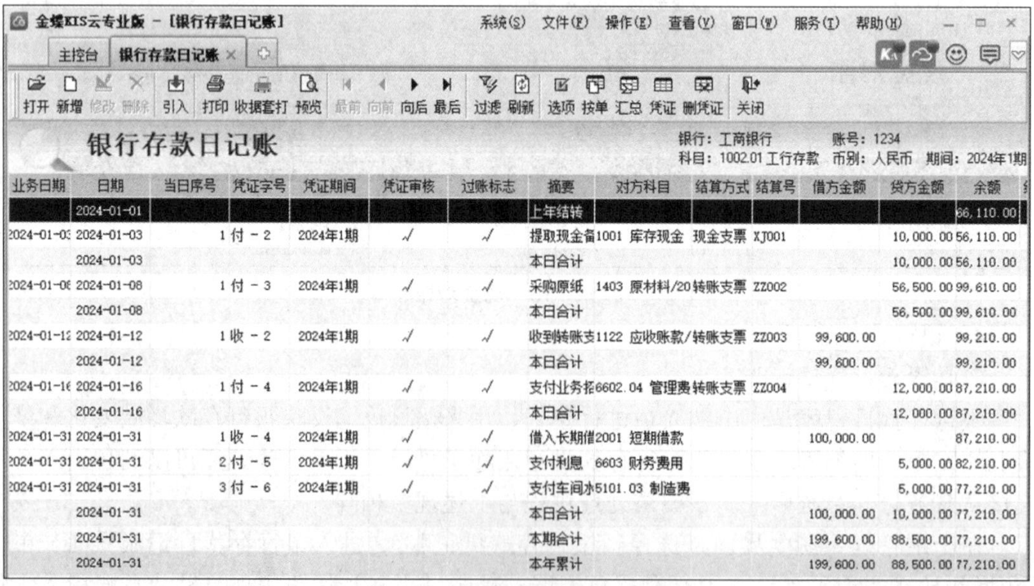

业务日期	日期	当日序号	凭证字号	凭证期间	凭证审核	过账标志	摘要	对方科目	结算方式	结算号	借方金额	贷方金额	余额
	2024-01-01						上年结转						66,110.00
2024-01-03	2024-01-03		1 付 - 2	2024年1期	√	√	提取现金备	1001 库存现金	现金支票	XJ001		10,000.00	56,110.00
	2024-01-03						本日合计					10,000.00	56,110.00
2024-01-08	2024-01-08		1 付 - 3	2024年1期	√	√	采购原纸	1403 原材料/20	转账支票	ZZ002		56,500.00	99,610.00
	2024-01-08						本日合计					56,500.00	99,610.00
2024-01-12	2024-01-12		1 收 - 2	2024年1期	√	√	收到转账支	1122 应收账款/	转账支票	ZZ003	99,600.00		99,210.00
	2024-01-12						本日合计				99,600.00		99,210.00
2024-01-16	2024-01-16		1 付 - 4	2024年1期	√	√	支付业务招	6602.04 管理费	转账支票	ZZ004		12,000.00	87,210.00
	2024-01-16						本日合计					12,000.00	87,210.00
2024-01-31	2024-01-31		1 收 - 4	2024年1期	√	√	借入长期借	2001 短期借款			100,000.00		87,210.00
2024-01-31	2024-01-31		2 付 - 5	2024年1期	√	√	支付利息	6603 财务费用				5,000.00	82,210.00
2024-01-31	2024-01-31		3 付 - 6	2024年1期	√	√	支付车间水	5101.03 制造费				5,000.00	77,210.00
	2024-01-31						本日合计				100,000.00	10,000.00	77,210.00
	2024-01-31						本期合计				199,600.00	88,500.00	77,210.00
	2024-01-31						本年累计				199,600.00	88,500.00	77,210.00

图5-17　银行存款日记账引入结果

（2）录入银行对账单

在出纳管理系统主界面，选择“银行对账单”，进入银行对账单录入界面，单击工具栏中的【新增】按钮实现手工录入，如图5-18所示；单击【引入】按钮实现自动引入电子格式的对账单。一般根据实际对账单的数据直接录入即可。

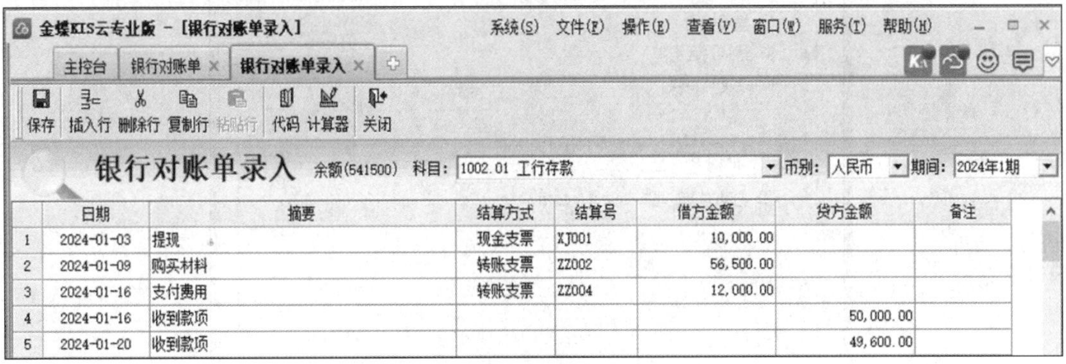

图5-18　银行对账单手工录入

（3）银行存款对账

在出纳管理系统主界面，选择“银行存款对账”，系统进入银行存款对账界面，如图5-19所示，有自动对账和手工对账两种方式可供选择。

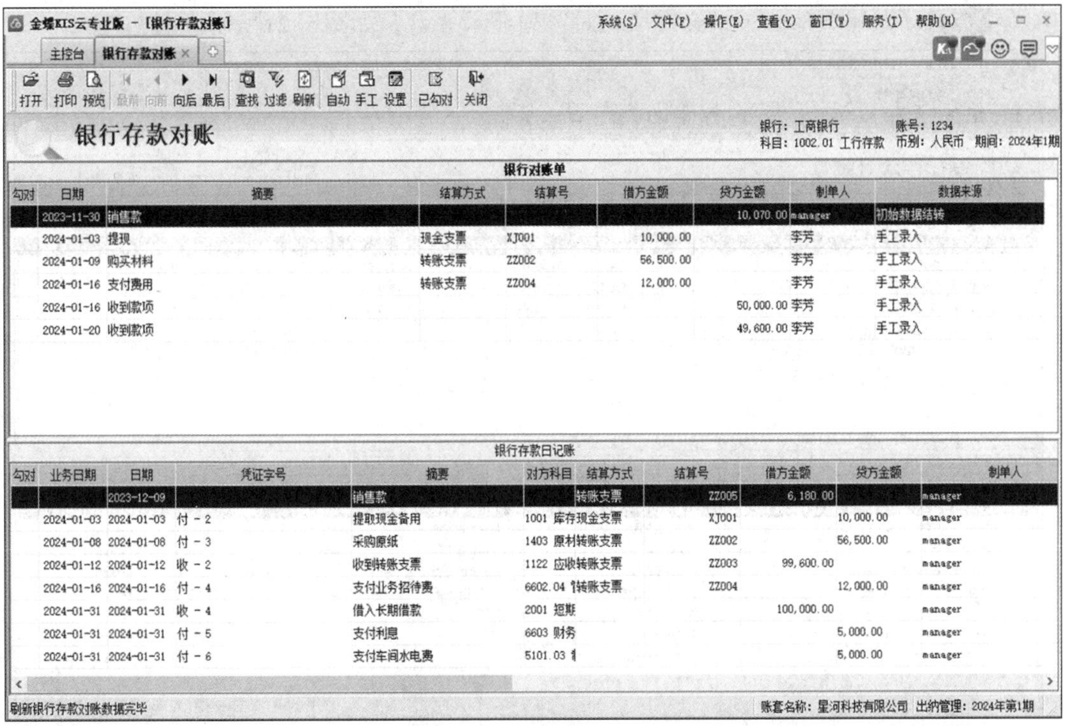

图5-19　银行存款对账界面

点击【自动】按钮会出现条件设定选项，如图5-20所示，金蝶KIS云专业版的对账条件默认为“金额相等+方向相反”，其他条件可以自行设置，点击【确定】按钮即可完成自动对账。

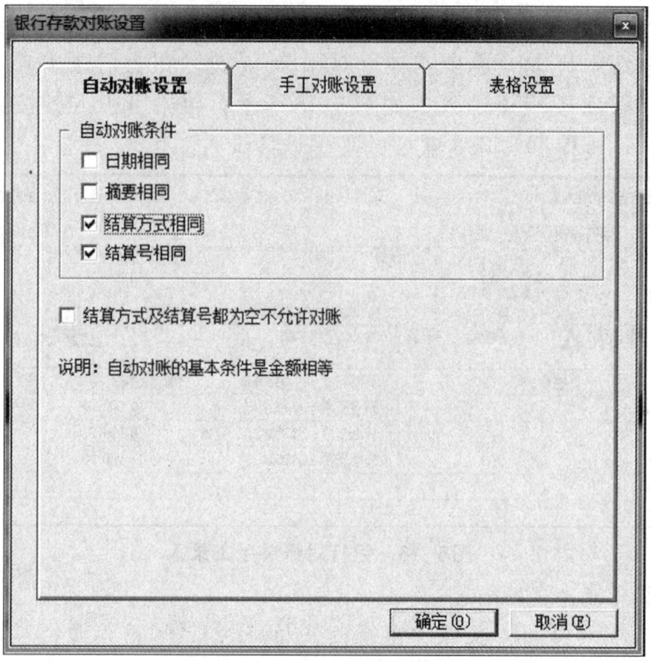

图5-20　自动对账条件设置

符合自动对账条件的记录会在“勾对”列显示“√”，如图5-21所示。

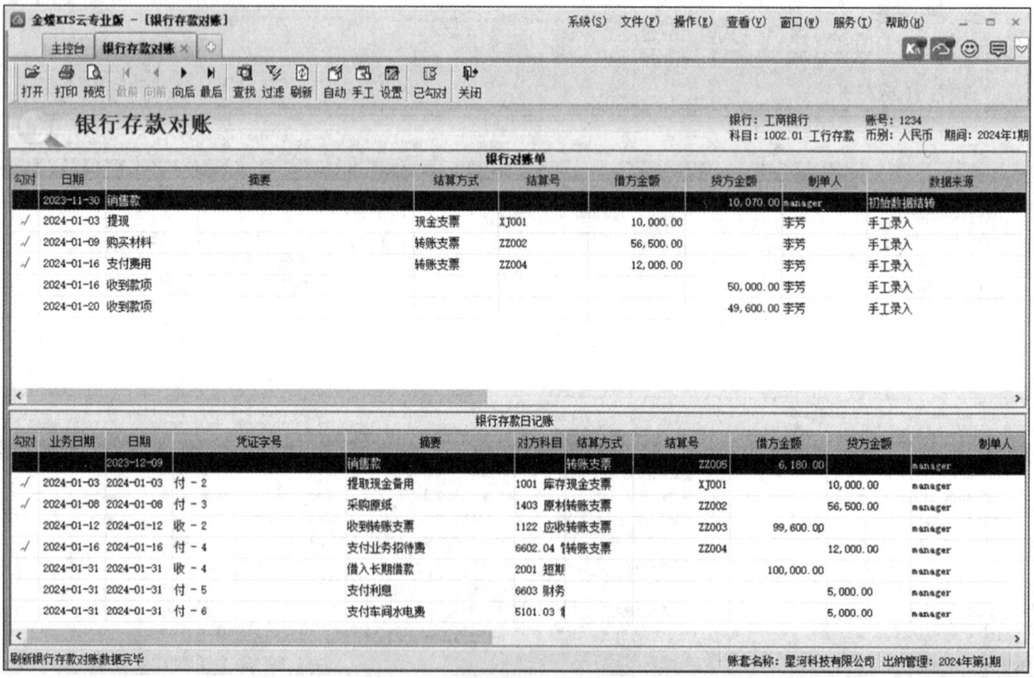

图5-21　银行存款自动对账结果

自动对账完成后，用户经过检查，如果有属于已达账项而自动对账无法实现对账的记录，则采取手工对账。单击选中单条记录，按住【Shift】键选中多条记录，如图5-22所示，单击工具栏中的【手工】按钮，系统自动在“勾对”列显示“√”，完成手工对账。

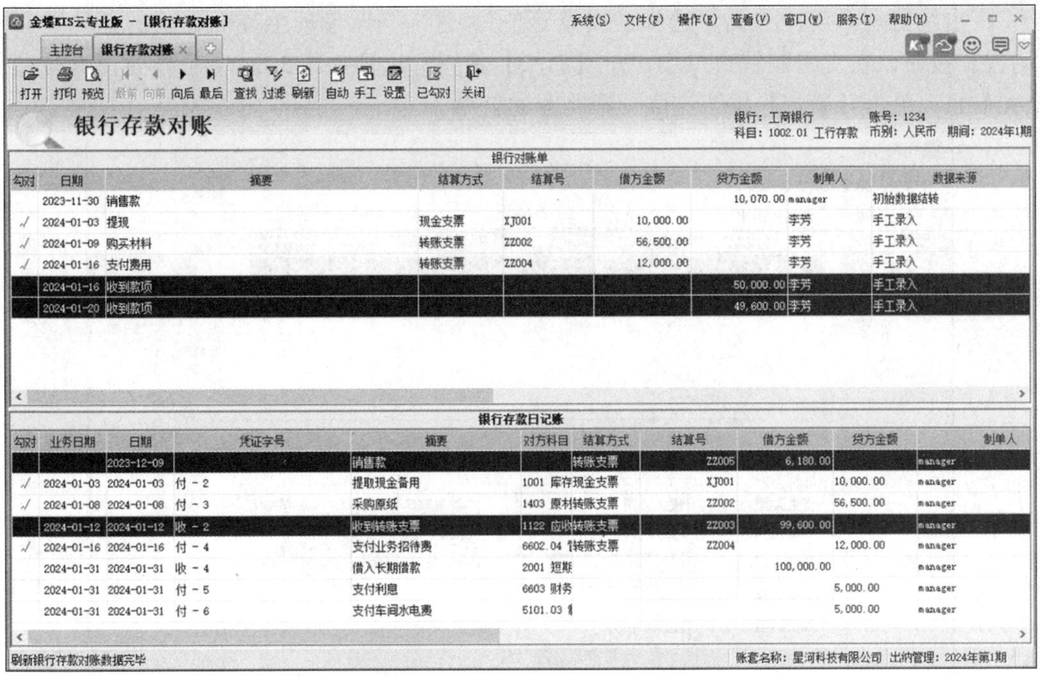

图5-22　银行存款手工对账记录选择

（4）银行存款余额调节表

选择出纳管理系统主界面中右侧的“余额调节表”，即可查询银行存款余额调节表，如图5-23所示。

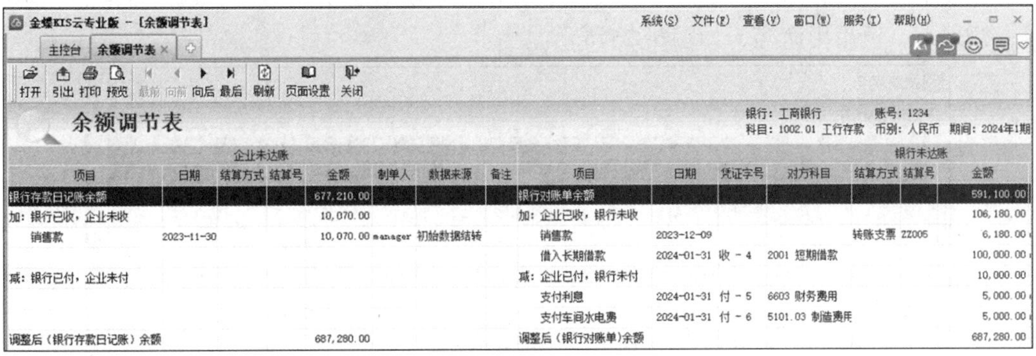

图5-23　银行存款余额调节表

5）支票管理

金蝶KIS云专业版出纳管理系统提供了支票管理功能，可以对购置的支票进行登记，以实现对空白支票的监管使用，防止和杜绝出纳人员和业务人员责任不明确，以及票据遗漏、丢失等现象的发生。此外，利用出纳管理系统的支票管理功能，可以详细登记支票领用人、领用日期、支票用途、是否报销等情况。

（1）支票购置

出纳人员在购置支票时主要在新增支票购置界面登记单位银行账号、所在银行名称及支票号码范围、支票有效期等。

在出纳管理系统主界面，选择“支票管理”，进入支票管理主界面，单击工具栏中的【购置】按钮，在支票购置窗口中单击【新增】按钮，出现如图5-24所示界面，填写支票相关信息，单击【确定】按钮完成支票购置的新增。

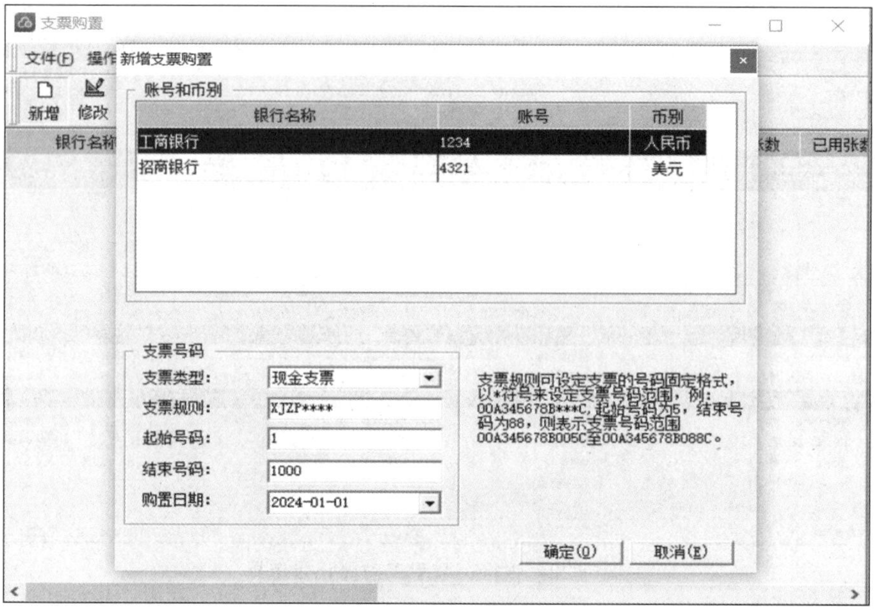

图5-24　新增支票购置

（2）支票领用

在领用支票时，出纳人员要使用支票管理功能据实登记支票号码、领用日期、领用部门、领用人、领用用途等，如图5-25所示。

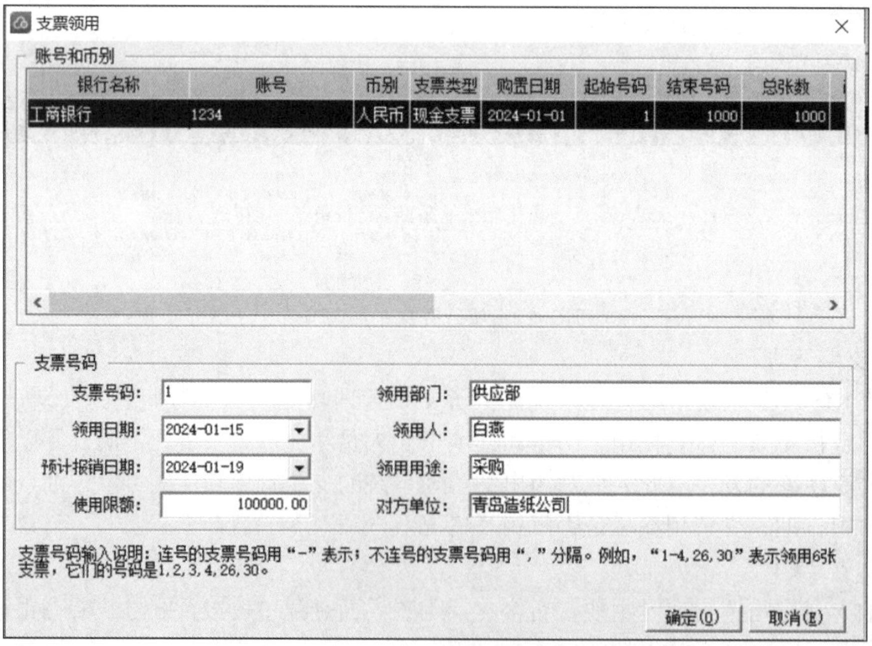

图5-25　支票领用

（3）支票报销

对已领用的支票在支付业务处理完毕后，进行报销处理。

在支票管理界面中选择要报销的支票，单击【修改】按钮，对要报销的支票填写签发日期、收款人名称、付款金额等内容，如图5-26所示，单击【保存】按钮即可完成支票报销处理。

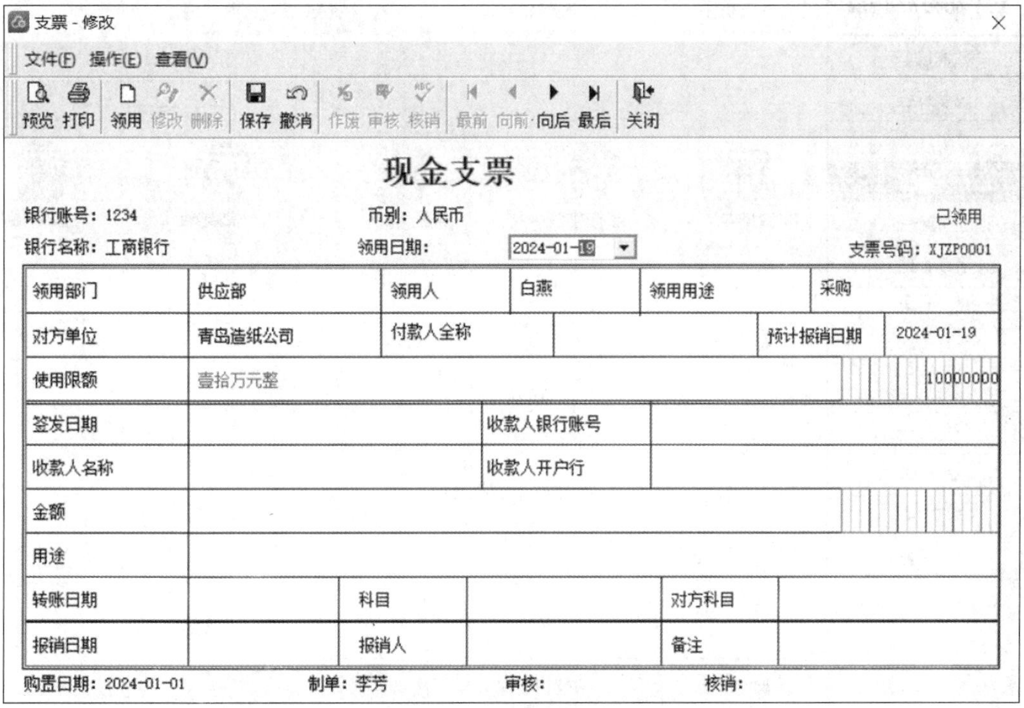

图5-26　支票报销

（4）支票核销

支票的核销是支票业务的结束标识，对款项已到账或已支付的支票进行封存，保证票据的完整。在支票管理界面中选择要核销的票据，单击【查看】按钮，确认后，单击【核销】按钮即可完成支票的核销。

6）出纳轧账与账表查询

出纳轧账功能可以结出本会计期间的借、贷方发生额和余额，并将其结转到下一期。执行该功能后，当前会计期间的现金日记账、现金盘点单、银行存款日记账、银行对账单的数据将不能再进行修改。因此，在轧账之前应确保当前会计期间的所有业务已正确处理完毕。

金蝶KIS云专业版出纳管理账表查询主要包括资金日报表、资金月报表和长期未达账的查询，查询过程分为选择查询条件和输出查询结果两个部分，具体查询需要在操作练习中仔细体会。

5.3.2　用友T3-标准版出纳管理系统实务操作

1）日记账查询

登录用友T3-标准版，选择“现金”—“现金管理”—“日记账”，可以进行现金、银行存款日记账的查询，如图5-27所示。

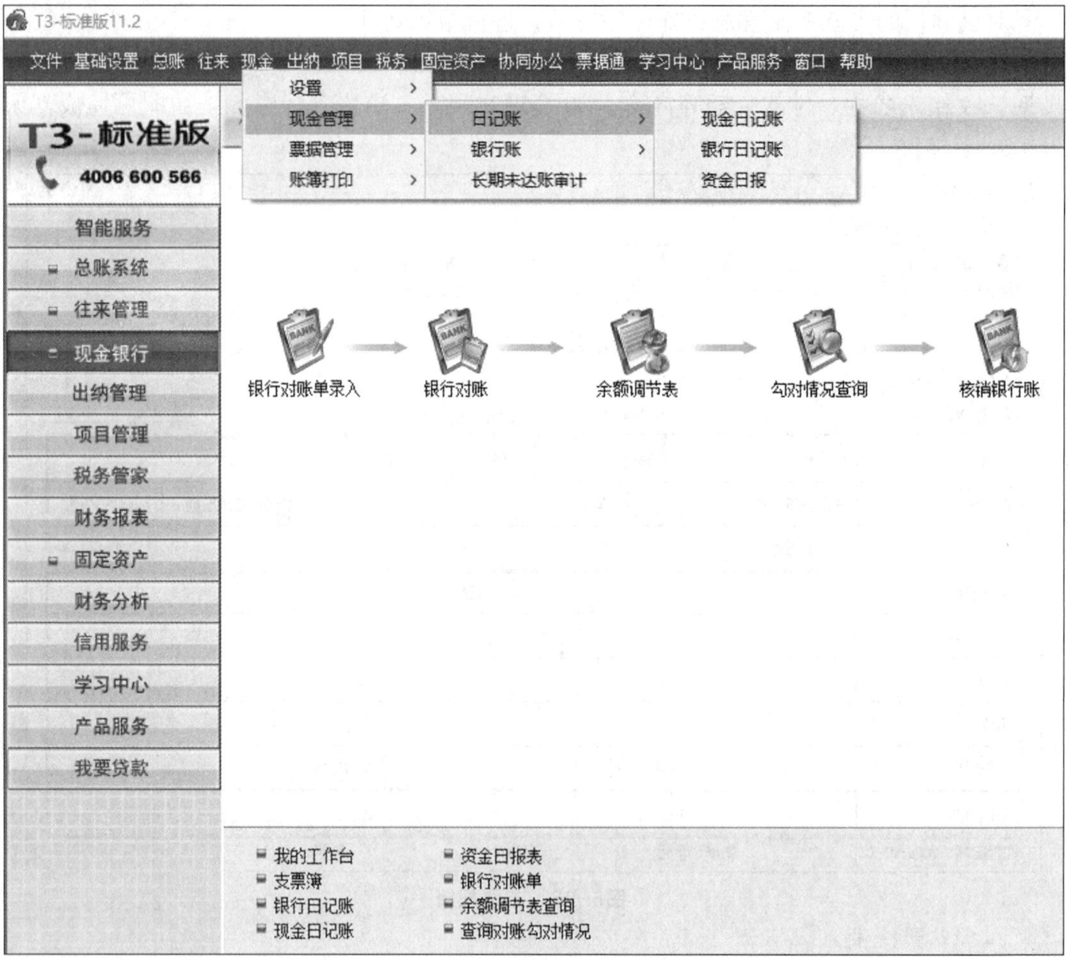

图5-27　日记账查询

操作提示

📖需要注意的是，这里如果要查询日记账，需要使用科目设置中的指定科目功能，指定为现金和银行科目；使用出纳管理的银行对账功能，需要使用指定科目为银行科目或者在科目属性设置中，设置为“银行账”。

（1）选择“现金日记账”，输入查询条件，即可查询到现金日记账，如图5-28所示。

（2）选择“银行日记账”，出现查询条件选择框，用户可以输出某个期间指定为银行科目的日记账，确定条件后会输出银行日记账，如图5-29所示。

2）银行对账

为了保证银行对账的正确性，在使用“银行对账”功能进行对账之前，必须先将日记账、银行对账单未达账项录入系统。通常，许多用户在使用账务处理系统时，先不使用银行对账模块，比如某企业2019年1月开始使用账务处理系统，而银行对账功能则是在10月开始使用，那么银行对账模块则应该有一个启用日期（启用日期为使用银行对账功能前

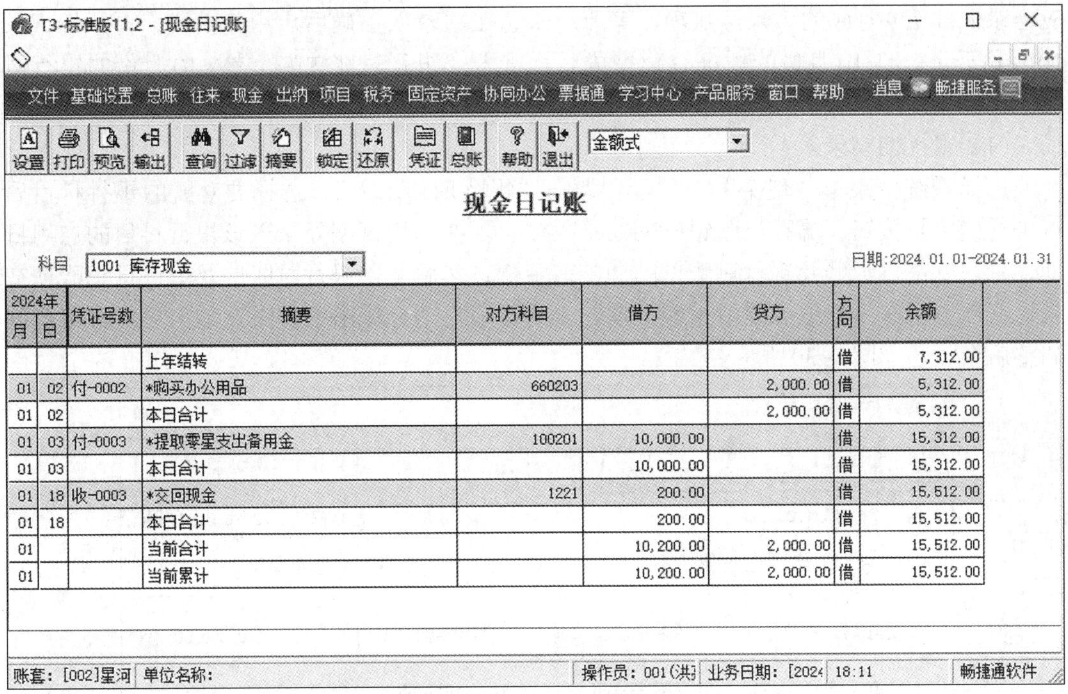

2024年 月	日	凭证号数	摘要	对方科目	借方	贷方	方向	余额
			上年结转				借	7,312.00
01	02	付-0002	*购买办公用品	660203		2,000.00	借	5,312.00
01	02		本日合计			2,000.00	借	5,312.00
01	03	付-0003	*提取零星支出备用金	100201	10,000.00		借	15,312.00
01	03		本日合计		10,000.00		借	15,312.00
01	18	收-0003	*交回现金	1221	200.00		借	15,512.00
01	18		本日合计		200.00		借	15,512.00
01			当前合计		10,200.00	2,000.00	借	15,512.00
01			当前累计		10,200.00	2,000.00	借	15,512.00

图5-28　现金日记账

2024年 月	日	凭证号数	摘要	结算号	对方科目	借方	贷方	方向	余额
			上年结转					借	634,110.00
01	03	付-0003	*提取零星支出备用金_现金支票	现金支票-XJ001	1001		10,000.00	借	624,110.00
01	03		本日合计				10,000.00	借	624,110.00
01	05	收-0001	*收到投资_zz001_2024.01.05		4001	10,000.00		借	634,110.00
01	05		本日合计			10,000.00		借	634,110.00
01	08	付-0001	*银行存款_zz002_2024.01.08		140301,22210101		56,500.00	借	577,610.00
01	08		本日合计				56,500.00	借	577,610.00
01	12	收-0002	*收到前欠货款_ZZ003_2024.01.12		1122	99,600.00		借	677,210.00
01	12		本日合计			99,600.00		借	677,210.00
01	16	付-0004	*业务招待_转账支票_zz004_2024.01.16	转账支票-zz004	660205		12,000.00	借	665,210.00
01	16		本日合计				12,000.00	借	665,210.00
01	31	收-0004	*借款_2024.01.31		2001	100,000.00		借	765,210.00
01	31	收-0005	*汇兑损益结转			2,294.13		借	767,504.13
01	31	付-0005	*支付利息_现金结算_2024.01.31	现金结算	6603		5,000.00	借	762,504.13
01	31	付-0006	*支付水电费_现金结算_2024.01.31	现金结算	510103		4,000.00	借	758,504.13
01	31		本日合计			102,294.13	9,000.00	借	758,504.13
01			当前合计			211,894.13	87,500.00	借	758,504.13
01			当前累计			211,894.13	87,500.00	借	758,504.13

图5-29　银行存款日记账

最近一次银行对账的截止日期），用户则应在此录入最近一次对账企业方与银行方的调整前余额，以及启用日期之前的单位日记账和银行对账单的未达账项，如果是10月启用，应当录入截至9月底的各未达账项。等所有未达账项录入正确后启用此模块，再开始记录10月份凭证，在10月份的凭证登记完成后，进入“银行对账单”，录入10月份的银行对账单，然后开始对账。

（1）银行期初录入

选择系统主菜单“现金”—“设置”—“银行期初录入”，选择要对账的银行科目后点击【确定】按钮，屏幕显示银行期初录入窗口。在启用日期处录入该银行科目的启用日期，录入单位日记账及银行对账单的调整前余额，然后录入银行对账单及单位日记账期初未达账项，系统将根据调整前余额及期初未达账项自动计算出银行对账单与单位日记账的调整后余额，如图5-30所示。

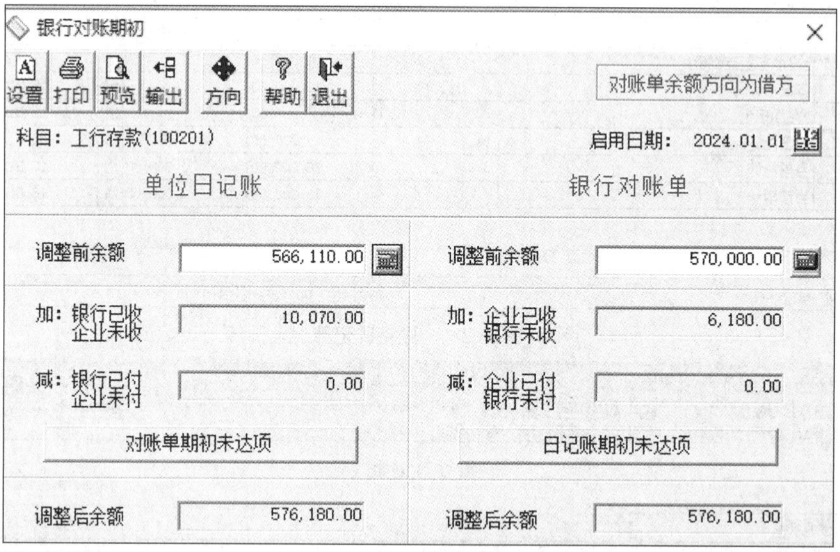

图5-30　银行对账期初录入界面

单击【对账单期初未达项】按钮，进入银行方期初未达账项录入界面，如图5-31所示，在此录入银行已达、企业未达期初数据。

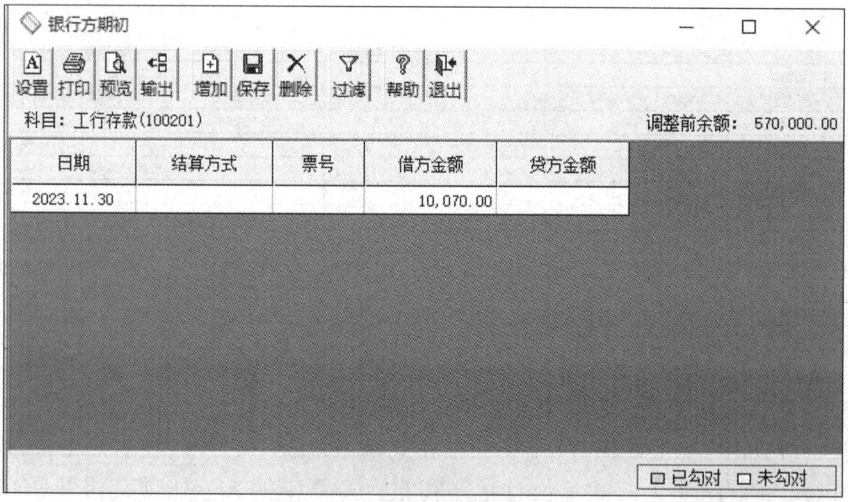

图5-31　银行方期初未达账项录入界面

单击【日记账期初未达项】按钮，进入企业方期初未达账项录入界面，如图5-32所示，在此录入企业已达、银行未达期初数据。

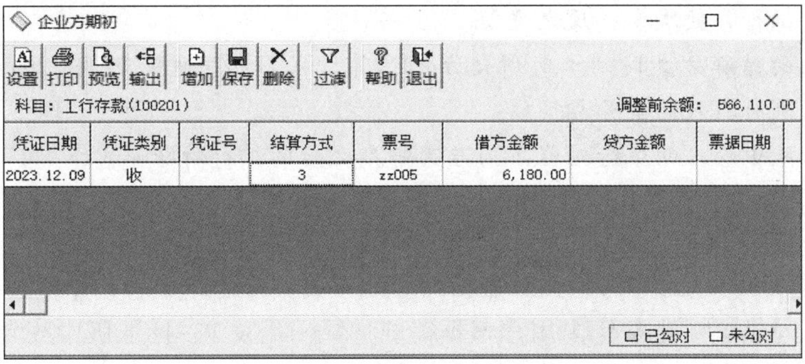

凭证日期	凭证类别	凭证号	结算方式	票号	借方金额	贷方金额	票据日期
2023.12.09	收		3	zz005	6,180.00		

图5-32　企业方期初未达账项录入界面

操作提示

📖如果该科目设置外币核算，那么应在这里录入外币余额、外币未达账项。

📖录入的银行对账单、单位日记账的期初未达账项的发生日期不能大于等于此银行科目的启用日期。

📖“银行对账期初”功能用于第一次使用银行对账模块前录入日记账及对账单未达账项，在开始使用银行对账模块之后一般不再使用。

📖在录入完单位日记账、银行对账单期初未达账项后，请不要随意调整启用日期，尤其是向前调，这样可能会造成启用日期后的期初数不能再参与对账。例如录入了9月1日、3日、7日的几笔期初未达账项后，将启用日期由9月30日调整为9月6日，那么，9月7日的那笔未达账项将不能在期初及银行对账中见到。

（2）银行对账单录入

完成初始化后，需要在对账前录入银行对账单数据，我们已经在前面提及，银行对账单可以手工录入，也可以把电子数据导入，以手工录入为例，选择“现金管理”—“银行账”—“银行对账单”功能，该功能用于平时录入银行对账单，选择本功能后系统要求用户指定科目为银行科目，然后用户即可录入本科目下的银行对账单，如图5-33所示，单击【增加】按钮可增加一笔银行对账单信息；单击【删除】按钮可删除一笔银行对账单信息；单击【过滤】按钮可按条件过滤对账单供用户查询。

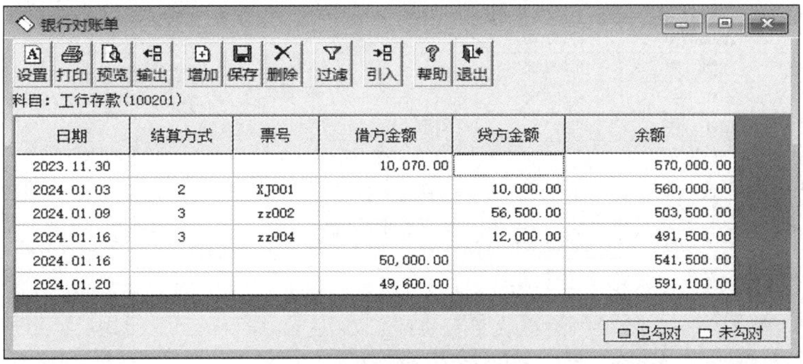

日期	结算方式	票号	借方金额	贷方金额	余额
2023.11.30			10,070.00		570,000.00
2024.01.03	2	XJ001		10,000.00	560,000.00
2024.01.09	3	zz002		56,500.00	503,500.00
2024.01.16	3	zz004		12,000.00	491,500.00
2024.01.16			50,000.00		541,500.00
2024.01.20			49,600.00		591,100.00

图5-33　银行对账单录入

操作提示

📖一般来说，银行对账单余额方向为借方时，借方发生表示银行存款增加，贷方发生表示银行存款减少；反之亦然。

📖输入的结算方式同制单时所使用的结算方式可相同也可不同，但在此输入的票号应同制单时输入的票号相同。

📖此功能中输入的银行对账单为启用日期之后的银行对账单。

（3）银行对账

银行对账采用自动对账与手工对账相结合的方式。自动对账是计算机根据对账依据自动进行核对、勾销。对账条件由用户根据需要选择。用友T3-标准版中规定，方向相同、金额相等是必选条件，其他可选条件为票号相同、结算方式相同、日期在多少天之内。对于已核对上的银行业务，系统将自动在银行存款日记账和银行对账单双方写上两清标志，并视为已达账项，对于在两清栏未写上两清符号的记录，系统则视其为未达账项。由于自动对账是以银行存款日记账和银行对账单双方对账依据完全相同为条件的，所以为了保证自动对账的正确和彻底，使用者必须保证对账数据的规范合理，比如，银行存款日记账和银行对账单的票号要统一位长。

手工对账是对自动对账的补充，用户使用完自动对账后，可能还有一些特殊的已达账项没有对出来，而被视为未达账项，为了保证对账更彻底、更正确，用户可用手工对账来进行调整。

第一，选择"现金管理"—"银行账"—"银行对账"，并选择要进行对账的银行科目，单击【确认】按钮，屏幕显示银行对账界面，左边为单位日记账，右边为银行对账单。

第二，在银行对账界面中单击【对账】按钮，系统弹出自动对账条件设置窗口，进行自动对账条件设置，如图5-34所示，单击【确定】按钮，进行银行自动对账，对账结果如图5-35所示。

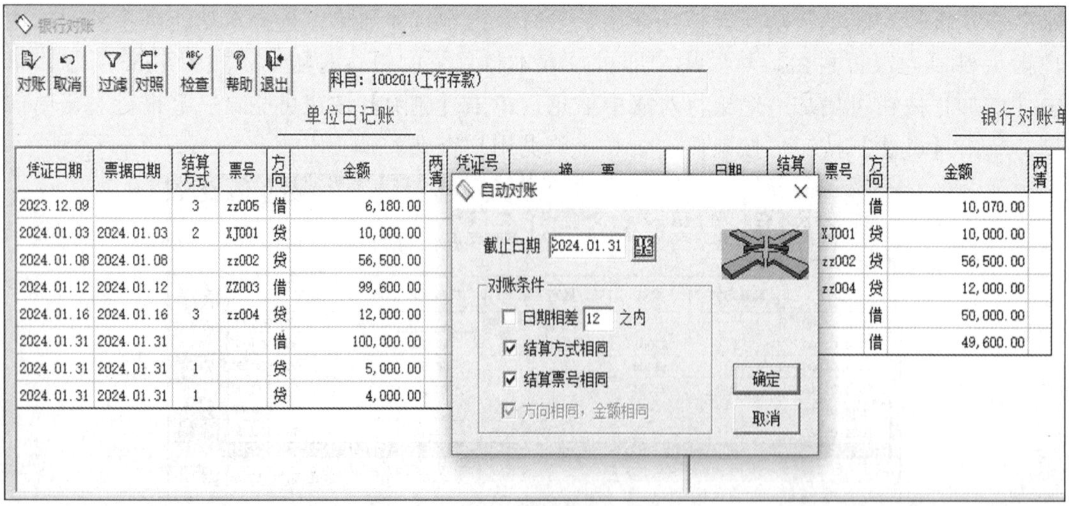

图5-34　银行自动对账条件设置

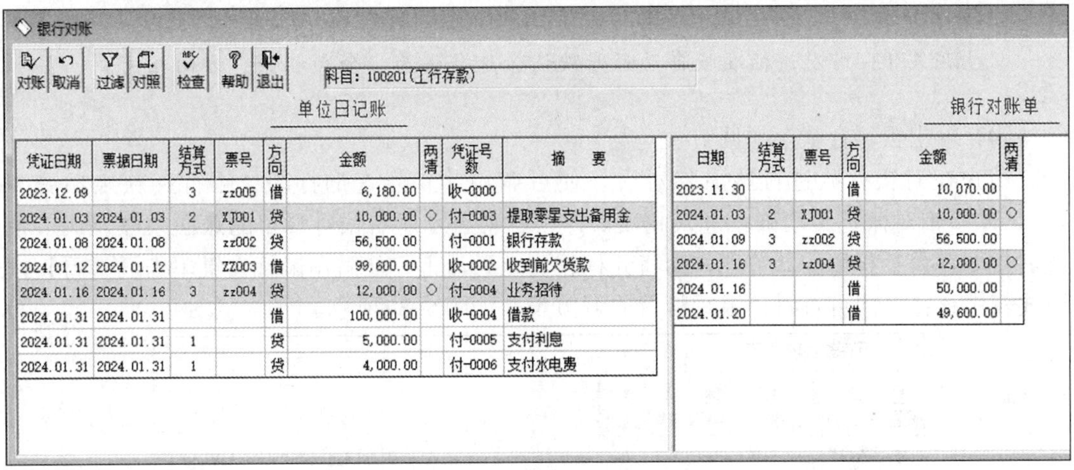

凭证日期	票据日期	结算方式	票号	方向	金额	两清	凭证号数	摘要
2023.12.09		3	zz005	借	6,180.00		收-0000	
2024.01.03	2024.01.03	2	XJ001	贷	10,000.00	○	付-0003	提取零星支出备用金
2024.01.08	2024.01.08		zz002	贷	56,500.00		付-0001	银行存款
2024.01.12	2024.01.12		ZZ003	借	99,600.00		收-0002	收到前欠货款
2024.01.16	2024.01.16	3	zz004	贷	12,000.00	○	付-0004	业务招待
2024.01.31	2024.01.31			借	100,000.00		收-0004	借款
2024.01.31	2024.01.31	1		贷	5,000.00		付-0005	支付利息
2024.01.31	2024.01.31	1		贷	4,000.00		付-0006	支付水电费

日期	结算方式	票号	方向	金额	两清
2023.11.30			借	10,070.00	
2024.01.03	2	XJ001	贷	10,000.00	○
2024.01.09	3	zz002	贷	56,500.00	
2024.01.16	3	zz004	贷	12,000.00	○
2024.01.16			借	50,000.00	
2024.01.20			借	49,600.00	

图5-35　银行自动对账结果

操作提示

📖系统默认的对账条件为日期相差12日之内、结算方式相同、结算票号相同等，可以根据业务需要确定。若在“银行对账期初”中定义“银行对账单余额方向”为借方，则对账条件为方向相同、金额相同的日记账与对账单进行勾对，若在“银行对账期初”中定义“银行对账单余额方向”为贷方，则对账条件为方向相反、金额相同的日记账与对账单进行勾对。

📖进行银行对账之前必须将记账凭证记账，否则单位日记账没有相应的记录。

第三，如果已进行过自动对账，而且有属于已达账项但无法使用自动对账功能的记录，这时可以使用手工对账功能进行后续的对账操作，即可直接用鼠标同时点击双方的记录进行手工调整，如图5-36所示，“两清”处显示为“Y”的记录为手工对账的结果。

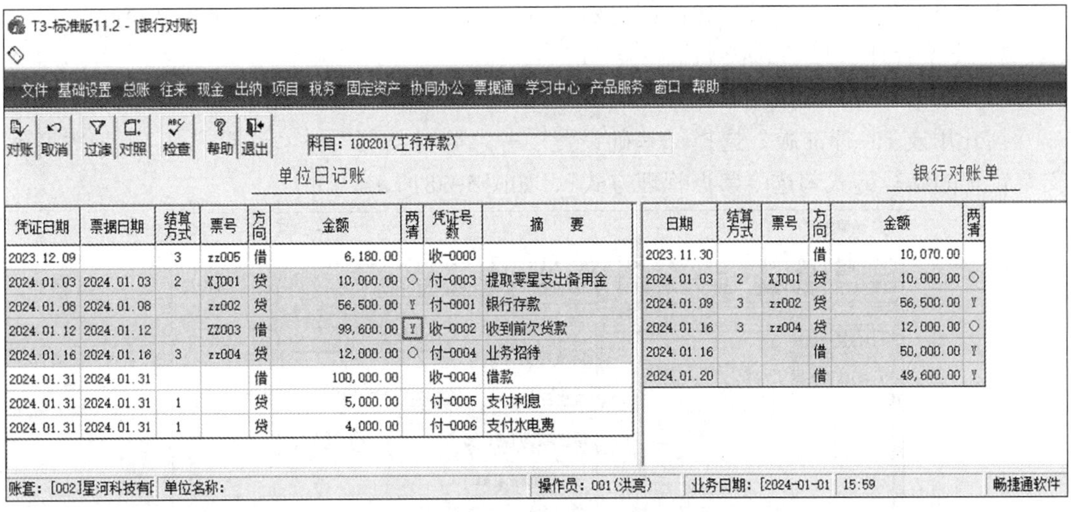

凭证日期	票据日期	结算方式	票号	方向	金额	两清	凭证号数	摘要
2023.12.09		3	zz005	借	6,180.00		收-0000	
2024.01.03	2024.01.03	2	XJ001	贷	10,000.00	○	付-0003	提取零星支出备用金
2024.01.08	2024.01.08		zz002	贷	56,500.00	Y	付-0001	银行存款
2024.01.12	2024.01.12		ZZ003	借	99,600.00	Y	收-0002	收到前欠货款
2024.01.16	2024.01.16	3	zz004	贷	12,000.00	○	付-0004	业务招待
2024.01.31	2024.01.31			借	100,000.00		收-0004	借款
2024.01.31	2024.01.31	1		贷	5,000.00		付-0005	支付利息
2024.01.31	2024.01.31	1		贷	4,000.00		付-0006	支付水电费

日期	结算方式	票号	方向	金额	两清
2023.11.30			借	10,070.00	
2024.01.03	2	XJ001	贷	10,000.00	○
2024.01.09	3	zz002	贷	56,500.00	Y
2024.01.16	3	zz004	贷	12,000.00	○
2024.01.16			借	50,000.00	Y
2024.01.20			借	49,600.00	Y

图5-36　银行对账手工对账结果

第四，用鼠标单击【检查】按钮检查对账是否有错，如果有错误，应进行调整。

操作提示

📖用友T3-用友通标准版自动对账默认必选条件为：金额相等、方向相同。

（4）输出银行存款余额调节表

用户在对银行账进行两清勾对后，便可调用此功能查询打印“银行存款余额调节表”，以检查对账是否正确。进入此项操作，屏幕显示所有银行科目的账面余额及调节余额。如要查看某科目的调节表，则将光标移到该科目上，然后用鼠标右键单击【查看】按钮或双击该行，即可查看该银行科目的调节表，如图5-37所示。

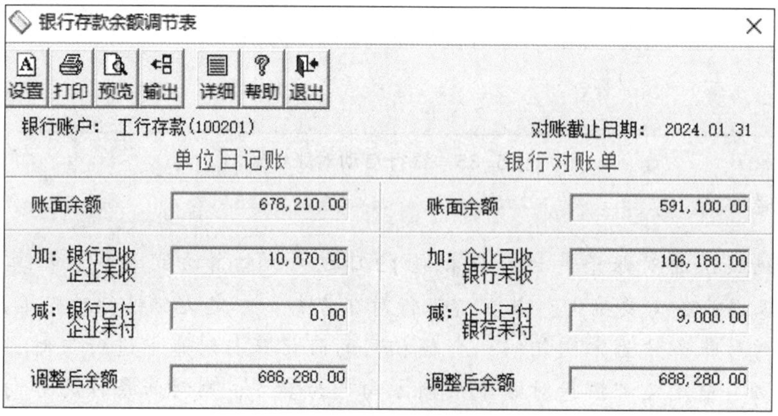

图5-37　银行存款余额调节表

操作提示

📖调节表调节后余额应当相等，如不相等，用户需要查看期初录入是否正确、对账单录入是否正确、对账勾对是否正确。

（5）查询银行勾对情况和核销银行账

查询银行勾对情况和核销银行账仍然是查询功能，用户可以自己去操作练习。

3）支票管理

（1）票据管理方式设置

打开用友T3-标准版，选择“基础设置”—“收付结算”—“结算方式”，把需要做支票登记的结算方式勾选“票据管理方式”，如图5-38所示。

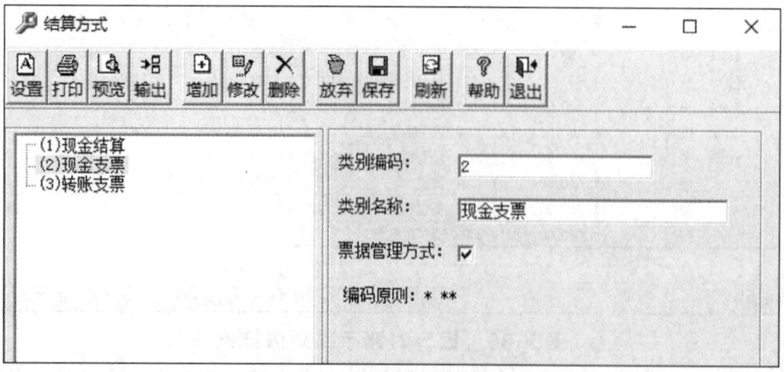

图5-38　设置票据管理方式

（2）支票控制设置

选择“总账”—“设置”—“选项”，勾选“支票控制”选项，如图5-39所示。

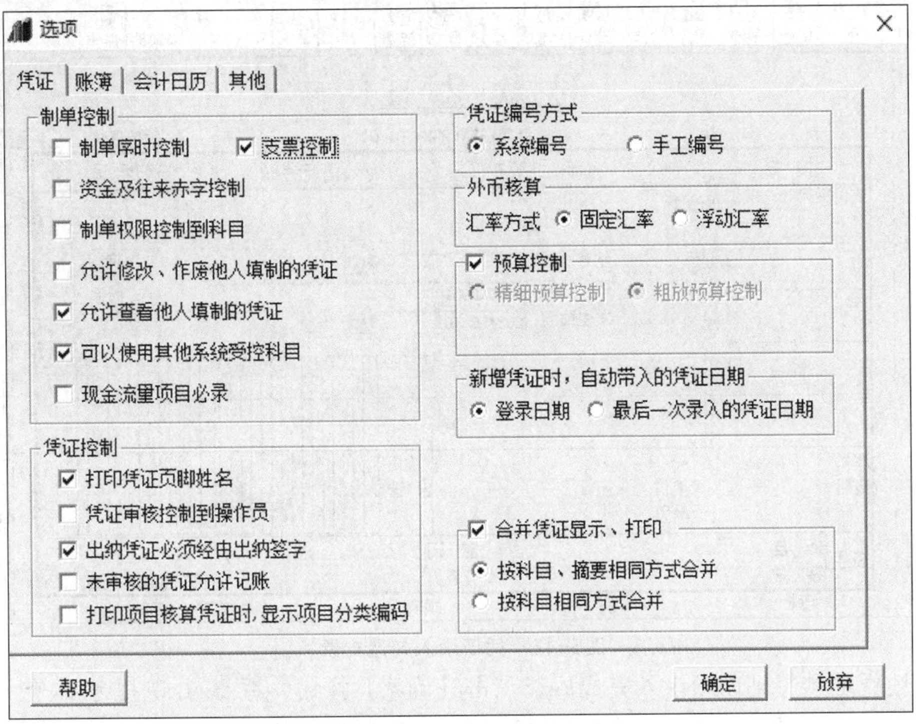

图5-39　支票控制设置

（3）登记支票登记簿

选择“现金”—“票据管理”—“支票登记簿”，填写相应支票内容，如图5-40所示。

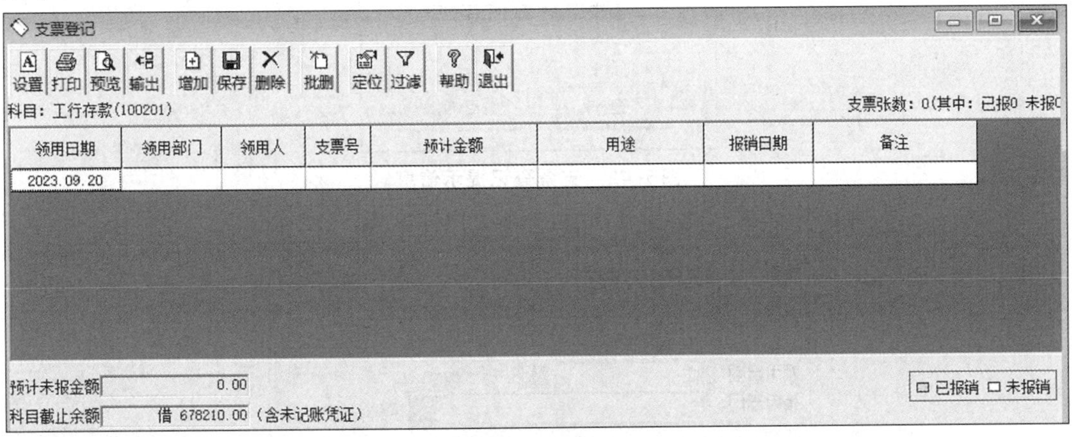

图5-40　支票登记簿

（4）凭证录入勾选支票

填制一张银行存款的凭证，选择勾选了“票据管理方式”的结算方式，录入相同的票号，如图5-41所示。

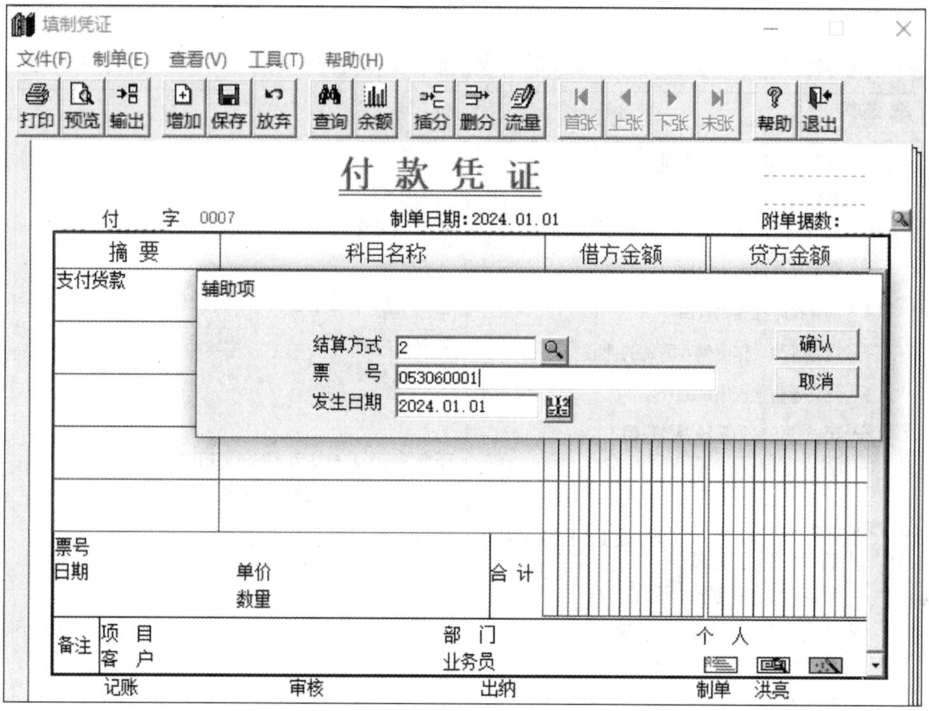

图5-41 凭证录入勾选支票

上述凭证结算辅助项录入完成后，点击【确认】按钮，系统出现提示信息，如图5-42所示，点击【是】按钮，进入如图5-43所示界面进行支票登记。

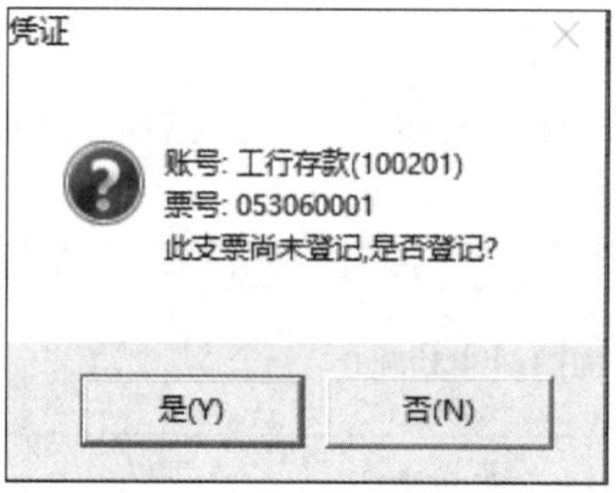

图5-42 支票登记提示信息

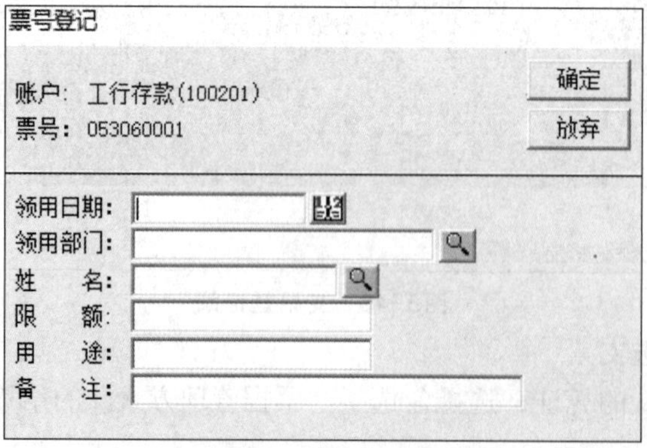

图5-43 票号登记

（5）支票报销

选择“现金”—“票据管理”—“支票登记簿”，查看支票登记簿，自动在支票登记簿中将该号支票写上报销日期，该号支票即为已报销。

思政小课堂

思政目标	思政素材
引导学生理解资金对于企业的重要性，以及面对资金要抵制住诱惑，保持职业底线思维	热点问题：又一家审计机构发现上市公司财务造假，虚假银行对账单及银行回函，货币资金存疑

章末习题

一、单项选择题

1.下列功能不应由出纳管理系统具备的是（　　）。

A.银行对账　　B.支票管理　　C.凭证录入　　D.现金管理

2.在出纳管理系统中，计算机根据银行存款日记账与银行对账单进行核对、勾销，并生成银行存款余额调节表的过程称为（　　）。

A.自动核销　　B.手动核销　　C.自动银行对账　　D.手工银行对账

3.银行对账的方法主要有（　　）。

A.一种　　B.两种　　C.三种　　D.四种

二、多项选择题

1.银行对账是根据计算机内（　　）与（　　）进行核对，生成银行存款余额调节表的过程。

A.银行存款日记账　　B.往来账对账单　　C.银行对账单　　D.现金对账单

2.银行对账的方法主要有（　　）。

A.直接对账　　B.手工对账　　C.自动对账　　D.间接对账

3.出纳管理系统中的对账包括（　　）。

A.现金对账　　B.银行对账　　C.应收账款对账　　D.存货盘点

三、判断题

1.现金、银行存款账实核对数一定相等。（　　）

2.未达账项是由于企业或者银行记账错误导致的。（　　）

3.录入银行对账初始余额工作，各个银行账户只在启用时进行一次，不需要每年都进行。（　　）

四、简答题

1.通过两个软件的应用比较，归纳总结现金对账的基本流程是什么。

2.通过两个软件的应用比较，归纳总结银行对账的基本流程是什么。

五、操作实践题

请回答下列关于出纳管理系统中的银行对账的相关问题。

（1）银行对账操作主要有哪两种对账方法？分别适合什么情况？

（2）假设自动对账的对账条件为“金额相同，方向相反”，则图5-44中所示的业务中，哪些业务可以通过自动对账实现自动勾对？列出相对应的记录号（比如对账单①——日记账①）。

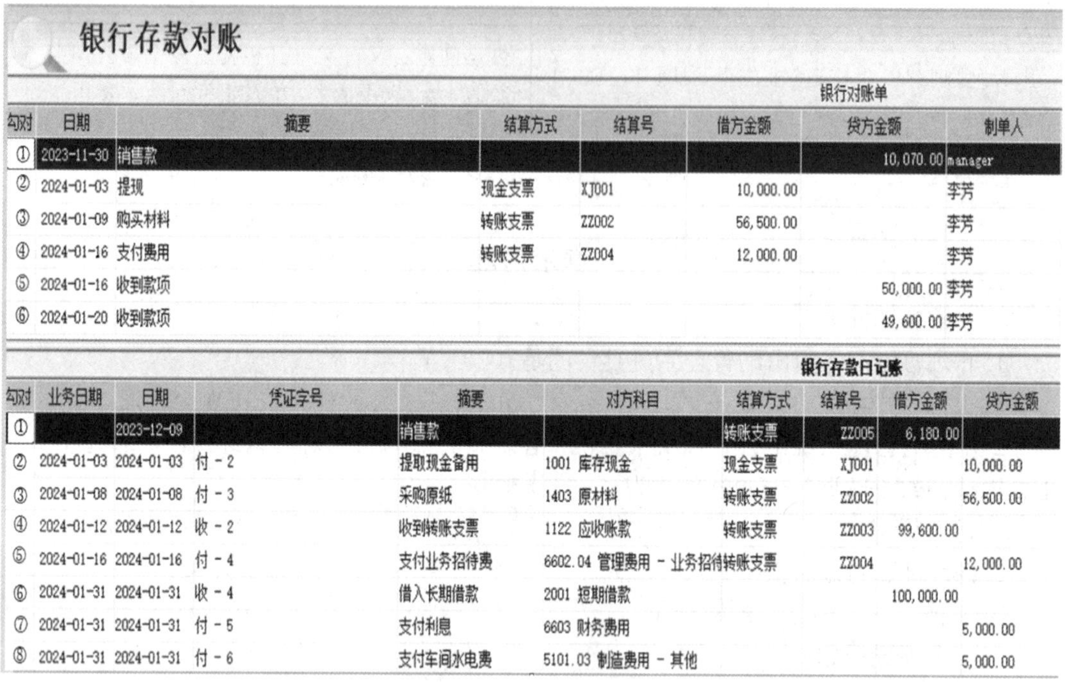

银行存款对账

银行对账单

勾对	日期	摘要	结算方式	结算号	借方金额	贷方金额	制单人
①	2023-11-30	销售款				10,070.00	manager
②	2024-01-03	提现	现金支票	XJ001	10,000.00		李芳
③	2024-01-09	购买材料	转账支票	ZZ002	56,500.00		李芳
④	2024-01-16	支付费用	转账支票	ZZ004	12,000.00		李芳
⑤	2024-01-16	收到款项				50,000.00	李芳
⑥	2024-01-20	收到款项				49,600.00	李芳

银行存款日记账

勾对	业务日期	日期	凭证字号	摘要	对方科目	结算方式	结算号	借方金额	贷方金额
①		2023-12-09		销售款		转账支票	ZZ005	6,180.00	
②	2024-01-03	2024-01-03	付 - 2	提取现金备用	1001 库存现金	现金支票	XJ001		10,000.00
③	2024-01-08	2024-01-08	付 - 3	采购原纸	1403 原材料	转账支票	ZZ002		56,500.00
④	2024-01-12	2024-01-12	收 - 2	收到转账支票	1122 应收账款	转账支票	ZZ003	99,600.00	
⑤	2024-01-16	2024-01-16	付 - 4	支付业务招待费	6602.04 管理费用 - 业务招待	转账支票	ZZ004		12,000.00
⑥	2024-01-31	2024-01-31	收 - 4	借入长期借款	2001 短期借款			100,000.00	
⑦	2024-01-31	2024-01-31	付 - 5	支付利息	6603 财务费用				5,000.00
⑧	2024-01-31	2024-01-31	付 - 6	支付车间水电费	5101.03 制造费用 - 其他				5,000.00

图5-44　银行存款对账

（3）假设核对发现对账单⑤、⑥与日记账④属于已达账，那么需要通过什么方式完成对账，如何操作？

六、上机实验

要求：根据下列资料，进行出纳管理，并根据两个软件的出纳管理功能，比较二者之间的异同。

1.按照第4章的凭证录入资料，查询1月份的现金及银行存款日记账，并说明与明细账的差异。

2.按照第4章的业务资料，对该单位1月份银行存款进行对账，其他资料如下：

（1）2023年12月31日，工行存款初始余额为566 110.00元；银行对账单余额为570 000.00元；2023年11月30日，存在企业未收、银行已收的一笔销售款的未达账，为10 070.00元；2023年12月9日，存在企业已收、银行未收的未达账项一笔6 180.00元，转账支票号为ZZ005。

（2）工商银行账号：1234；招商银行账号：4321。

（3）1月末银行转来对账单，数据见表5-1。

表5-1　**银行对账单**　单位：元

日期	摘要	结算方式	结算单号	借方	贷方
01-03	提现	现金支票	XJ001	10 000	
01-09	购买材料	转账支票	ZZ002	56 500	
01-16	支付费用	转账支票	ZZ004	12 000	
01-16	收到款项				50 000
01-20	收到款项				49 600

（4）假设对账条件为：结算单号相同、金额相同、方向相反，按照以上数据对工行存款进行自动对账，此外，银行对账单中1月16日与1月20日的业务与银行存款日记账中的1月12日的99 600.00元是已达账项，利用手工对账完成对账。最后形成余额调节表，查询余额调节表。

第6章/
工资管理系统操作原理与比较应用

【学习目标】通过本章学习，了解通用财务软件工资管理系统的主要功能；理解工资管理系统的初始设置并能结合不同的财务软件进行初始设置的主要操作，尤其是工资计算方法的编辑；理解工资管理系统的工资数据录入与所得税的计算，并能结合不同的财务软件进行工资数据的录入、计算以及所得税的计算操作；理解工资费用的分配原理并能结合具体的财务软件设置工资费用分配的模板并生成凭证；了解工资管理系统中的相关查询。

应用实践问题导入

你觉得手工记账方式下工资计算量比较大、正确率不高的是哪些环节？假如公司经理要求你在1小时之内计算出公司员工本期的工资以及按部门分配的工资，用于资金的决策，那么，你能否做到呢？

6.1 工资管理系统概述

工资是企业根据员工付出的劳动、按照单位的分配原则、以货币的形式支付给职工的劳动报酬。工资核算是每家企业财务部门的基本业务，是每期都要进行的工作。一般来讲，企业财务部门进行工资管理需要进行两项主要工作：第一，按照国家工资制度和本企业相应的规定，正确计算企业员工工资、企业各部门工资及企业每期工资总额，如果需要代扣个人所得税，还需要计算出每期代扣员工个人所得税的金额。第二，工资是企业生产和管理过程中的支出与费用，对于核算完成的企业各部门工资额及工资总额，单位会计人员需要对各个部门工资费用进行确认和记录，并按照不同部门实际发生的福利费等正确地把每期工资费用分配到相应的产品成本和期间费用中，形成会计凭证，并据以进行总账和明细账的登记，为工资分析与控制提供数据来源。

按照上述企业工资核算与管理的要求，工资管理系统应当设计包含上述各个模块功能，不断提高工资核算效率。

6.1.1 工资管理系统的定义

工资管理系统是在手工工资核算基础上开发设计的，主要完成工资核算与发放、工资转账、个人所得税计算等日常工作。

6.1.2　工资管理系统的目标

依据手工工资核算与管理的目标要求，一般说来，工资管理系统目标应该包含以下几个方面：

（1）实现有关人员工资数据的收集、记录和存储；

（2）完成工资计算、工资汇总与工资费用的分配；

（3）生成工资发放表和各种工资费用表；

（4）实现与账务处理系统、成本核算系统等之间的数据传递。

6.2　工资管理系统操作原理

6.2.1　工资管理系统初始设置

通用财务软件的工资管理系统区别于专用软件，为了满足各个单位自身工资核算的需要，应对工资管理系统给定的各个功能进行初始设定。一般来说，工资管理系统的初始设置主要包括以下几项操作：定义单位的部门、定义单位的员工、定义单位工资条的工资项目以及定义工资项目间的计算公式。

工资管理系统的基本功能

1）工资类别设置

工资类别是企业为了区别并分开计算由于工资项目不同或工资计算方法不同而产生的不同类别的员工工资而设置的。比如，企业对于正式员工与临时员工的工资发放政策是不同的，两类员工的工资项目不同，这就导致对其工资不可能一起设置计算方法，因此必须设置成不同的工资类别，分别进行工资项目与工资计算方法的设置。

由此，财务软件为了满足这种现实的需求通常提供工资类别设置的功能，包括新增、修改和删除。

2）职员类别设置

在会计核算过程中，在确认工资费用时通常会考虑工资费用的支付对象所属的部门或是工作性质，且这种部门的分类或是工作性质的分类可以作为工资费用分配时借方费用科目的判断依据或标准。由此，财务软件通常会提供设置职员类别的功能，以便在进行工资费用分配时可以作为借方科目的判断依据，同时也可以方便对所有职员进行管理。

财务软件通常提供职员类别的新增、修改和删除功能。

3）职员档案设置

工资的计算必然需要职员信息，因此财务软件必然提供职员档案的相应功能，包括职员的新增、修改和删除。

操作提示

📖许多财务软件要求部门与人员编码可以自行设定，个别财务软件给定部门及人员编码方案，需要按照该方案进行。

📖如果在基础资料设置过程中已经设置过职员档案信息，那么可以通过“引入”等功能共享职员档案信息，不必重复录入。

4）部门设置

在进行会计核算时，工资费用的分配通常以受益部门作为判断标准，同时在管理过程中也会需要部门工资费用的分配情况，因此，财务软件要实现这些功能必须提供部门设置的功能，包括部门的新增、修改和删除。

操作提示

📖有些财务软件是在账务处理系统中设置好部门的，这里可以直接调用。

5）工资项目设置

每家企业的工资都是由一个以上的不同项目组成的，要计算工资，必须将相应的工资项目进行设置。财务软件通常提供工资项目的新增、修改和删除功能。

操作提示

📖工资项目一般分为数据型和字符型，设置各个项目时注意区别数据的类型。

📖一般软件系统里会自带部分常用的工资项目，比如职工代码等，这些项目不能自己新增，需要从系统中选择。

6）工资计算方法设置

要利用财务软件进行工资的自动计算，必须将工资项目之间的计算关系通过公式表示出来。因此，财务软件提供工资计算方法的编辑功能。

操作提示

📖定义项目间公式功能，各个软件给定的形式不尽相同，但基本原理相同，只需要对可以计算的项目进行定义，如应发工资、实发工资等。

📖要注意各个工资计算公式的前后计算关系。

📖计算公式中的项目、运算符号可以通过键盘输入，也可以通过软件提供的按钮选择自动输入。

📖注意计算公式中的符号需要输入英文状态下的英文字符。

7）个人所得税设置

按税法的规定，薪资所得必须计缴个人所得税，因此财务软件的工资管理系统提供个人所得税的计算功能。通常，用户需要根据财务软件提供的个人所得税计算设置界面中的要求，填制或选择项目进行相应的设置，包括税率、计税依据和起征点等的设置。

操作提示

📖对于计算个人所得税的公式，财务软件一般给出超额累进税率表，用户必要时可以进行修改。

📖注意个人所得税的计税基础是应发工资。

6.2.2 工资日常核算与管理

每个月单位员工会发生工资费用，其中有一些是变动的，如奖金等项目，有一些是基本固定的，如基本工资、交通补贴等，还有一些是可以用计算公式根据其他工资项目算出来的，如加班工资、应发工资、个人所得税、实发工资等。不同的工资项目数据按照不同的方法获得。对于变动的数据，需要每期进行手工输入或者修改；对于基本不变的数据，每期不需要变动，直接按照上期数据填列即可；对于能够按照公式计算的工资项目，需要设置好计算公式，每期通过工资计算公式自动得到。

操作提示

🕮对于基本不变的数据，如基本工资等，直接按照上期数据填列即可。但第一次使用该系统时仍需要手动录入。

🕮对于能够使用计算公式计算的项目，需要在财务软件给定的公式设置模块中设置完毕方可使用，公式设置工作在初始化时进行一次即可。

在工资日常核算与管理的过程中需注意以下几个问题：

（1）如果工资项目发生了改变，则需要重新定义工资计算公式。

（2）定义工资项目和计算公式时要认真审核，杜绝因工资数据资料计算错误而导致错误的核算结果。

（3）要注意所定义公式的计算顺序，前一步骤的公式中不应包括需在后一步骤中获得数据的工资项目。

（4）工资项目及项目计算公式定义修改后，要重新计算工资数据。

（5）计算完所得税，需在工资输入界面中将所得税引入工资计算表。

6.2.3　工资计算与工资费用分配

每个会计期末，企业都需要将各个部门发放的应付工资额分配到各项成本费用中，如管理部门（办公室、财务部等）人员工资额记入“管理费用”科目，销售部门或机构人员工资记入“销售费用”科目，生产部门管理人员工资记入“制造费用”科目，车间工人工资记入“生产成本”科目。以上工作需要会计人员进行凭证的填制工作，工资管理系统为了减少财务人员的工作量，提高凭证的正确性，设置了工资费用分配模块，该模块通过对不同部门工资费用（也可按照不同类别人员）科目的设定，自动实现工资费用分配凭证的生成工作，并把该凭证传递到账务处理系统及成本核算系统。

6.2.4　查询和打印各种工资报表

工资计算完成后生成的数据都保存在各种工资账表中，财务人员可以根据自己的需要进行账表查询和打印，一般来说，工资管理系统的主要账表有：工资条数据、工资发放表（可按部门分别查询）、工资汇总表和工资费用分配表等。

6.3　通用财务软件工资管理系统实务操作比较应用

6.3.1　金蝶KIS云专业版工资管理系统实务操作

在金蝶KIS云专业版工资管理系统主界面中，包括基础资料、子功能、报表三部分，如图6-1所示。

1）基础资料

（1）类别管理

选择基础资料中的“类别管理”，系统弹出如图6-2所示界面，用户可以通过【新建】按钮完成工资类别的新增。

图6-1　工资管理系统主界面

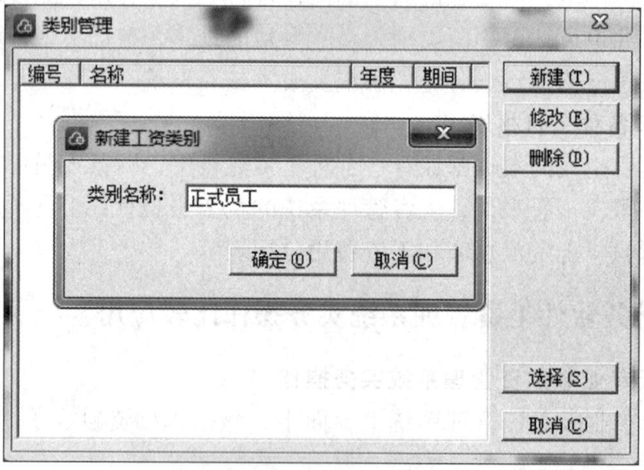

图6-2　新建工资类别

（2）部门

选择基础资料中的“部门”，在弹出的窗口中单击工具栏中的【引入】按钮，选择要引入的部门，如图6-3所示，单击【导入】按钮，即可引入部门资料。

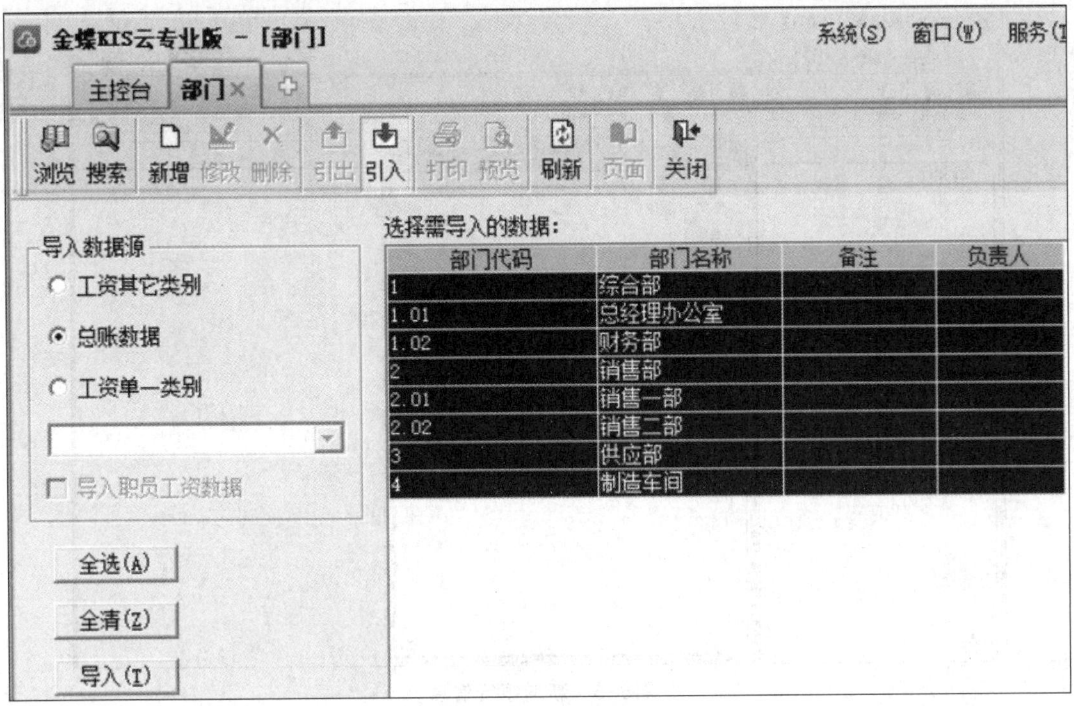

图6-3　引入部门资料

（3）职员

选择基础资料中的“职员”，在弹出的窗口中单击工具栏中的【引入】按钮，选择要引入的职员，如图6-4所示，单击【导入】按钮，即可引入职员资料。

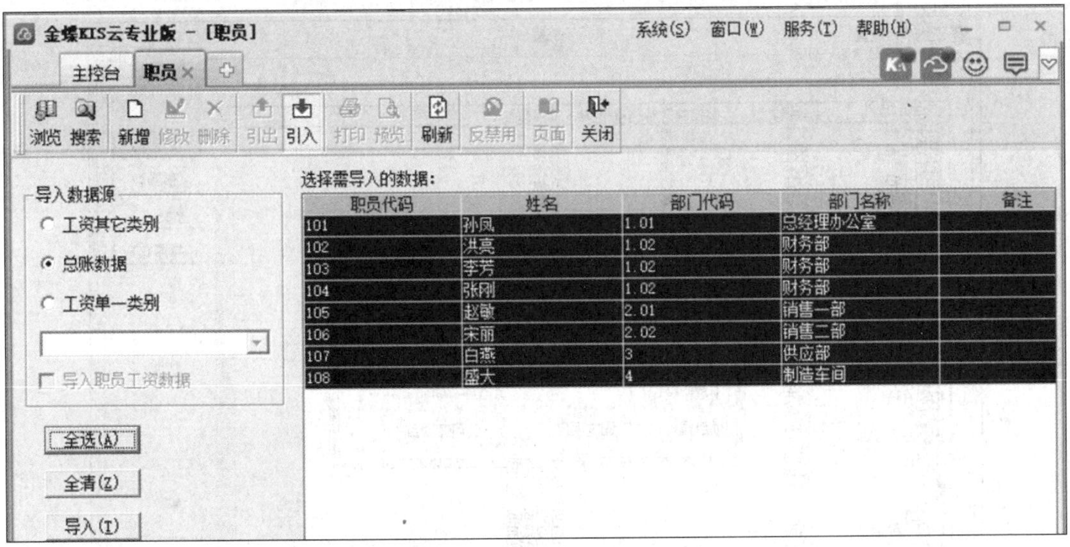

图6-4　引入职员资料

（4）银行

选择基础资料中的“银行”，在弹出的窗口中单击工具栏中的【新增】按钮，添加银行信息，如图6-5所示。

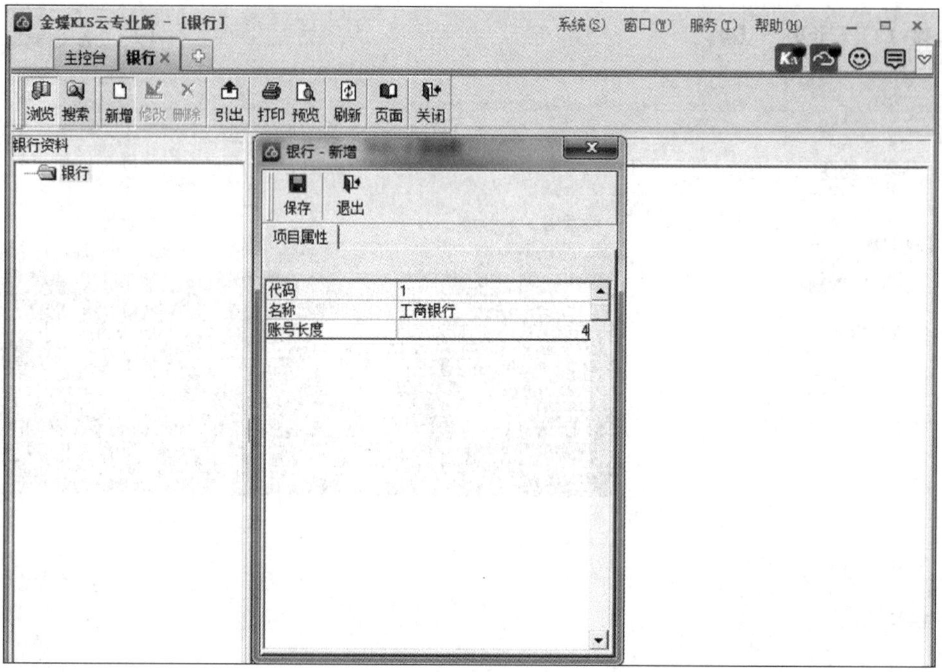

图6-5 新增银行信息

（5）工资项目

选择基础资料中的“项目设置”，在弹出的窗口中单击工具栏中的【新增】按钮，添加工资项目信息，如图6-6所示。需要注意的是，金蝶KIS云专业版工资管理系统要求工资单项目第一、二项必须为职员代码和职员姓名。

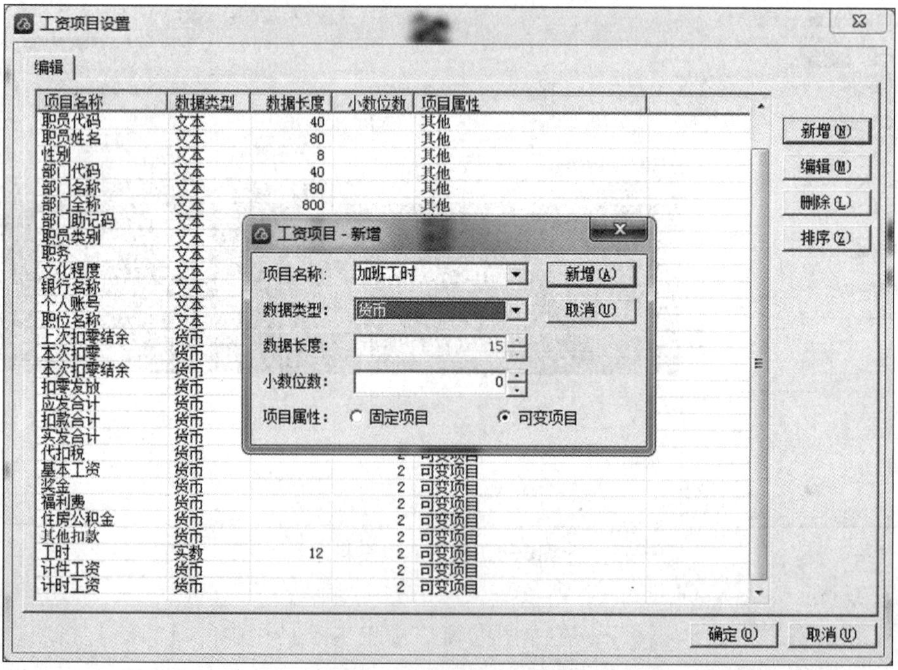

图6-6 工资项目设置

操作提示

📖设置工资项目的数据类型。实数型与货币型的区别：实数型与货币型工资项目所允许输入数据的最大小数位数。货币型的小数位数是4位（数据库决定），实数型的小数位数放开到8位，数据总长度为18位（包括小数点），在8位小数范围内，由用户自己定义工资项目具体的小数位数。在软件中有多种数据类型供选择：数值型、逻辑型、日期型、整数型、实数型、货币型、文本型。其中数值型的工资项目只能输入数字，并可以参加计算；文本型的工资项目不能参加运算，但可以输入字符和数字；实数型、货币型与整数型数据也可参加计算，只是运算数据的范围与结果有所区别；日期型数据主要以日期数字格式反映不同日期；逻辑型数据反映数据结果为真或假。

📖项目属性提供固定项目与可变项目两个可选项。固定项目为一般工资计算需用的基本要素，不需要进行改变，其内容可以直接带入下一次工资计算，如预设的职员姓名项等。可变项目为可根据需要进行选用或不用的项目，其内容随工资计算发生改变，如预设的应发合计项等。

📖某些系统预设的基本工资项目或已被引用的工资项目均是不可以删除的。

📖工资项目中的计件工资、计时工资项目，不可编辑、不可删除，用来接收计件工资单、计时工资单以及计件工资、计时工资数据。

（6）公式设置

选择基础资料中的“公式设置”，在弹出的窗口中单击工具栏中的【新增】按钮，添加工资计算公式，如图6-7所示。

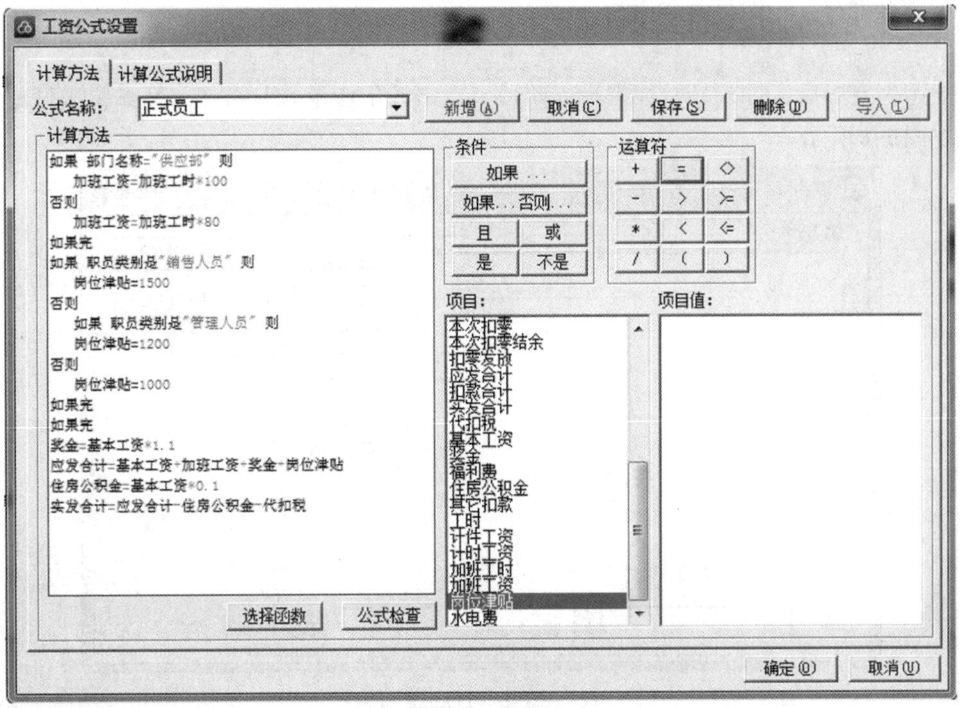

图6-7　工资公式设置

第一步，在“公式名称”处输入“正式员工”。

第二步，编辑公式的计算方法。以“加班工资”为例，本例中加班工资是有条件的，即供应部的人员加班一个工时按照100元计算，其他部门员工加班一个工时按照80元计算。单击“条件”里的 如果...否则... 按钮，然后在“如果”后面输入“‘部门名称’是‘供应部’”，下移一行，输入结果“加班工资=加班工时*100”；继续在“否则”的下一行输入“加班工资=加班工时*80”。

操作提示

📖也可以采取另一种输入方法，即单击“条件”里的 如果...否则... 按钮，然后双击右下角“项目”中的“部门”“条件”中的“是”、“项目值”中的“供应部”，设定完“如果”后，在“否则”下面选中“项目”中的“加班工资”、“运算符”选中“=”、“项目”选中“加班工时”、“运算符”选中“*”、键盘输入数字“100”；继续在“否则”后面进行上述工作，键盘输入数字“80”即可完成该项公式的设置。

📖如果判断条件超过2个，那么需要在“如果…否则…”结构中进行嵌套。

设置完上述公式，按【回车】键，继续设置后面的公式。“应发合计”“扣款合计”“实发合计”公式的设置可以直接输入，也可以采取第二种方法输入，即通过双击“项目”“条件”“运算符”完成。

这里需要说明的是，个人所得税公式，不需要在计算公式中进行单独的设置，只需要在个人所得税界面进行个人所得税的税率、计税项目等内容的设置。个人所得税的设置请参照“所得税计算”相关内容。

2）工资录入

初始化完毕后，进入日常数据录入阶段，点击【工资录入】按钮，系统弹出过滤器界面，如图6-8所示。

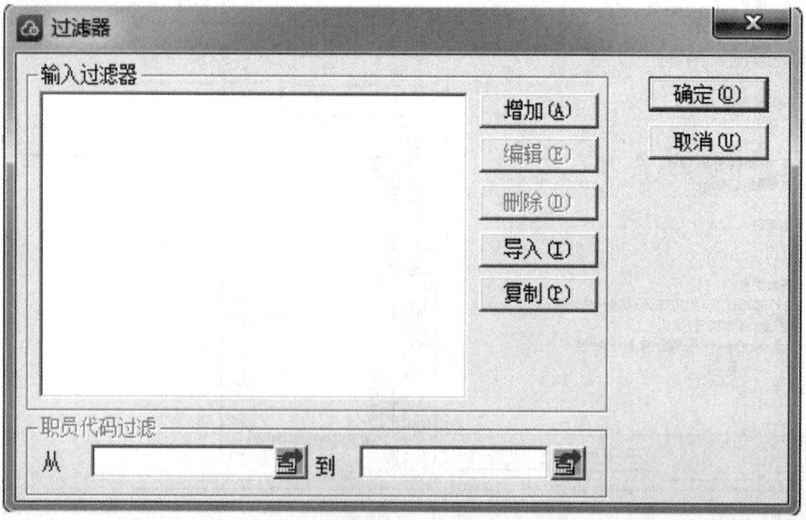

图6-8 过滤器

在图6-8中单击【增加】按钮，系统弹出如图6-9所示窗口，用户输入过滤名称

“正式员工”，选择计算公式“正式员工”，在工资项目中选择工资录入时需要显示的项目，然后单击【确定】按钮。返回后，单击【确定】按钮，进入工资录入界面，如图6-10所示。

图6-9　定义过滤器条件

序号	职员姓名	部门名称	职员类别	应发合计	实发合计	代扣税	基本工资	奖金	住房公积金	加班工资	加班工时	岗位津贴
1	孙凤	总经理办公室	管理人员	9,650.00	9,400.00		2,500.00	2,750.00	250.00	3200	40	1200
2	洪亮	财务部	管理人员	9,860.00	9,600.00		2,600.00	2,860.00	260.00	3200	40	1200
3	李芳	财务部	管理人员	8,220.00	8,000.00		2,200.00	2,420.00	220.00	2400	30	1200
4	张刚	财务部	管理人员	8,430.00	8,200.00		2,300.00	2,530.00	230.00	2400	30	1200
5	赵敏	销售一部	销售人员	7,300.00	7,100.00		2,000.00	2,200.00	200.00	1600	20	1500
6	宋丽	销售二部	销售人员	7,700.00	7,500.00		2,000.00	2,200.00	200.00	2000	25	1500
7	白燕	供应部	管理人员	6,820.00	6,600.00		2,200.00	2,420.00	220.00	1000	10	1200
8	盛大	制造车间	车间人员	7,180.00	7,000.00		1,800.00	1,980.00	180.00	2400	30	1000

图6-10　工资数据录入

操作提示

📖图6-10所示界面中的阴影部分表示该工资项目数据是由计算公式计算得来的，数据内容不允许修改，白色部分可以进行数据的录入。

📖在录入过程中，可以利用“计算器”功能，进行批量快速录入：可录入一个固定数值，也可定义计算公式进行简单计算并将结果回填。

3）所得税计算

（1）进入所得税计算界面

选择“所得税计算”，在弹出的窗口中单击【确定】按钮，进入个人所得税计算界面，如图6-11所示。

图6-11　个人所得税数据录入

（2）名称设置

在图6-11所示的界面中，单击【设置】按钮，在弹出的如图6-12所示的“个人所得税初始设置”窗口中，单击【新增】按钮，输入名称“正式员工”。

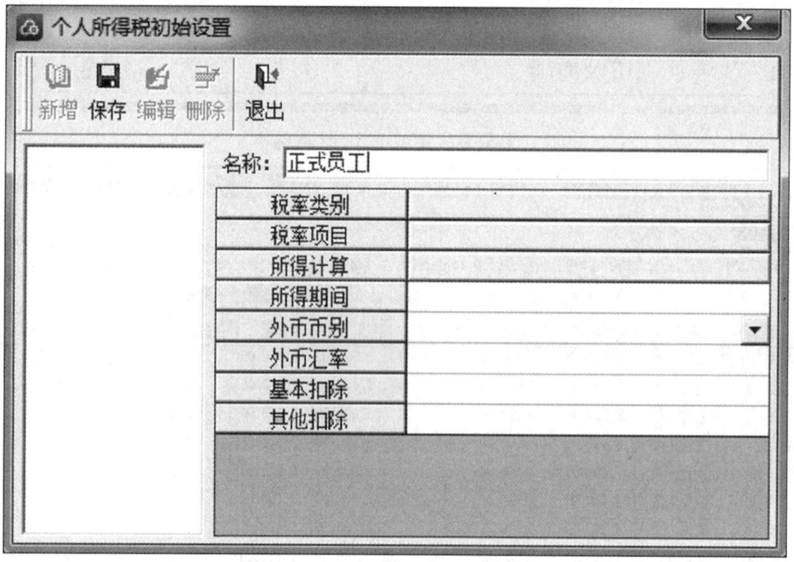

图6-12　个人所得税初始设置

（3）税率类别设置

单击图6-12中“税率类别”对应的按钮，弹出“税率设置”界面，单击【新增】按钮，系统弹出“是否使用‘预设税率’”的提示，单击【确定】按钮并选择“含税级距（2018年最新调整）”，如图6-13所示。系统自动引入七级超额累进税率表，输入名称，单击【保存】按钮即设置完税率，并退出返回图6-12所示界面。

（4）税率项目设置

单击图6-12中“税率项目”对应的按钮，进入“税率项目设置”界面（如图6-13所示），单击【新增】按钮，输入名称，然后在“所得项目”处选择影响应纳税所得额的工资项目，包括增项、减项，如图6-14所示。

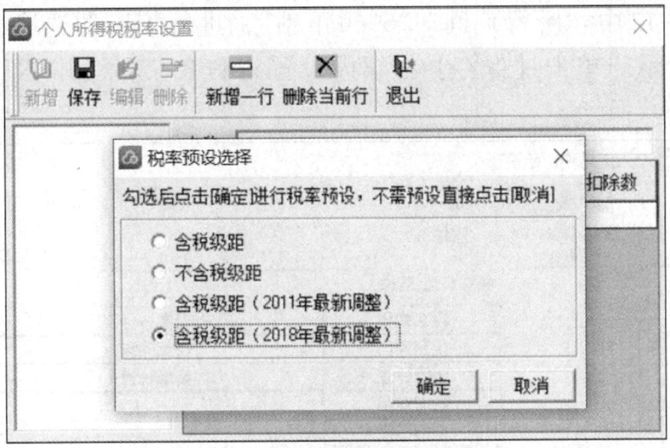

图6-13　个人所得税税率设置

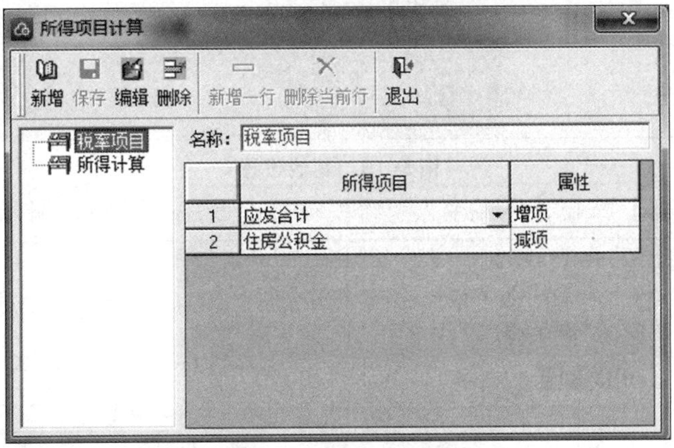

图6-14　税率项目设置

单击【保存】按钮即设置完税率项目，并退出返回图6-12所示界面。

(5) 所得计算

单击图6-12中“所得计算”对应的按钮，进入设置界面，单击【新增】按钮，输入名称，然后在“所得项目”处选择影响应纳税所得额的工资项目，包括增项、减项，如图6-15所示。单击【保存】按钮即完成所得计算设置，并退出返回图6-12所示界面。

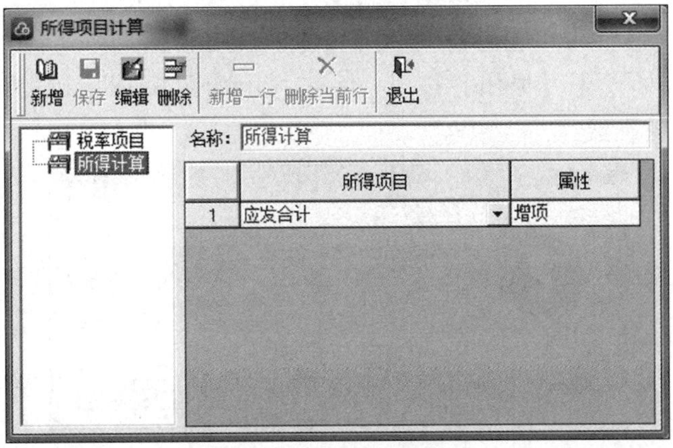

图6-15　所得计算设置

（6）单击图6-12中“所得期间”“外币币别”，进行相应的选择，并输入“基本扣除”，如图6-16所示。单击【保存】按钮即设置完剩余几项，并退出返回图6-12所示界面。

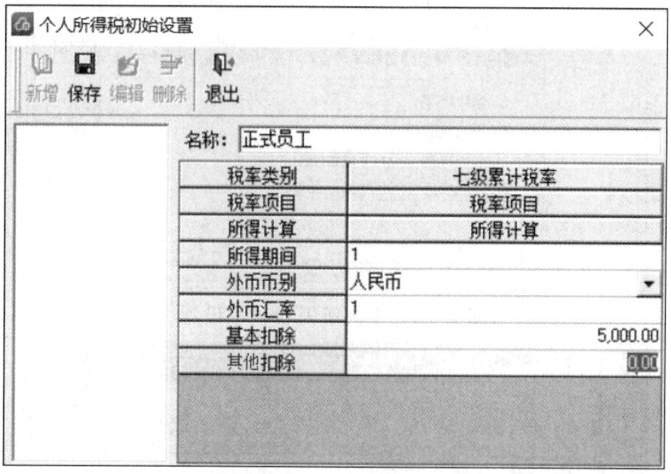

图6-16　其他设置

（7）单击【保存】按钮，完成个人所得税初始设置，如图6-17所示。

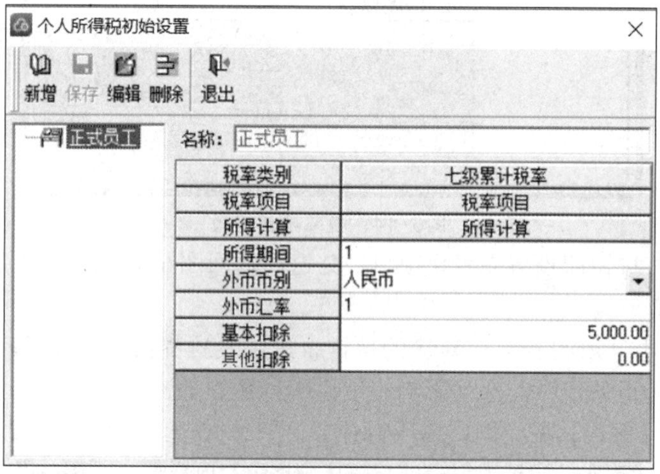

图6-17　完成个人所得税初始设置

（8）在图6-17中单击【退出】按钮，系统弹出如图6-18所示的提示框，单击【确定】按钮，重新计算工资。

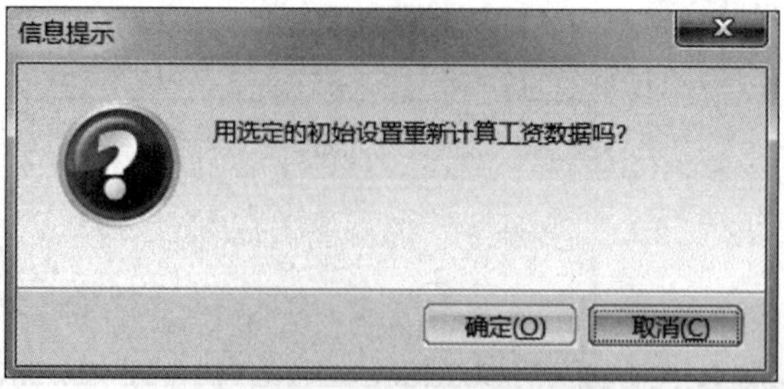

图6-18　重新计算工资提示

（9）选择“工资录入”，单击工具栏中的【区选】按钮，然后用鼠标单击“代扣税”列将其选中，单击工具栏中的【所得税】按钮，系统自动引入所得税并重新计算工资，如图6-19所示。

序号	职员姓名	部门名称	职员类别	应发合计	实发合计	代扣税	基本工资	奖金	住房公积金	加班工资	加班工时	岗位津贴
1	孙凤	总经理办公室	管理人员	9,650.00	9,145.00	255.00	2,500.00	2,750.00	250.00	3200	40	1200
2	洪亮	财务部	管理人员	9,860.00	9,324.00	276.00	2,600.00	2,860.00	260.00	3200	40	1200
3	李芳	财务部	管理人员	8,220.00	7,903.40	96.60	2,200.00	2,420.00	220.00	2400	30	1200
4	张刚	财务部	管理人员	8,430.00	8,067.00	133.00	2,300.00	2,530.00	230.00	2400	30	1200
5	赵敏	销售一部	销售人员	7,300.00	7,031.00	69.00	2,000.00	2,200.00	200.00	1600	20	1500
6	宋丽	销售二部	销售人员	7,700.00	7,419.00	81.00	2,000.00	2,200.00	200.00	2000	25	1500
7	白燕	供应部	管理人员	6,820.00	6,545.40	54.60	2,200.00	2,420.00	220.00	1000	10	1200
8	盛大	制造车间	车间人员	7,180.00	6,934.60	65.40	1,800.00	1,980.00	180.00	2400	30	1000

图6-19　在工资中引入所得税

4）工资分配

完成本期工资数据的录入，在每期期末，进入工资费用分配模块，进行费用科目的设置和自动转账凭证的生成。

（1）选择工资管理主界面的“费用分配”，在弹出的界面中单击【新增】按钮，定义费用分配的凭证模板，如图6-20所示。

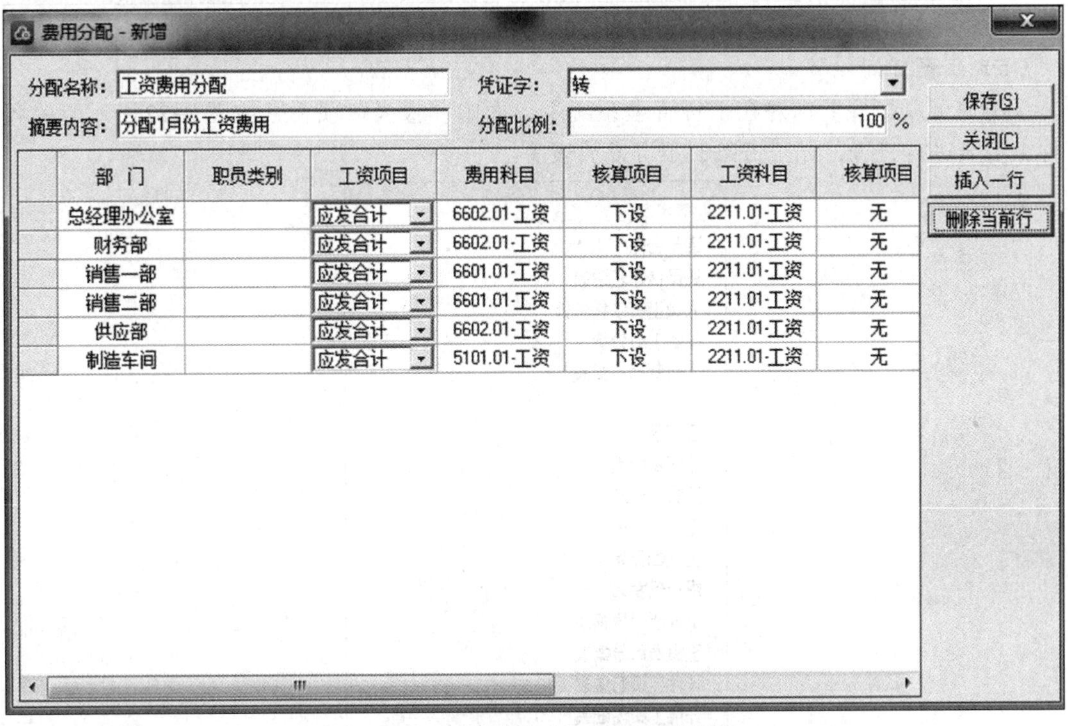

部　门	职员类别	工资项目	费用科目	核算项目	工资科目	核算项目
总经理办公室		应发合计	6602.01-工资	下设	2211.01-工资	无
财务部		应发合计	6602.01-工资	下设	2211.01-工资	无
销售一部		应发合计	6601.01-工资	下设	2211.01-工资	无
销售二部		应发合计	6601.01-工资	下设	2211.01-工资	无
供应部		应发合计	6602.01-工资	下设	2211.01-工资	无
制造车间		应发合计	5101.01-工资	下设	2211.01-工资	无

图6-20　工资费用分配凭证模板设置

（2）点击【保存】按钮后，返回凭证列表中，选中“工资分配模板”，点击【生成凭证】按钮，系统会自动生成如图6-21所示凭证并传递至账务处理系统。

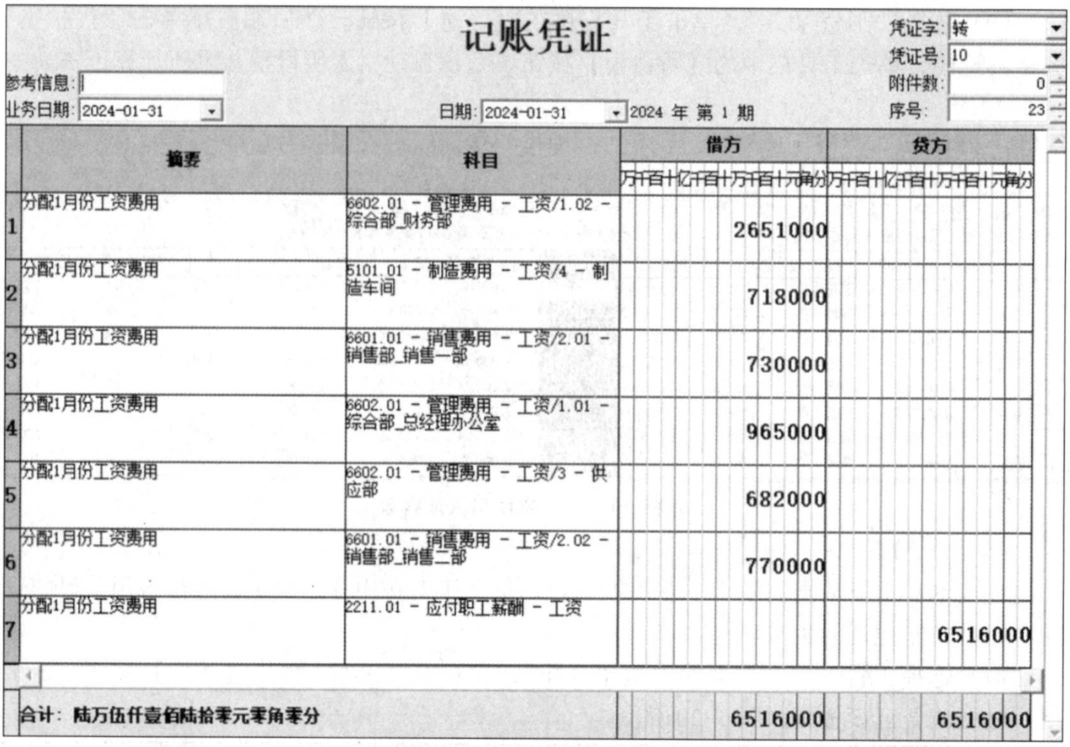

记账凭证

凭证字：转　凭证号：10　附件数：0　序号：23

参考信息：

业务日期：2024-01-31　日期：2024-01-31　2024 年 第 1 期

	摘要	科目	借方	贷方
1	分配1月份工资费用	6602.01 - 管理费用 - 工资/1.02 - 综合部_财务部	2651000	
2	分配1月份工资费用	5101.01 - 制造费用 - 工资/4 - 制造车间	718000	
3	分配1月份工资费用	6601.01 - 销售费用 - 工资/2.01 - 销售部_销售一部	730000	
4	分配1月份工资费用	6602.01 - 管理费用 - 工资/1.01 - 综合部_总经理办公室	965000	
5	分配1月份工资费用	6602.01 - 管理费用 - 工资/3 - 供应部	682000	
6	分配1月份工资费用	6601.01 - 销售费用 - 工资/2.02 - 销售部_销售二部	770000	
7	分配1月份工资费用	2211.01 - 应付职工薪酬 - 工资		6516000
	合计：陆万伍仟壹佰陆拾零元零角零分		6516000	6516000

图6-21　工资费用分配凭证

5）账表查询

用户可以按照要求对在工资管理系统主界面中“报表”项下（如图6-22所示）的各种工资表进行查询，如工资条、工资发放表等。

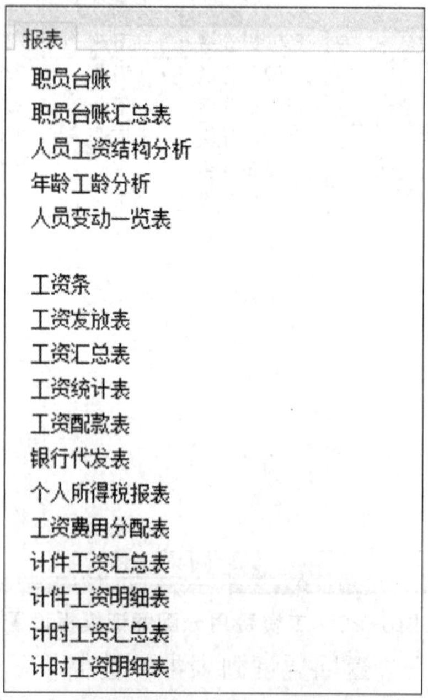

图6-22　工资报表查询

6.3.2 用友T3-标准版工资管理系统实务操作

1）建立工资账套

首次进入用友T3-标准版工资管理系统时，需要创建工资账套，进行必要的参数设置，主要设置步骤与内容如下：

（1）参数设置

在用友T3-标准版主界面中，单击菜单“工资”，系统弹出工资账套建立窗口，如图6-23所示。设置工资类别个数与币别，工资类别指一套工资账中，可以对企业不同工资类别进行管理，如企业将正式工和临时工分设为两个工资类别，两个类别同时对应一套账的情况，可以在工资类别个数中选择“多个”，如果不分工资类别，则选择“单个”。

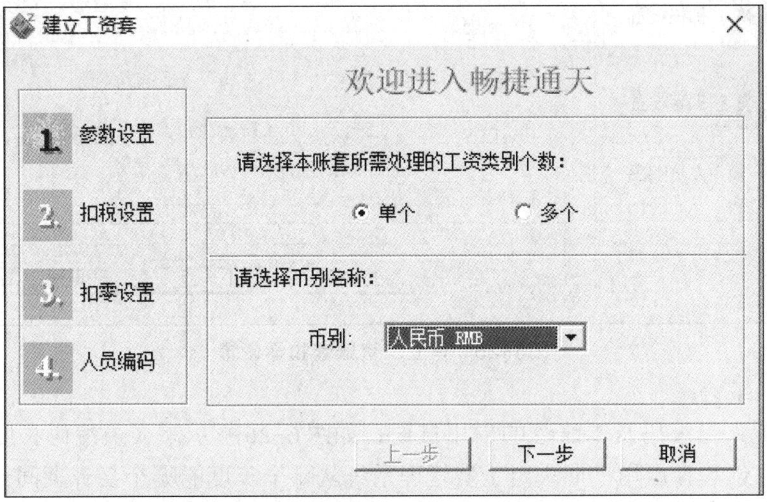

图6-23　建立工资账套参数设置

（2）扣税设置

如果需要从工资中代扣个人所得税，需要选中“是否从工资中代扣个人所得税”，如图6-24所示。

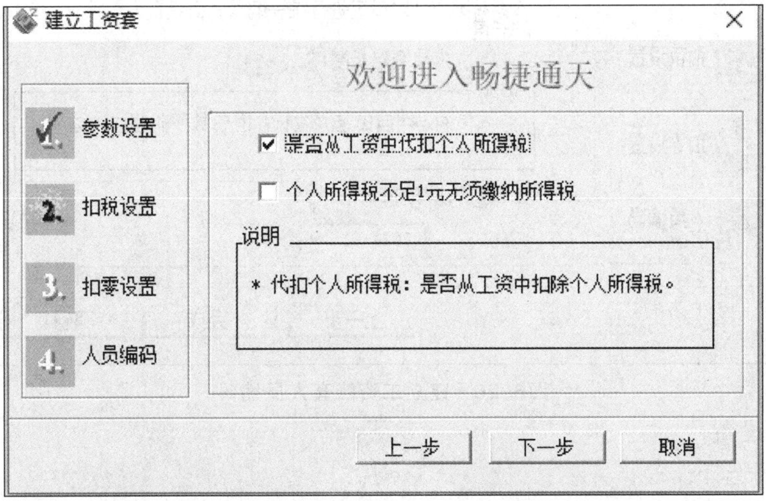

图6-24　建立工资账套扣税设置

(3) 扣零设置

该设置是指采取现金形式发放工资的单位，是否进行扣零设置。如果单位发放工资时1元以下不发，则需要设置扣零到角；如果单位不直接发放现金，而是通过银行卡转账，通常不需要进行扣零设置，如图6-25所示。

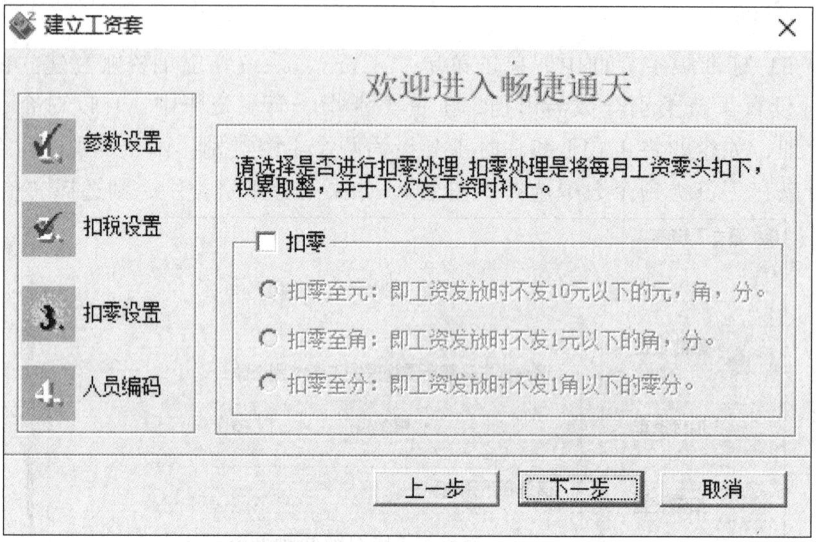

图6-25　建立工资账套扣零设置

(4) 人员编码

最后设置人员编码及本账套的启用日期，如图6-26所示。人员编码长度决定增加员工档案的编码位数，启用日期决定工资管理系统从哪个年度的哪个会计期间开始应用。

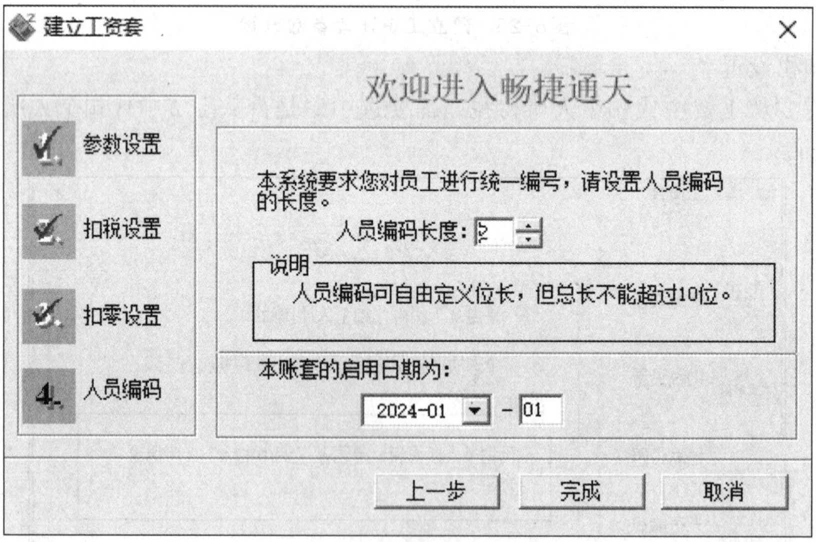

图6-26　建立工资账套人员编码

2) 初始设置

(1) 部门选择设置

选择菜单“工资”—“设置”—“部门选择设置”，可以在“部门档案”窗口中设置部门的负责人等信息，如图6-27所示。

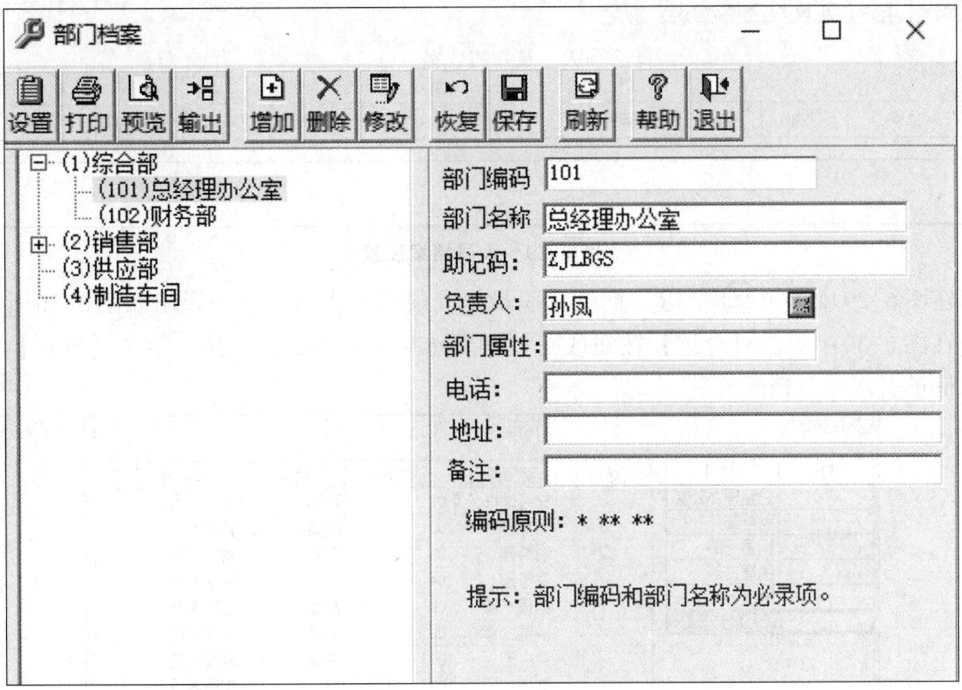

图6-27　部门选择设置

（2）人员类别设置

选择菜单“工资”—“设置”—“人员类别设置”，可以对人员类别进行设置，该类别设置对后续工作没有决定性的影响，但为了使工资费用归属清晰，可以设置管理人员、销售人员、生产管理人员及生产工人等，如图6-28所示。

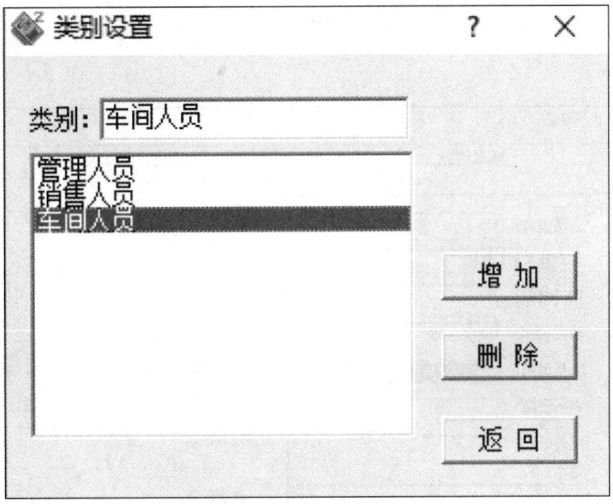

图6-28　人员类别设置

（3）人员档案设置

在用友T3-标准版主界面中选择“人员档案”，进入人员档案操作界面，如图6-29所示。

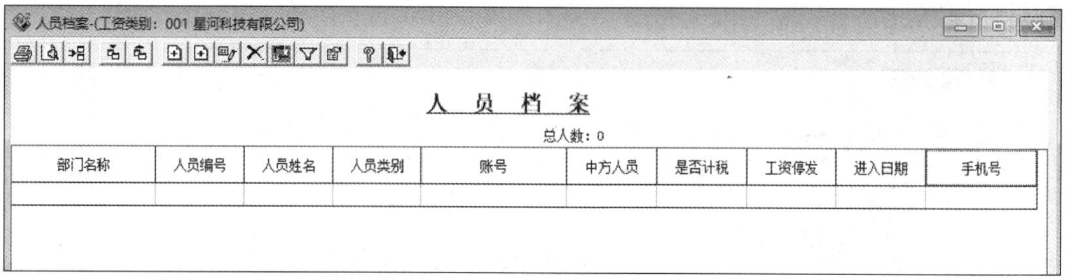

图6-29　人员档案设置

在图6-29中单击按钮，批量从职员档案中引入人员，系统弹出如图6-30所示窗口。在图6-30中单击【全选】按钮或是按需要选择其中的部门，然后单击【确定】按钮即可批量引入职员档案信息。

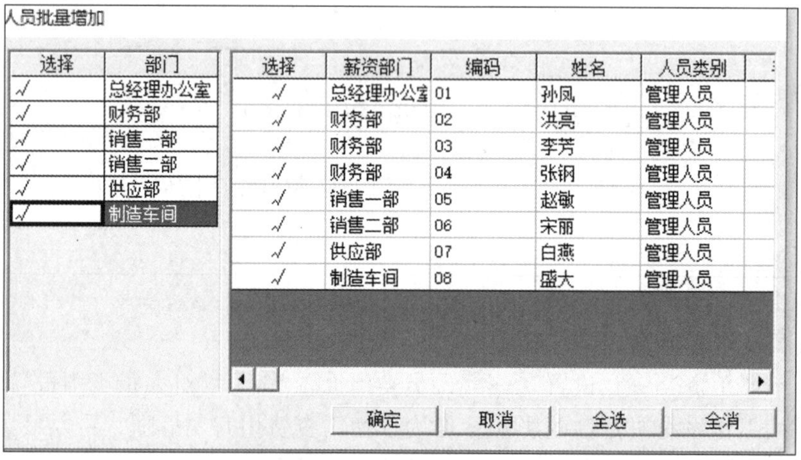

图6-30　人员批量增加

在引入职员档案后，单击工具栏中的按钮，即可对人员的类别进行相应的修改，如图6-31所示。

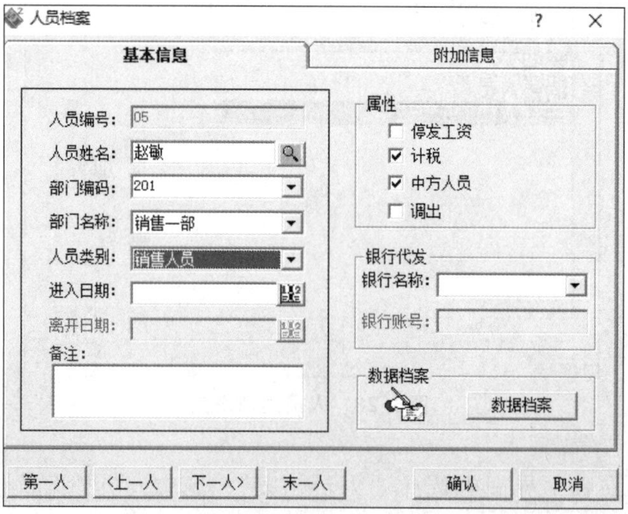

图6-31　人员类别修改

（4）附加信息设置

除系统给定的设置员工信息时必须填写的信息外，用户还可以有选择地增加员工附加信息，具体项目需要在“人员附加信息设置”窗口中进行，如图6-32所示。

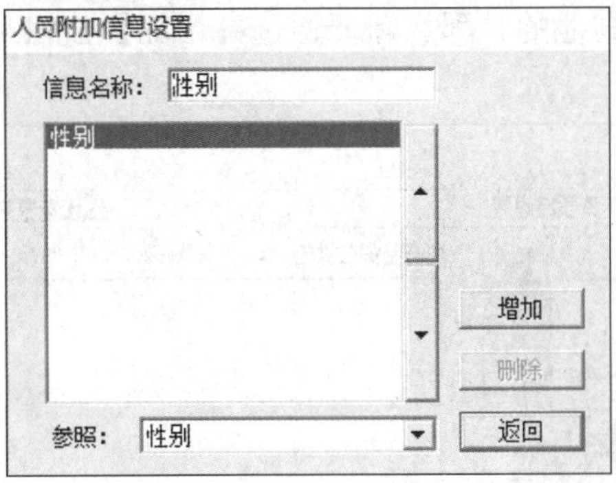

图6-32　人员附加信息设置

（5）工资项目设置

选择“工资项目”，系统弹出如图6-33所示的界面，用户通过【增加】等按钮实现对工资项目的设置。

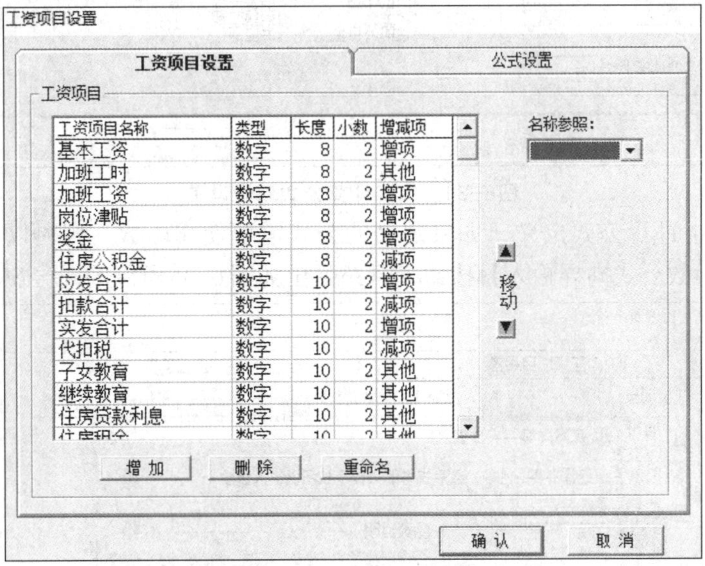

图6-33　工资项目设置

操作提示

📖按照上例，需要在系统给定的三项基础工资项目上增加：基本工资、加班工时、加班工资、岗位津贴、奖金、水电费等。点击【增加】按钮进行此项操作，对于已经存在的项目，可以在系统给定的“名称参照”中选择，对于排列顺序，可以点击中间的“移动”箭头。

📖每一项工资都有“增减项”的设置，根据工资项目对工资的影响选择增项、减项或其他。

（6）工资计算公式设置

工资项目设置完毕后可以进行公式设置，用友T3-标准版对属性为增减项目的，已经进行了自动设置，如“应发工资”“扣款合计”“实发工资”的公式设置，如果用户的工资项目之间的计算公式还有其他的，那么需要通过【增加】按钮来添加并调整正确的计算顺序，如图6-34所示。

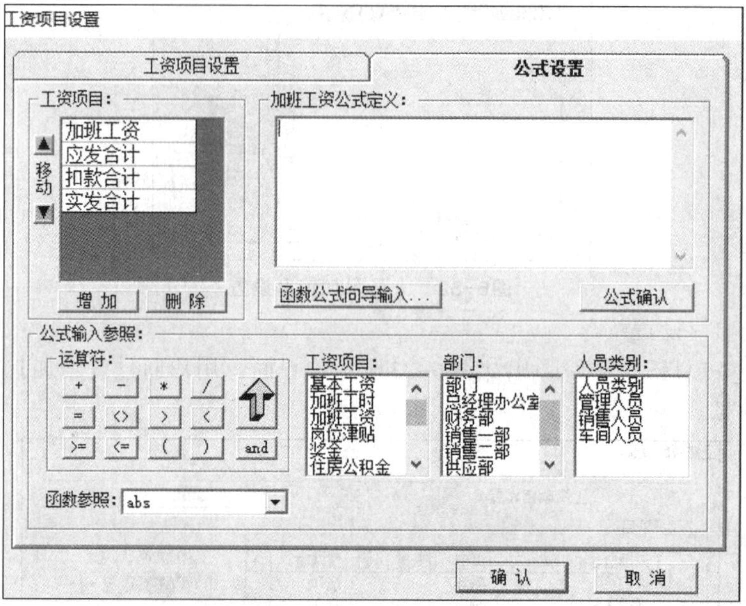

图6-34　工资计算公式新增设置

在图6-34中进行公式定义，如果定义的公式需要使用函数，则可以直接输入函数，也可以单击【函数公式向导输入】按钮，系统弹出如图6-35所示的向导窗口。

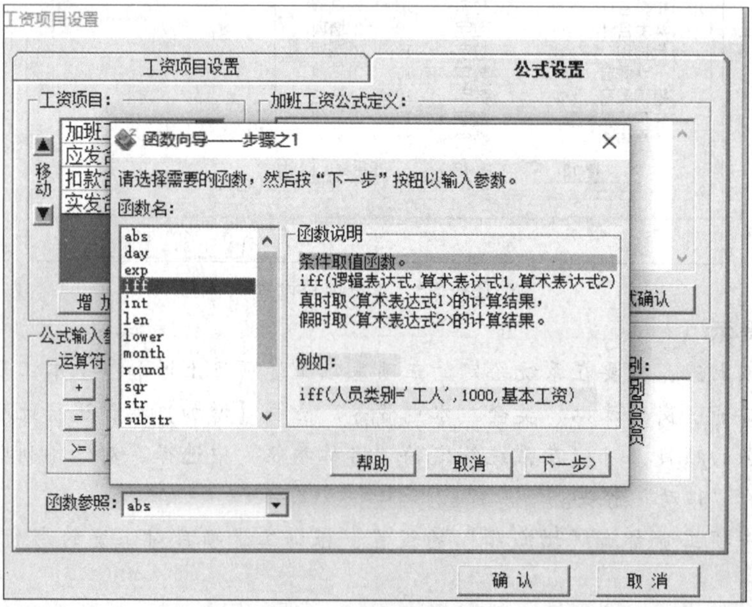

图6-35　函数向导步骤1

选择需要使用的函数，比如“iff”，单击【下一步】按钮，进入如图6-36所示窗口。

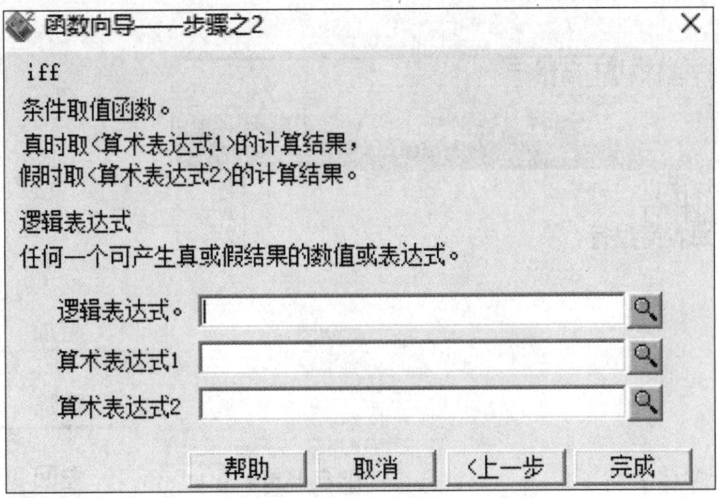

图6-36　函数向导步骤2

单击设置“逻辑表达式”和“算术表达式”，或是直接输入表达式，如图6-37所示。

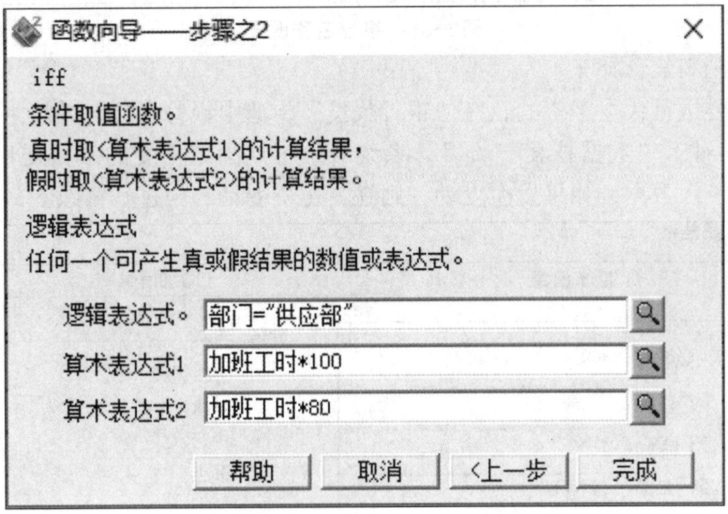

图6-37　输入表达式

操作提示

📖公式设置左下角“公式输入参数”中，可以在“加”“减”“乘”“除”等符号和数字符号间转换，转换时点击向上的箭头即可。

📖个人所得税项目在用友T3-用友通标准版中定义为“代扣税”，该项目已经被内置了计算公式，可以自动计算，用户在使用时，只需要对适合本单位的超额累进税率进行设置。该项内容在“个人所得税”模块中进行设置。

📖工资计算公式有顺序的要求，如果顺序错误，会导致整个工资计算错误。

（7）银行名称设置

这里可以对代发工资的“银行名称”及“账号长度”进行设置，如图6-38所示。

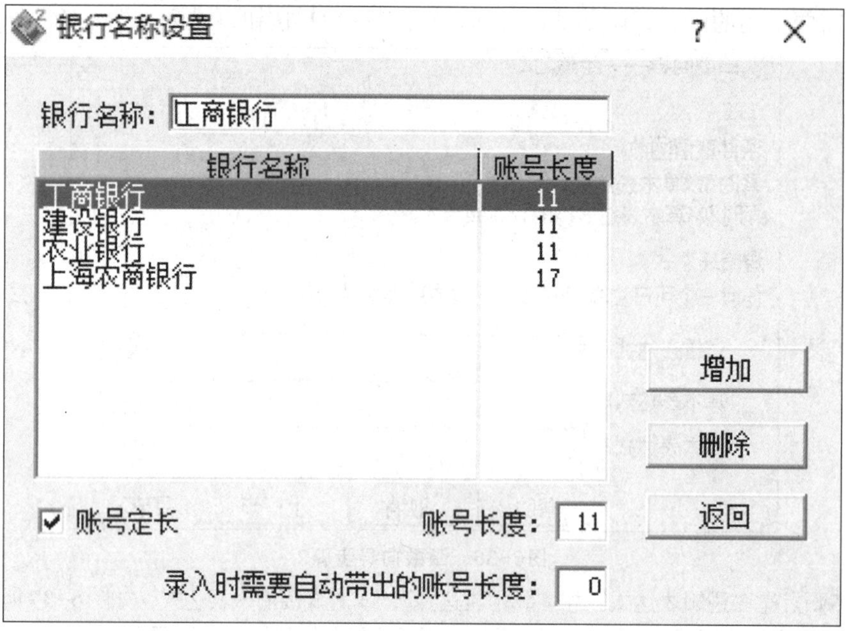

图6-38　银行名称设置

（8）人员档案信息补充

第一，需要银行代发工资的，在“银行代发”中选中银行名称，并填入银行账号，如图6-39所示；对于“数据档案”项目，系统对于每期固定不变的项目提供了录入界面，用户可以在此录入数据，如果发生变动，则在“工资变动”中进行修改。

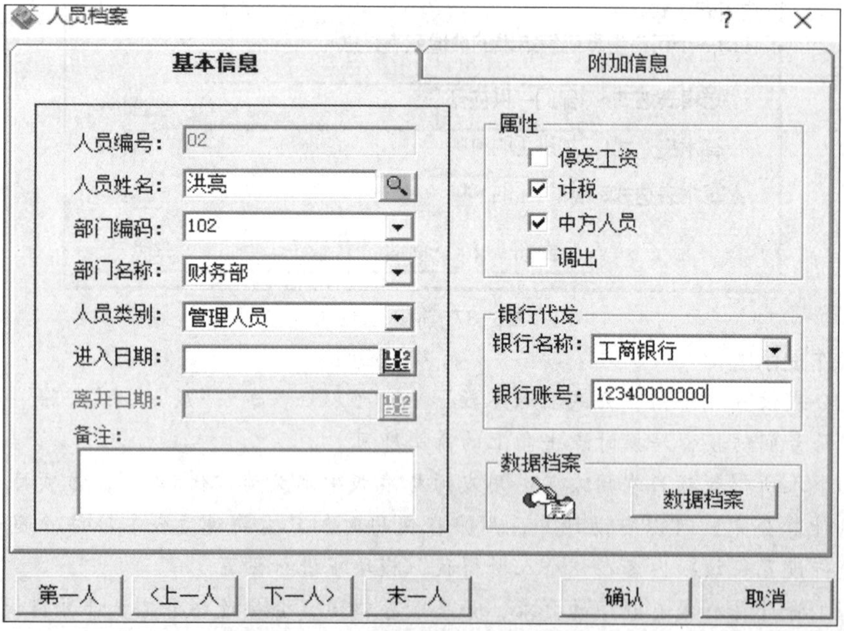

图6-39　人员档案的基本信息添加

第二，附加信息录入，该录入的内容需要在“员工附加信息设置”中定义，如图6-40所示。

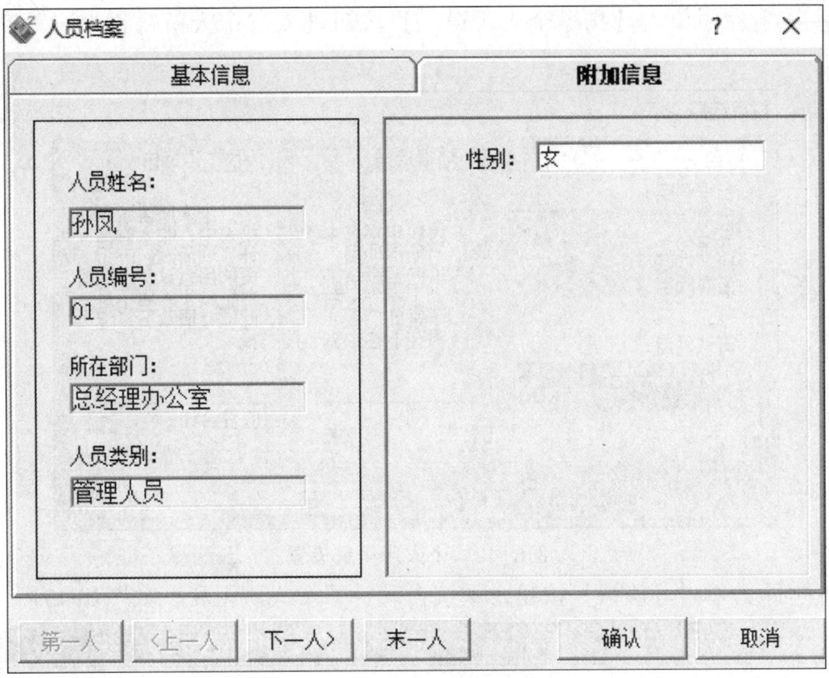

图6-40　人员档案的附加信息添加

3）工资数据录入

对于每期发生变动的工资数据，用户可以在此模块中进行更改，输入基本工资、加班工时，单击工具栏中的【重新计算】按钮进行工资的重新计算，获得本期应发工资与实发工资等数额，如图6-41所示。

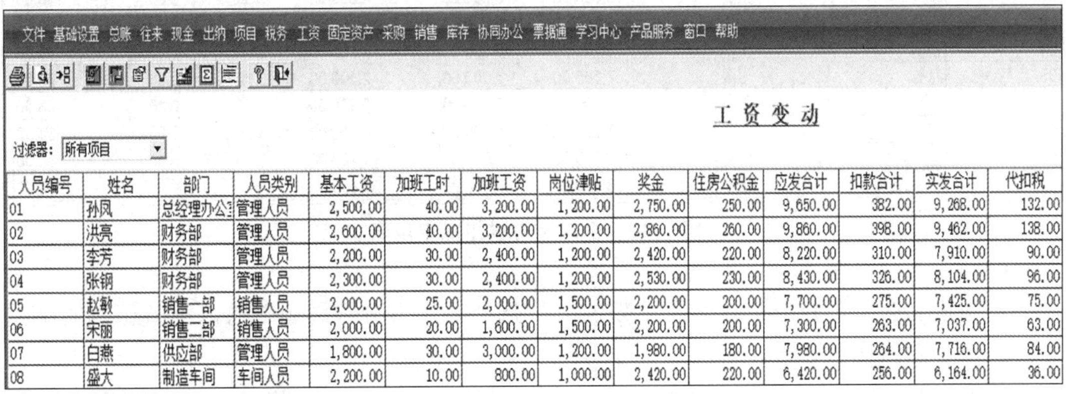

人员编号	姓名	部门	人员类别	基本工资	加班工时	加班工资	岗位津贴	奖金	住房公积金	应发合计	扣款合计	实发合计	代扣税
01	孙凤	总经理办公	管理人员	2,500.00	40.00	3,200.00	1,200.00	2,750.00	250.00	9,650.00	382.00	9,268.00	132.00
02	洪亮	财务部	管理人员	2,600.00	40.00	3,200.00	1,200.00	2,860.00	260.00	9,860.00	398.00	9,462.00	138.00
03	李芳	财务部	管理人员	2,200.00	30.00	2,400.00	1,200.00	2,420.00	220.00	8,220.00	310.00	7,910.00	90.00
04	张钢	财务部	管理人员	2,300.00	30.00	2,400.00	1,200.00	2,530.00	230.00	8,430.00	326.00	8,104.00	96.00
05	赵敏	销售一部	销售人员	2,000.00	25.00	2,000.00	1,500.00	2,200.00	200.00	7,700.00	275.00	7,425.00	75.00
06	宋丽	销售二部	销售人员	2,000.00	20.00	1,600.00	1,500.00	2,200.00	200.00	7,300.00	263.00	7,037.00	63.00
07	白燕	供应部	管理人员	1,800.00	30.00	3,000.00	1,200.00	1,980.00	180.00	7,980.00	264.00	7,716.00	84.00
08	盛大	制造车间	车间人员	2,200.00	10.00	800.00	1,000.00	2,420.00	220.00	6,420.00	256.00	6,164.00	36.00

图6-41　工资数据录入

操作提示

📖对于设置了计算公式的单元，不需要输入，系统自动计算。

📖“代扣税”项目系统自动计算，如果税率及扣税基数等项目发生变动，需要在“个人所得税”模块中进行更改。

（1）个人所得税计算

该模块主要生成个人所得税纳税申报表，同时可以进行税率和基数等的调整工作，在工资管理系统主界面单击【扣缴个人所得税】按钮进入“个人所得税设置”窗口，如图6-42所示。

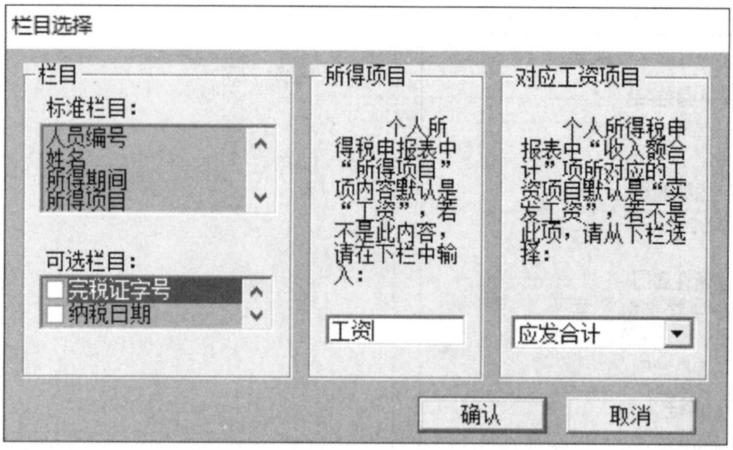

图6-42　个人所得税设置

设置好之后，单击【确认】按钮，系统自动计算个人所得税，如图6-43所示。

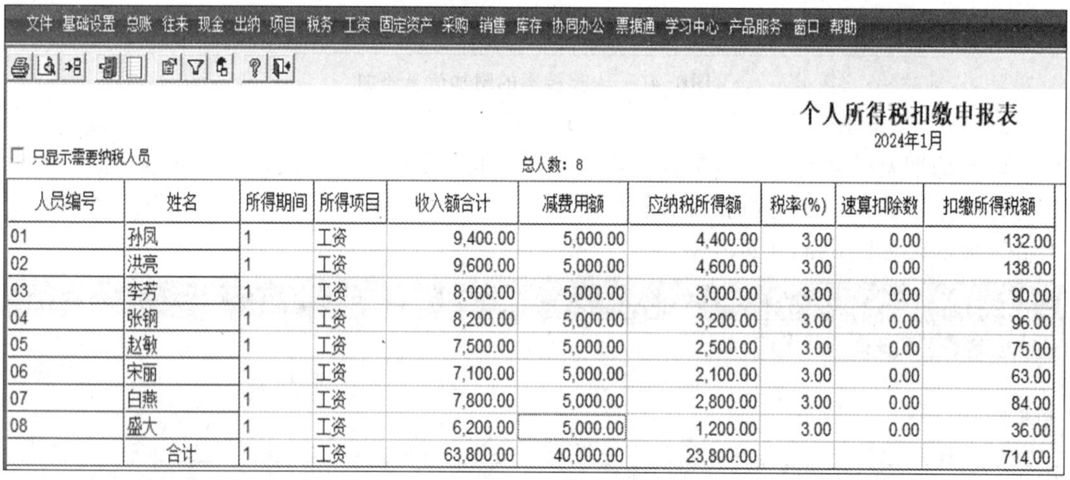

人员编号	姓名	所得期间	所得项目	收入额合计	减费用额	应纳税所得额	税率(%)	速算扣除数	扣缴所得税额
01	孙凤	1	工资	9,400.00	5,000.00	4,400.00	3.00	0.00	132.00
02	洪亮	1	工资	9,600.00	5,000.00	4,600.00	3.00	0.00	138.00
03	李芳	1	工资	8,000.00	5,000.00	3,000.00	3.00	0.00	90.00
04	张钢	1	工资	8,200.00	5,000.00	3,200.00	3.00	0.00	96.00
05	赵敏	1	工资	7,500.00	5,000.00	2,500.00	3.00	0.00	75.00
06	宋丽	1	工资	7,100.00	5,000.00	2,100.00	3.00	0.00	63.00
07	白燕	1	工资	7,800.00	5,000.00	2,800.00	3.00	0.00	84.00
08	盛大	1	工资	6,200.00	5,000.00	1,200.00	3.00	0.00	36.00
	合计	1	工资	63,800.00	40,000.00	23,800.00			714.00

图6-43　个人所得税扣缴申报表

（2）工资分钱清单

当用户的职员工资是以现金形式发放时，选择“工资分钱清单”可以准备正确的不同面值的现金以备发放现金。

（3）银行代发

由银行代发工资的单位，需要生成“银行代发文件”报送给代发银行，该功能提供了银行代发文件格式设置和银行代发一览表。

（4）工资费用分摊

该选项提供根据工资费用分配表，将工资费用按照不同的用途进行归集和分配，并编制转账凭证的功能。系统提供了自动生成工资费用凭证的功能。选择“工资分摊”，系统弹出如图6-44所示窗口。

用户可以在如图6-44所示窗口中进行工资费用的分摊设置。下面以工资分摊设置为例讲述其设置步骤。

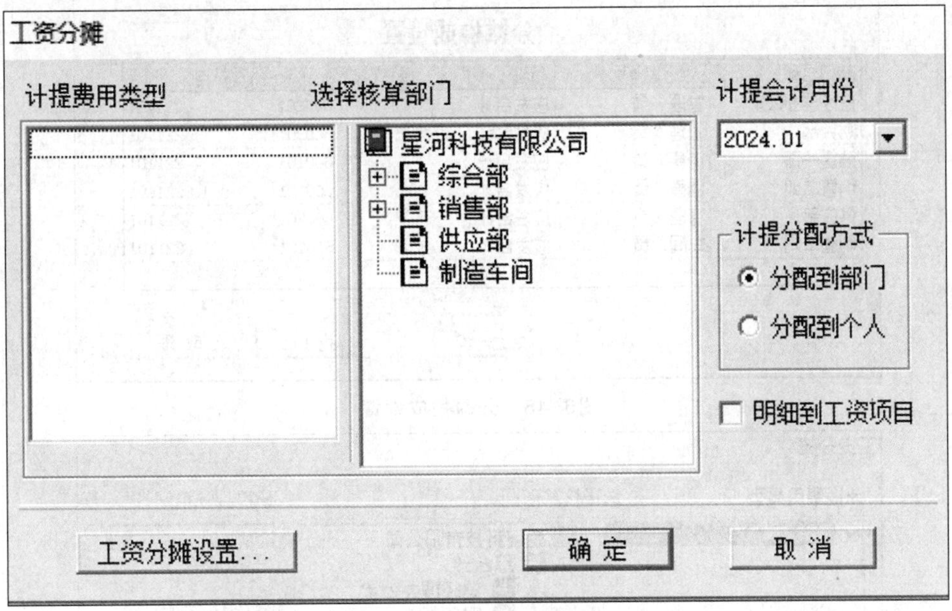

图6-44　工资分摊设置

第一步，单击【工资分摊设置】按钮，然后单击【增加】按钮，在弹出的设置窗口中输入要设置的“计提类型名称”及“分摊计提比例”，如图6-45所示。

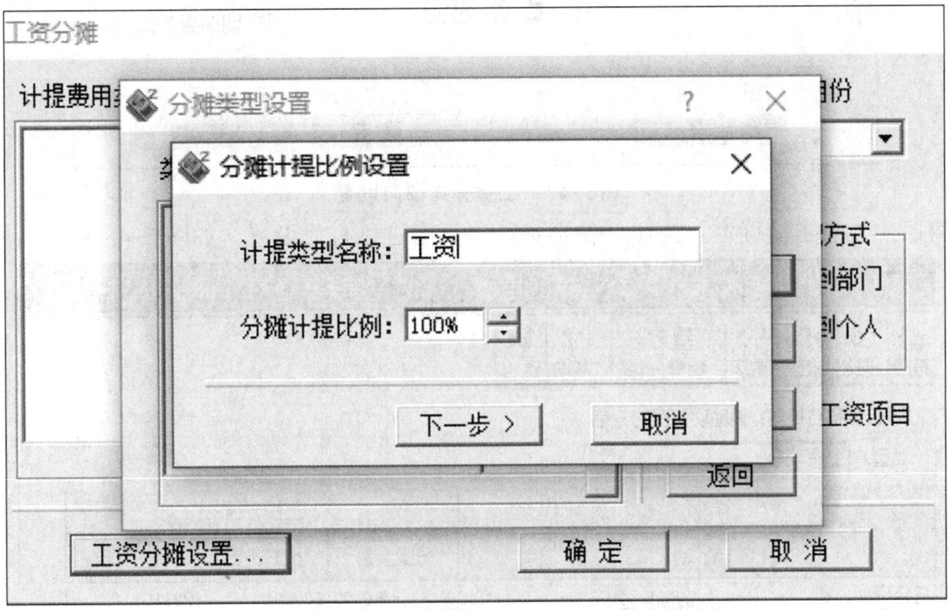

图6-45　分摊类型及计提比例设置

第二步，点击【下一步】按钮进入分摊构成设置界面，根据受益部门对费用科目进行设置，如图6-46所示。单击【完成】按钮返回图6-44所示界面。

第三步，在工资分摊设置界面，选中“工资”，并选中要分摊工资费用的部门，如图6-47所示。

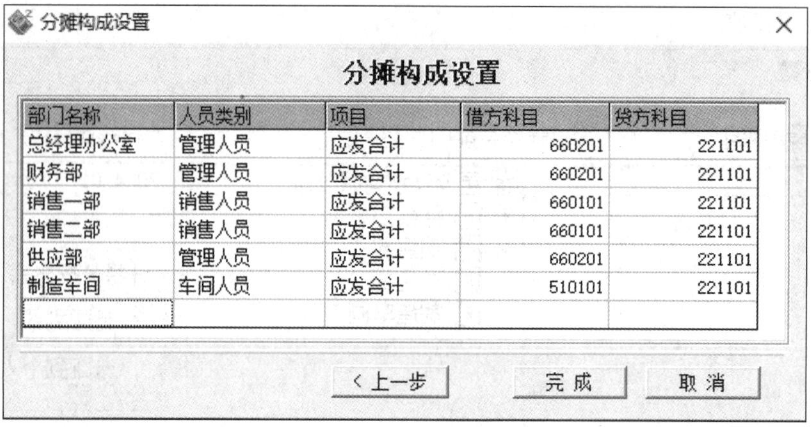

图6-46　分摊构成设置

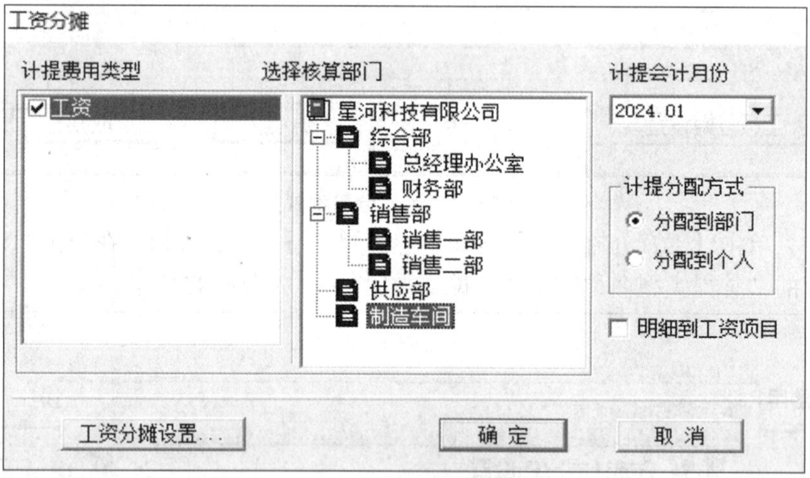

图6-47　工资分摊部门设置

第四步，点击【确定】按钮，在工资一览表中进行科目设置，如图6-48所示。

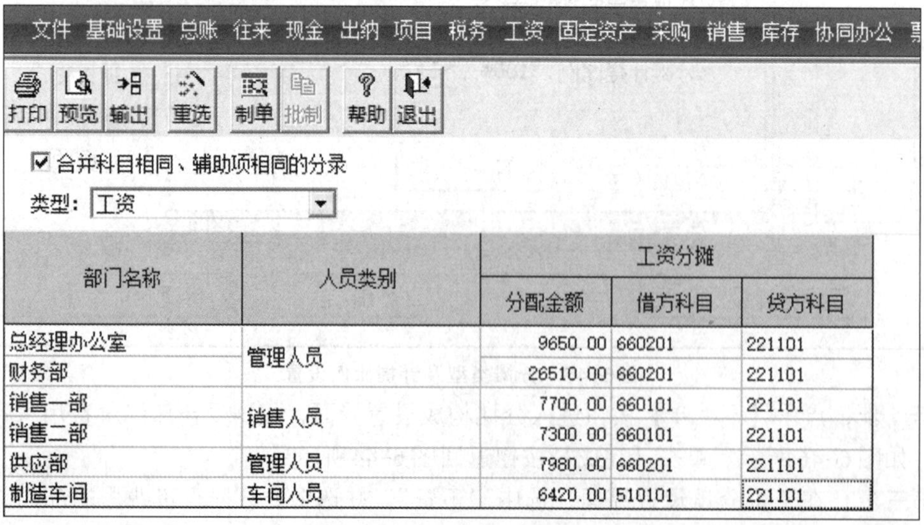

图6-48　工资一览表设置

第五步，单击【制单】按钮生成凭证，如图6-49所示，传递给总账系统使用，修改凭证字，并保存，即可完成工资费用分摊的账务处理。

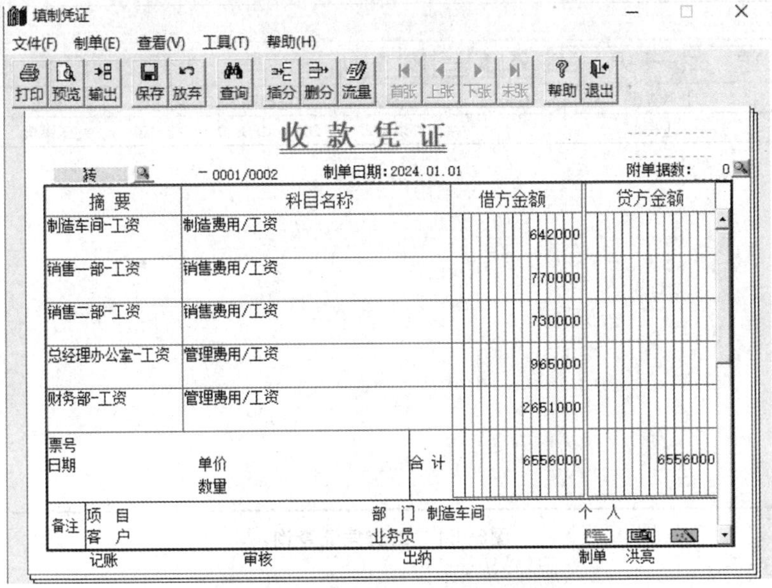

图6-49　生成工资费用分摊记账凭证

操作提示

📖其他工资费用的分摊设置与此类似，可以参考工资分摊设置，在此不再赘述。

4）账表查询与月末处理

（1）账表查询

工资管理系统提供了各种工资发放表、汇总表及明细表的样式，用户可以根据自己的需要进行选择，也可以在UFO报表系统中进行引入与使用。在用友T3-标准版主界面选择"工资"—"统计分析"—"账表"，如图6-50所示，可以查询工资相关的账表信息。

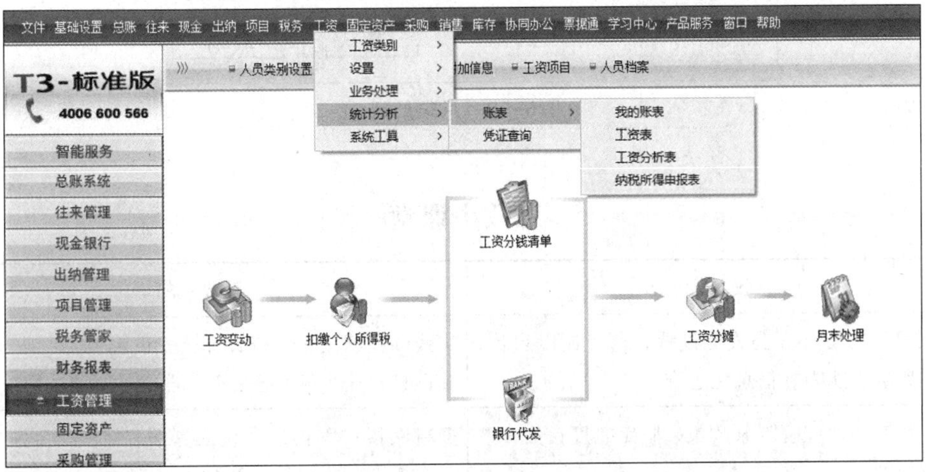

图6-50　账表查询

此外，可以选择“工资”—“统计分析”—“凭证查询”，查询在工资管理系统中生成的记账凭证，并可以针对工资凭证进行删除、红字冲销等处理，如图6-51所示。

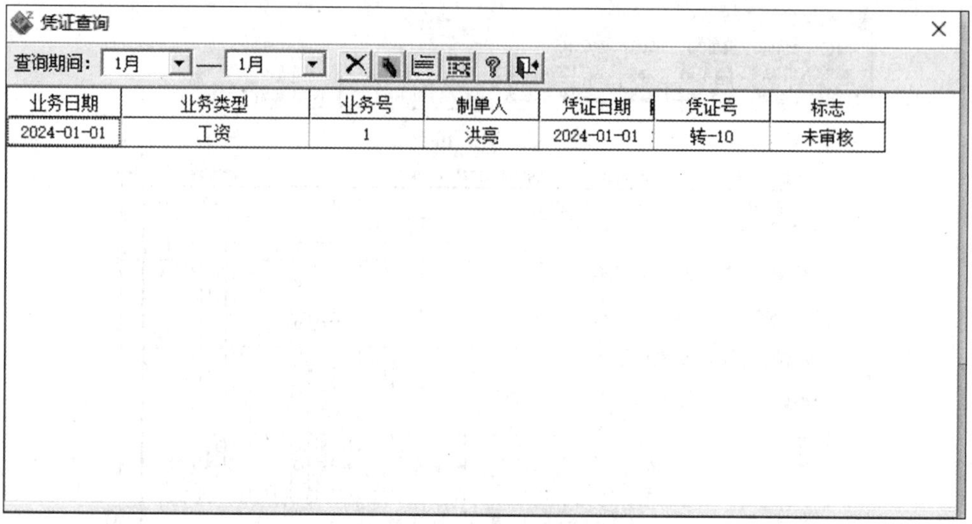

图6-51　工资凭证查询

（2）月末处理

每月工资数据处理完毕可进行月末结转，将处理过的数据转入下月，月末处理后，当月数据不允许更改。在用友T3-标准版主界面中，选择“月末处理”，系统弹出如图6-52所示界面，单击【确认】按钮即可完成月末处理。

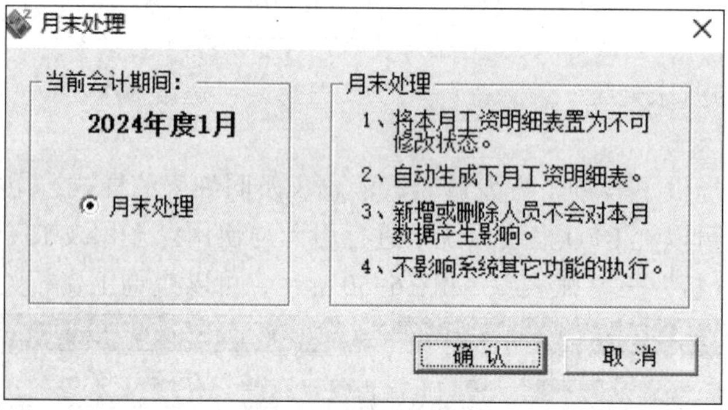

图6-52　月末处理

思政小课堂

思政目标	思政素材
工资项目与工资计算公式的设置，坚定制度自信，培养问题解决能力、信息化思维	实践问题解决：工资计算公式设置 阅读材料：金蝶KIS工资管理常见问题及解决思路
个税计算原理，理解国家政策，坚定制度自信，遵守职业道德	资料阅读：警惕！个税汇算踩“红线”，小心退税变偷税（广东税务，2020）

章末习题

一、单项选择题

1.下列关于工资数据录入的表述中，不正确的是（　　）。

A.工资数据录入要求必须有职员信息

B.录入工资数据前，必须设置好工资项目

C.所有工资项目都可以录入数据

D.可以筛选需要录入的人员和项目

2.下列关于工资管理系统的操作步骤描述中，正确的是（　　）。

A.初始设置——工资录入——计算所得税——计算工资——工资费用分配

B.初始设置——计算所得税——工资录入——计算工资——工资费用分配

C.初始设置——工资录入——计算工资——计算所得税——工资费用分配

D.初始设置——计算工资——工资录入——计算所得税——工资费用分配

3.假设鑫鑫公司的工资项目包括基本工资、交通补贴、职务工资、奖励工资和加班工资，其中加班工资根据“加班天数×加班日工资”得出，那么这些工资数据项中不属于独立项的是（　　）。

A.交通补贴　　B.职务工资　　C.奖励工资　　D.加班工资

二、多项选择题

1.下列属于工资管理系统初始设置内容的有（　　）。

A.工资类别　　B.工资项目　　C.辅助核算　　D.工资项目计算公式

2.下列关于工资计算的说法中，正确的有（　　）。

A.要注意所定义公式的计算顺序，前一步骤的公式中不应包括需在后一步骤中获得数据的工资项目

B.如果工资项目发生了改变，则需要重新定义工资计算公式

C.工资项目及项目计算公式定义修改后，要重新计算工资数据

D.计算完所得税，在工资输入界面中将所得税引入工资计算表

3.下列关于工资类别的表述中，正确的有（　　）。

A.如果一个单位的员工的工资项目存在不同的构成方式，则应当设置不同的工资类别

B.设置不同的工资类别后，日常操作时必须首先选择要操作的工资类别

C.用户可以设置一种工资类别

D.工资类别建立后可以修改或删除

三、判断题

1.一个单位可以建立多个工资类别，不同类别人员的工资项目和计算公式可以不同。（　　）

2.工资项目的计算公式只需要在初始时设置一次，以后不需要再修改。（　　）

3.工资费用分配凭证自动生成后仍需要审核、记账。（　　）

四、简答题

1.工资管理系统初始化设置一般包含哪几项操作？各项操作需要注意哪些事项？

2.工资管理系统的一般操作步骤是什么？

3.比较两个软件工资项目公式设置的操作异同。

4.比较两个软件工资费用分摊模块的操作异同。

5.两个软件是如何处理工资管理系统与账务处理系统之间的数据传递关系的？

6.通过两个软件的实务操作理解并梳理财务软件工资管理模块的一般原理与操作流程。

五、实践操作题

新兴公司期末需要通过设置工资的计算公式，实现工资的自动计算。其工资项目包括：职员姓名、职务、基本工资、岗位工资、应发工资、养老保险、代扣税、实发工资。其中，岗位工资按职务等级发放：职务是经理的岗位工资为2 000元，职务为副经理的岗位工资为1 600元，其他职务的人员岗位工资为1 200元；养老保险按基本工资的10%计提。图6-53是金蝶KIS云专业版工资管理系统的工资公式设置界面，请根据图中界面将公司的工资计算公式描述出来（可以直接写出公式，也可以描述编辑公式的步骤）。

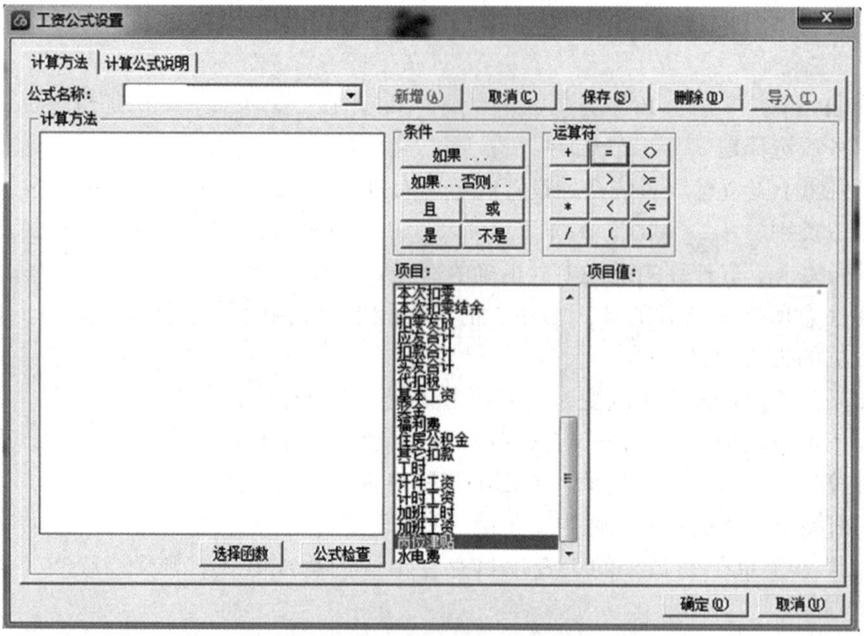

图6-53　工资公式设置界面

六、上机实验

要求：根据下列资料，进行工资管理操作，并根据两个软件的工资管理功能，比较二者之间的异同。

工资类别：正式员工

职员编码长度：2位

工资账套启用日期：2024年1月

假设本公司的工资项目包括基本工资、加班工时、加班工资、岗位津贴、奖金、应发工资、住房公积金、代扣税、实发工资。

其中，销售部、财务部、车间及办公室人员的加班工资是每加班工时乘以80，而供应部人员的加班工资是每加班工时乘以100。销售人员的岗位津贴是1 500元，管理人员的岗位津贴是1 200元，车间人员的岗位津贴是1 000元。奖金是基本工资乘以1.1。住房公积金按照基本工资的10%计提。

应发工资=基本工资+加班工资+岗位津贴+奖金

实发工资=应发工资-住房公积金-代扣税

假定本月员工工资项目发生变动的数据见表6-1。

表6-1　**本月员工工资项目发生变动的数据**　金额单位：元

职员姓名	基本工资	加班工时
孙凤	2 500	40
洪亮	2 600	40
李芳	2 200	30
张刚	2 300	30
宋丽	2 000	20
赵敏	2 000	25
盛大	2 200	10
白燕	1 800	30

假设：每月应纳税所得额=应税所得-5 000，个人所得税适用7级超额累进税率。

要求：进行工资设置并输入数据，进行工资计算并分摊工资费用。

第7章/ 固定资产系统操作原理与比较应用

【学习目标】通过本章学习，了解通用财务软件固定资产部分的主要功能；理解并能结合不同的财务软件进行固定资产系统中的主要操作，包括固定资产的初始设置；固定资产的日常处理，即固定资产的新增、减少与变动；固定资产的期末处理，主要是折旧的计提；能够根据现实需求进行固定资产的账表查询。

应用实践问题导入

假如公司经理问你能否马上给他一份公司固定资产的明细表以及关于本期固定资产折旧的信息表，便于对本期成本费用情况作一个了解。那么，你的答案是什么呢？如果答案是肯定的，你要怎么做？

7.1 固定资产系统概述

固定资产系统主要是为管理与核算固定资产业务开发而设计的模块，因此为了更好地学习该系统，必须先了解固定资产业务的基本相关情况。

7.1.1 固定资产

1）固定资产的概念

按照《企业会计准则第4号——固定资产》的规定，固定资产是指同时具备以下特征的有形资产：

（1）企业为生产商品、提供劳务、出租或经营管理而持有；

（2）使用期限超过1年。

可以看出，固定资产是在使用过程中始终保持原有实物形态不变，单位价值较高，使用期限超过1年或大于1年的一个经营周期，其价值不断转移的有形长期资产。持有该资产的目的是生产商品、提供劳务、出租或经营管理，而不是直接用于出售。

2）固定资产的分类

由于各行各业使用的固定资产不同，为了加强对固定资产的管理，企业应当根据自身的管理需要对固定资产进行合理分类，常见的固定资产分类方法主要有：

（1）固定资产按照其经济用途可分为生产经营用固定资产和非生产经营用固定资产。

生产经营用固定资产是指直接服务于生产经营过程中的各种固定资产，主要包括：生产经营用房屋及建筑物、机器设备、办公设备及交通运输设备等。非生产经营用固定资产是指不直接服务于生产经营过程的各种固定资产，主要有职工食堂、浴室等。

（2）固定资产按照其使用情况可分为使用中固定资产、未使用固定资产及不需用固定资产。

使用中固定资产是指正在使用中的生产经营用与非生产经营用固定资产，季节性经营和大修理原因暂时停止使用的固定资产、经营租出的固定资产也属于使用中固定资产。未使用固定资产是指已经完工或已经购建但尚未正式使用的新增固定资产以及因进行改建、扩建而暂停使用的固定资产。不需用固定资产是指本企业多余或不使用的各项固定资产。这种分类有利于考核和监督固定资产的使用情况，及时处理闲置资产，也便于企业合理计提固定资产折旧。

3）固定资产的增加

固定资产有不同的取得方式，其会计处理涉及的会计科目也不完全一致，因此有必要理解固定资产的不同取得方式。

（1）购入。企业购入固定资产，按照付款与未付款，主要会计分录为借方登记固定资产（如需要安装，则为在建工程，但完工后仍然转为固定资产），贷方登记银行存款或应付账款。

（2）自行建造。企业可根据生产经营需要利用自身条件建造固定资产，建造完毕后主要会计分录为借方登记固定资产，贷方登记在建工程。

（3）投资者投入固定资产，主要会计分录为借方登记固定资产，贷方登记实收资本。

（4）其他的取得方式，如融资租入、盘盈、接受捐赠等情况，大家可以自行按照财务会计的规定学习了解会计分录。

4）固定资产的减少

固定资产的减少方式主要有：转让、报废、捐赠转出、盘亏等，在不同情况下，分别在固定资产清理、资产处置损益和营业外收支科目中体现，具体的账务处理方法请学生在财务会计的学习中自行复习。

学习固定资产的增加和减少这两项内容的目的是使学生能够更好地理解固定资产系统自动生成增减变动凭证时的科目设置情况。

5）固定资产的折旧方式

固定资产在使用期间需要不断转移其价值，因此需要每期对固定资产计提折旧，折旧方法主要有4种：直线法（平均年限法）、工作量法、双倍余额递减法、年数总和法。需要注意的是：当期新增的固定资产当期不计提折旧，当期减少的固定资产当期要计提折旧。

7.1.2　固定资产系统的目标

固定资产系统主要是为管理上述固定资产而设计的，主要目标有：

（1）核算和管理固定资产增减变动情况，及时管理好固定资产卡片。

（2）计提固定资产折旧，并分配折旧费用。

（3）输出各种固定资产账表。

（4）实现与账务处理系统的数据传递。

7.2 固定资产系统操作原理

7.2.1 初始设置

固定资产系统
的基本功能

固定资产系统初始设置的主要目的是将通用财务软件设置成适合本企业使用的固定资产系统，把手工环境下固定资产信息转移到财务软件环境中。在一般情况下，系统正常启用后，初始化设置的多数内容将不允许更改。其主要工作有：

（1）固定资产编码方案设置。

（2）固定资产类别设置。

（3）固定资产增减变动方式设置。

（4）部门设置。

（5）初始卡片录入，即录入系统启用日期前已经存在的卡片信息数据（如果初始余额中需要录入固定资产卡片，则需要在账务处理系统的“期初余额录入”中进行，比如金蝶KIS云专业版）。

操作提示

📖固定资产卡片是固定资产管理的起点，一张卡片代表一项固定资产。

📖一般财务软件卡片处理包括两项内容：初始卡片录入和日常卡片录入。

📖初始卡片录入的是系统启用日期前已经存在的固定资产相关信息，需要把手工环境下固定资产的信息转移到财务软件中。

📖日常卡片录入是系统启用日期后发生的固定资产增减变动业务需要进行的操作工作。

7.2.2 固定资产日常核算与管理

初始化结束后，进入日常工作处理阶段。

1）固定资产新增

当本期新增固定资产时，需要录入的数据仍然是固定资产卡片中规定的各项数据，如编号、固定资产名称、规格型号、使用部门、使用年限、原值、已提折旧、净残值率、增加的方式、涉及的会计科目等。

2）固定资产减少

当本期减少固定资产时，不需要填写上述内容，需要找到减少的固定资产卡片，选定减少方式及对应科目，确定减少即可。一般地，当期新增卡片的减少可以直接删除；以前期间新增的卡片需要使用固定资产减少功能。

3）固定资产的其他变动

固定资产的其他变动主要包括原值变动、折旧方法变动、使用年限变动等。

7.2.3 工作量录入

只有企业存在固定资产使用工作量法计提折旧时方可使用该模块，需要用户录入各项使用工作量法计提折旧的固定资产本期所耗用的工作量。

7.2.4　计提折旧

该模块在每期期末计提折旧时使用，进入后，点击【计提折旧】按钮，完成折旧额的计提工作，形成折旧计提明细表，并按照设置好的费用科目，自动生成转账凭证，传递给账务处理系统。

7.2.5　固定资产账表查询及打印

通用财务软件都提供了固定资产增减变动表、固定资产明细账、固定资产台账、固定资产折旧费用分配表等各种账表，用户可以根据需要进行查询与打印。

7.3　通用财务软件固定资产系统实务操作比较应用

7.3.1　金蝶KIS云专业版固定资产系统实务操作

选择金蝶KIS云专业版主控台中的“固定资产”，进入固定资产主界面，包括子功能、基础资料、卡片管理、报表四部分。

1）基础资料

（1）固定资产参数

在金蝶KIS云专业版主控台，选择“基础资料”—“系统参数”，在系统参数界面中选择“财务参数”，里面有关于固定资产参数的设置，具体可以参照第3章中介绍的初始设置。

（2）资产类别

选择基础资料里的“资产类别”，系统弹出资产类别设置界面，单击【增加】按钮出现增加窗口，如图7-1所示。

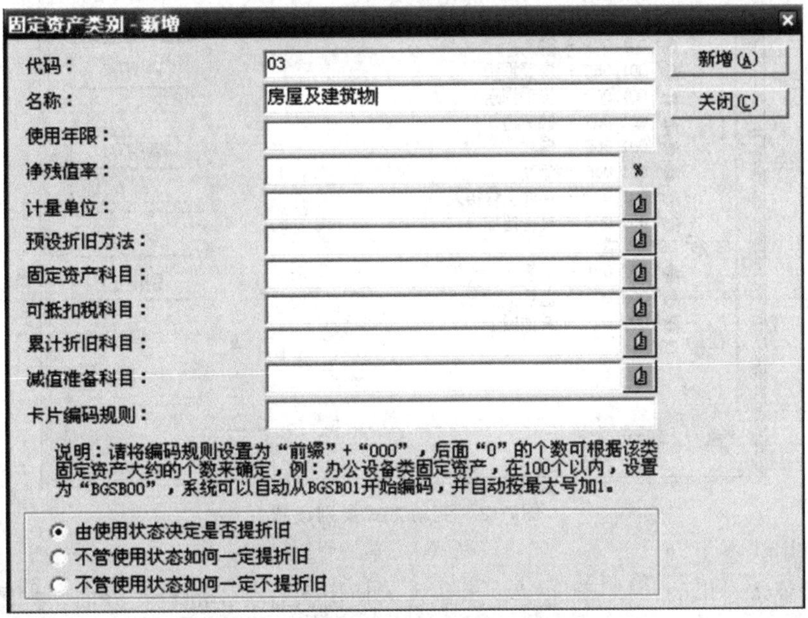

图7-1　固定资产类别新增

操作提示

📖用户新增固定资产类别时，可以只录入代码、名称，也可以录入其他项目信息。

📖金蝶KIS云专业版可为不同的固定资产类别设置卡片的编码前缀，例如“房屋建筑”类的固定资产卡片以“B”字母开头，“机器设备”类的固定资产卡片以“M”字母开头。用户针对不同的固定资产类别分别录入“B”或“M”即可，这样在卡片录入时，一旦确认了该固定资产的类别，在卡片编码处就会自动带入这些字母作为编码的前缀。

📖在固定资产类别中，关于折旧有三个互斥的选项：选择“由使用状态决定是否提折旧”时，卡片上的固定资产完全由使用状态类别的属性决定是否提取折旧；当固定资产类别是房屋及建筑物时，按会计制度的规定不管其使用状态如何，必须计提折旧，可以选择“不管使用状态如何一定提折旧”，此时，使用状态类别中关于折旧的设置是不起作用的；第三个选项“不管使用状态如何一定不提折旧”主要用于土地，以及不是固定资产，又视同固定资产管理的器具等，当然，此时使用状态类别中关于折旧的设置同样是不起作用的。

（3）变动方式

选择基础资料里的“变动方式”，系统进入变动方式类别的设置界面，如图7-2所示，通过【新增】按钮添加新的变动方式，或是通过【修改】按钮完成对已有变动方式的修改，或是通过【删除】按钮删除不用的变动方式。

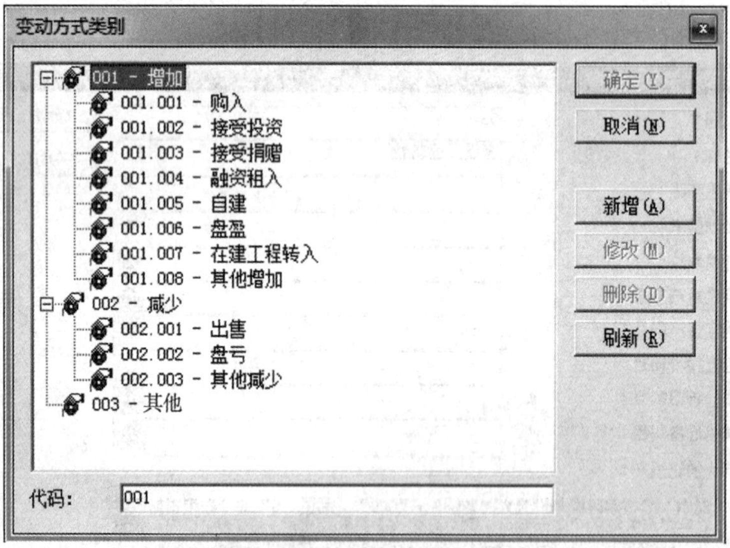

图7-2　变动方式类别设置

（4）使用状态

选择基础资料里的“使用状态”，系统进入使用状态类别的设置界面，如图7-3所示，通过【新增】按钮添加新的使用状态，或是通过【修改】按钮完成对已有使用状态的修改，或是通过【删除】按钮删除不用的使用状态。

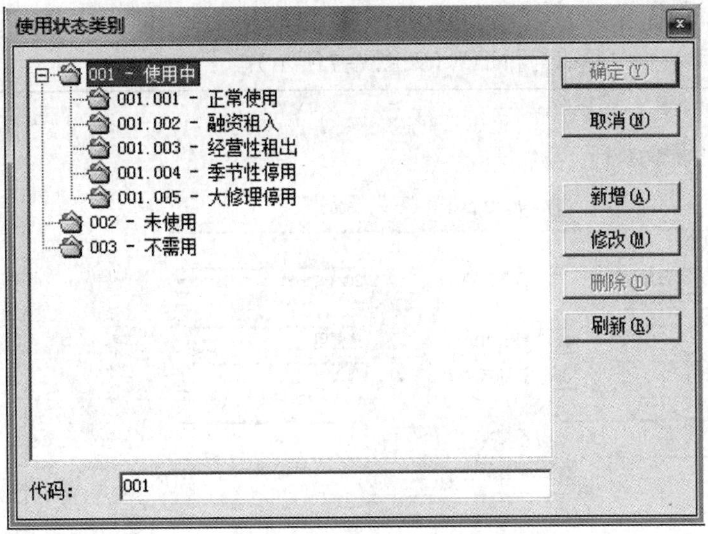

图7-3　使用状态类别设置

（5）存放地点

选择基础资料里的“存放地点”，系统进入存放地点的设置界面，通过【新增】按钮添加新的存放地点，如图7-4所示，或是通过【修改】按钮完成对已有存放地点的修改，或是通过【删除】按钮删除不用的存放地点。

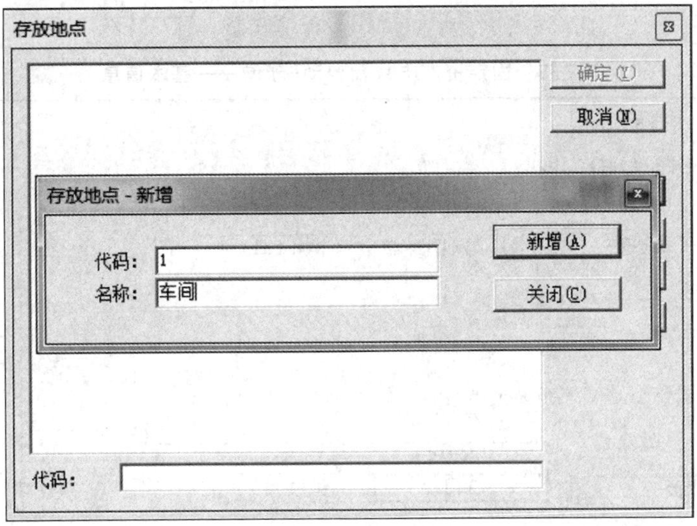

图7-4　存放地点新增

（6）原始卡片录入

该项工作需要录入启用日期前已经存在的固定资产卡片，金蝶KIS云专业版的固定资产初始卡片信息的录入在初始化中完成，具体操作可以参照第3章中介绍的初始设置。

2）日常操作

（1）固定资产增加

选择固定资产主界面中的“固定资产增加”完成本期固定资产新增卡片的处理，系统弹出“固定资产卡片及变动-新增”窗口，包含“基本信息”（如图7-5所示）、“部门及其他”（如图7-6所示）、“原值与折旧”（如图7-7所示）。

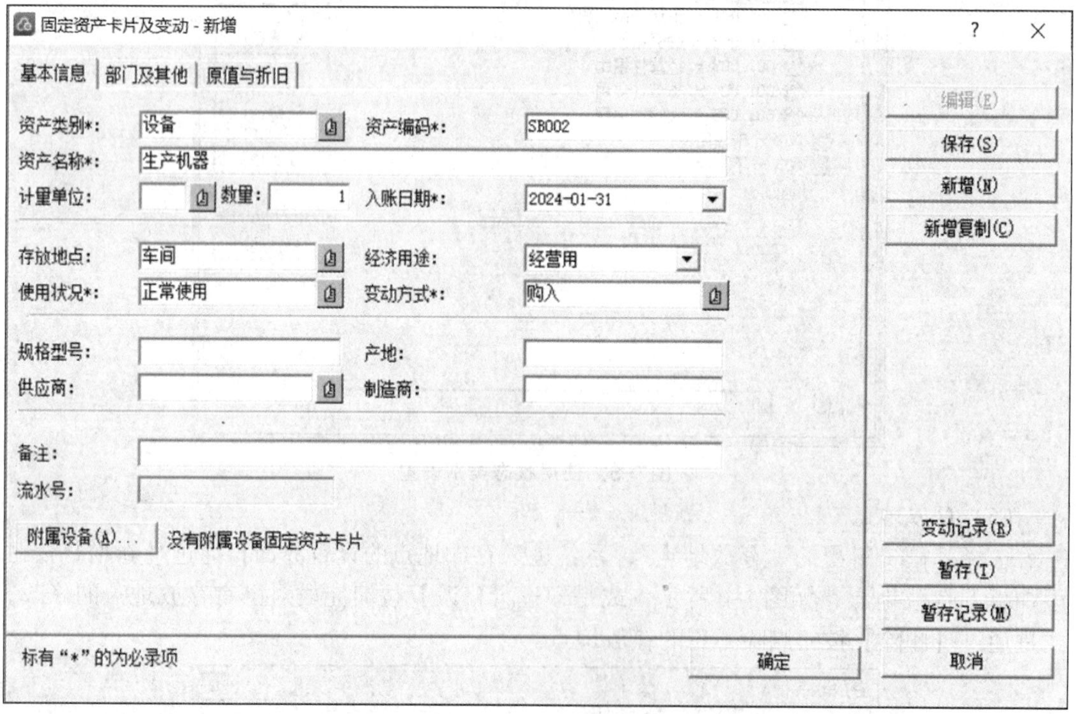

图7-5　固定资产卡片及变动-新增——基本信息

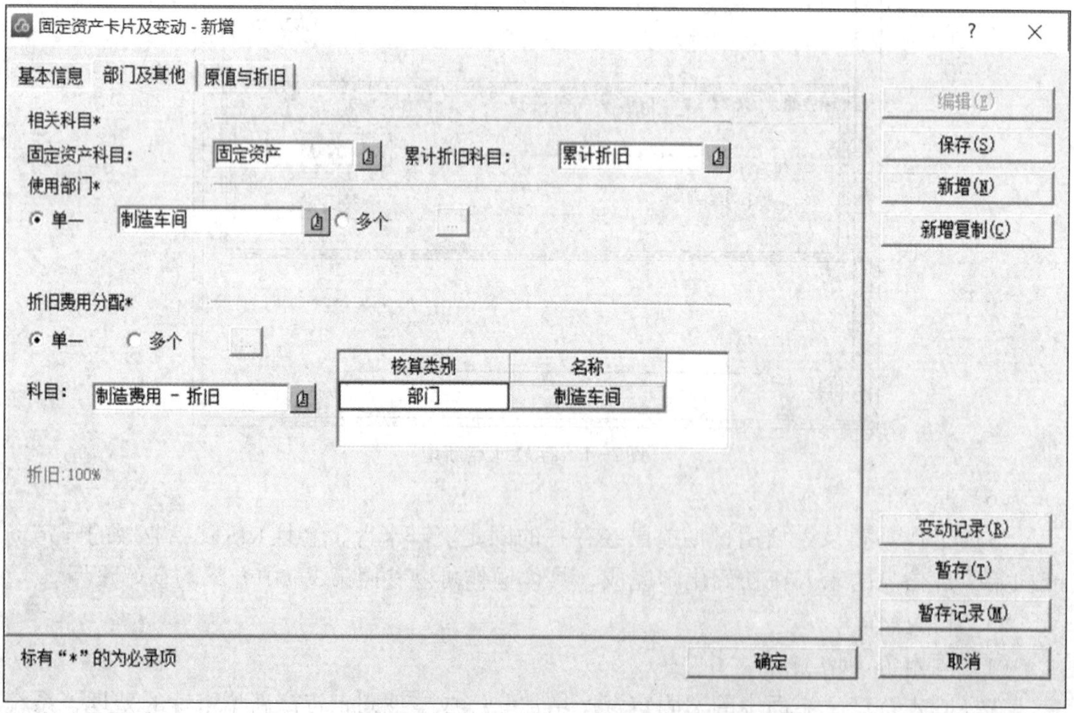

图7-6　固定资产卡片及变动-新增——部门及其他

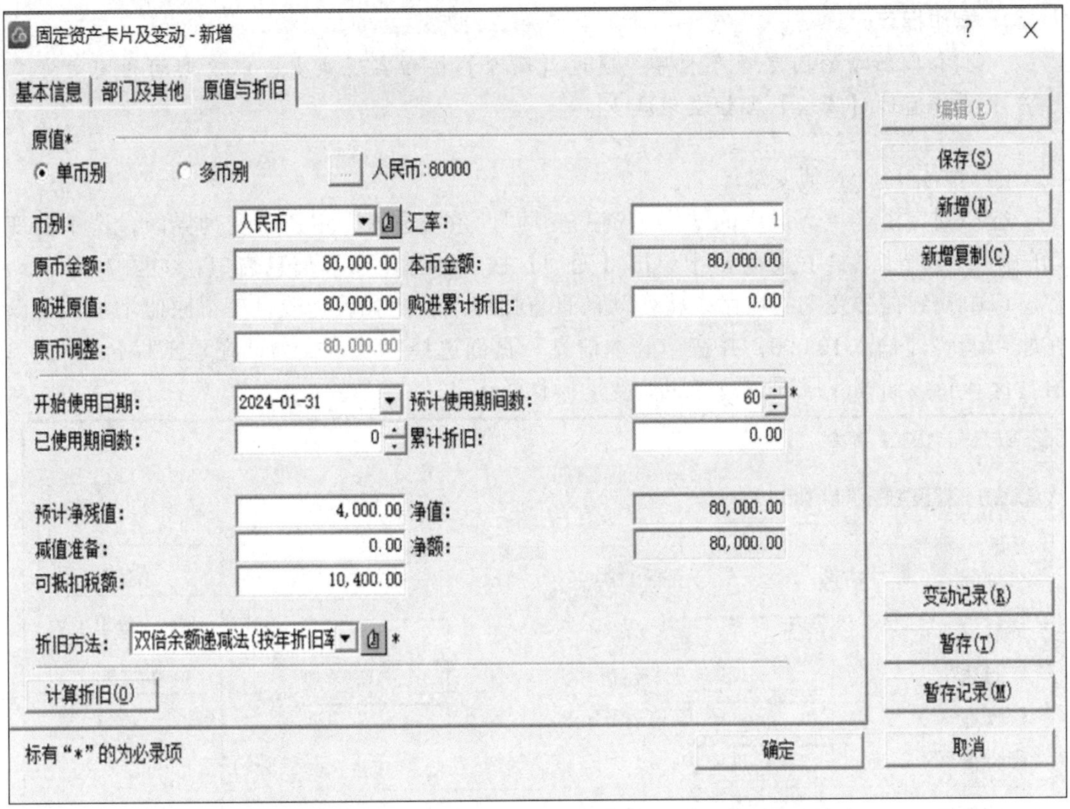

图7-7　固定资产卡片及变动-新增——原值与折旧

（2）固定资产减少

选择固定资产主界面中的“固定资产变动”，系统进入固定资产变动界面，在工具栏中单击【清理】按钮，弹出“固定资产清理-新增”的窗口，如图7-8所示，在窗口中输入关于清理的信息，单击【保存】按钮即完成固定资产的减少操作。

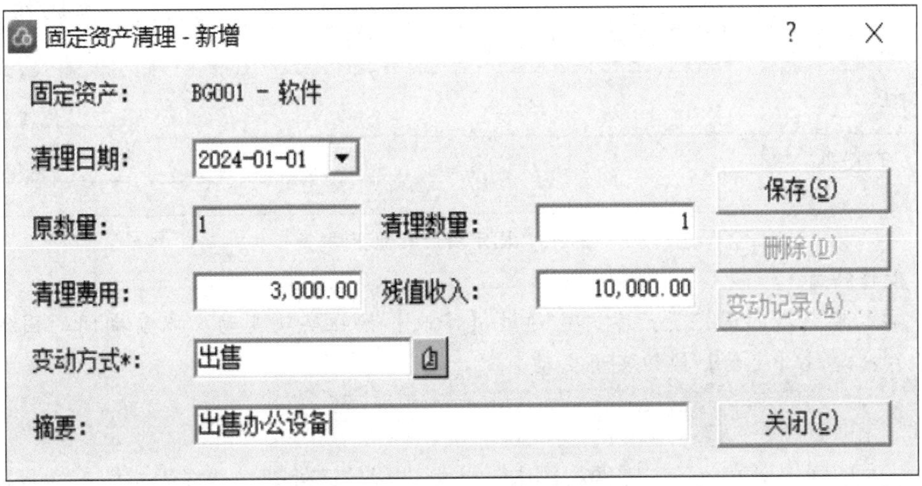

图7-8　固定资产清理-新增的设置

操作提示

📖本期新增的固定资产卡片：通过【删除】按钮实现减少；以前期间的固定资产卡片：通过【清理】按钮实现减少。

（3）固定资产其他变动

选择固定资产主界面中的“固定资产变动”，系统进入固定资产变动界面，选中要变动的固定资产卡片，在工具栏中单击【变动】按钮，弹出卡片信息窗口，如图7-9所示，在窗口中找到需要变动的项目，将变动信息直接修改，比如因为改良使得原值增加，可以在原币调整处输入10 000，并在“基本信息”页面选择变动方式为“在建工程转入”，单击【保存】按钮即完成固定资产原值变动操作。

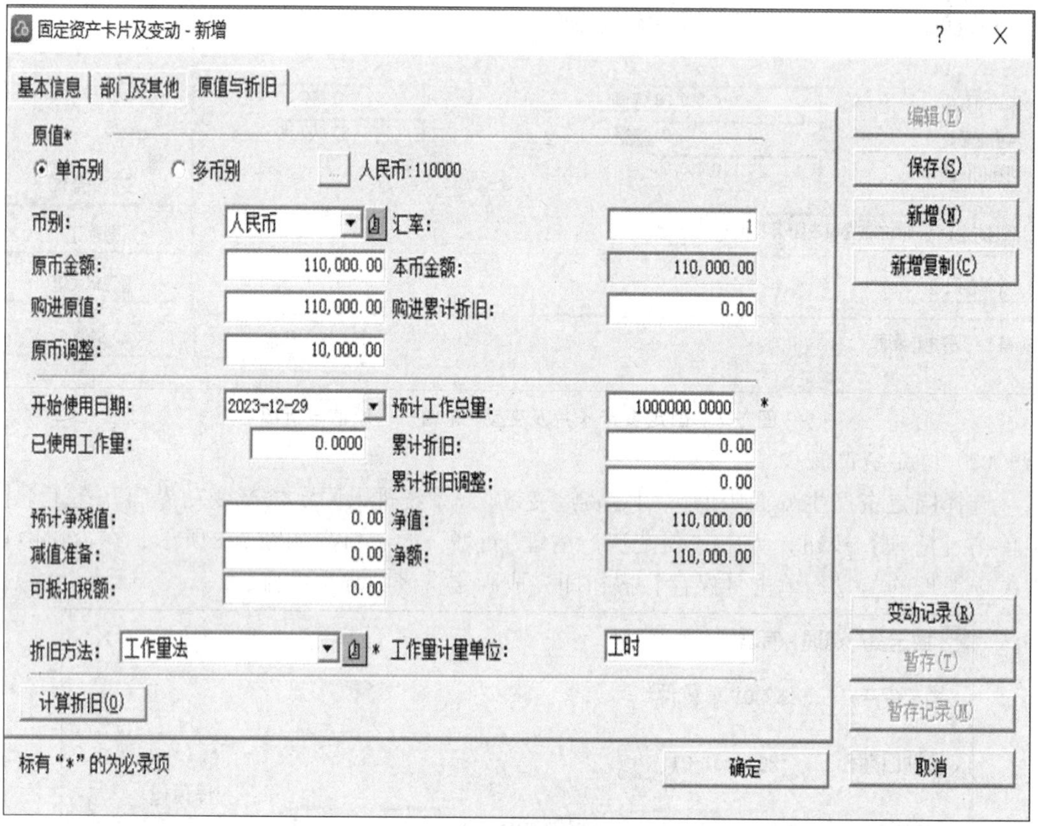

图7-9　固定资产其他变动

操作提示

📖本期新增的固定资产卡片：通过【修改】按钮实现变动；以前期间的固定资产卡片：通过【变动】按钮实现变动。

（4）凭证处理

对于本期固定资产业务，需要根据卡片信息进行凭证处理，选择固定资产主界面中的“固定资产生成凭证”，系统进入“固定资产生成凭证”界面，如图7-10所示。

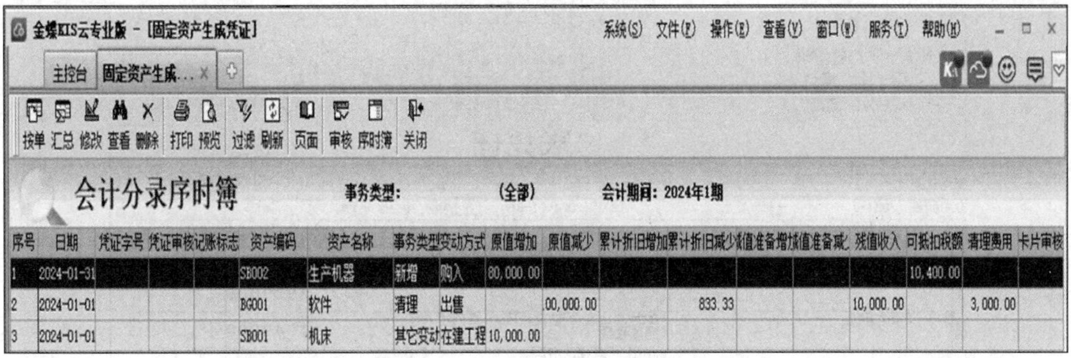

图7-10　固定资产生成凭证

选中要制作凭证的卡片，单击工具栏中的【按单】按钮生成记账凭证；如果同类业务有多笔，也可以单击工具栏中的【汇总】按钮将同类型的业务汇总生成记账凭证。在自动生成凭证的过程中，系统会弹出如图7-11所示的信息提示框，单击【是】按钮，进入记账凭证界面，将凭证中的科目信息、凭证字进行补充或调整，如图7-12所示，单击【保存】按钮即可。

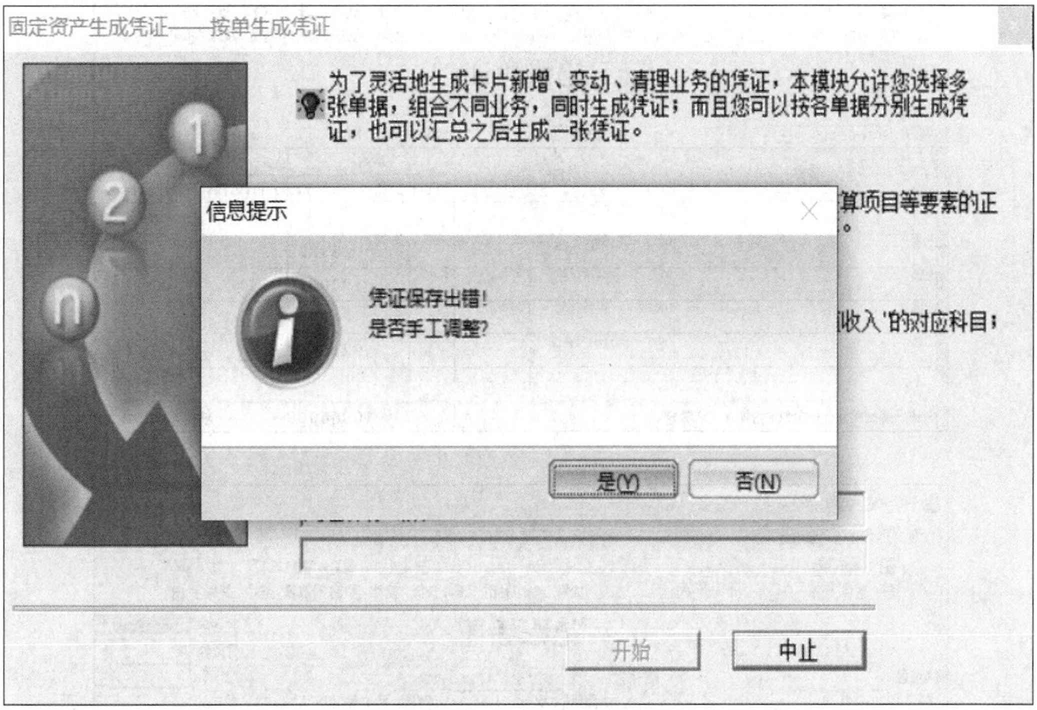

图7-11　信息提示

3）期末处理

（1）工作量录入

选择固定资产主界面中的“工作量管理”，系统进入“工作量管理”界面，如图7-13所示，输入本期工作量。

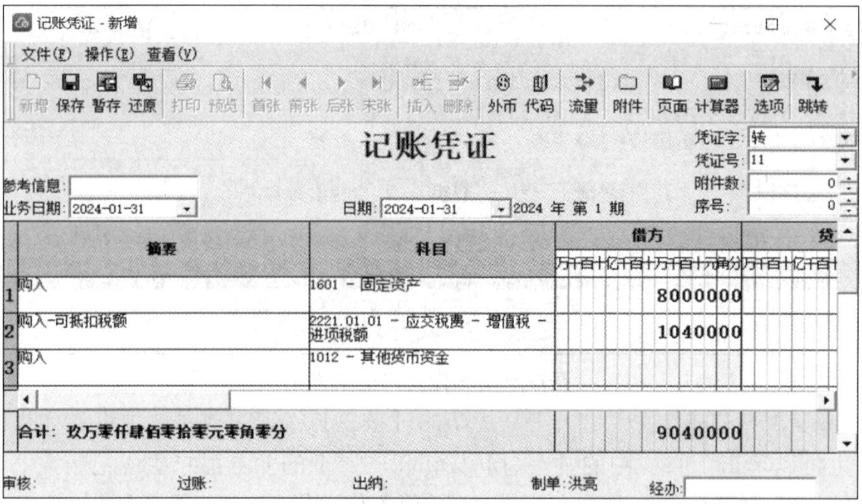

(a) 固定资产新增

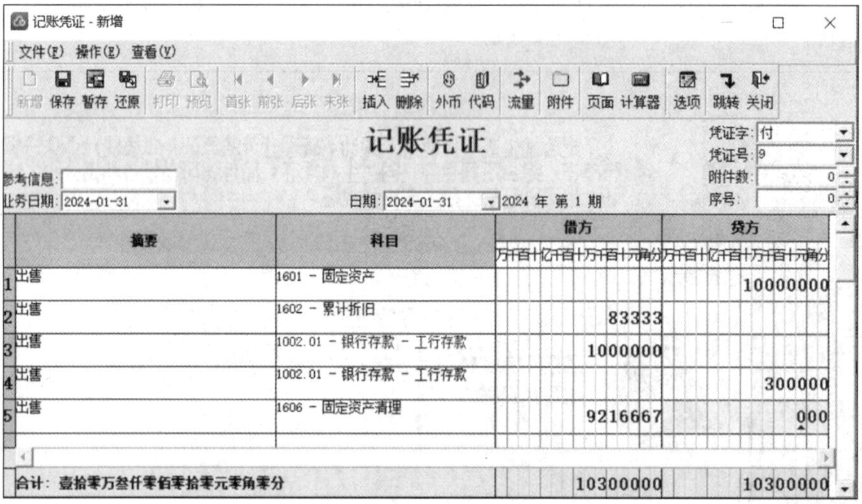

(b) 固定资产减少

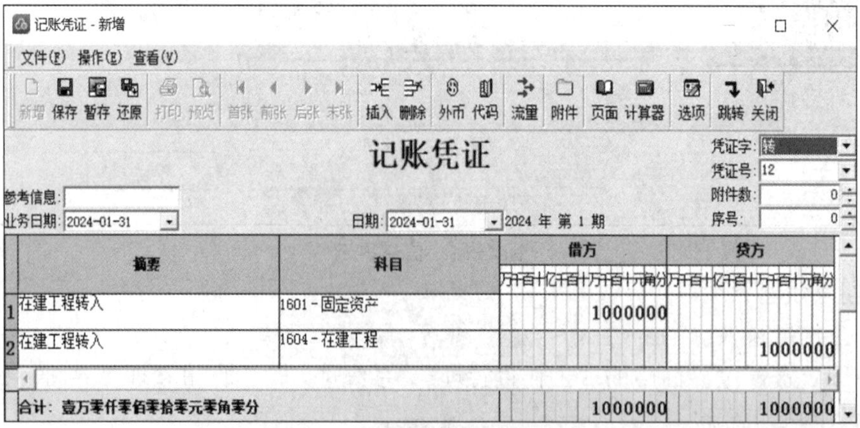

(c) 固定资产变动

图7-12 记账凭证手工调整

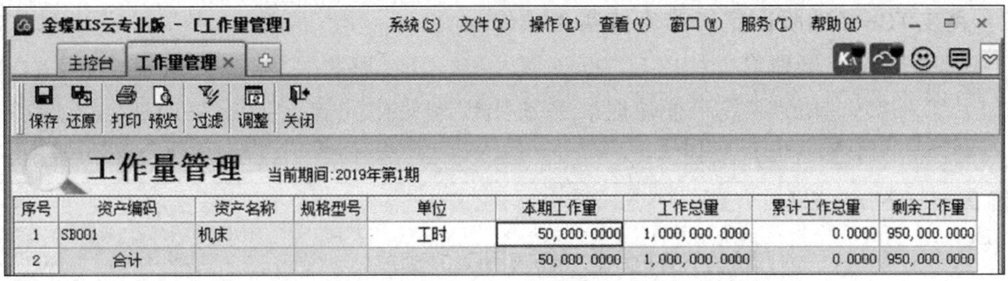

图7-13　工作量管理

(2) 计提折旧

选择固定资产主界面中的“计提折旧”，出现折旧向导，按照提示，选定要自动生成的凭证的类别和摘要，如图7-14所示，点击【下一步】按钮即可完成计提折旧的操作，生成折旧凭证。

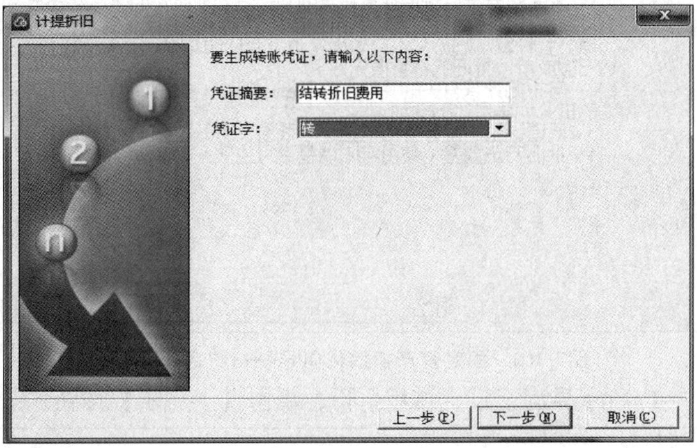

图7-14　计提折旧

4) 账表查询

在固定资产主界面的报表列表中，用户可以根据需要查询不同的固定资产账表信息，如图7-15所示。

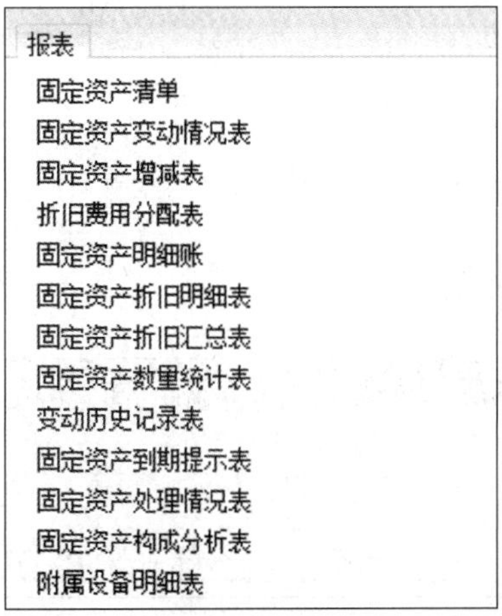

图7-15　报表列表

7.3.2　用友T3-标准版固定资产系统实务操作

1）建立固定资产账套

（1）第一次选择固定资产模块时，系统出现初始化向导，如图7-16所示，选择“我同意”，并单击【下一步】按钮。

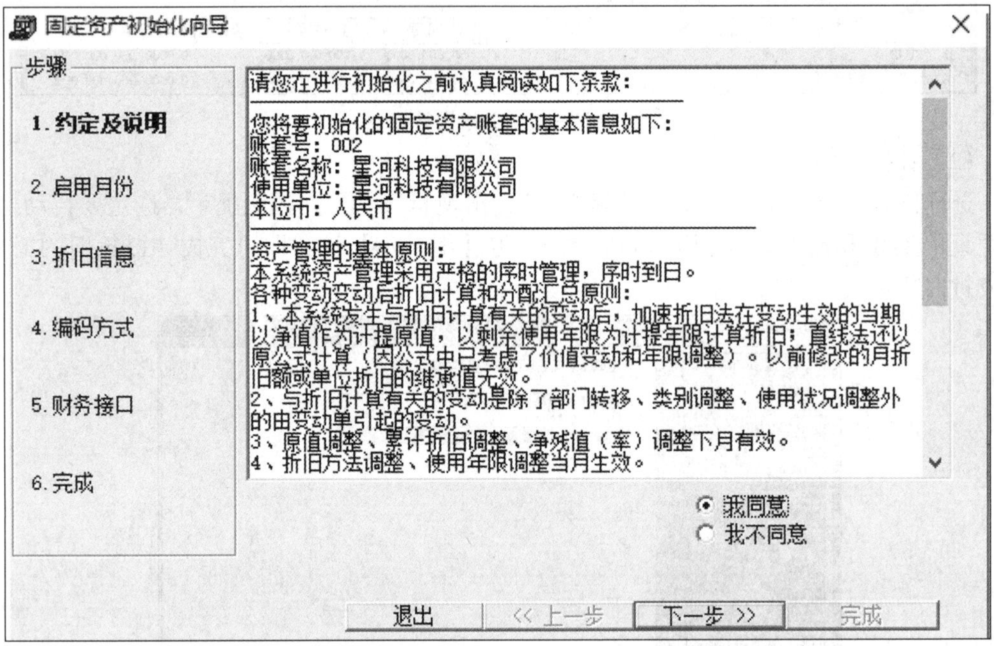

图7-16　固定资产初始化向导——约定及说明

（2）在如图7-17所示界面，设置启用月份，单击【下一步】按钮。

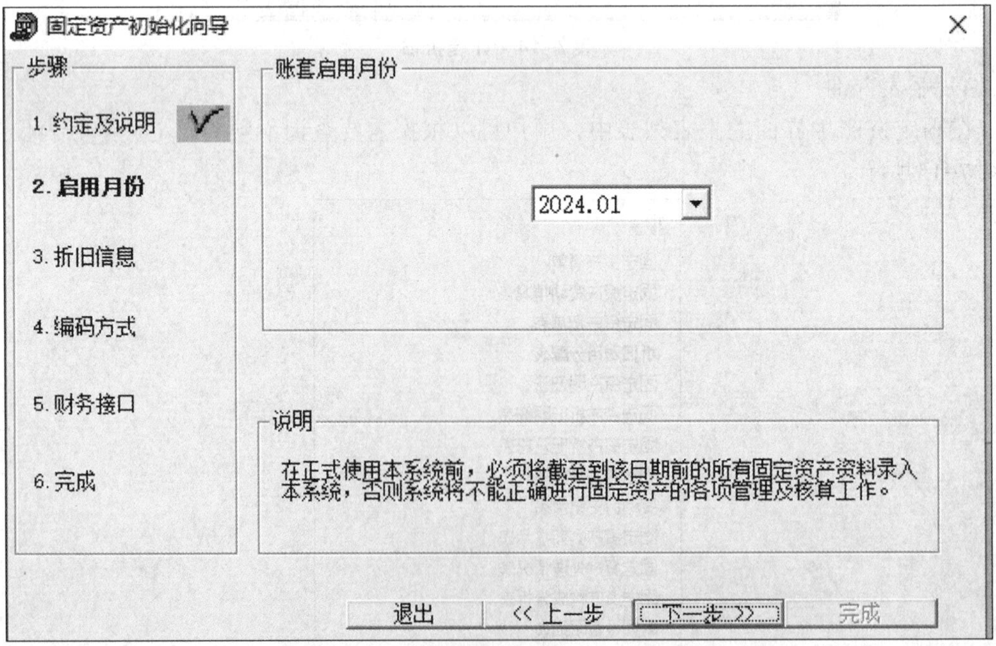

图7-17　固定资产初始化向导——启用月份

（3）在如图7-18所示界面中设置折旧信息，并单击【下一步】按钮。

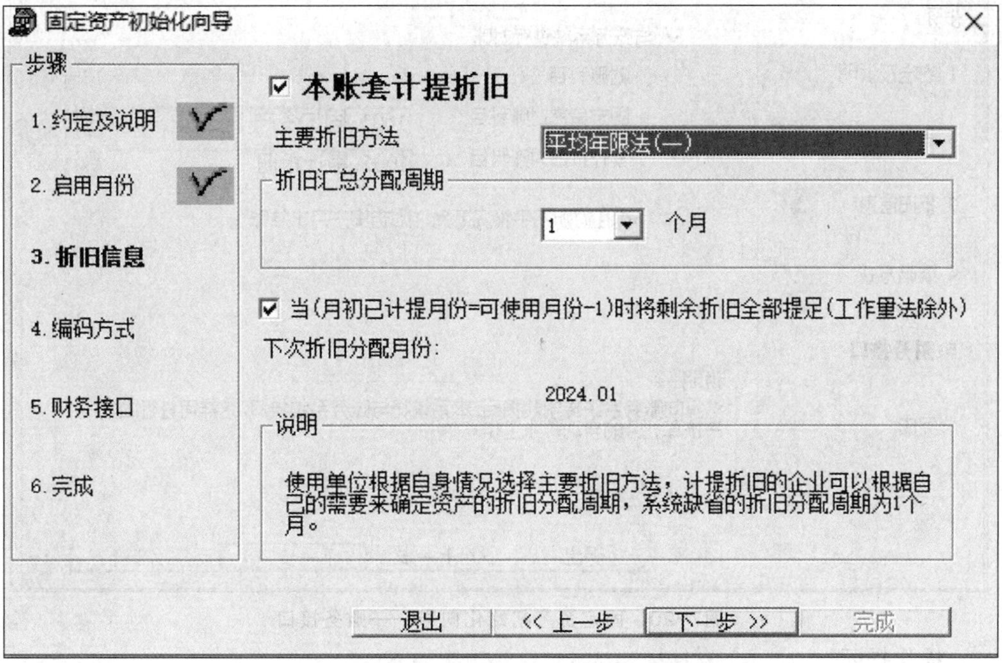

图7-18　固定资产初始化向导——折旧信息

（4）在如图7-19所示界面中设置编码方式，并单击【下一步】按钮。

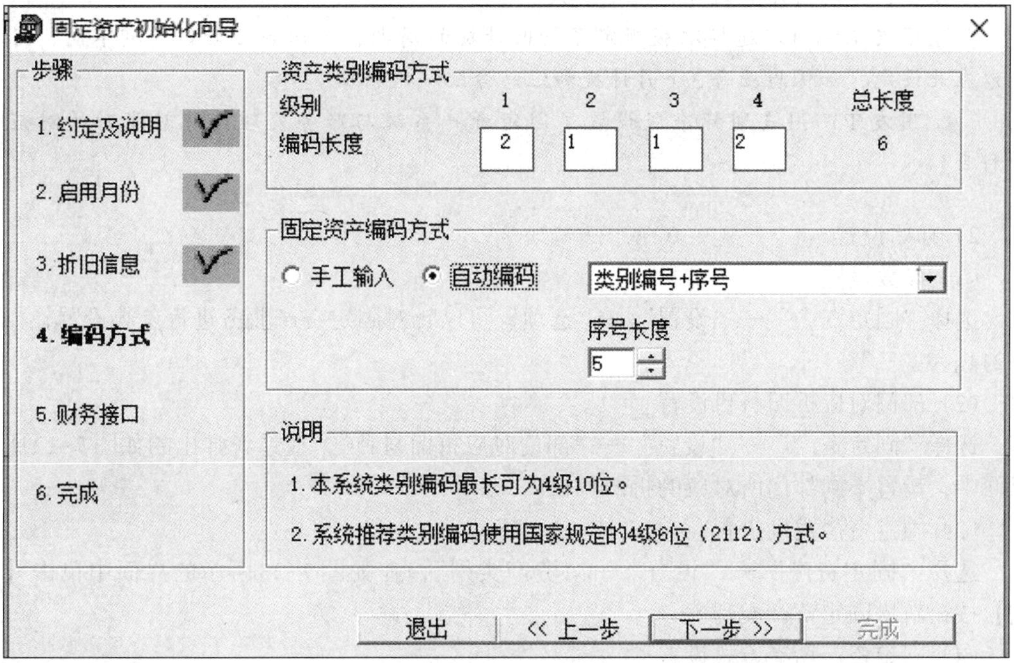

图7-19　固定资产初始化向导——编码方式

（5）在如图7-20所示界面中设置财务接口，并单击【下一步】按钮，完成固定资产系统初始化。

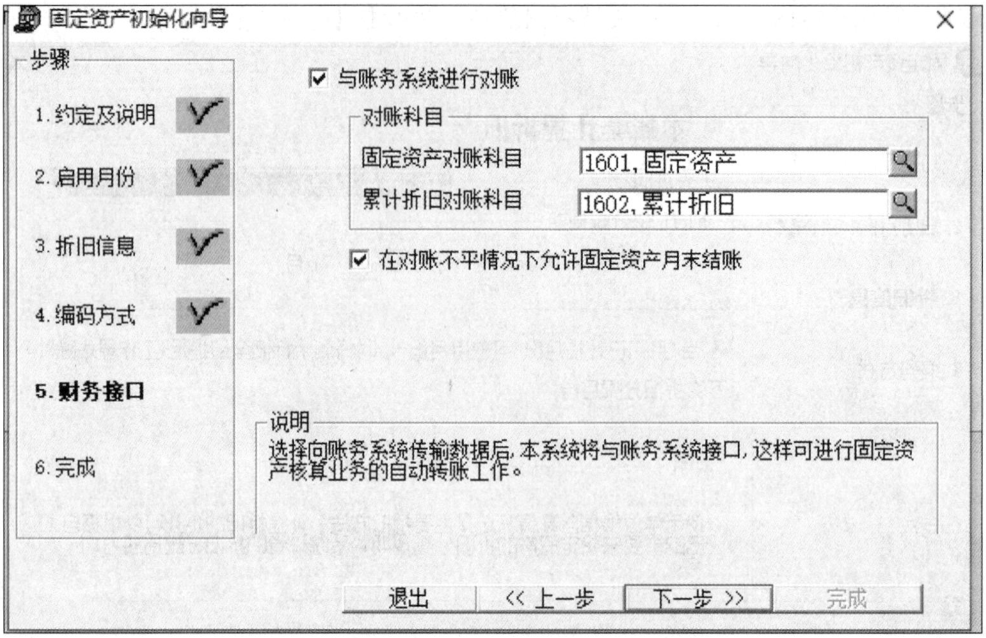

图7-20　固定资产初始化向导——财务接口

操作提示

🕮从上述向导中可以看出，用友T3-用友通标准版对固定资产系统启用日期进行了设置，可以与账务处理系统不一致。

🕮用友T3-用友通标准版规定了折旧计提的周期，不同企业计提周期不同，可以在此设定，如保险业每3个月计提和汇总分配一次折旧。

🕮用友T3-用友通标准版设置了固定资产系统与账务处理系统对账时的对应科目。

2）初始设置

（1）参数设置

选择“固定资产”—“设置”—“选项”可以针对固定资产业务进行参数设置，如图7-21所示。

（2）部门对应折旧科目设置

选择“固定资产”—“设置”—“部门对应折旧科目”，在系统弹出的如图7-22所示界面中，设置不同部门所对应的折旧科目。

（3）固定资产类别设置

选择“固定资产”—“设置”—“资产类别”，在如图7-23所示的界面中单击【新增】按钮新增固定资产类别。

（4）固定资产增减方式设置

选择“固定资产”—“设置”—“固定资产增减方式”，系统弹出如图7-24所示界面，系统已有增减变动方式，但是需要用户针对变动方式设置对应的入账科目。选中要设置的增减方式，单击【修改】按钮进行修改，单击【保存】按钮完成设置。

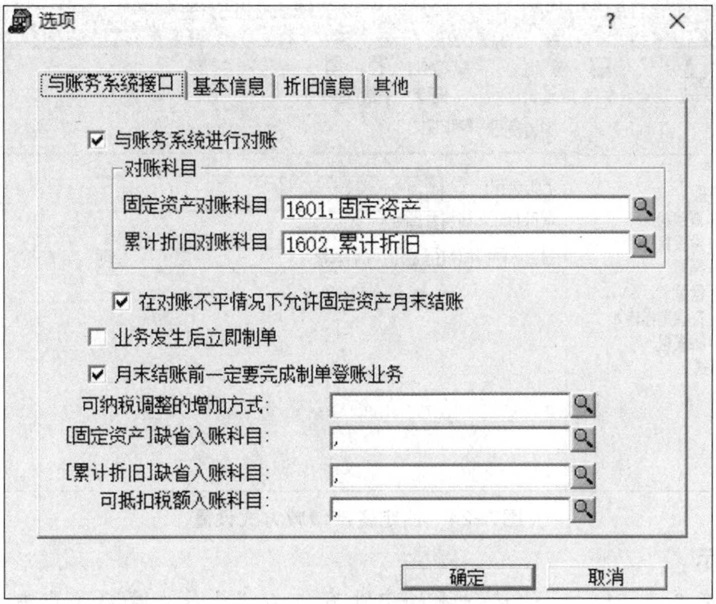

图7-21　固定资产选项设置

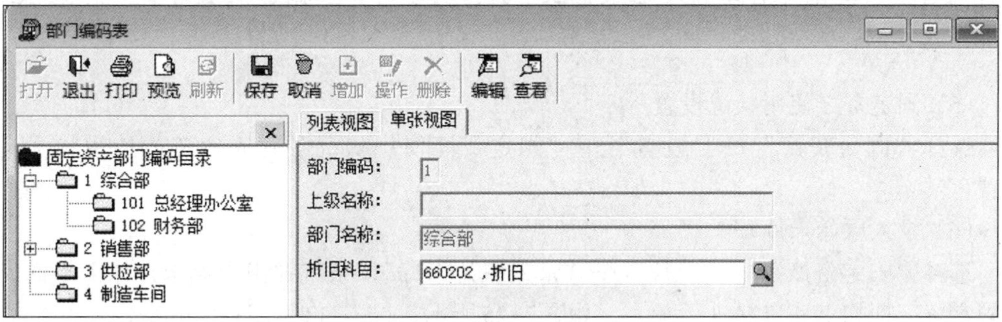

图7-22　部门对应折旧科目设置

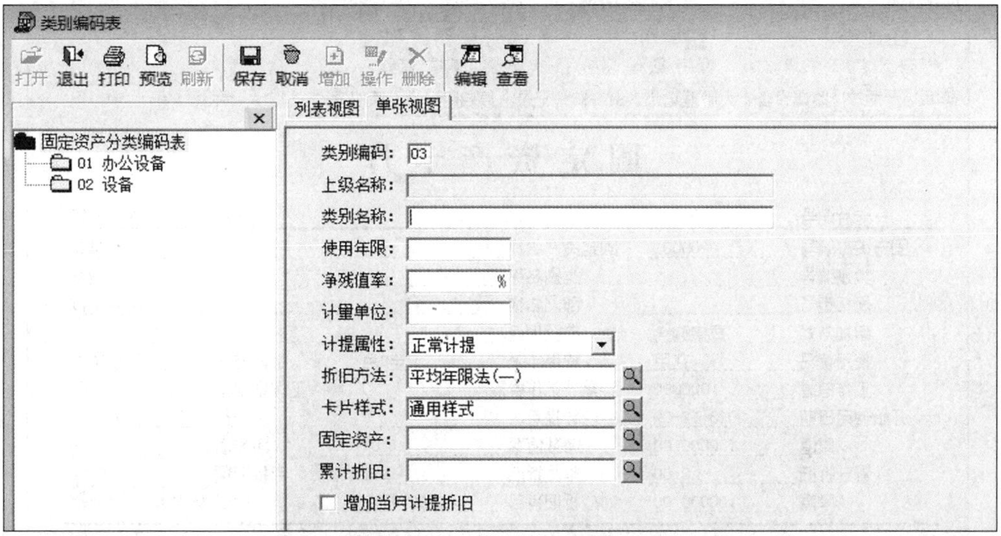

图7-23　固定资产类别设置

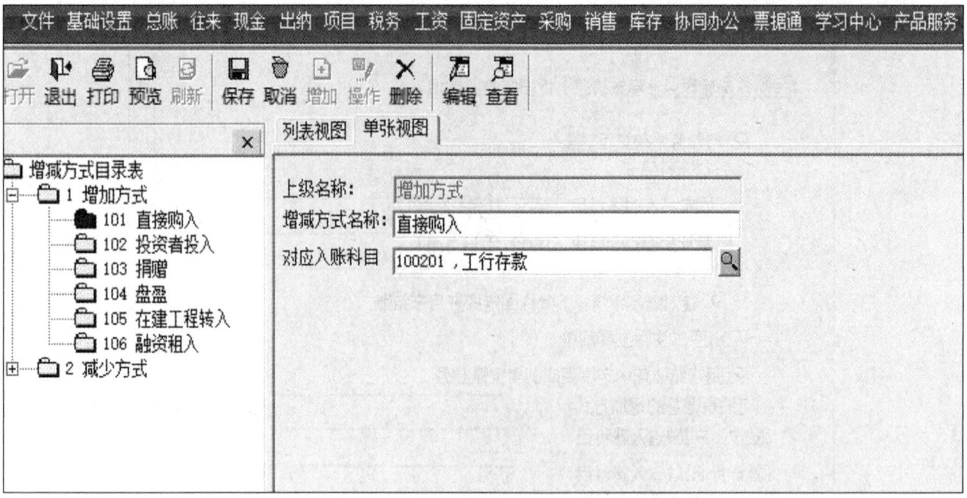

图7-24　固定资产增减方式设置

操作提示

如果在图7-21所示的选项设置中没有勾选“业务发生后立即制单”，那么卡片保存后系统不会自动进入记账凭证界面，需要用户选择“批量制单”完成凭证制作。

（5）固定资产使用状况设置

选择“固定资产”—“设置”—“固定资产使用状况”对固定资产使用状况进行设置。

（6）录入原始卡片

选择“固定资产”—“卡片”—“录入原始卡片”，系统弹出原始卡片录入界面，根据固定资产期初卡片资料进行录入，如图7-25所示，单击【保存】按钮完成。

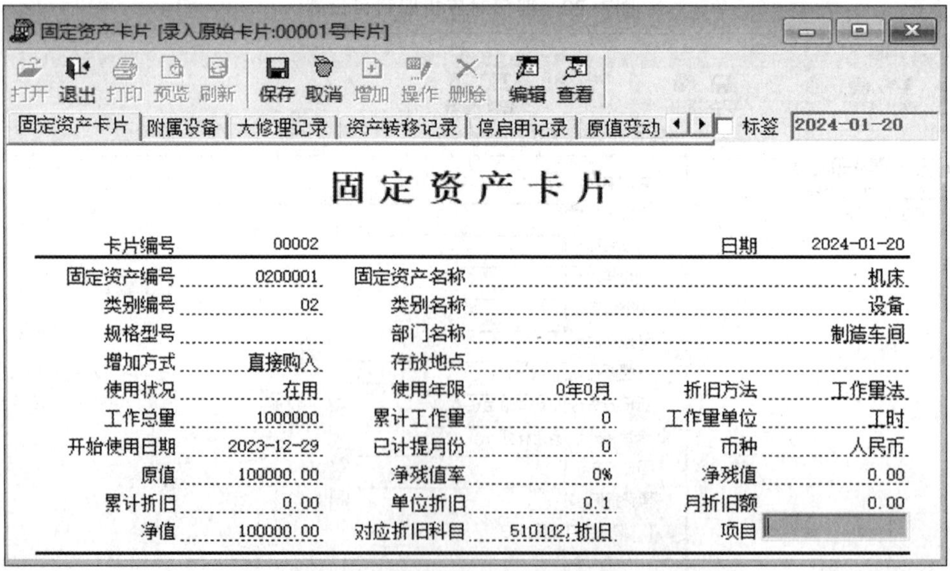

图7-25　固定资产初始卡片录入

3）日常处理

日常处理模块是对日常发生的固定资产增减变动业务进行处理的模块，并且还可以对固定资产各项内容变动进行调整，如原值变动、部门变动、使用年限变动、折旧方法变动等。固定资产增减卡片录入过程与原始卡片录入过程相同，不同的是日常增减变动的固定资产需要进行凭证生成工作。

（1）固定资产新增

选择“资产增加”，系统弹出固定资产卡片录入界面，用户根据业务情况录入卡片信息，如图7-26所示，录入完成后单击【保存】按钮即可。

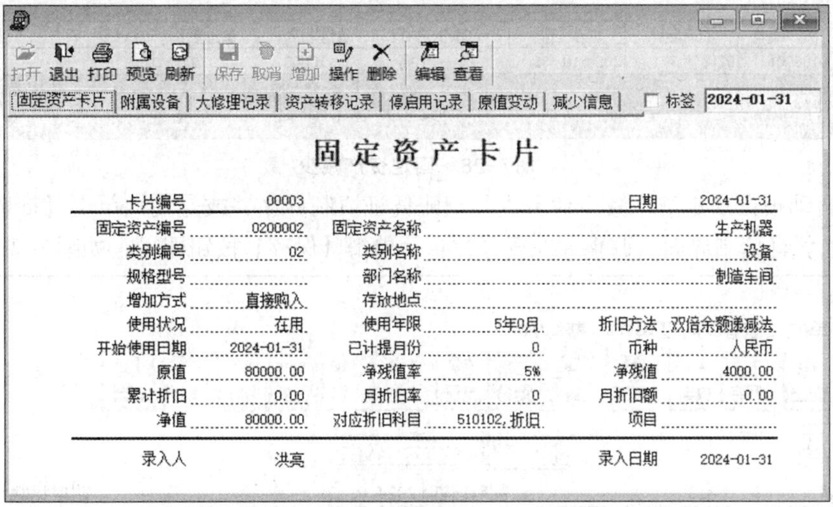

图7-26　固定资产新增卡片录入

日常卡片录入完成后，系统自动进入填制凭证界面，如图7-27所示，将凭证信息补充完整，保存即可。

图7-27　固定资产新增记账凭证

（2）固定资产减少

在用友T3-标准版中，要求计提本期折旧后才能进行资产减少。单击【资产减少】按钮，系统弹出如图7-28所示界面，在“卡片编号”处选择要减少的固定资产，单击【增加】按钮，在下面的列表中输入“减少日期”“减少方式”“清理收入”等项目，单击【确定】按钮即可。

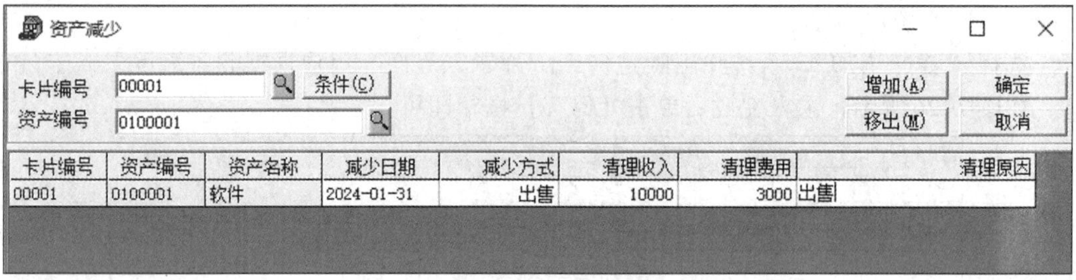

图7-28　固定资产减少

系统自动根据固定资产减少业务进入记账凭证填制界面，或是用户单击【批量制单】按钮进入记账凭证填制界面，调整补充凭证信息，单击【保存】按钮即可，如图7-29所示。

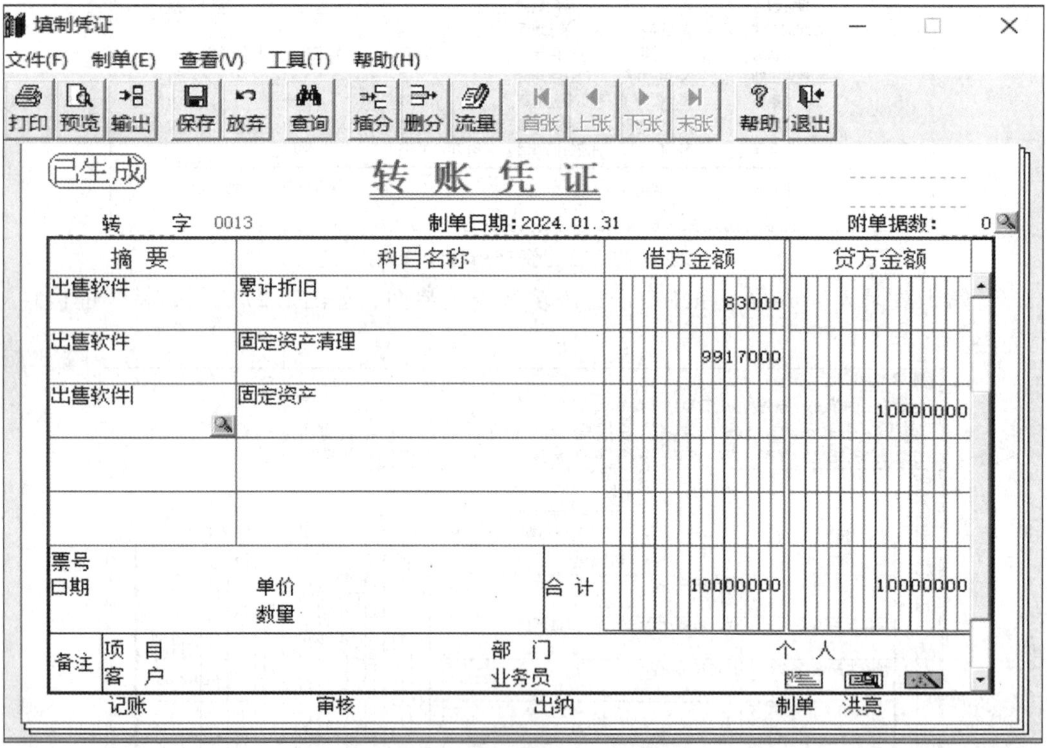

图7-29　固定资产减少记账凭证

操作提示

🕮用户需要根据清理收入、费用等信息补充其他几笔关于固定资产减少的业务凭证。

（3）固定资产变动

除了固定资产增加、减少业务之外的其他固定资产变动的业务在“资产变动”中完成。选择“资产变动”，系统弹出资产变动列表，如图7-30所示。

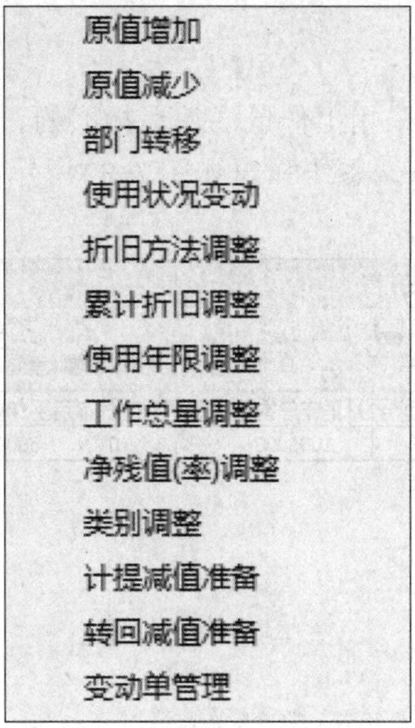

图7-30　资产变动列表

选择“原值增加”，系统进入固定资产变动单界面，如图7-31所示，录入原值变动信息，保存即可。

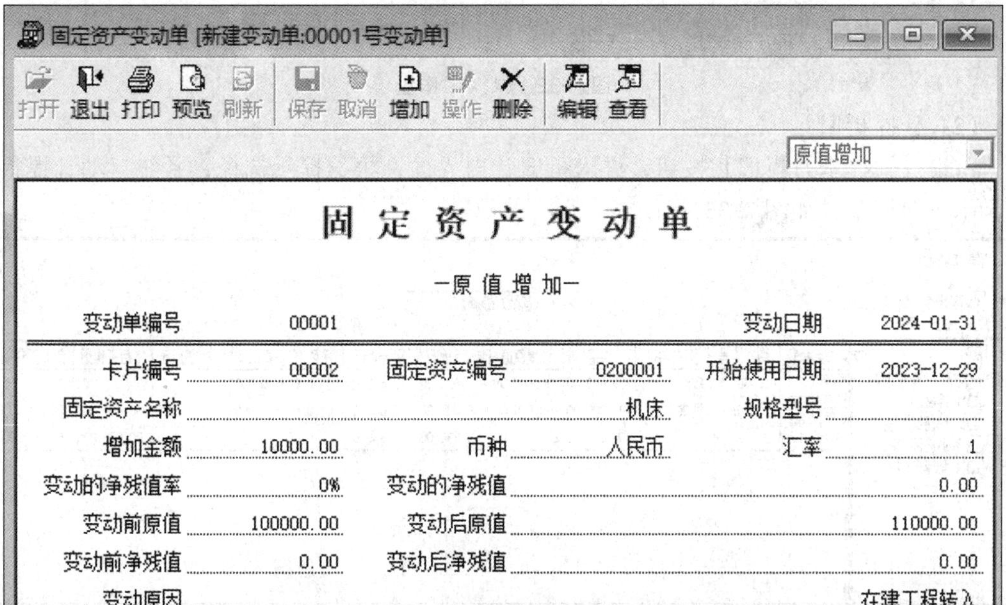

图7-31　固定资产变动单

操作提示

📖其他变动的处理类似，在此不再赘述。

4）期末处理

（1）工作量录入

如果账套中的固定资产有采用工作量法计提折旧的，那么计提折旧前需要录入工作量，单击【工作量录入】按钮，系统弹出如图7-32所示界面，录入本期工作量，单击【保存】按钮即可。

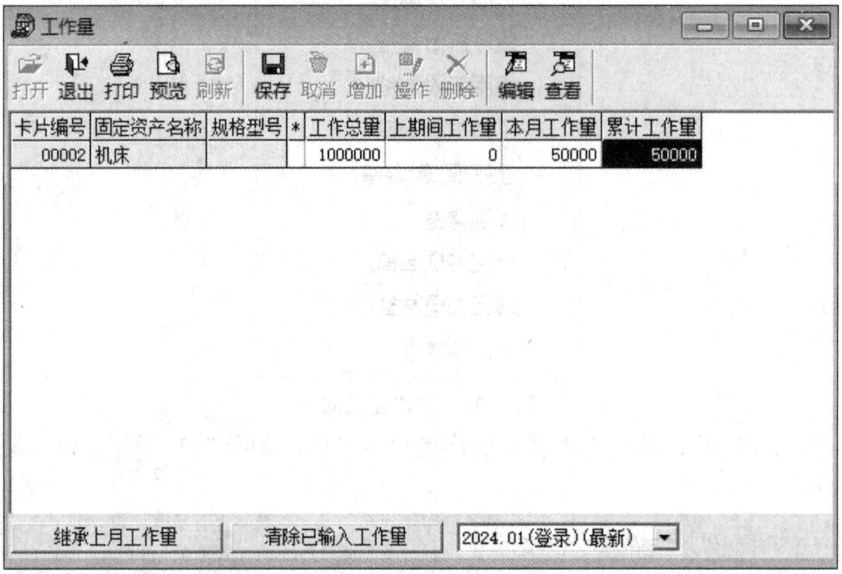

图7-32　录入工作量

（2）计提折旧

单击【计提本月折旧】按钮，进入折旧计提界面，根据提示选择，系统自动计提折旧并显示折旧清单，如图7-33所示。

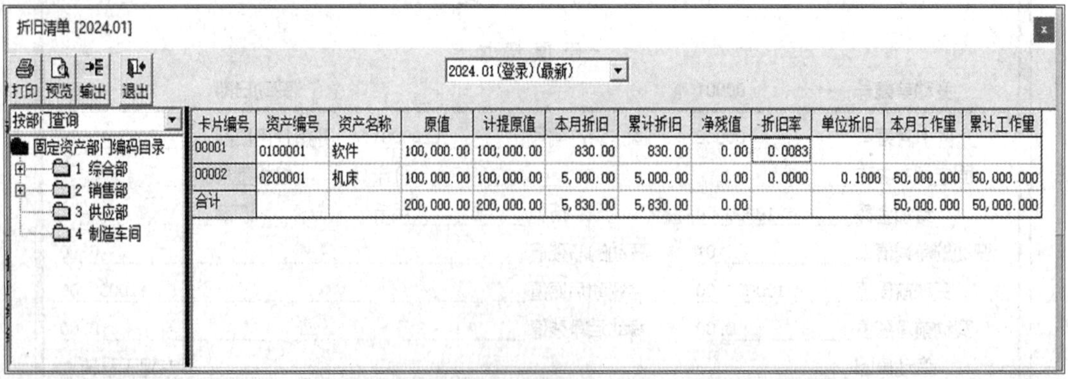

图7-33　折旧清单

按照清单，进入折旧费用分配界面，点击【凭证】按钮即可生成凭证，如图7-34所示。

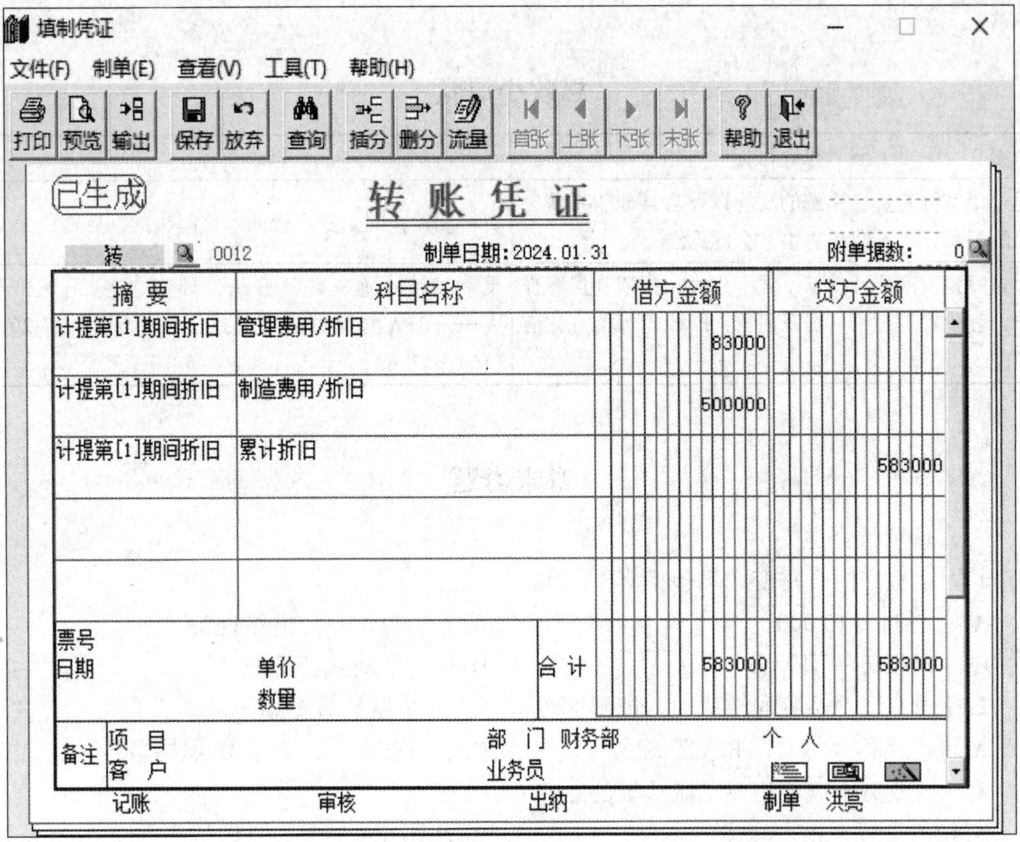

图7-34　折旧记账凭证

5）账表查询

查询各种固定资产账表，选择“固定资产”—“账表”—“我的账表”，系统弹出如图7-35所示界面，用户可以根据需要进行查询。

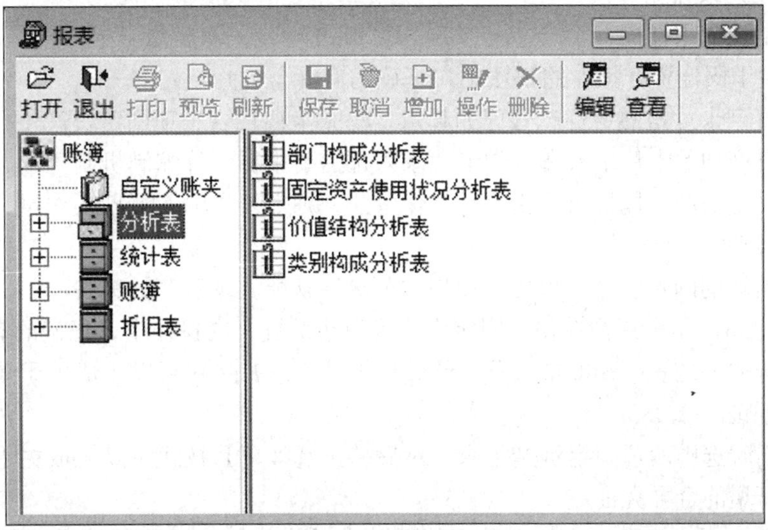

图7-35　账表查询

思政小课堂

思政目标	思政素材
通过了解固定资产系统的功能以及与其他子系统之间的关系，培养数据思维、全局思维	资料阅读：固定资产管理系统解决的问题
通过固定资产卡片管理、凭证生成、折旧计提等操作，强化管理思维，提升职业判断能力、信息化应用能力	文献阅读：陈虎，孙彦丛，郭奕，等.财务机器人——RPA的财务应用［J］.财务与会计，2019（16）：57-62

章末习题

一、单项选择题

1.固定资产的日常变动不包括（　　）。

A.原值调增10 000元　　B.本期购入一台机器设备

C.本期报废一间厂房　　D.计提本期累计折旧

2.在固定资产系统的卡片中，能够区分固定资产来源的数据项是（　　）。

A.资产名称　　B.资产编号　　C.增加方式　　D.规格型号

3.下列业务不需要生成记账凭证的是（　　）。

A.初始卡片录入　　B.本期购入一台机器设备

C.本期报废一间厂房　　D.计提本期累计折旧

二、多项选择题

1.进行固定资产折旧的处理时，应根据固定资产卡片每期计提折旧，折旧（　　）。

A.一定在月末计提　　B.一定一次批量计提

C.不一定在月末计提　　D.不一定一次批量计提

2.下列关于固定资产操作的说法中，正确的有（　　）。

A.固定资产卡片是固定资产管理的起点，一张卡片代表一项固定资产

B.固定资产初始卡片录入和日常卡片录入都需要根据卡片编制机制凭证

C.如果固定资产计提折旧采用的是工作量法，则需要先输入本期工作量，才能使用计提折旧功能

D.当期新增的固定资产卡片可以使用“删除”功能实现资产的减少

3.如图7-36所示，用户在使用固定资产模块生成凭证的操作中，正确的有（　　）。

A.用户选中固定资产SB002记录，然后单击【汇总】按钮可以生成关于该固定资产新增的凭证

B.用户同时选中两项固定资产记录，然后单击【按单】按钮可以生成关于该两项固定资产新增的合并凭证

C.用户选中固定资产SB002记录，然后单击【修改】按钮可以针对该固定资产进行

修改

D.在图7-36中生成的记账凭证只能在固定资产模块中进行删除

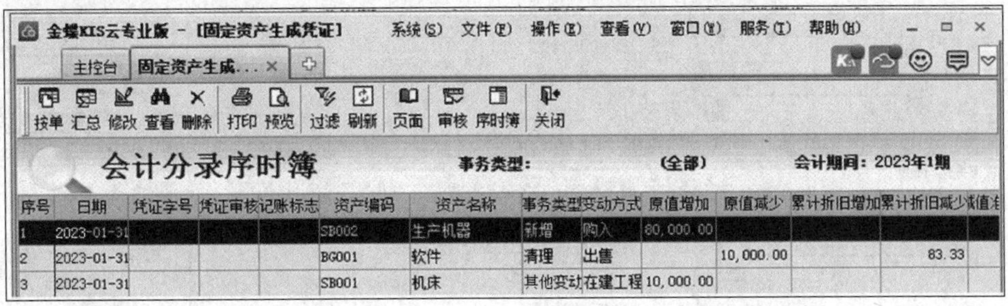

图7-36　用户在使用固定资产模块生成凭证

三、判断题

1.固定资产卡片录入时，固定资产的使用期间数输入的是月数。（　）

2.固定资产使用部门变动不需要生成记账凭证。（　）

3.本期新增固定资产卡片生成的记账凭证可以在账务处理系统中查询、修改、删除。（　）

四、简答题

1.固定资产的增加和减少方式有哪些，如何进行会计处理？

2.简述固定资产系统操作的一般步骤。

3.计提折旧时，不同部门使用固定资产计提折旧记入的账户不同，两个软件如何设置以实现生成凭证时会计科目的正确性？

4.固定资产模块中的“增减方式”设置的具体作用是什么？

5.通过两个软件的实务操作理解并梳理财务软件固定资产模块的一般原理与操作流程。

五、操作实践题

（1）公司2024年1月31日直接购入设备一台，设备代码为SB005，名称为机床，价值25万元，预计使用10年，净残值5 000元，折旧方法为平均年限法，购入当日开始由生产部门使用。固定资产科目代码为1601，累计折旧科目代码为1602，制造费用科目代码为5101。请根据固定资产购置的信息填写图7-37中的相关内容。

（2）解释说明累计折旧的计提金额由图7-37、图7-38所示卡片中的哪些项目所决定？计提折旧分录的借贷方科目又是由图7-37、图7-38所示卡片中的哪些项目所决定？

六、上机实验

要求：根据下列资料，进行固定资产管理操作，并根据两个软件的固定资产管理功能，比较二者之间的异同。

1.2024年1月31日，生产车间向长春艺术公司购买生产机器一台，代码为SB002，供生产打印纸使用，单价为80 000.00元，净残值率为5%，折旧计提方法为双倍余额递减法，使用年限为5年，折旧费用科目为制造费用——折旧费。开出工商银行面额80 000.00元的银行汇票一张，汇票号码为2002。按照上述业务，输入本期固定资产卡片并生成相应凭证。

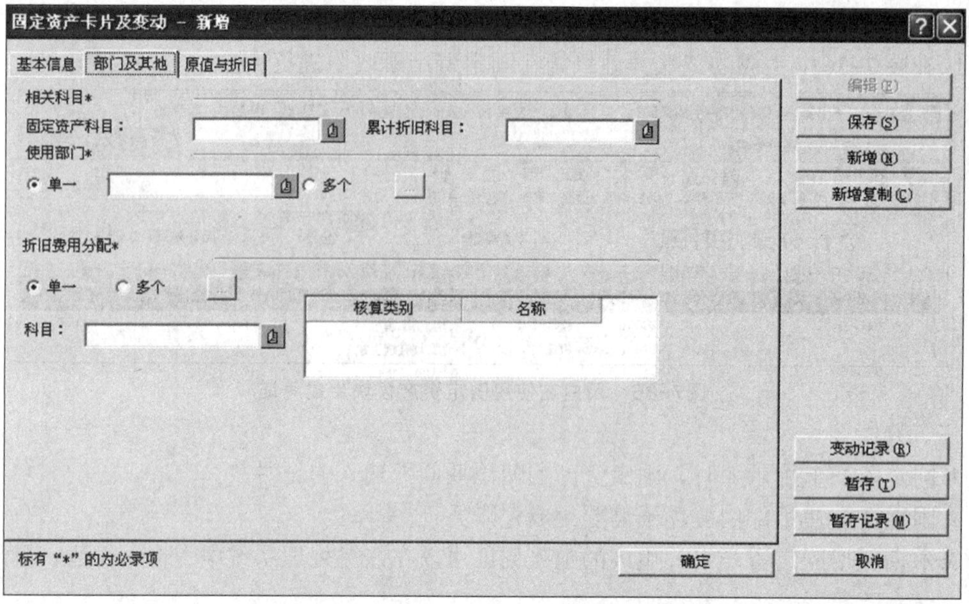

图7-37　固定资产购置的信息

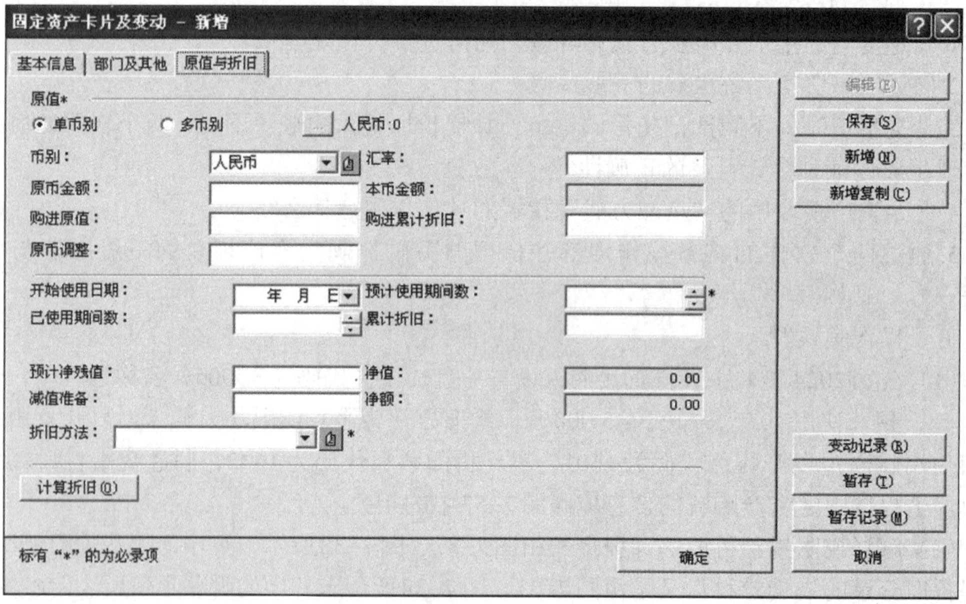

图7-38　固定资产折旧的信息

2.2024年1月31日，出售办公设备（BG001），清理收入10 000元，清理费用3 000元，所有的收入、费用通过银行存款收支。

3.2024年1月31日，设备（SB001）的原值因为改良增加10 000元，变动原因为在建工程转入。

4.2024年1月31日，计提折旧并生成凭证，其中机床（SB001）本期工时数为50 000工时。（注：本期新增的固定资产不计提折旧，本期减少的固定资产要计提折旧）

第8章/ 应收款管理系统操作原理与比较应用

【学习目标】通过本章学习，了解通用财务软件应收款管理系统的一般操作原理，掌握金蝶KIS云专业版和用友T3-标准版关于应收款管理系统的主要功能、应收款业务、收款业务、核销、制单等具体业务工作的操作步骤和要求。

应用实践问题导入

在一次公司会议上，公司管理者对财务部提出一个问题：现在理论界与实务界都在提业务-财务一体化，那么你们财务部能不能利用财务软件现有的功能做这方面的一些应用？比如，通过对业务单据与账务处理直接的关联设置，进行业务单据的账务处理自动化（一体化）。如果你是该公司财务部的负责人，那么你会进行哪些方面的设置与应用？

8.1 应收款管理系统概述

在当前企业竞争激烈的销售市场中，赊销已成为企业产品销售的一个重要部分，然而在销售收入快速增长的同时，随之而来的便是关于应收款的管理问题，即应收账款和财务风险也水涨船高。因此，如何准确、有效、及时地进行应收款的核算、分析、核销等一系列管理，已成为各家企业经营管理的一个重要部分。本章就是来探讨如何利用财务软件实现准确、有效、及时的应收款管理。

8.1.1 应收款概述

应收款是企业在销售产品、提供劳务及由于罚款、临时提供内部员工借款及对外支付押金等形成的债权。应收款的回收是企业现金流入量的重要组成部分，应该引起企业的高度重视。应收款管理主要包括对应收账款、其他应收款和应收票据的管理。关于具体的业务核算问题，我们在相关课程里已有详细的介绍，在此不再赘述。

8.1.2 应收款管理系统

应收款管理系统主要用于核算和管理客户往来款项。对往来款项的核算与管理，可能涉及各产品、各地区和各业务员，可随时从各种角度对往来款项进行分析决策，使销售业务系统和总账系统有机地联系起来。

根据单位对客户往来款项核算和管理程度要求的不同，总体来讲，财务软件提供了两种应用方案来解决应收款的管理问题：如果客户有较少的应收款或对应收款的核算和控制比较简单，则作为辅助核算——客户往来，直接在总账系统中进行核算；如果往来单位多、变化频繁，且要进行账龄分析等较高层次的核算及管理，则需在应收款管理系统中进行核算。具体采用哪种方案，应在总账系统初始化时进行设置，一旦选定，则不能修改，因此，一定要结合实际情况慎重选择。

选择应收款管理系统进行核算与管理时，可以实现如下功能：以输入的各种原始单据记录为依据，形成由于商品交易和非商品交易所发生的所有应收款项目；帮助处理应收款项目的收款及转账情况；对应收票据进行记录和管理；对应收款项目的处理过程自动生成凭证，并向总账系统进行传递；根据所设置的条件，提供各种相关账表的查询及分析。从而，帮助企业合理地进行资金的调配，提高资金的利用效率。

8.2 应收款管理系统操作原理

应收款管理系统是连接销售管理系统和总账系统的纽带，主要处理销售业务或者销售业务外与其他单位形成的应收款业务，具体为：根据输入的应收单或者销售管理系统传递过来的销售发票（非现结），记录应收款的形成；处理收款或者转账等业务单据；将上述业务自动形成的机制凭证传递到总账系统；根据条件查询各种账表及进行账龄分析等工作。

8.2.1 系统初始化模块

应收款管理系统的主要功能

各个系统第一次使用时都要进行初始资料设置和相关参数设置，各个财务软件设置内容详略程度各有不同，需要在操作中体验。既然应收款管理系统具有应收单据、收款单据处理及自动生成凭证等功能，因此主要初始化工作应当包括核算参数设置、基本资料设置（会计科目、客户档案、结算方式、自动生成凭证对应科目设置、账龄分析等）和期初余额设置等。

1）核算参数设置

其作用是建立应收款管理的基础数据，对于一些个性化设置需要通过选择进行相应的设置。

（1）基本信息设置

该项设置主要包括企业名称、银行账号、启用年份与会计期间的设置。如果和总账系统等一并启用，则这部分基础信息不用重复设置，直接共享已经设置完毕的数据即可。

（2）坏账处理方式设置

该项设置一般在“应收款管理系统”中进行，不单独设置。如用友T3-标准版，应收款管理系统功能分散在销售管理和核算管理系统中，省略了坏账处理方式设置。

企业应当按期估计坏账损失，计提坏账准备，当某一应收款项全部确认为坏账时，应根据其金额冲减坏账准备，同时转销相应的应收款项金额。在账套使用过程中，如果当年已经计提过坏账准备，则坏账处理方式这一参数不能更改；如确需更改，只能在下一年更改。

（3）应收款核销方式设置

应收款核销是确定收款与销售发票、应收单据之间对应关系的操作，即指明每一次收款是哪几笔销售业务款项，应收款管理模块一般提供按单据、按存货等方式对应收款进行核销。

2）基本资料设置

（1）会计科目设置

会计科目设置是指定义应收款管理模块凭证制单所需的基本科目。

（2）客户档案设置

进行应收单或者收款单录入时，需要确定客户名称，因此必须提前设置好客户档案，客户多且分布广的，可以进行地区分类。如果该操作在总账或者公共基础资料设置平台录入完毕，无须重复设置。

（3）结算方式和付款条件设置

和客户进行结算时可以采取现金、支票、本票、汇票等方式，不同结算方式对应科目也不同，需要设置结算方式以及不同结算方式的对应科目。

采用赊销方式进行销售是为了增加销售量，但同时也增加了坏账风险，为了促使客户及时归还货款，当客户能够在一定的期限内付款时，可以给客户一定的折扣，也就是我们所说的现金折扣，付款条件主要设置折扣有效期限、对应折扣率和应收账款的到期天数。

（4）账龄区间设置

账龄区间设置是指使用账龄分析法计提坏账准备的单位，为了对客户欠款进行有效的账龄分析，而设置不同欠款期间的坏账准备率。一般说来，欠款时间越长的应收款项，坏账准备率越高。通过不同的欠款时间（即账龄），将应收账款划分为若干等级，以便掌握客户欠款时间的长短，同时根据时间长短，规定坏账准备率，计算各期应计提的坏账准备。当然，通过账龄分析，也能敦促单位随时了解客户欠款情况，不断调整客户信用等级并制定对应的收款政策。

3）期初余额设置

应收款管理系统初始数据录入包括期初发票和应收单据的录入。通过期初余额功能，用户可将正式启用账套前的所有应收款业务数据录入系统，作为期初建账的数据，系统即可对其进行管理，这样既保证了数据的连续性，又保证了数据的完整性。

当初次使用本系统时，要将上期未处理完全的单据都录入本系统，以便于以后的处理。当进入第二年度处理时，系统会自动将上年度未处理完全的单据转为下一年度的期初余额。在下一年度的第一个会计期间里，可以进行期初余额的调整。

具体的财务软件对于初始设置内容的具体安排会有所不同，但是其基本内容是一致的，基本作用是一致的。具体内容在了解财务软件之后，可做进一步的比较与理解。

8.2.2　日常处理

初始化结束后，进入日常处理阶段。日常处理是应收款管理系统的重要组成部分，是经常性的应收款业务处理工作。日常业务主要完成企业日常的应收/收款业务录入、应收/收款业务核销、应收并账、汇兑损益以及坏账的处理、机制凭证的自动生成，及时记录应收、收款业务的发生，为查询和分析往来业务提供完整、正确的资料，加强对往来款项的监督管理，提高工作效率。

操作提示

🕮与初始设置关联：日常处理的单据类型为初始设置确定的单据类型。

🕮与月末处理关联：月末已结账的会计月，不得再进行日常业务的处理。

🕮与账表关联：日常业务的单据及转账处理等内容可以进行查询和分析。

🕮与销售管理系统关联：销售管理系统生成发票传递给应收款管理系统，应收款管理系统传递收款核销信息给销售管理系统。

🕮与总账系统关联：应收款业务的单据、核销、转账处理生成凭证传递给总账系统。

1）单据处理

（1）应收单据处理

应收单据处理指用户进行应收单据录入和应收单据审核等工作。应收单据的来源主要有两种：销售管理系统生成的销售发票（非现结）传递过来自动形成应收单据；销售业务之外用户填制的应收单据（如代垫运费）。第一种应收单据主要是指销售发票，若应收款管理模块和销售管理模块一同启用，则需要在销售管理系统中录入、审核即可传递给应收款管理系统。第二种应收单据需要在应收款管理系统中单独录入，主要包括单据增加、单据修改、单据审核。当发生应收款业务时，选择“应收单据增加”，录入单据相关内容，保存即可；当录入单据发生错误时，可以选择“应收单据修改”，修改相关内容。之后，选择“审核”，对应收单据进行审核处理。企业如果不使用销售管理模块，则全部业务单据（包括销售发票和代垫运费）都必须在应收款管理模块中录入。

操作提示

🕮一般情况下，单据的名称和类型是不能进行修改的（只能删除该张单据，然后增加一张新的单据）；对于已审核或已生成凭证的单据是不能修改和删除的；单据删除后不能恢复。

（2）收款单据处理

收款单据处理主要是对结算单据（收款单、付款单（即红字收款单））进行管理，包括收款单、付款单的录入、审核。当收到应收款时，使用该功能进行收款处理。

操作提示

🕮应收款管理系统的收款单用来记录企业所收到的客户款项，款项性质包括应收款、预收款、其他费用等。其中应收款、预收款性质的收款单将与发票、应收单、付款单进行核销勾对。

🕮应收款管理系统付款单用来记录发生销售退货时，企业开具的退付给客户的款项。该付款单可与应收款、预收款性质的收款单、红字应收单、红字发票进行核销。

（3）单据结算处理

单据结算处理是指用户日常进行的收款核销应收款的工作。单据核销的作用是解决收回客商款项核销该客商应收款的处理，建立收款与应收款的核销记录，监督应收款及时核销，加强往来款项的管理。

操作提示

📖手工核销指由用户手工确定收款单与它们对应的应收单的核销工作。通过本功能可以根据查询条件选择需要核销的单据，然后手工核销，加强了往来款项核销的灵活性。

📖自动核销指计算机自动确定收款单与它们对应的应收单的核销工作。通过本功能可以根据查询条件选择需要核销的单据，然后系统自动核销，加强了往来款项核销的效率性。

2）转账处理

转账处理主要是指应收冲应收、预收冲应收、应收冲应付等业务，各个财务软件设置的详略程度略有不同，本教材将对常见的对冲业务进行讲解。

（1）应收冲应收

应收冲应收是指将一个客户的应收款转到另一个客户中。通过将应收款业务在客户之间转入、转出，实现应收款业务的调整，解决应收款业务在不同客户间入错户和合并户等问题。

（2）预收冲应收

预收冲应收用于处理客户的预收款和该客户应收欠款的转账核销业务。

（3）应收冲应付

应收冲应付是指用某客户的应收款冲抵某供应商的应付款项。通过应收冲应付，将应收款业务在客户和供应商之间进行转账，实现应收款业务的调整，解决应收债权与应付债务的冲抵。

3）票据管理

票据管理用来管理企业销售商品、提供劳务收到的银行承兑汇票或商业承兑汇票。对应收票据的处理主要是对应收票据进行新增、修改、删除及收款、退票、背书、贴现等操作。

4）坏账处理

坏账处理指系统提供的计提应收款项坏账准备的处理、坏账发生后的处理、坏账收回后的处理等功能。

坏账处理的作用是系统自动计提应收款项的坏账准备，当坏账发生时立即进行坏账核销，当被核销的坏账又收回时，立即进行相应处理。

5）凭证处理

凭证处理，即自动制单，自动生成机制凭证，并将凭证传递至总账系统记账。

6）单据、账表查询及统计分析

（1）单据、账表查询

系统提供对应收单、结算单、凭证、各类账表等的查询功能，以及对各类单据、详细核销信息、报警信息、凭证等内容的查询功能。

在查询列表中，系统提供自定义显示栏目、排序等功能，可以通过单据列表操作来制作符合要求的单据列表。用户在单据查询时，若启用客户、部门数据权限控制，则用户在查询单据时只能查询有权限的单据。

通过账表查询，可以及时地了解一定期间内期初应收款结存的汇总情况、应收款发生的汇总情况、收款发生的汇总情况和累计情况及期末应收款结存的汇总情况；还可以了解各个客户期初应收款结存的明细情况、应收款发生的明细情况、收款发生的明细情况和累计情况及期末应收款结存的明细情况，能及时发现问题，加强对往来款项的监督和管理。

（2）统计分析

通过统计分析，可以按用户定义的账龄区间，进行一定期间内应收款账龄分析、收款账龄分析、往来账龄分析，了解各个客户应收款周转天数、周转率，了解各个账龄区间内应收款、收款及往来情况，及时发现问题，加强对往来款项动态的监督和管理。如通过应收款账龄分析功能，可以分析客商一定时期内各个账龄区间的应收款情况；通过收款账龄分析功能，可以分析客商一定时期内各个账龄区间的收款情况；通过欠款分析功能，可以分析截至某一日期，客户、部门或业务员的欠款金额，以及欠款组成情况；通过收款预测功能，可以预测将来的某一段时间范围内，客户、部门或业务员等的收款情况。

8.2.3 期末处理

期末处理指用户进行的期末结账工作。如果当期业务已全部处理完毕，就需要执行期末结账功能，只有期末结账后，才可以开始下期的工作。

1）期末结账

当期业务全部处理完毕，在销售管理模块期末结账的前提下，可执行应收款管理模块的期末结账功能。

2）应收账款查询

应收账款查询包括单据查询和账表查询。单据查询主要是对销售发票和收款单等单据的查询；账表查询主要是对往来总账、往来明细账、往来余额表的查询，以及对总账、明细账、单据之间的联查。

3）账龄分析

账龄分析主要用来对未核销的往来账余额、账龄进行分析，及时发现问题，加强对往来款项动态的监督管理。

8.3 通用财务软件应收款管理系统实务操作比较应用

8.3.1 金蝶KIS云专业版应收款管理系统实务操作

1）金蝶KIS云专业版应收款管理系统简介

金蝶KIS云专业版将进销存、应收应付、存货核算和总账等集成在一起，其中应收款管理系统与应付款管理系统集成在一起称为“应收应付”系统。如果企业应收款业务少，可以不使用该模块，使用账务处理系统下的客户往来核算辅助管理即可实现相应功能。如果应收款业务较多且与进销存集成使用，则可使用“应收应付”系统，本部分介绍应收款管理系统的功能与操作。

金蝶KIS云专业版应收款管理系统的主要功能为：收款单及其他收款单的填制与审核、核销单的填制与审核、收款凭证和核销凭证的生成。首次使用本财务软件进行上述工作前需要进行系统初始化工作，即基础资料的设置及期初余额的录入。

2）实务操作

（1）系统初始设置

系统初始化主要包括基础资料和期初余额录入工作。基础资料设置包括客户分类与档案、收支类别设置。其中，客户档案既可以在“基础设置”—“核算项目”下设置，也可以进入“应收应付”—“客户”进行设置，如果在集成的“基础设置”—“核算项目”中已经进行了客户设置，无须重复设置，如图8-1所示。

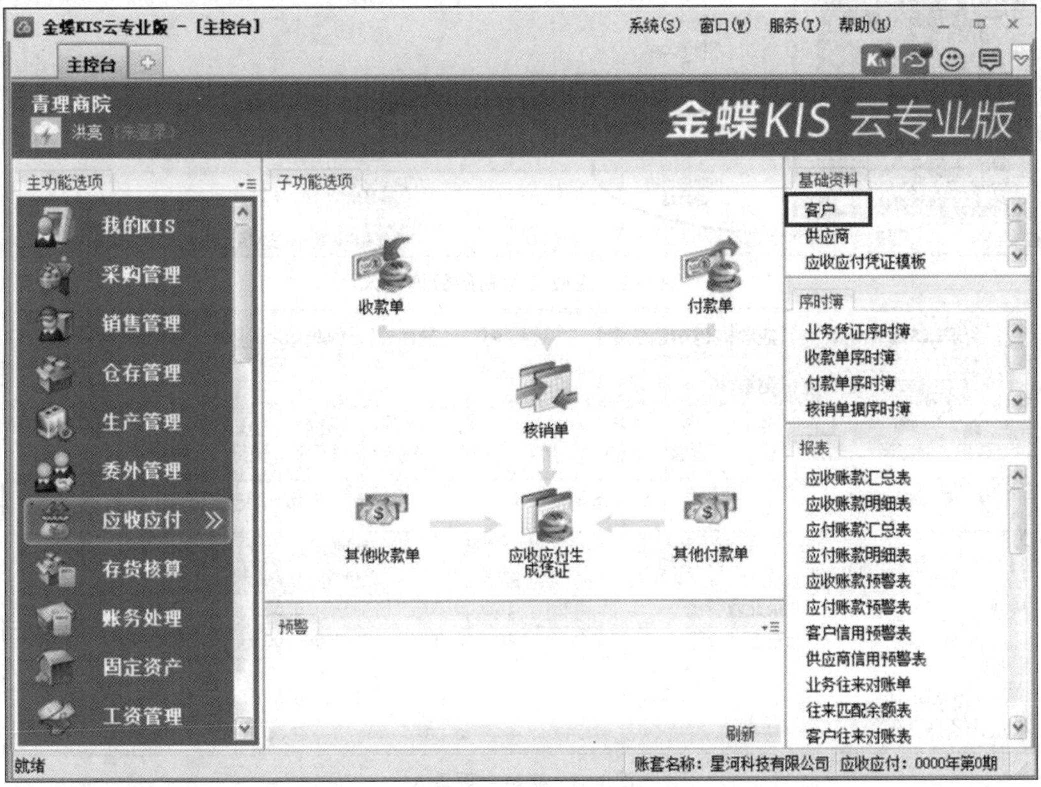

图8-1　客户档案设置

选择基础资料里的“收支类别”，选中收入类别，单击“新增”，输入代码、名称、科目，即可完成对收入类别的新增。

应收款管理系统的期初余额需要进入【初始化】下的“应收应付初始数据”进行录入，如图8-2所示。在“应收应付初始数据”录入界面单击工具栏中的“客户”进行应收账款、预收账款期初余额的录入，如图8-3所示。

图8-2 应收应付初始数据录入

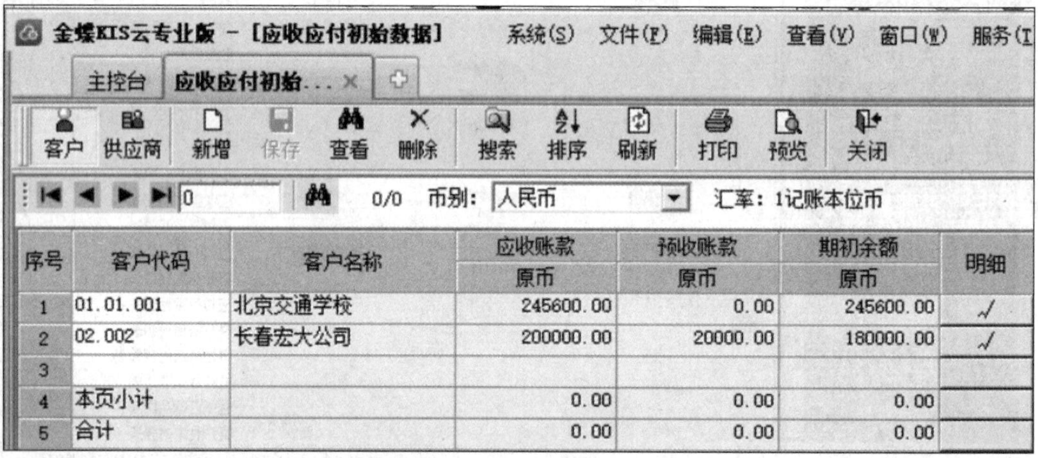

图8-3 初始余额录入

操作提示

📖因为应收款管理日常业务需要初始化完成才能进行，因此，在此需要将应收款管理与应付款管理的期初余额同时录入完成。

应收应付初始数据录入完成后，选择“启用业务系统”，完成应收应付的初始化，进入日常处理。

（2）日常收款单录入、审核与制单

①收款单录入和审核

销售业务发生后，在“销售管理”中录入相应的发票并审核，如图8-4所示；然后选择“存货核算”—“业务生成凭证”，在图8-5所示窗口，勾选“销售收入-赊销”并单击“重新设置”，在过滤窗口中单击“确定”；最后，在图8-6中勾选业务，并单击“生成凭证”，自动生成赊销的记账凭证。

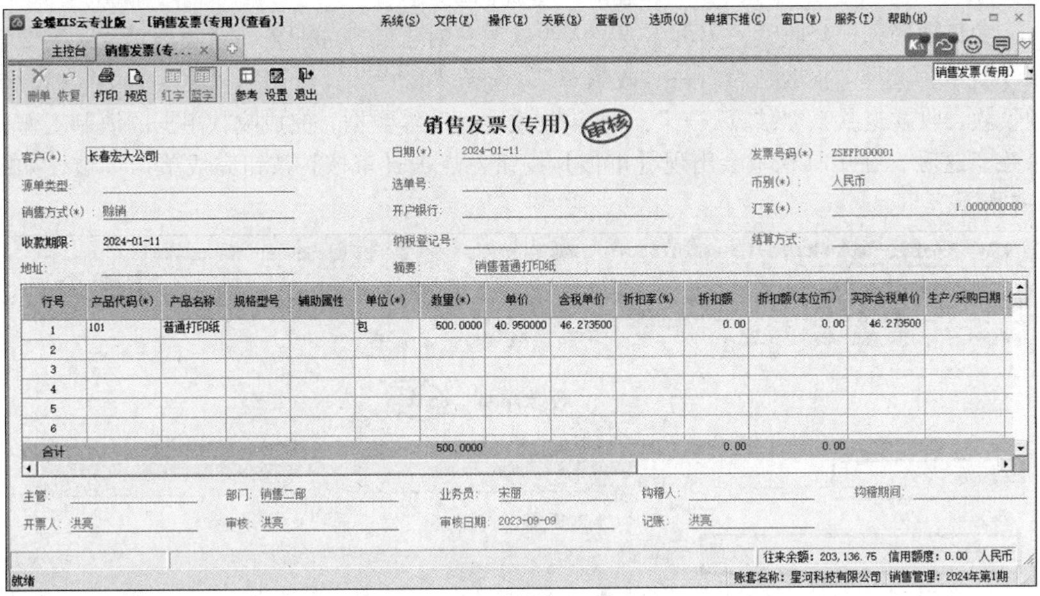

图8-4　销售发票

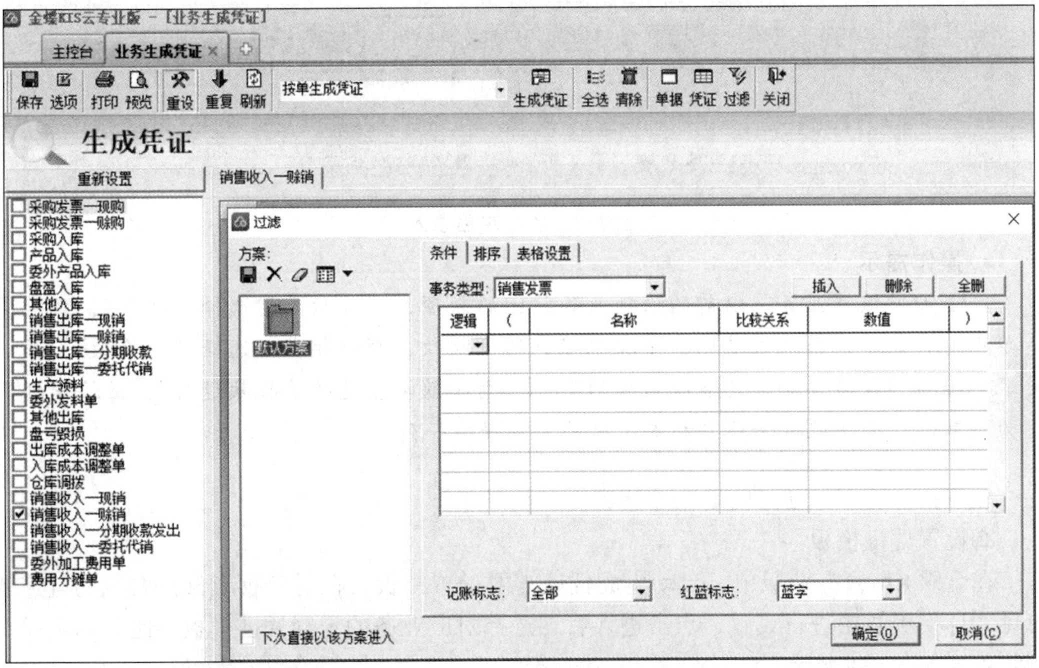

图8-5　业务凭证设置

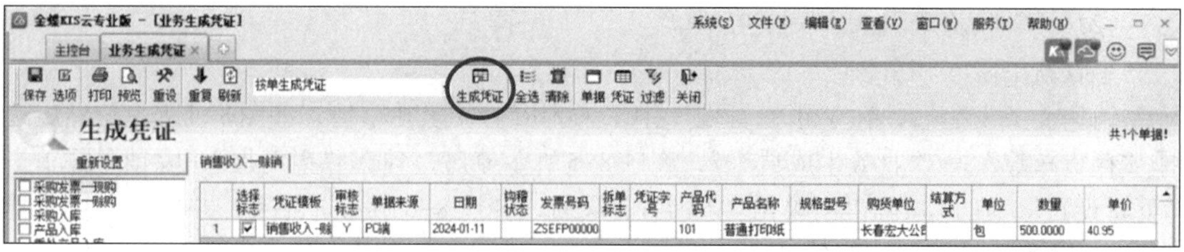

图8-6　生成销售凭证

如果现销则已经收款，不再需要录入收款单；对于赊销的业务，在收到货款时需要填制收款单，选择“应收应付”—“收款单”，选择“客户”、“日期”、“收款类型”（收款、预收款、收款退款）、“结算账户”、“表头收款金额”等数据，完成收款单据的填制工作后保存，这时，在工具栏上会出现【审核】按钮，点击【审核】按钮完成单据审核，如图8-7所示。

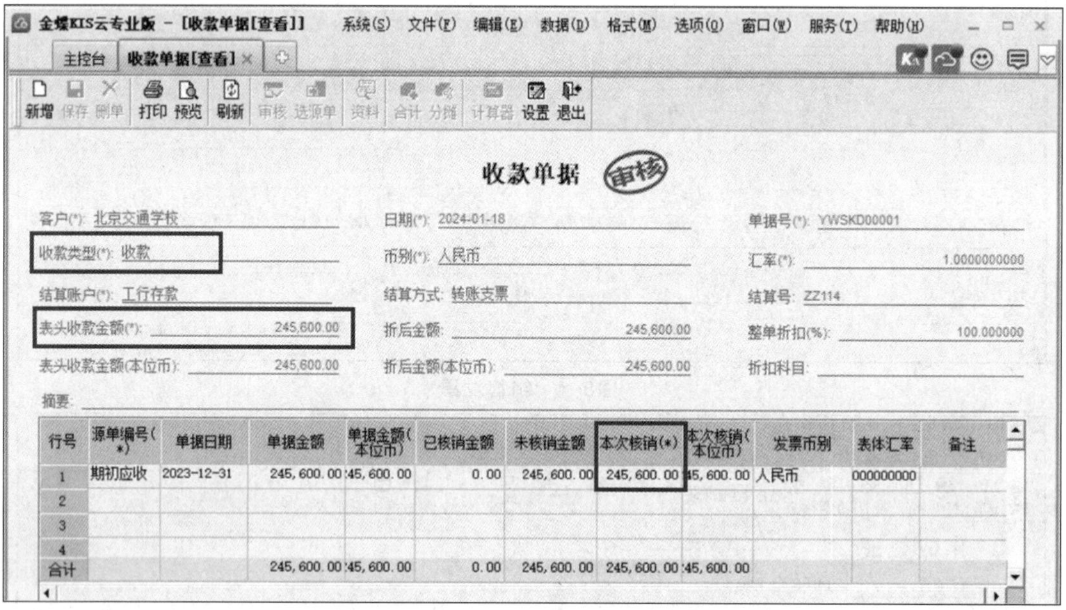

图8-7　收款单据录入

操作提示

📖如果该笔业务是以前的赊销业务收回的款项，则收款类型选择“收款”，该笔单据为收款单；如果该笔业务是收取客户的预收款，则收款类型选择“预收款”，该笔单据为预收单；如果是多收款项的退款，则收款类型选择“收款退款”，该笔单据为退款单。表头收款金额要和本次核销金额保持一致。

注意：只有审核通过的单据才能进行自动制单。

②设置凭证模板

在金蝶KIS云专业版中，自动生成凭证需要设置模板，在【应收应付】右侧的【应收应付凭证模板】中进行设置，点击进入后，选择对应业务的记账凭证模板，比如收款单和预收单（如图8-8所示）。

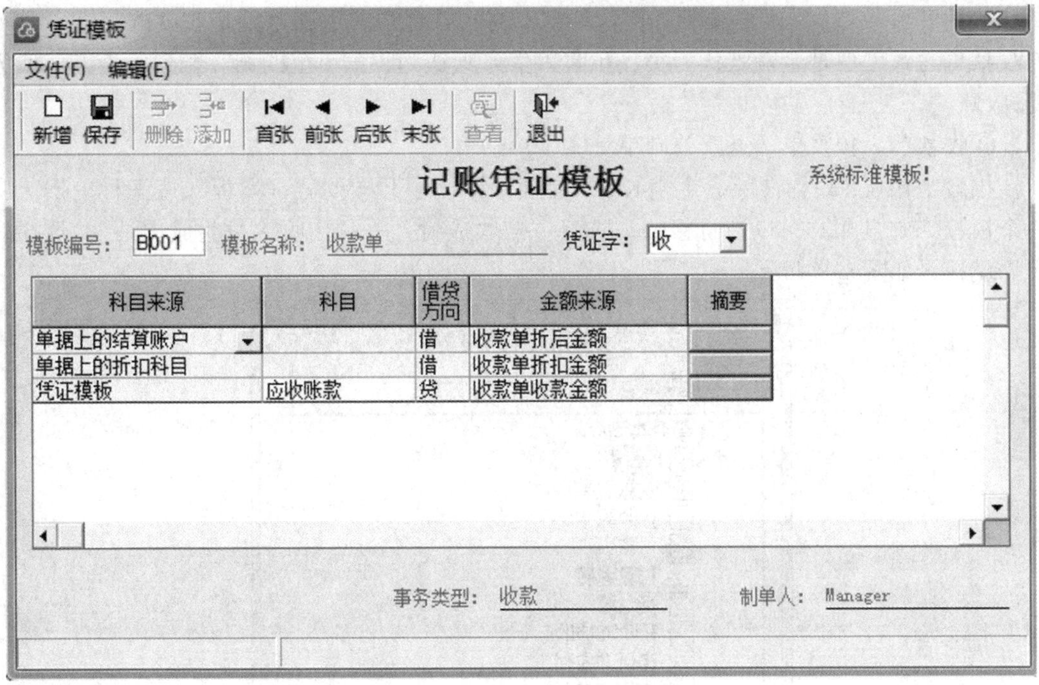

（a）收款单

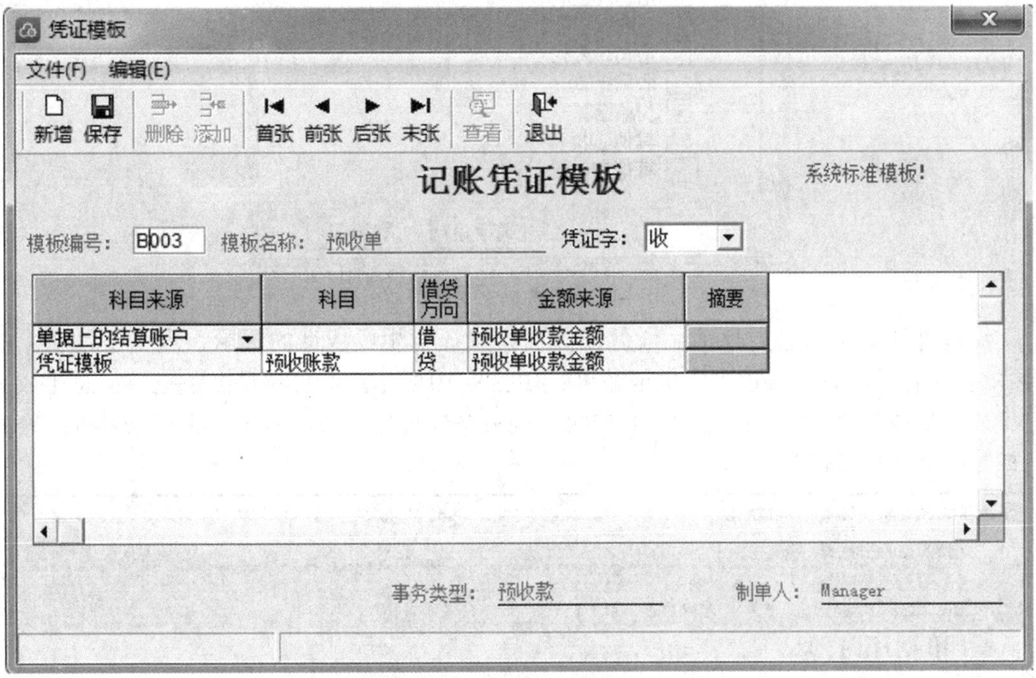

（b）预收单

图8-8　记账凭证模板

其中，借方科目来自收款单据上的结算账户（这也是收款单录入时必须设置结算账户的原因），贷方科目用户进行设定：收款单中借方科目来自收款单上的结算账户，贷方科目一般为“应收账款”，金额来自收款单据上的收款金额；退款单就是收款的退款，默认与收款单一致，但是金额默认为负；预收单借方默认为收款单上的结算账户，贷方一般为“预收账款”。

③收款单、预收单、退款单制单

相较于用友T3-标准版，金蝶KIS云专业版给出了开放的凭证模板，每一种单据对应一个模板，并且用户可以自行修改。选择“应收应付”—“应收应付生成凭证”，选择对应的模板，如图8-9所示。

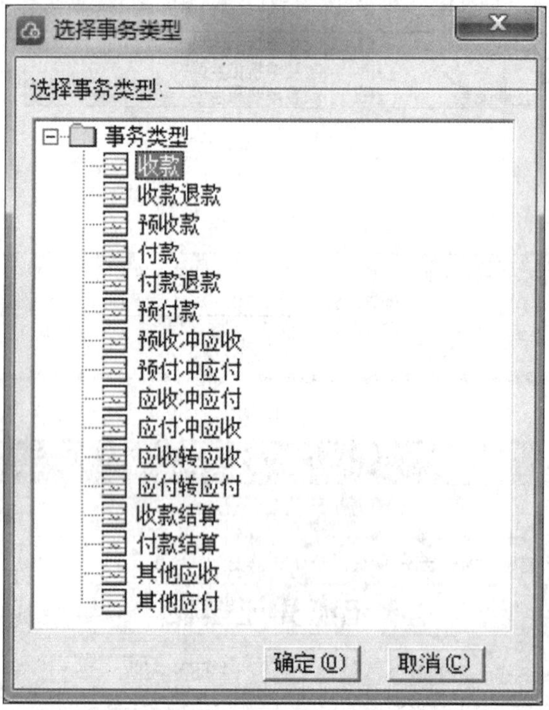

图8-9 选择事务类型

经过过滤筛选后进入自动生成凭证界面，选择要生成凭证的记录，点击工具栏上的【按单】或者【汇总】按钮生成凭证即可，如图8-10所示。汇总就是多条记录汇总生成一张凭证，生成的凭证既可以在“应收应付”的业务凭证序时簿中查询，也可以进入“账务处理”—“凭证管理”进行查询。

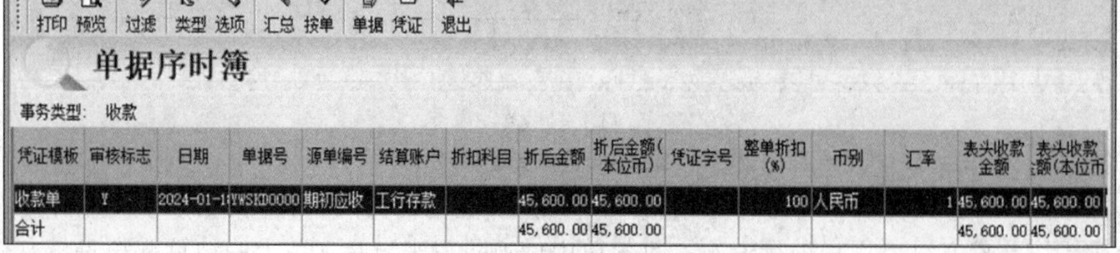

图8-10 按单或汇总制单

操作提示

> 🕮业务自动生成的凭证一般不能在账务处理系统中删除，需要进入“应收应付”系统右侧“业务凭证序时簿”中进行删除。

（3）核销单的处理及制单

①应收款相关核销单的处理

金蝶KIS云专业版核销单主要包括预收冲应收、应收冲应付、应收转应收、预付冲应付、应付冲应收、应付转应付，其中和应收款管理模块有关的三个核销单为“预收冲应收、应收冲应付、应收转应收”，如图8-11所示。

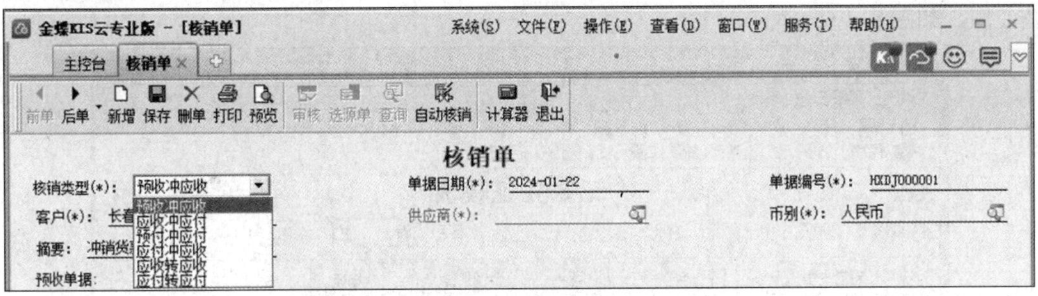

图8-11　核销单录入

单据的填制比较简单，关键是选择“核销类型”，选择了哪种类型，该单据即进行该类业务的核销处理。以“预收冲应收”为例，核销类型选择“预收冲应收”，录入日期，选择客户后，在单据主体内容中的“预收单据”选择“选源单”，选择需要对冲的预收单，在下面的“应收单据”下选择“选源单”，选择需要与预收单对冲的应收单，如图8-12所示，单击工具栏中的保存按钮后审核即可。审核后的单据可以再通过生成凭证功能自动生成凭证。

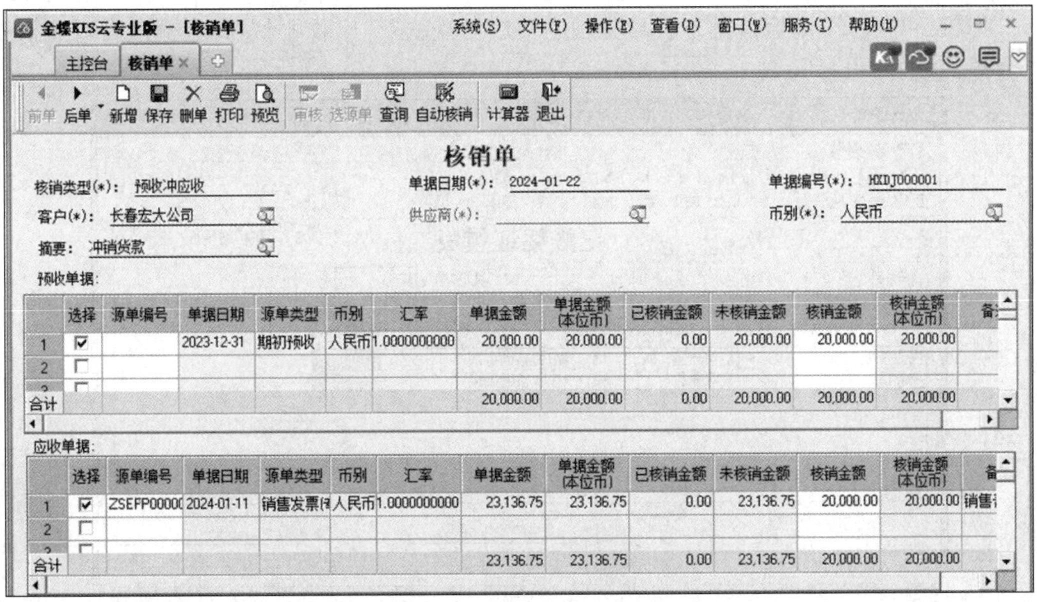

图8-12　预收冲应收核销单

操作提示

📖“应收冲应付”“应收转应收”与上述操作相同，只是选择的核销类型不同，不再重复。

📖预收单据中的核销金额与应收单据中的核销金额要相等。

②应收款核销凭证生成模板设置

该功能仍然在“应收应付”右侧的“应收应付凭证模板”中，选择“预收冲应收”“应收冲应付”“应收转应收”模板，修改打开：

“预收冲应收”模板借贷方科目分别为“预收账款”“应收账款”，金额取自对应核销单金额，如图8-13所示。

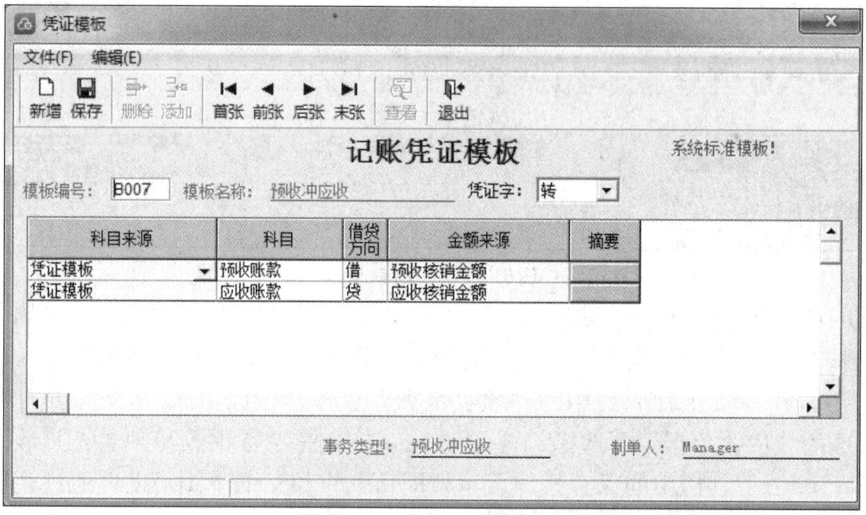

图8-13 预收冲应收模板

“应收冲应付”模板借贷方科目分别为“应付账款”“应收账款”，金额取自对应核销单金额，如图8-14所示。

图8-14 应收冲应付模板

“应收转应收”模板借贷方科目都是“应收账款”，明细科目的客户不一致，金额取自对应的核销单金额，如图8-15所示。

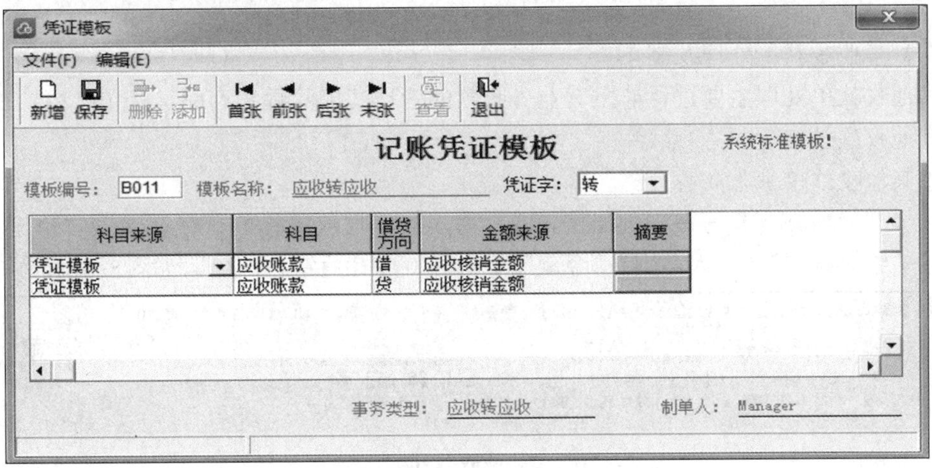

图8-15　应收转应收模板

③应收款核销单的制单

以“预收冲应收”为例，选择“应收应付”—“应收应付生成凭证”，选择对应制单类型“预收冲应收”，过滤筛选后，出现符合条件的预收冲应收记录，选择要生成凭证的记录，点击【按单】按钮生成凭证，提示生成凭证成功后，进入“业务凭证序时簿”或者进入“账务处理”—“凭证管理”进行查询，如图8-16、图8-17所示。

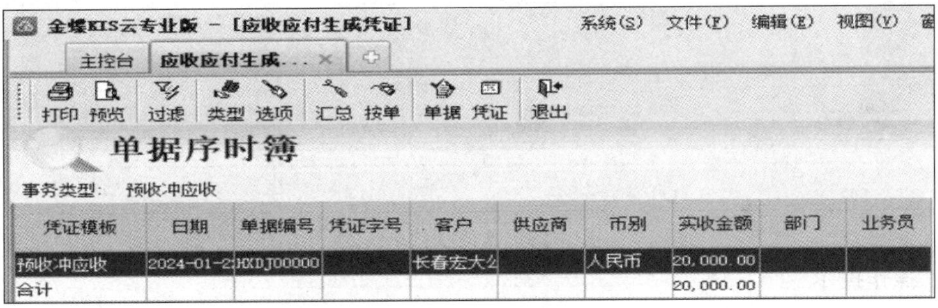

图8-16　预收冲应收制单

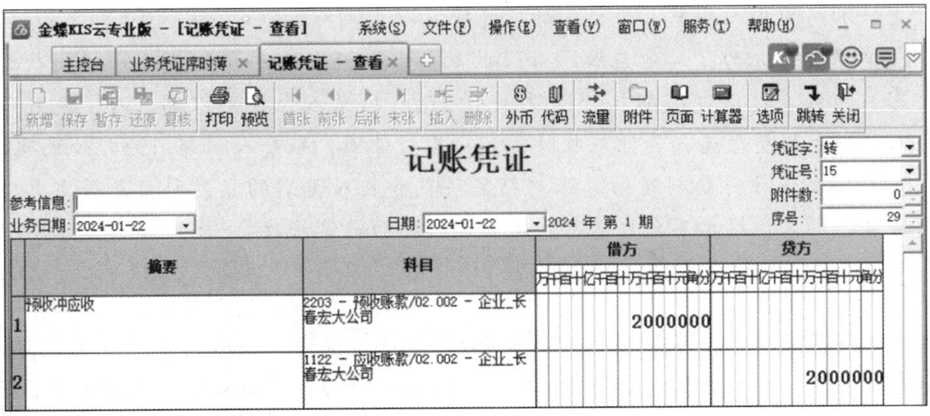

图8-17　预收冲应收生成凭证

操作提示

🕮其他对冲制单与此相同，不再重复。

（4）其他收款单处理及制单

其他收款单处理主要进行非主营业务收款的管理，即除赊销商品、赊销材料、预收款外的其他收款及结算业务。

①其他收款单录入

选择“应收应付”—“其他收款单”，进入其他收款单界面，依次录入“单据类型”“日期”“结算账户”“收入类别”“金额”等内容，保存后审核即可，如图8-18所示。

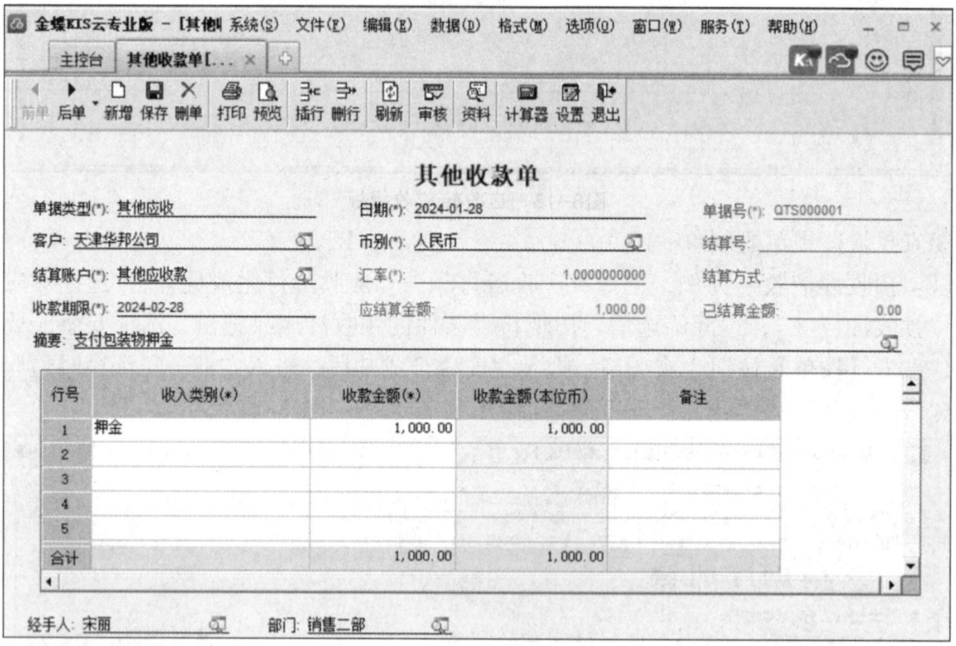

图8-18　其他收款单录入

操作提示

🕮收入类别在“应收应付”—“收支类别”或“基础设置”—“收支类别”已经设置好不同的收入、支出内容及对应科目。

🕮单据类型分为“其他应收”和“收款结算”两种，当单据类型选择收款结算时，客户、经手人、部门都非必填项，可任选一项录入，也可以都录入，还可以都不录入；当单据类型选择其他应收时，客户为必录项，经手人、部门为非必录项。

🕮单据在保存时会判断结算账户指定科目和收入类别的指定科目是否重复，如果有重复，那么会提示不允许保存，返回编辑界面继续修改。

②凭证模板设置

生成凭证需要设置好模板，以“其他应收”为例，借方科目取自其他收款单的结算科目，贷方科目取自收入类别设置的会计科目，金额取自收入类别对应的收款金额，其模板如图8-19所示。

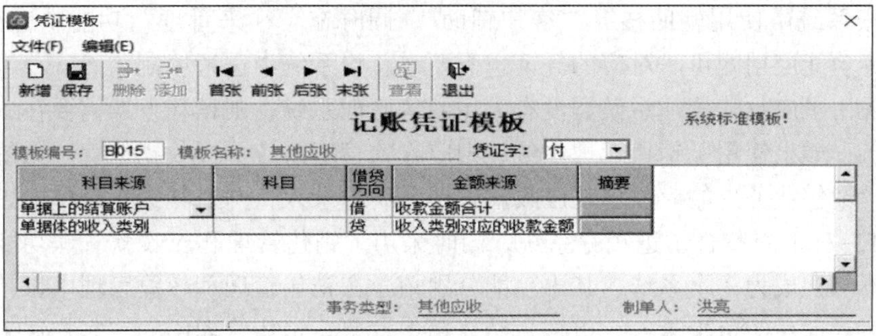

图8-19　其他收款单收款结算记账凭证模板

操作提示

📖如果系统自带的凭证模板不对，可以通过【新增】按钮建立新的凭证模板，并通过选择菜单“编辑”—“设为默认模板”将其设置为默认模板。

③根据模板生成凭证

进入“应收应付生成凭证”，选择“收款结算”或者“其他应收”（依据录入的其他收款单的单据类型确定），进入凭证生成界面，点击【按单】按钮生成凭证。

（5）账表查询

金蝶KIS云专业版账表查询在“应收应付”模块右侧显示，用户可以根据需要查询各种序时簿和报表，如图8-20所示，其中“业务凭证序时簿”可以查看应收应付模块中生成的记账凭证，也可以对其进行修改、删除。

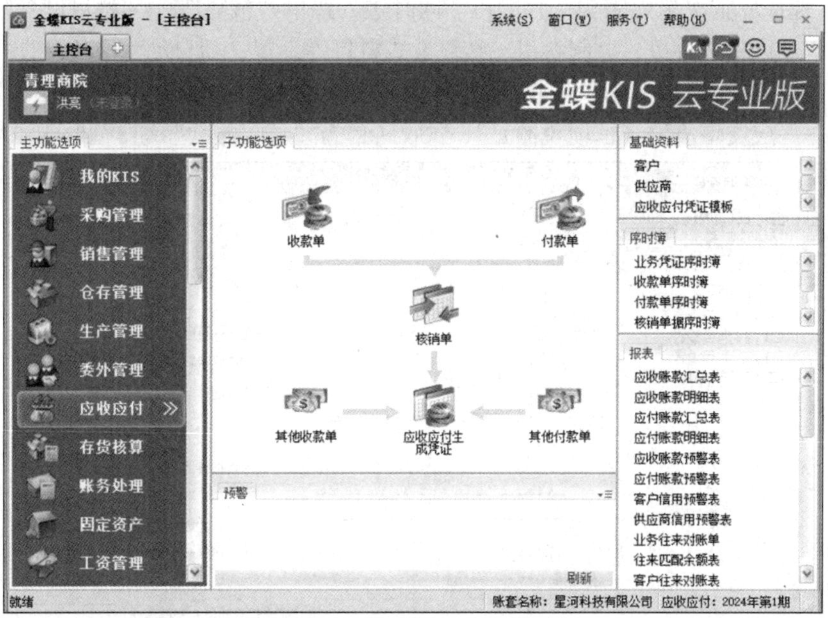

图8-20　应收款账表查询

8.3.2　用友T3-标准版应收款管理系统实务操作

1）用友T3-标准版应收款管理系统简介

如果企业的应收款业务比较简单，或者现销业务较多，可以不使用应收款管理功能，直接在总账系统中使用辅助核算“客户辅助”，同时在“往来管理”功能中进行催款单、账龄分析等功能应用即可。对应的凭证也需要在总账系统中进行填制。

如果采用了应收款管理系统，没有采用销售管理系统，则销售发票需要在应收款管理系统中录入；如果使用了销售管理系统，则应收款管理系统可接收销售管理系统中形成的销售发票，销售业务外的应收单在应收款管理系统中录入，并对其进行制单即可。

用友T3-标准版整合了进销存系统，同时采用了销售管理和应收款管理功能。应收款管理系统不单独成为一个系统，其中功能分别划分在销售管理和核算管理中，其中具体划分为：销售管理系统负责录入、审核、结算销售发票；销售管理中的“客户往来”即应收款管理的单据处理功能，负责销售业务外的应收单录入与审核、收款单录入与审核、转账业务和查询业务。核算管理中的“客户往来制单”就是进行发票制单、收款制单、现结制单、转账制单等工作。

应收款管理系统自动生成凭证要求所使用的往来科目必须是往来受控（应收）科目，一般设置了客户往来核算的科目可以选择设置为应收受控科目，该功能在基础资料“会计科目”中进行设置。

2）实务操作

（1）期初设置

在应收款管理系统应用前应先将客户往来期初数据录入，选择“销售管理”—“客户往来”—“客户往来期初”，经过过滤后，系统要求录入首次使用该功能时各个客户所欠款项的期初余额，客户所欠款项可能由销售发票（赊销）引起、销售业务之外的应收单引起、预收款项引起，选择后依次录入完毕保存即可。同时进入菜单“核算”—“科目设置”—“客户往来科目”，进行基本科目、控制科目、结算方式科目等设置，为自动生成凭证设置好对应的会计科目，如应收科目一般为“应收账款”、销售收入科目为“主营业务收入”、税金科目为“应交税费——应交增值税（销项税额）”、预收科目为“预收账款”等，如图8-21所示。

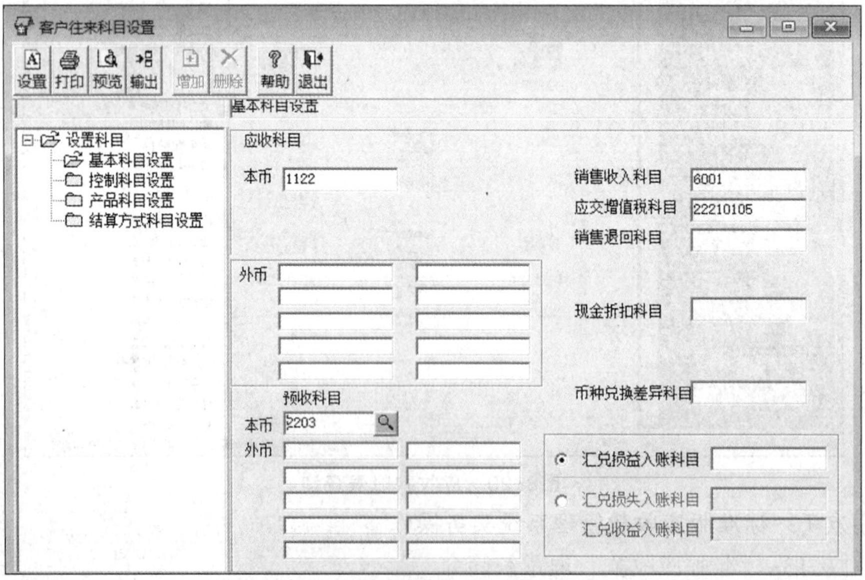

图8-21　期初基本科目设置

（2）日常业务销售发票录入与制单

用友T3-标准版集成了销售管理功能，销售发票在“销售管理”功能下，点击【增加】按钮，填写保存后复核（如果是现结的发票，需要点击工具栏中的【现结】按钮，不点击默认为赊销），才可通过“核算”—“客户往来制单”自动生成凭证。选择“销售管理”—“销售发票”录入并复核发票，如图8-22所示。

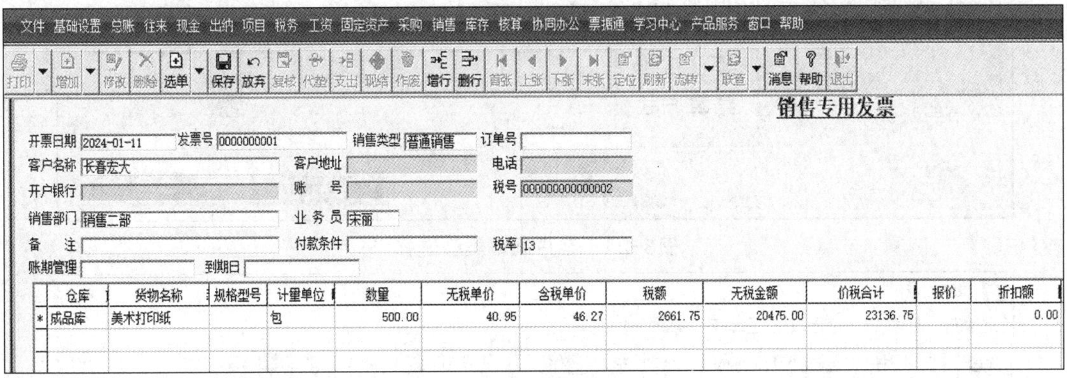

图8-22　销售发票录入和复核

选择“核算”—“客户往来制单”（如图8-23所示），左侧选择“发票制单”（如图8-24所示），确认后进入制单界面，选中要制单的票据，点击工具栏中的【制单】按钮，自动生成销售应收款的记账凭证（如图8-25所示）。

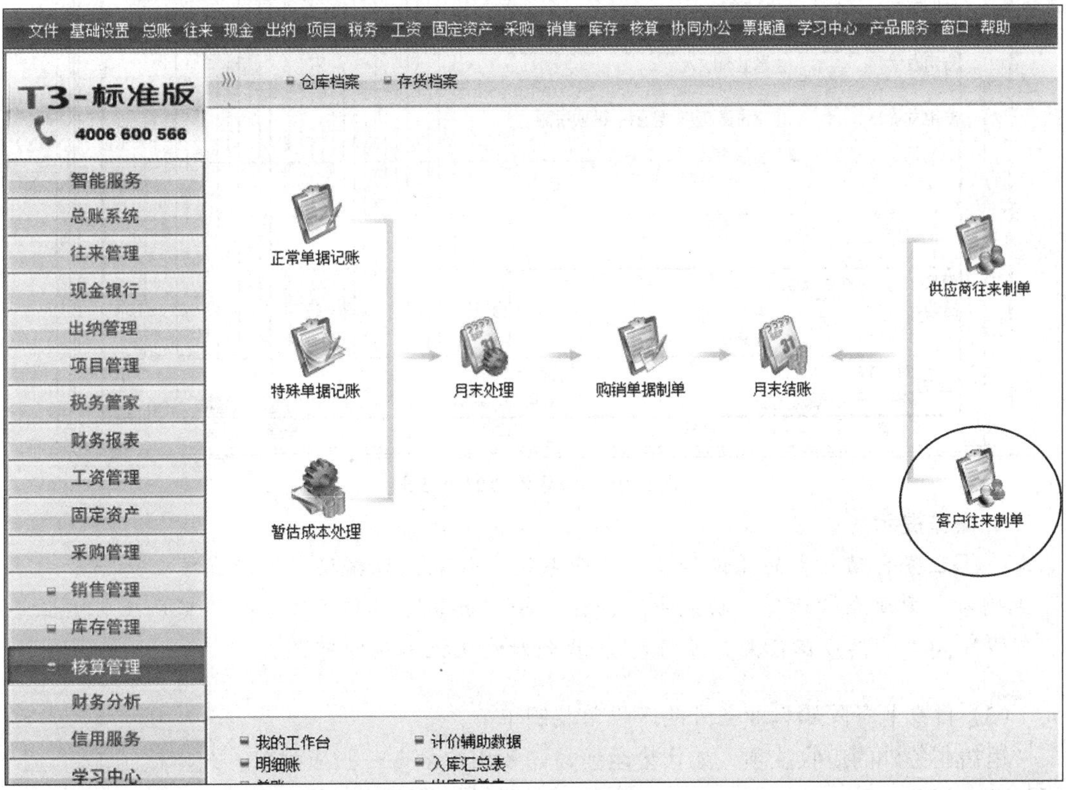

图8-23　客户往来制单

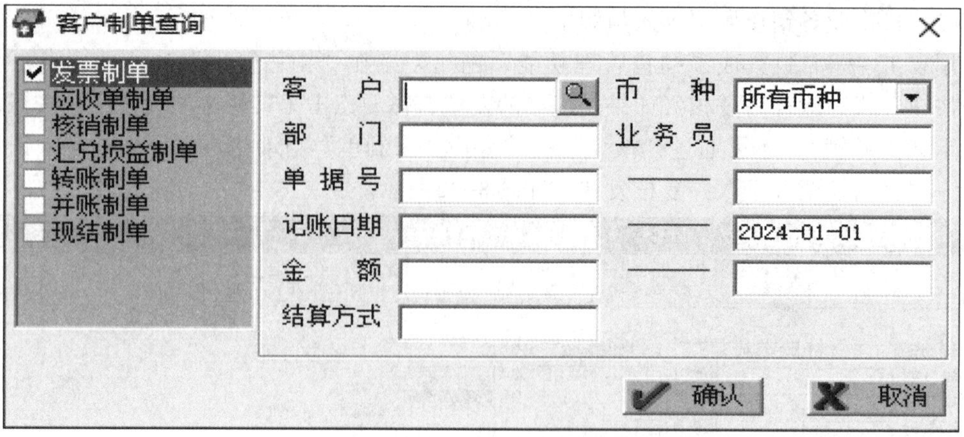

图8-24 客户制单类型选择

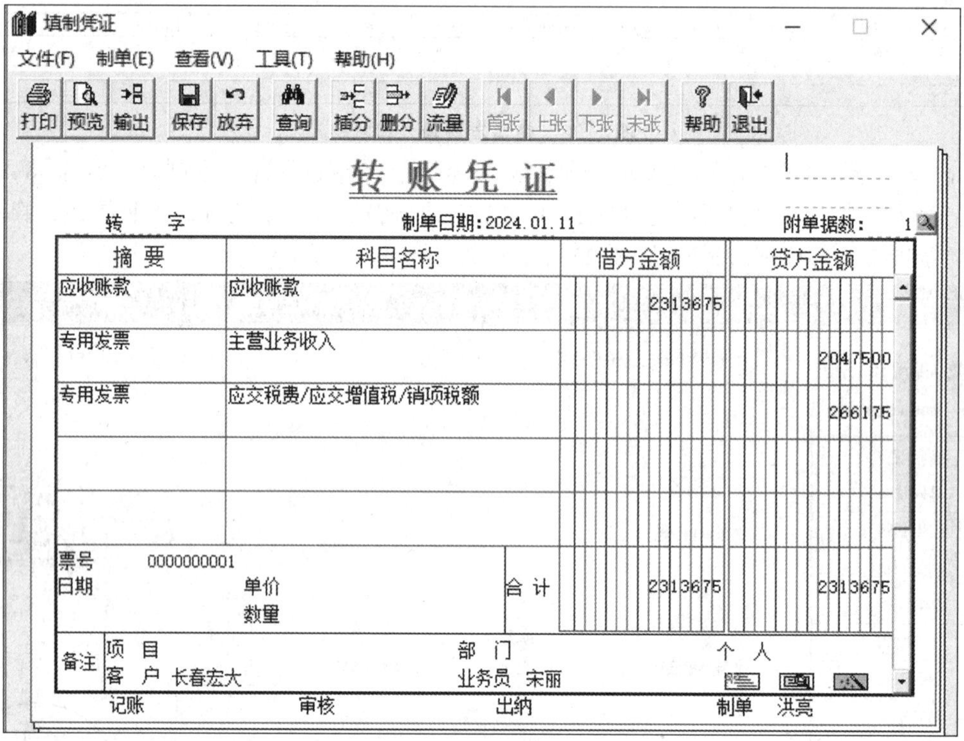

图8-25 销售发票制单结果

操作提示

📖业务自动生成的凭证传递给总账系统，如果凭证错误，不能直接在总账系统中删除，需要在“核算”功能中进行，选择“核算”—“凭证”—“客户往来凭证列表”或者“供应商往来凭证列表”，找到对应记录删除即可。

(3) 日常业务除销售业务外的应收单及制单

销售业务外的应收款项，如代垫运费，需要用户录入一张应收单，并审核制单。选择“销售管理”—“客户往来”—“应收单”，如图8-26所示。

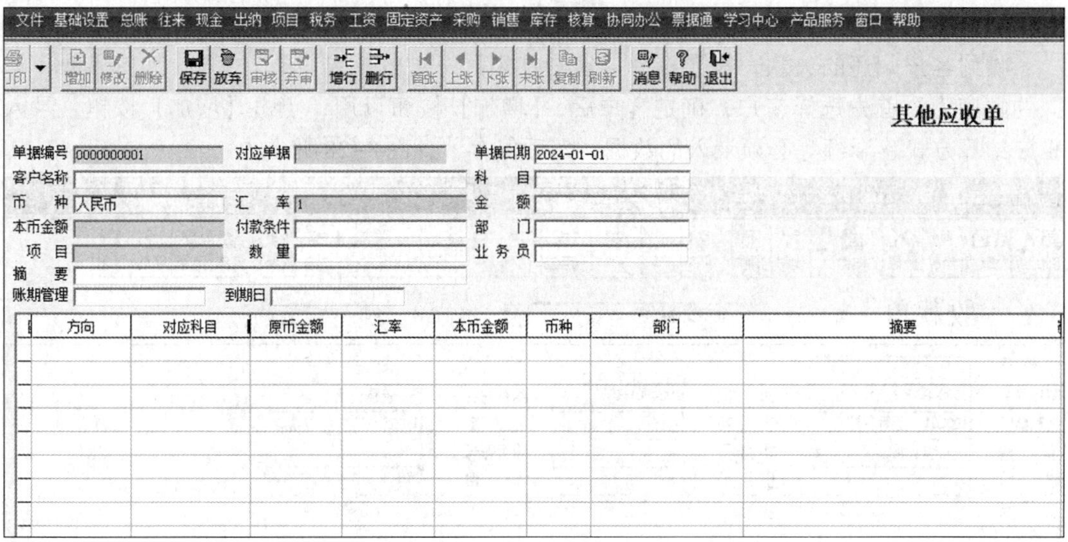

图8-26　其他应收单录入

填写完毕保存后，上部【审核】按钮就会变亮，用户审核无误点击【审核】按钮。选择“核算”—“凭证”—“客户往来制单”，左侧选择“应收单制单”，确认后进入制单界面，选中要制单的票据，点击工具栏中的【制单】按钮，自动生成记账凭证。正常情况下该凭证默认借方为“应收账款”，贷方为空，用户可以根据需要正确修改该凭证并保存，如图8-27所示。

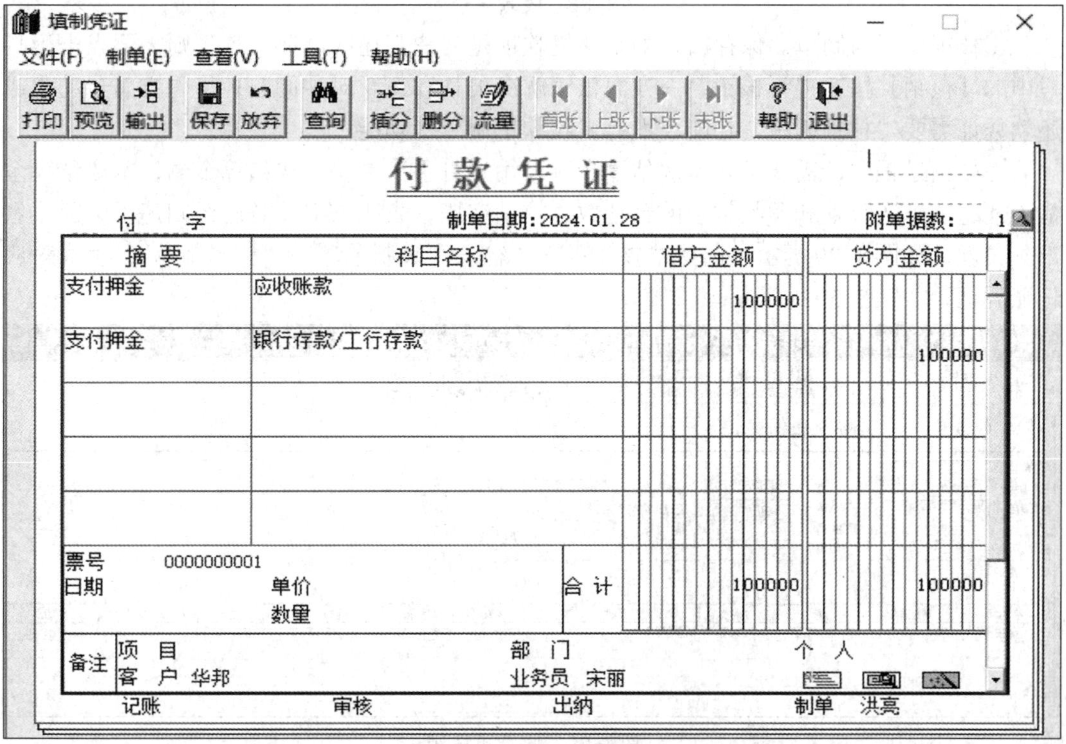

图8-27　其他应收单制单

（4）收款及核销与制单业务处理

收到客户归还的欠款，需要选择“客户往来”—“收款结算”，进入收款单界面，录入的顺序为：首先选择客户，确定客户后，【增加】按钮可用，点击【增加】按钮，录入相应结算方式、金额等必须录入的数据，然后保存，如图8-28所示。

图8-28 收款单录入

①核销处理与制单。保存后，如果该笔款项是客户归还的以前欠款，则需要点击工具栏中的【核销】按钮进行核销，一方面核销解决欠款和还款对冲问题；另一方面自动生成还款凭证需要“核销制单”功能，没有“收款单制单”功能。

在核销过程中，需要录入本次结算金额，用户可手工录入本次结算金额，本次结算金额不能超过本次收款和预收款项的合计数。核销完毕，表明该笔业务已经归还了全部或者部分欠款，如图8-29所示。选择“核算”—“客户往来制单”—“核销制单”，生成对应记账凭证，如图8-30所示。

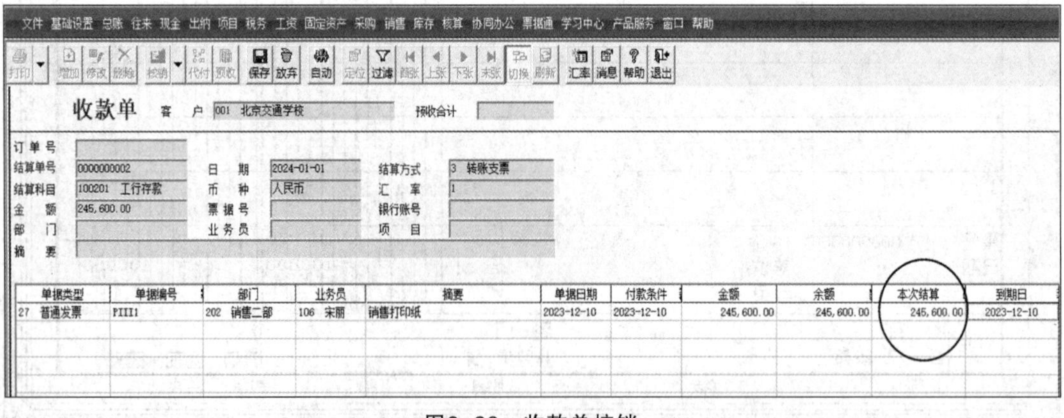

图8-29 收款单核销

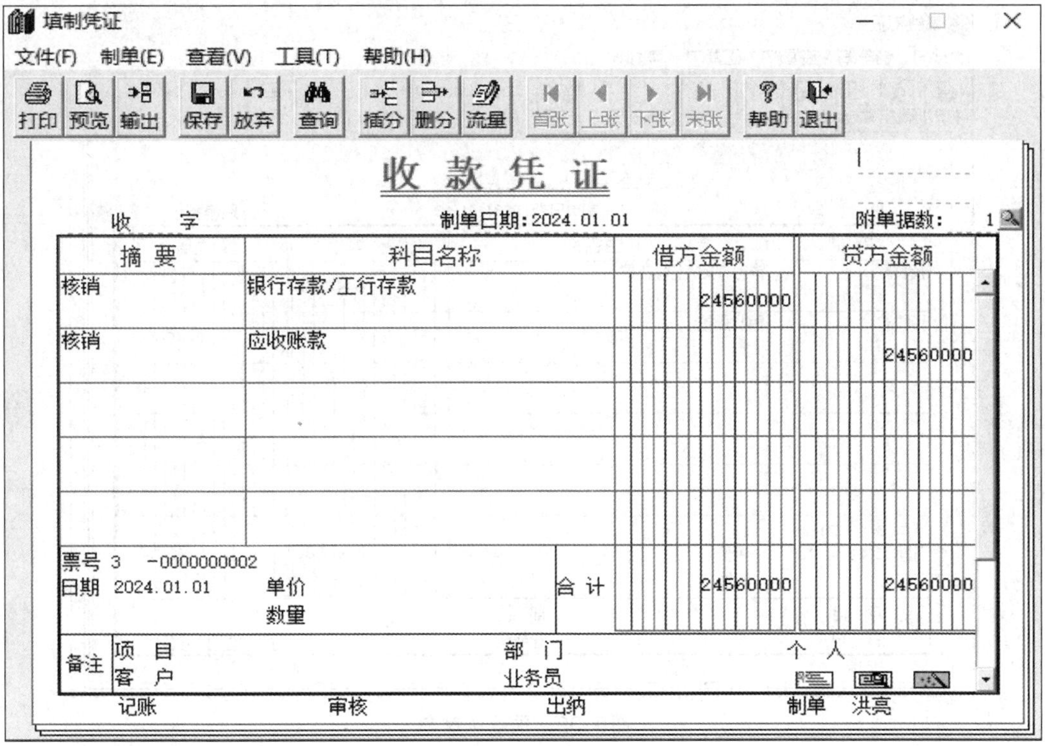

图8-30　核销制单

②如果是预收客户的款项，录入完毕后，点击工具栏中的【预收】按钮，形成预收款项，然后进入“核算”—“客户往来制单”—“核销制单”，生成对应记账凭证，如图8-31、图8-32所示。

图8-31　预收款录入

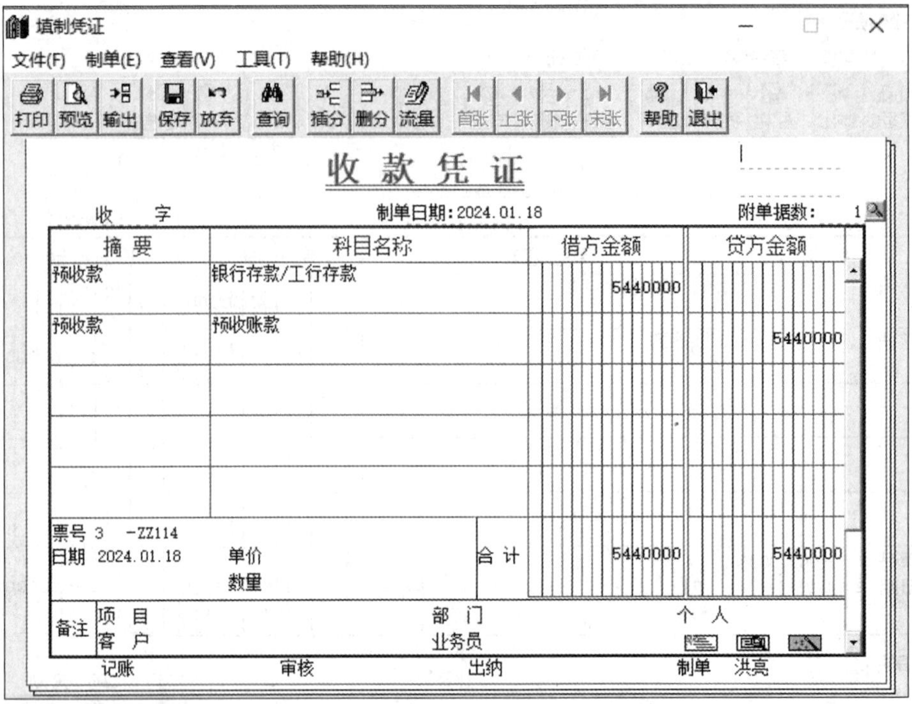

图8-32 预收款制单

③代付款。如果收到一家单位归还的款项，是它为另外一家单位付的款。这时您有两种处理方式：将付款单位直接记录为另外一家单位；将付款单位仍然记录为该单位，但通过“代付”功能处理代付款业务。第二种方式的好处是既可以保留该笔付款业务的原始信息，又可以处理同时代多家单位付款的情况。这时候可以点击工具栏中的【代付】按钮进行操作，系统要求用户选择所代付单位的名称及金额，如图8-33所示。需要注意的是：代付操作后，仍然需要进行核销处理，方可进行制单。核销及制单已经阐述，此处不再赘述。

图8-33 代付款录入

(5) 转账业务及制单

转账业务主要讲解应收冲应收、预收冲应收、应收冲应付等业务，选择“销售管理”—“客户往来”—“应收冲应收”，选择“转出户”和“转入户”，点击【过滤】按钮，如有符合条件的，显示在下面，点击【确认】按钮即可，如图8-34所示。

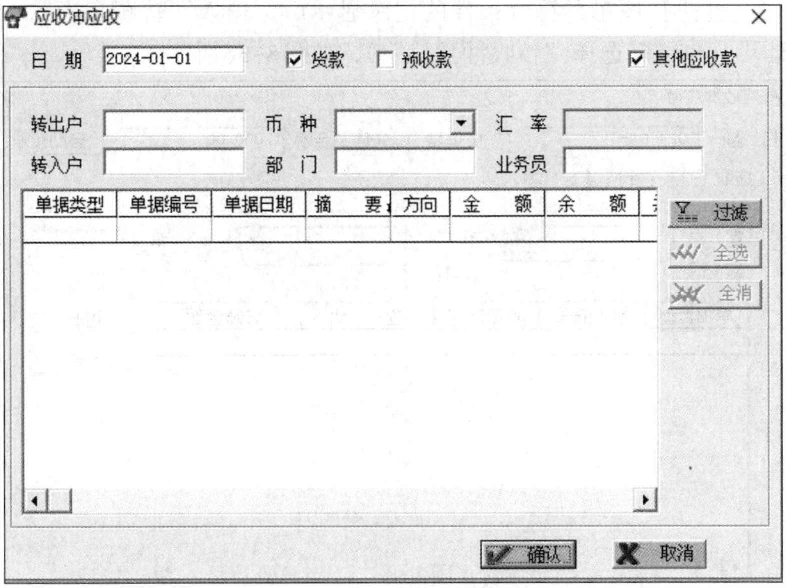

图8-34　应收冲应收

选择“销售管理”—“客户往来”—“预收冲应收”，主要用于单位预收客户款项后，销售货物形成应收款后，需要将预收和应收对冲，选择“预收款”客户和“应收款”客户，点击【过滤】按钮，符合条件的记录显示出来，并在“转账金额”输入冲销的金额，点击【分摊】按钮，确认即可，如图8-35所示。

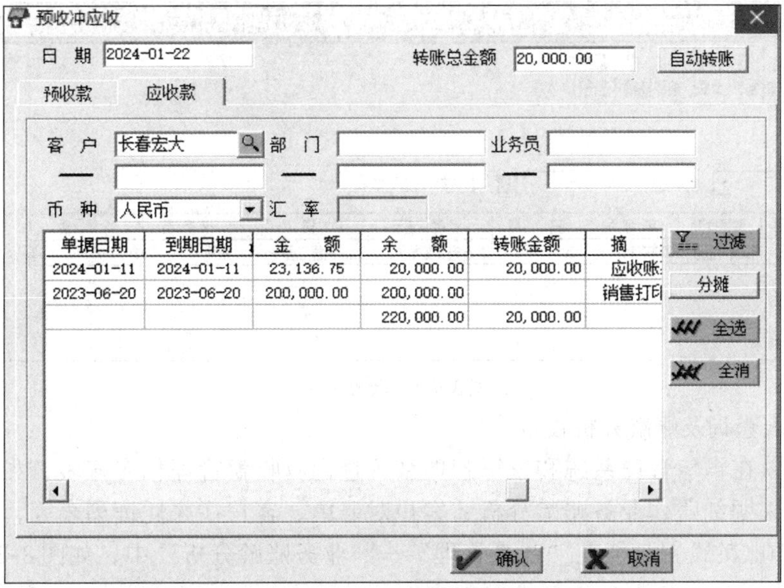

图8-35　预收冲应收

操作提示

📖自动转账为自动匹配全部客户预收款和应收款并进行对冲。

选择“销售管理”—“客户往来”—“应收冲应付”，选择“应收”“应付”的客户和供应商，点击【过滤】按钮，符合条件的记录显示后，输入“转账金额”，点击【分摊】按钮，确认即可（也可以选择“预收冲预付”），如图8-36所示。

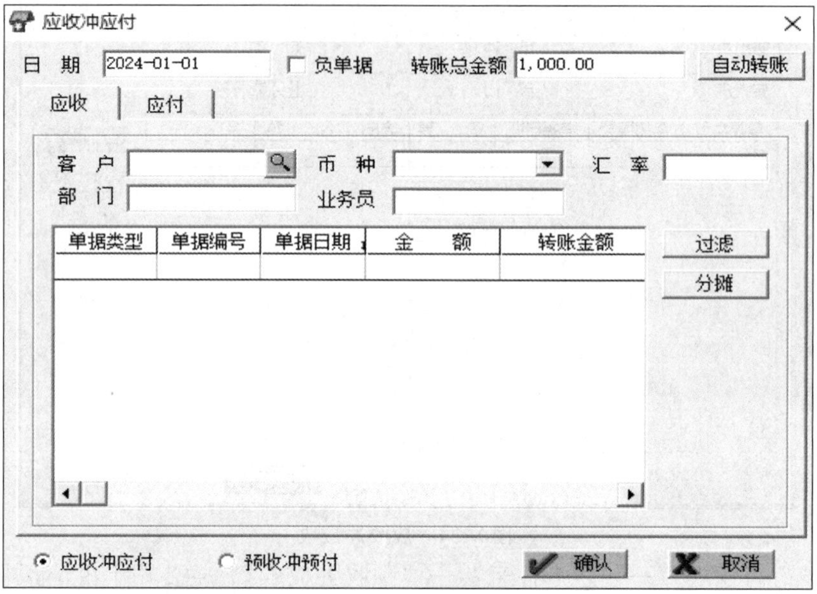

图8-36　应收冲应付

在销售管理系统中转账完毕后，进入“核算”—“客户往来制单”—“转账制单”，如图8-37所示，选择对应的转账记录，点击工具栏中的【制单】按钮生成凭证。

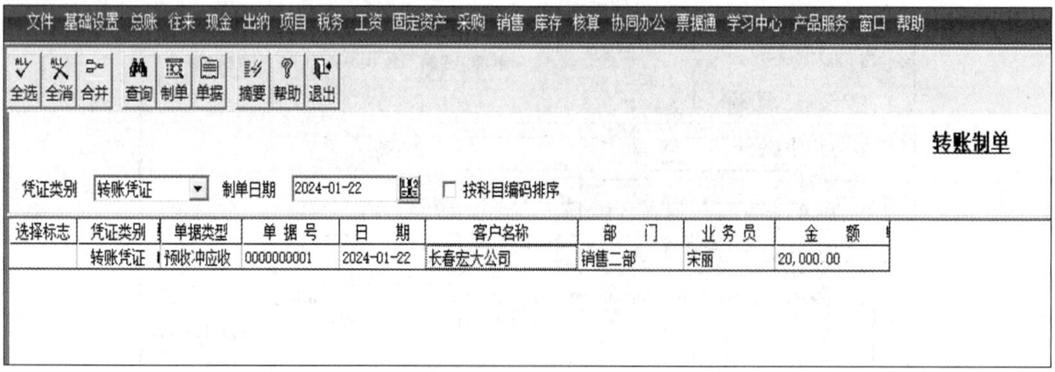

图8-37　转账制单

（6）账表查询及账龄分析设置

用户可以在销售管理系统和核算管理系统查询应收款管理相应账表，如客户往来总账、客户往来明细账、业务账龄分析、客户对账单、客户往来凭证列表等，其中，用友T3-标准版的账龄设置功能在“往来管理”—“业务账龄分析”中，如图8-38和图8-39所示。

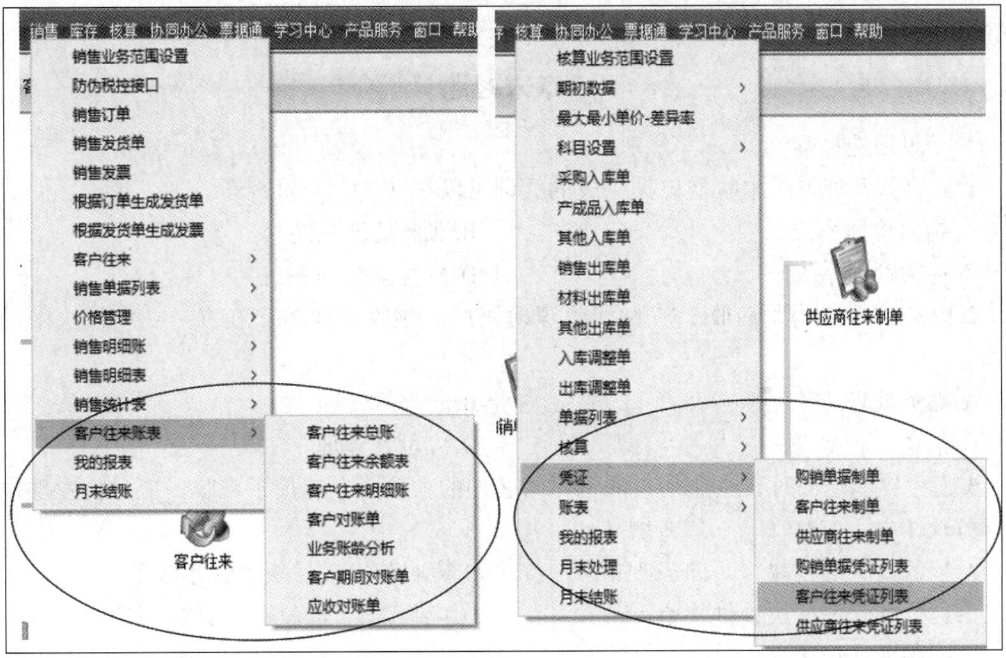

图8-38　客户往来账表查询

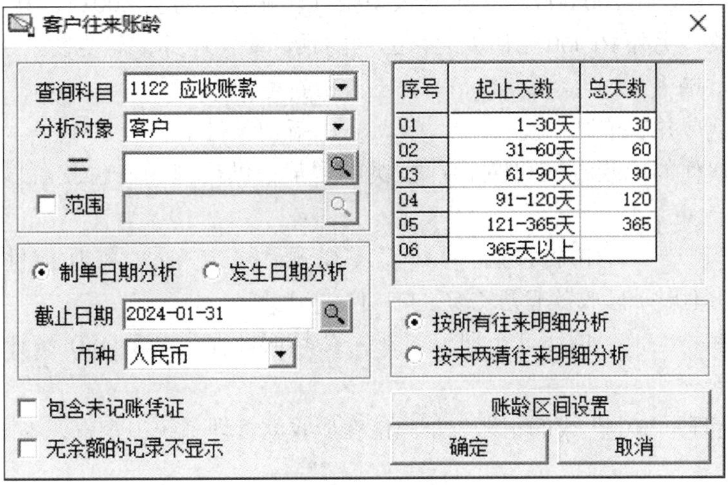

图8-39　账龄分析

思政小课堂

思政目标	思政素材
应收款日常处理，强化专业思维，培养业财融合意识与业财一体化处理能力	文献阅读：张菊.用友U872应收款管理业务操作常见问题解析［J］.中国管理信息化，2019，22（11）：55-56

章末习题

一、单项选择题

1.应收款管理系统中收款单据生成的凭证可以在（　　）里查看。

A.销售管理系统　　B.账务处理系统

C.存货管理系统　　D.应付款管理系统

2.财务软件启用了应收、应付款管理模块后，预收款业务应在（　　）模块中进行处理。

A.账务处理　　B.应收款管理

C.报表　　D.应付款管理

3.发生销售退回时，企业开具的退付给客户的款项，在启用了应收、应付款管理模块的财务软件中，应在（　　）新增（　　）。

A.应收款管理模块，负向应收单　　B.应收款管理模块，红字收款单

C.应付款管理模块，付款单　　D.应收款管理模块，负向发票

二、多项选择题

1.“收到北京公司200 000元转账支票一张（转账支票号为Z001），其中190 000元用以归还前欠货款，另外10 000元作为北京公司的预付款”业务，需要在系统中（　　）。

A.新增收款单　　B.新增预收单

C.审核收款单并制单　　D.新增预付单

2.在财务软件的应收、应付款管理模块中，某一供应商的应付款可以与本供应商的（　　）对冲。

A.预收款　　B.应收款　　C.预付款　　D.应付款

3.下列功能不属于应收款管理系统的有（　　）。

A.结转利润　　B.凭证类型　　C.坏账处理　　D.统计分析

三、判断题

1.应收款管理系统中生成的记账凭证只能在应收款管理系统中查看，不能在总账系统中查看。（　　）

2.输入收款单时，需要同时输入该收款所对应的应收单（即产生收款的销售发票）。（　　）

3.应收款管理系统提供的基础设置中包括设置收款方式、设置会计科目。（　　）

四、简答题

1.应收款管理系统有哪些功能？

2.比较金蝶KIS与用友T3-标准版，总结应收款管理系统中通常需要做哪些单据的处理？

3.比较金蝶KIS与用友T3-标准版，梳理应收款管理系统与账务处理系统之间的数据传递关系。

4.通过两个软件的实务操作理解并梳理财务软件应收款管理模块的一般原理与操作流程。

五、操作实践题

张明在期末记账时，发现记30号凭证是根据收款单生成的凭证且已审核，但凭证中的科目“银行存款——工行存款”是错误的，应该是“银行存款——建行存款”。请代为处理该业务。

六、上机实验

要求：根据下列资料，进行应收款管理操作，并根据两个软件的应收款管理功能，比较二者之间的异同。

1.应收款管理系统参数设置和初始设置

（1）业务控制参数（见表8-1）（启用日期：2024年1月1日）

表8-1 **业务控制参数设置相关内容**

项目设置名称	设置内容
应收款核销方式	按单据
控制科目依据	按客户
产品销售科目依据	按存货

（2）科目设置

■基本科目设置

应收科目：应收账款；预收科目：预收账款；销售收入科目：主营业务收入；应交增值税科目：销项税额22210105（具体科目代码根据实际科目代码选择即可）。

■结算方式科目设置

结算方式：现金支票；币种：人民币；科目：库存现金 1001。

结算方式：转账支票；币种：人民币；科目：银行存款——工行存款100201（具体科目代码根据实际科目代码选择即可）。

（3）期初数据（见表8-2）

表8-2 **应收账款期初数据表**

单据类型	发票编号	开票日期	客户名称	备注	单价（元/包）	方向	金额（元）	销售部门	业务员
普通发票	PIII1	2023-12-10	北京交通学校	销售打印纸6 140包	40	借	245 600	销售二部	宋丽
普通发票	PIII2	2023-06-20	长春宏大公司	销售打印纸5 000包	40	借	200 000	销售二部	宋丽
预收单		2023-12-31	长春宏大公司			贷	20 000	销售二部	宋丽

会计科目：应收账款；期初余额：445 600元。

（4）收支类别

收入类别见表8-3。

表8-3 收入类别

代码	类别名称	科目
1	押金	银行存款-工行

2.日常业务处理

（1）1月11日，销售二部宋丽销售普通打印纸给长春宏大公司，开出普通发票，发票上记录数量为500包，单价为40.95元/包，货款未收。①

（2）1月18日，将长春宏大公司的预收账款20 000元对冲1月11日的货款，剩余款项用银行存款付清。

（3）1月22日，收到北京交通学校交来的300 000元转账支票1张，其中245 600元用以归还前欠货款，剩余的作为预收款（转账支票号为Z114）。

（4）1月28日，销售二部宋丽以转账支票方式向华邦公司支付包装物押金1 000元（其他应收单）。

①若使用的是用友T3-标准版，因其销售发票中商品的数量要与存货库存数进行关联，因此，需要在存货期初余额中录入产品的期初余额。

第9章/
应付款管理系统操作原理与比较应用

【学习目标】通过本章学习，了解通用财务软件应付款管理的一般操作原理，掌握金蝶KIS云专业版和用友T3-标准版应付款管理的主要功能，并掌握关于应付款业务、付款业务、核销业务、制单等工作的操作步骤和要求。

应用实践问题导入

张晓是辉煌公司的一名会计人员，本期处理应付款业务时遇到这样一项业务：辉煌公司与A公司发生了这样两笔账款：应付账款——A 10 000元，应收账款——A 4 000元。A公司开给辉煌公司6 000元的转账支票。请代张晓进行相应的业务处理。

9.1 应付款管理系统概述

1）应付款业务

应付款是企业在生产经营过程中因购买材料、商品或接受劳务等应该支付给供应单位的款项以及与其他单位或者个人进行款项往来产生的应付款项，是连接采购管理系统和总账系统的纽带。它接收采购管理系统形成的应付款业务，审核并编制采购账款的记账凭证，将凭证传递到总账系统，记录负债的确认；当支付货款时，办理付款事项，输入付款单、编制付款凭证传递给总账系统，并确认应付款项的减少；根据应付款项和付款事项进行核销处理，及时更新应付款余额；编制应付款余额表，为财务部门制订还款计划提供依据，使企业及时支付到期账款，保证良好信誉。关于具体的业务核算问题，我们在相关课程里已有详细的介绍，不再赘述。

2）应付款管理系统

应付款管理系统通过发票、其他应付单、付款单等单据的录入，对企业的往来账款进行综合管理，及时、准确地提供供应商的往来账款余额资料，提供各种分析报表，帮助企业合理地进行资金的调配，提高资金的利用效率。

应付款管理系统的基本功能

9.2 应付款管理系统操作原理

应付款管理系统是连接采购管理系统和总账系统的纽带，主要处理采购业务或者采购业务以外与其他单位形成的应付款的业务，具体为：根据输入的应付单或者采购管理系统传递过来的采购发票（非现结），记录应付账款的形成；进行付款或者转账等业务单据的处理；根据上述业务自动形成机制凭证，并传递到总账系统；根据条件查询各种账表等。

9.2.1 系统初始化

各个系统第一次使用时都要进行初始资料设置和相关参数设置，各个财务软件设置内容的详略程度各有不同，需要在操作中体验，既然应付款管理系统具有应付单据录入及管理、付款单据录入及管理、自动生成凭证等功能，因此主要初始化应当包括核算参数设置、基本资料设置（供应商档案设置、结算方式设置、自动生成凭证对应科目设置等）和期初余额设置。

1）核算参数设置

（1）基本信息设置

该项设置主要包括企业名称、银行账号、启用年份与会计期间的设置。

（2）应付款核销设置

应付款核销是确定付款与采购发票、应付单据之间对应关系的操作，即指明每一次付款是哪几笔采购业务款项。应付款管理模块一般提供按单据、按存货等方式对应付款进行核销。

2）基本资料设置

（1）会计科目设置

会计科目设置是指定义应付款管理模块凭证制单所需的基本科目，如应付科目、预付科目、采购科目、税金科目等。

（2）对应科目的结算方式设置

对应科目的结算方式设置即设置对应科目的付款方式，主要包括现金、支票、汇票等。

（3）账龄区间设置

账龄区间设置即为进行应付账款账龄分析，根据欠款时间，将应付账款划分为若干等级，以便掌握供应商欠款时间长短。

一般来说，相对于应收款项，应付款项的账龄分析及坏账计提并不是企业所关注的重点，但是基于信用培养和长远战略，需要及时对应付款项进行分析，便于和供应商沟通并保持一致，做到价值共享。

（4）供应商档案设置

进行应付单或者付款单等的录入时，需要确定供应商名称，因此必须提前设置好供应商档案，供应商多且分布广的，可以进行地区分类。如果该操作在总账系统或者公共基础资料设置平台已录入完毕，无须重复设置。

3）期初余额设置

通过期初余额功能，用户可将正式启用账套前的所有应付款业务数据录入系统，作为期初建账的数据，系统即可对其进行管理，这样既保证了数据的连续性，又保证了数据的完整性。

当初次使用本系统时，要将上期未处理完全的单据都录入到本系统，以便于以后的处理。当进入第二年度处理时，系统自动将上年度未处理完全的单据转为下一年度的期初余额。在下一年度的第一个会计期间里，可以进行期初余额的调整。

具体的财务软件对于系统初始化设置内容的具体安排会有所不同，但是其基本内容是一致的，基本作用是一致的。具体内容在了解财务软件之后，可做进一步的比较与理解。

9.2.2　日常处理

初始化结束后，进入日常处理阶段。日常处理是应付款管理系统的重要组成部分，是经常性的应付款业务处理工作。

日常业务主要完成企业日常的应付/付款业务录入、应付/付款业务核销、应付并账、汇兑损益等的处理，及时记录应付、付款业务的发生，为查询和分析往来业务提供完整、正确的资料，加强对往来款项的监督管理，提高工作效率。

操作提示

在进行应付款管理模块的日常处理时，需要注意以下几个关联关系：

📖与初始设置关联：日常处理的单据类型为初始设置确定的单据类型。

📖与月末处理关联：月末已结账的会计月，不得再进行日常业务的处理。

📖与账表关联：日常业务的单据及转账处理等内容可以进行查询和分析。

📖与采购管理系统关联：采购管理系统生成发票传递给应付款管理系统，应付款管理系统传递付款核销信息给采购管理系统。

📖与总账系统关联：应付款业务的单据、核销、转账处理生成凭证传递给总账系统。

1）单据处理

（1）应付单据处理

应付单据处理指用户进行应付单据录入和应付单据审核等工作。产生应付单据的来源主要有两种：采购管理系统生成的采购发票（非现结）传递过来自动形成应付单据；采购业务之外用户填制的应付单据（如对方代垫运费等）。第一种应付单据主要是指采购发票，该系统如果和采购管理系统一同启用，则需要在采购管理系统中录入审核发票即可传递给应付款管理系统。第二种需要在应付款管理系统中单独录入，主要包括单据增加、单据修改、单据审核。当发生应付业务时，选择“应付单增加”，录入单据相关内容，保存即可；当录入单据发生错误时，可以选择“修改”，对相关内容进行修改。之后选择“审核”，对应付单据进行审核处理。企业如果不使用采购管理系统，则全部业务单据（采购发票和应付单）都必须在应付款管理系统中录入。

（2）付款单据处理

付款单据处理主要是对结算单据（付款单等）进行管理，包括付款单的录入、修改、审核。当支付应付款项时，使用该功能进行付款处理。

操作提示

📖应付款管理系统的付款单用来记录企业所支付的款项。

📖应付款管理系统的收款单用来记录发生采购退货时，企业所收到的供应商退款。

（3）核销处理

核销处理指用户日常进行的付款核销应付款的工作。单据核销的作用是处理付款核销应付款，建立付款与应付款的核销记录，监督应付款及时核销，加强往来款项的管理。

操作提示

📖手工核销，用户手工确定系统内付款与应付款的对应关系，选择进行核销。通过本功能可以根据查询条件选择需要核销的单据，然后手工核销，加强了往来款项核销的灵活性。

📖自动核销，系统自动确定系统内付款与应付款的对应关系，选择进行核销。通过本功能可以根据查询条件选择需要核销的单据，然后系统自动核销，加强了往来款项核销的效率性。

2）转账处理

（1）应付冲应付

应付冲应付是指将一家供应商的应付款转到另一家供应商中。通过将应付款业务在供应商之间转入、转出，实现应付款业务的调整，解决应付款业务在不同供应商间入错户和合并户等问题。

（2）预付冲应付

预付冲应付用于处理供应商的预付款和对该供应商应付欠款的转账核销业务。

（3）应付冲应收

应付冲应收是指用某供应商的应付款，冲抵某客户的应收款项。通过应付冲应收，将应付款业务在供应商和客户之间进行转账，实现应付款业务的调整，解决应付债务与应收债权的冲抵。

3）凭证处理

凭证处理即制单并生成凭证，并将凭证传递至总账系统记账。

9.2.3 期末处理

1）单据、账表查询

系统提供对应付单、结算单、凭证、各类账表等的查询，也提供对各类单据、详细核销信息、报警信息、凭证等内容的查询。

在查询列表中，系统提供自定义显示栏目、排序等功能，可以通过单据列表操作来制作符合要求的单据列表。用户在单据查询时，若启用供应商、部门数据权限控制，则用户在查询单据时只能查询有权限的单据。

通过单据、账表查询，可以及时地了解一定期间内期初应付款结存的汇总情况、应付款发生的汇总情况、付款发生的汇总情况和累计情况及期末应付款结存的汇总情况；还可以了解各个供应商期初应付款结存的明细情况、应付款发生的明细情况、付款发生的明细情况和累计情况及期末应付款结存的明细情况，能及时发现问题，加强对往来款项的监督管理。

2）统计分析

通过统计分析，可以按用户定义的账龄区间，进行一定期间内应付款账龄分析、付款账龄分析、往来账龄分析，了解各个应付款周转天数、周转率，了解各个账龄区间内应付款、付款及往来情况，能及时发现问题，加强对往来款项动态的监督管理。如通过应付款账龄分析功能，可以分析客商一定时期内各个账龄区间的应付款情况；通过付款账龄分析功能，可以分析客商一定时期内各个账龄区间的付款情况；通过付款预测可以预测将来的某一段时间范围内，供应商、部门或业务员等对象的付款情况；通过欠款分析可以分析截至某一日期，供应商、部门或业务员的欠款金额，以及欠款构成情况。

3）月末结转

如果当月业务已全部处理完毕，就需要执行月末结账功能，只有月末结账后，才可以开始下月工作。

9.3　通用财务软件应付款管理系统实务操作比较应用

9.3.1　金蝶KIS云专业版应付款管理系统实务操作

1）金蝶KIS云专业版应付款管理系统简介

金蝶KIS云专业版将进销存、应收应付、存货核算和总账等集成在一起，其中应收款管理系统与应付款管理系统集成在一起称为“应收应付”系统。如果企业应付款业务少，可以不使用该模块，使用账务处理系统下的供应商往来核算辅助管理即可实现相应功能。如果应付款业务较多且与进销存集成使用，则可使用“应收应付”系统，本部分介绍应付款管理系统的功能与操作。

金蝶KIS云专业版应付款管理系统的主要功能为：付款单及其他付款单的填制与审核、核销单的填制与审核、付款凭证和核销凭证的生成。首次使用财务软件进行上述工作前，需要进行系统初始化工作，即基础资料的设置及初始化余额的录入。

2）实务操作

（1）系统初始设置

系统初始化主要包括基础资料和期初余额录入工作。供应商分类与档案既可以在“基础设置”—“核算项目”下设置，也可以进入“应收应付”—“供应商”进行设置，如图9-1所示。如果在“基础设置”—“核算项目”中已经进行了供应商档案设置，无须重复设置。

选择基础资料里的“收支类别”，选中支出类别，单击“新增”，输入代码、名称、科目，即可完成对支出类别的新增。

期初余额录入需要在如图9-2所示的【初始化】下的“应收应付初始数据”进行，具体操作可以参考应收款管理中期初余额的录入。

图9-1　供应商档案设置

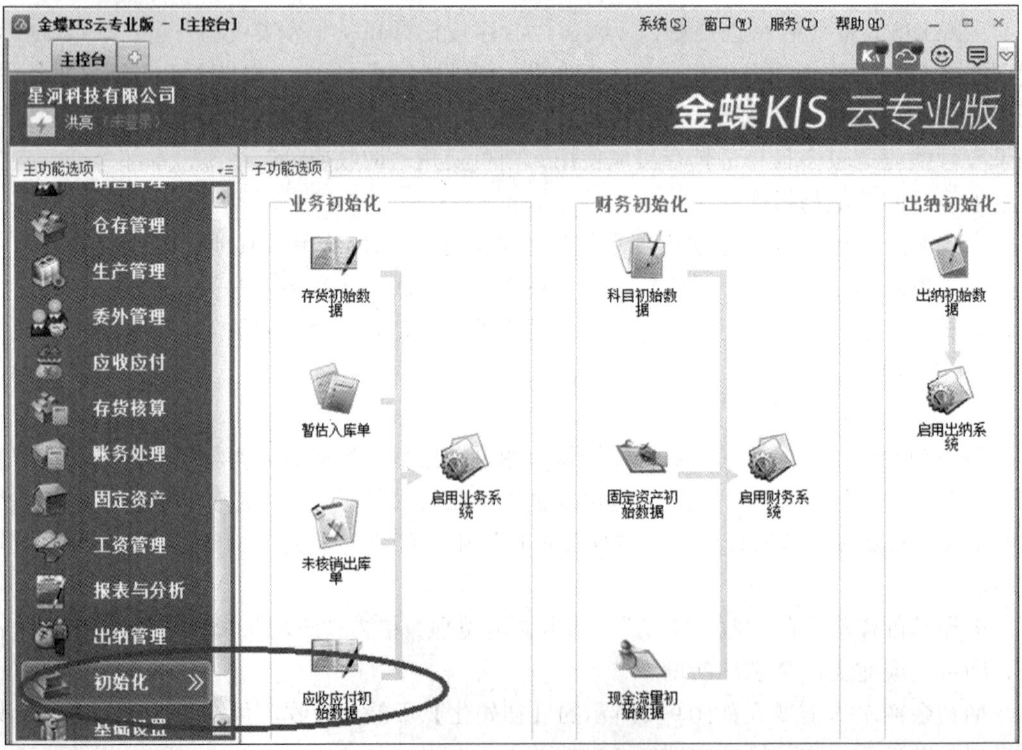

图9-2　应收应付初始数据录入

（2）日常付款单录入、审核与制单

①付款单录入和审核

采购业务发生后，在“采购管理”中录入相应的发票并审核，该发票的数据，可以在“存货核算”—“业务生成凭证”功能下自动生成现购或者赊购的记账凭证。如果是现购，已经付款，不再需要录入付款单；对于赊购的业务，在支付货款时需要填制付款单，先选择“应收应付”—“付款单”，再选择“供应商”、“日期”、“付款类型”（付款、预付款、付款退款）、“结算账户”及“表头付款金额”等数据，如图9-3所示。

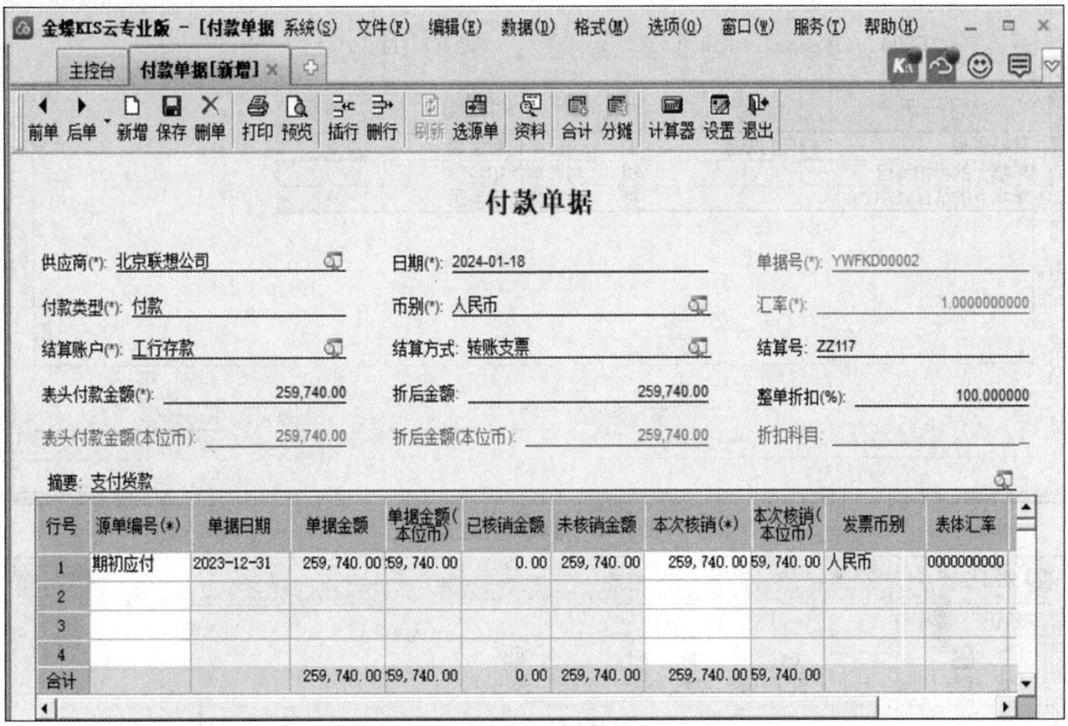

图9-3　付款单据录入与审核

值得注意的是，如果该笔业务是以前的赊购业务需要支付的款项，则付款类型选择“付款”，该笔单据为付款单；如果该笔业务是支付给供应商的预付款，则付款类型选择“预付款”，该笔单据为预付单；如果是多支付款项的退款，则付款类型选择“付款退款”，该笔单据为退款单；表头付款金额要和本次核销金额保持一致。

完成付款单的填制工作后保存，这时在工具栏处会出现【审核】按钮，点击【审核】按钮完成单据审核，注意，只有审核通过的单据才能进行自动制单。

②凭证模板设置

在金蝶KIS云专业版中，自动生成凭证需要设置模板，模板在【应收应付】右侧【应收应付凭证模板】中进行设置，点击进入后，选择对应业务的模板：贷方科目来自付款单据上的结算账户（这也是付款单录入时必须设置结算账户的原因），借方科目用户自行进行设置。

赊购还款的付款借方一般为“应付账款”，金额来自付款单据上的金额，如图9-4所示；退款单就是付款的退款，默认与付款单一致，但是金额默认为方向相反；预付单贷方默认为付款单上的结算账户，借方一般为“预付账款”，如图9-5所示。

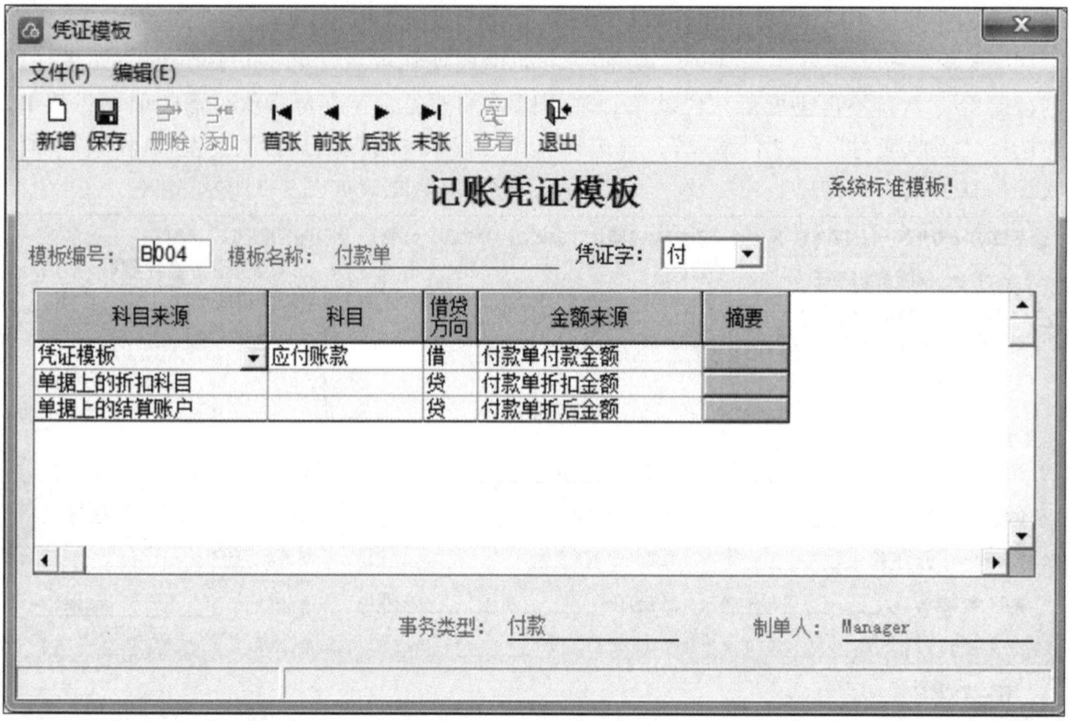

图9-4 付款单凭证模板

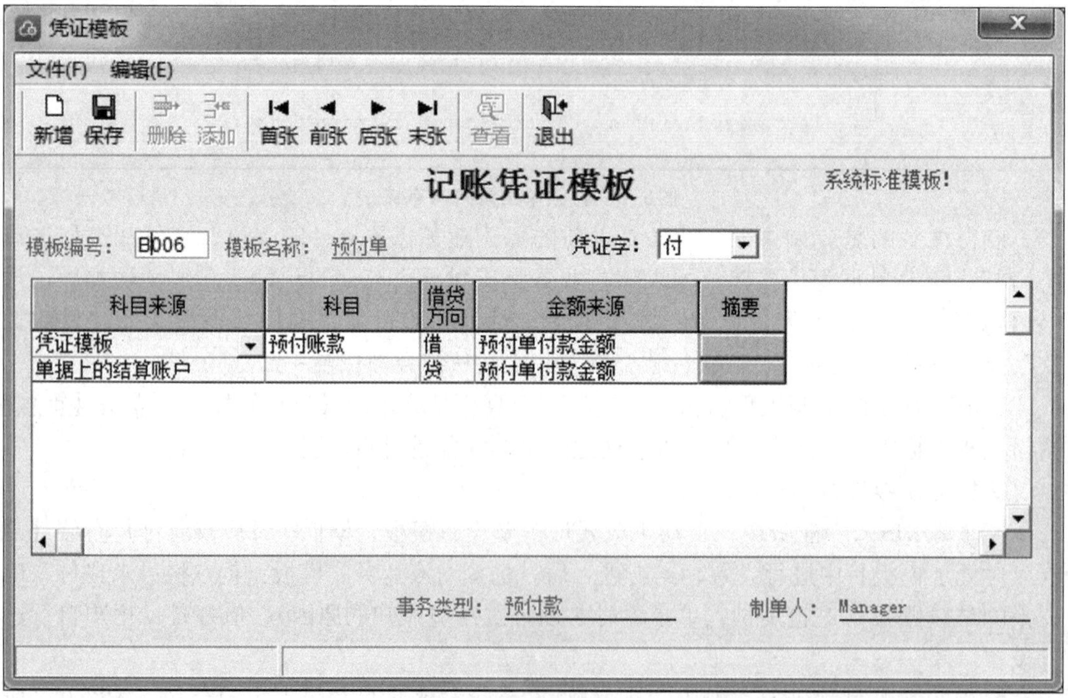

图9-5 预付单凭证模板

③付款单、预付单、退款单制单

金蝶KIS云专业版给出了开放的凭证模板，每一种单据对应一个模板，并且用户可以自行修改该模板。选择“应收应付”—“应收应付生成凭证”，选择对应的模板，经过过滤筛选后进入自动生成凭证界面，如图9-6所示，选择要生成凭证的记录，点击工具栏【按单】或者【汇总】按钮生成凭证即可。汇总就是多条记录汇总生成一张凭证，生成的凭证既可以在“业务凭证序时簿”中查询，也可以进入“账务处理”—“凭证管理”查询。

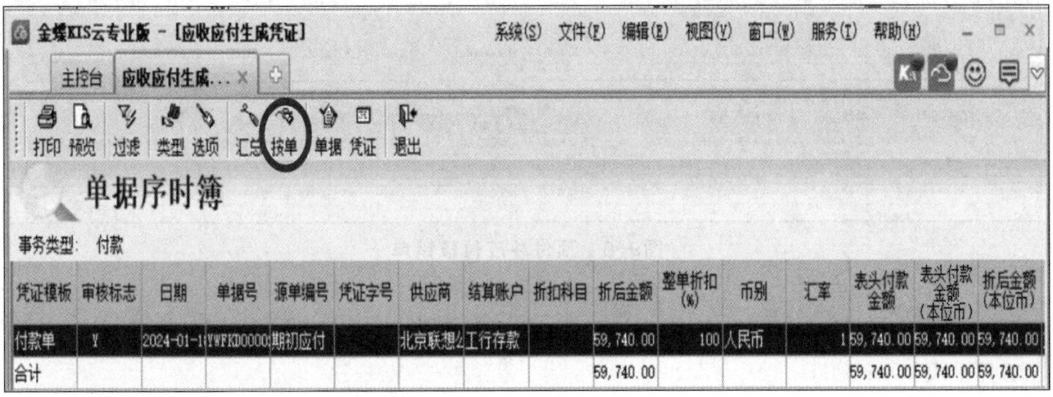

图9-6　付款单制单

（3）核销单的处理及制单

①应付款相关核销单的处理

金蝶KIS云专业版中与应付款管理有关的三个核销单为“预付冲应付”“应付冲应收”“应付转应付”，如图9-7所示。

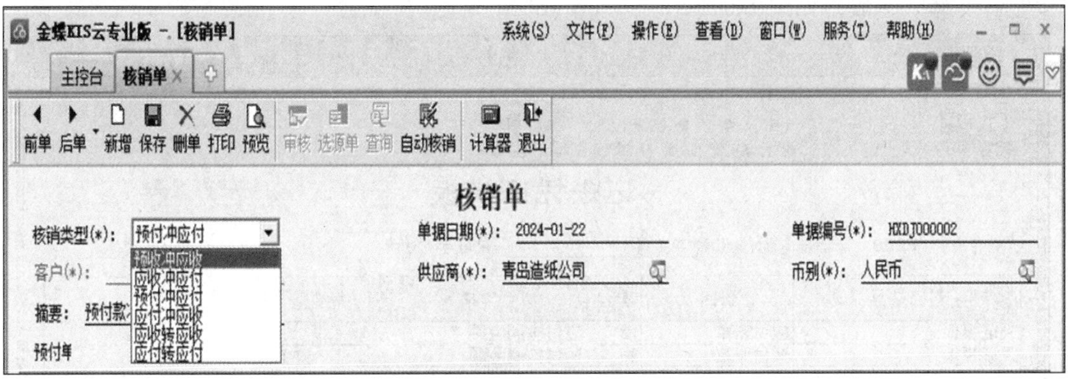

图9-7　核销单核销类型

单据的填制比较简单，关键是选择“核销类型”，选择了哪种类型，该单据即进行该类业务的核销处理，以“预付冲应付”为例，核销类型选择“预付冲应付”，录入日期，选择供应商后，在单据主体内容“预付单据”中选择“选源单”，选择需要对冲的预付单，在下面的“应付单据”下选择“选源单”，选择需要与预付单对冲的应付单，如图9-8所示，然后点击工具栏中的保存按钮后审核即可，审核后的单据可以根据模板自动生成记账凭证。

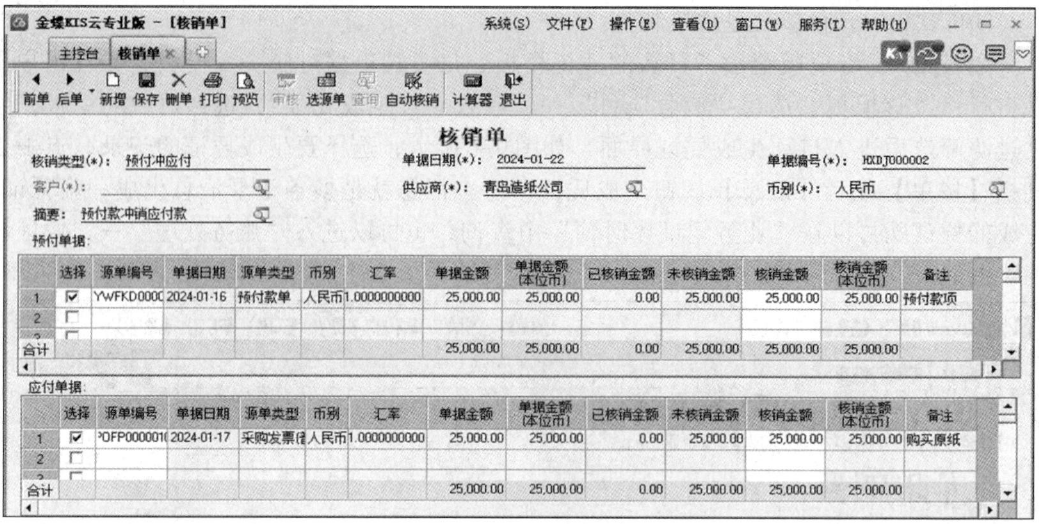

图9-8　预付冲应付核销单

操作提示

📖“应付冲应收”“应付转应付”与上述操作相同，只是选择的核销类型不同，不再重复。

②核销凭证自动生成的模板设置

该功能仍然在“应收应付”—“应收应付凭证模板”中设置，选择“预付冲应付”“应付冲应收”“应付转应付”记账凭证模板，修改打开：

“预付冲应付”记账凭证模板借贷方科目分别为“应付账款”和“预付账款”，金额取自对应核销单金额，如图9-9所示。

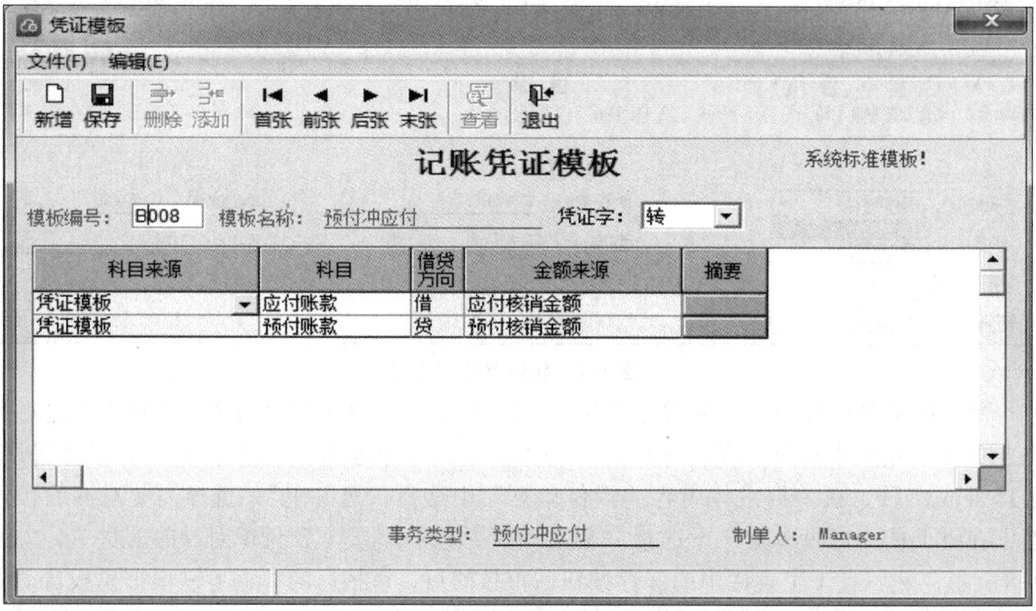

图9-9　预付冲应付记账凭证模板

“应付冲应收”记账凭证模板借贷方科目分别为“应付账款”和“应收账款”，金额取自对应核销单金额，如图9-10所示。

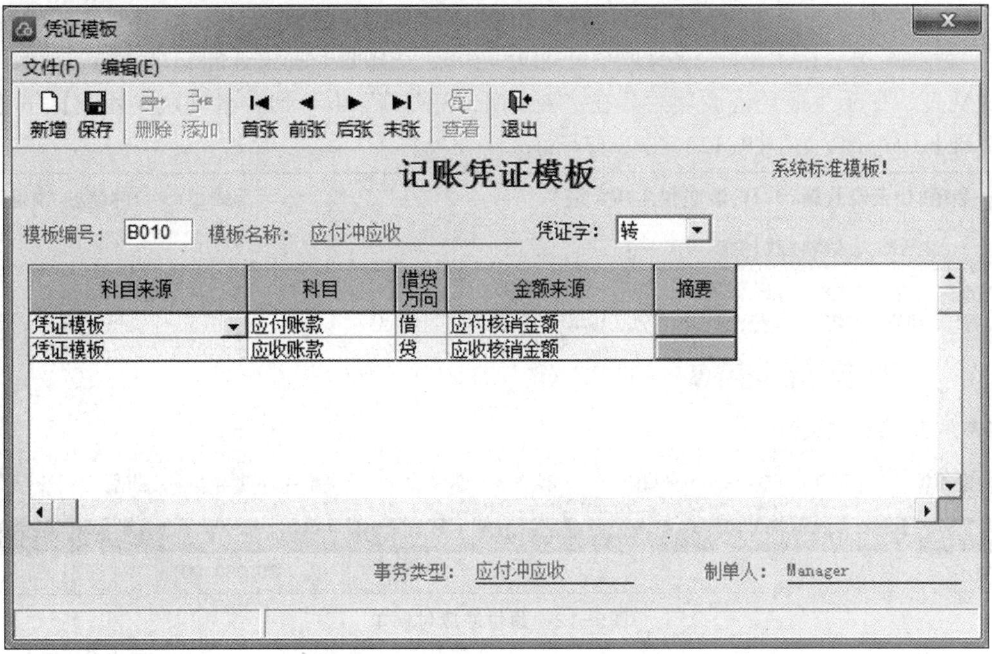

图9-10　应付冲应收记账凭证模板

“应付转应付”记账凭证模板借贷方科目都是“应付账款”，明细科目的供应商不一致，金额取自对应核销单金额，如图9-11所示。

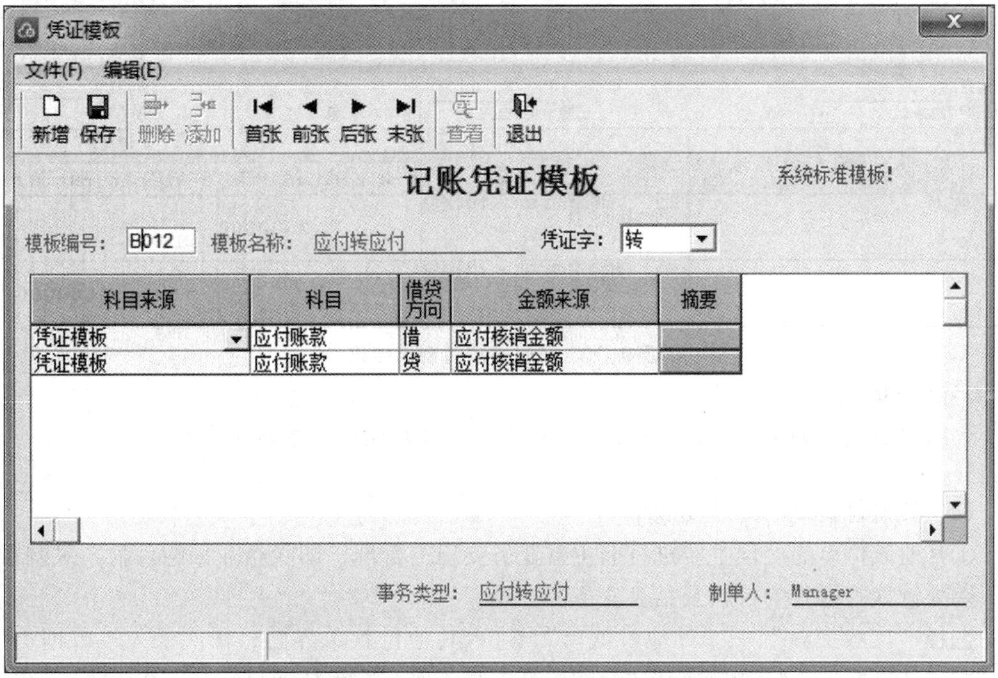

图9-11　应付转应付记账凭证模板

③应付款核销单的制单

应付款核销单录入保存并审核后，需要根据设置的凭证模板进行制单。以“预付冲应付”为例，点击【应收应付】—【应收应付生成凭证】，选择对应制单类型“预付冲应付”，过滤筛选后，出现符合条件的预付冲应付记录，选择要生成凭证的记录，点击【按单】生成凭证，提示生成凭证成功后，在“业务凭证序时簿”中查询或者【账务处理】—【凭证管理】中查询，如图9-12、图9-13所示。

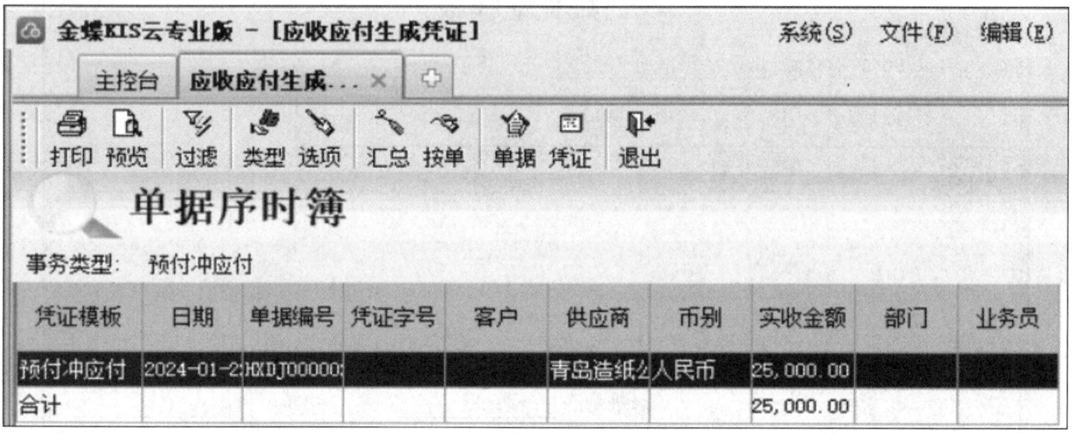

图9-12　预付冲应付制单

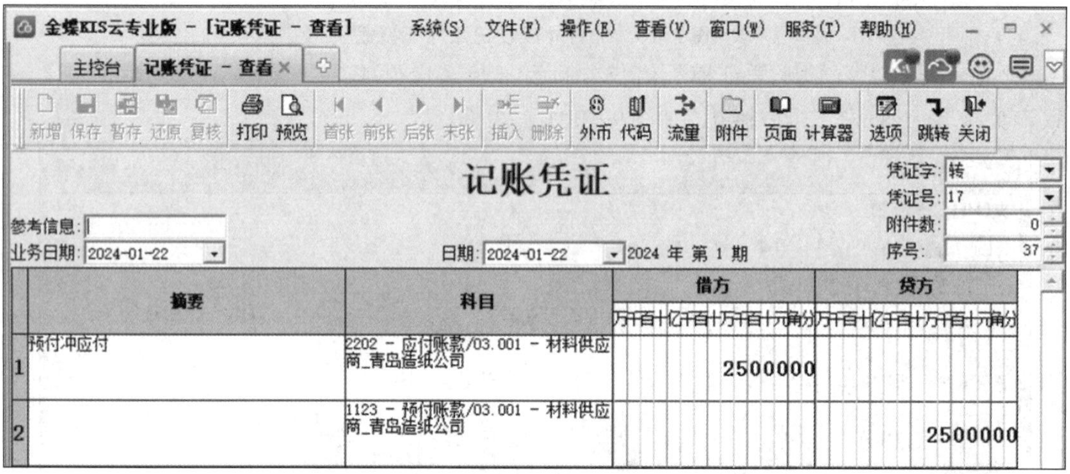

图9-13　预付冲应付制单结果

操作提示

📖“应付冲应收”“应付转应付”对冲制单与此相同，不再重复。

（4）其他付款单的处理及制单

①其他应付单的处理主要进行非主营业务支出的管理，即除企业采购付款、采购预付款、委外付款等以外的付款及结算业务。

选择“应收应付”—“其他付款单”，进入其他付款单界面，依次录入“单据类型”“日期”“结算账户”“支出类别”“金额”等内容，保存后审核即可，如图9-14所示。

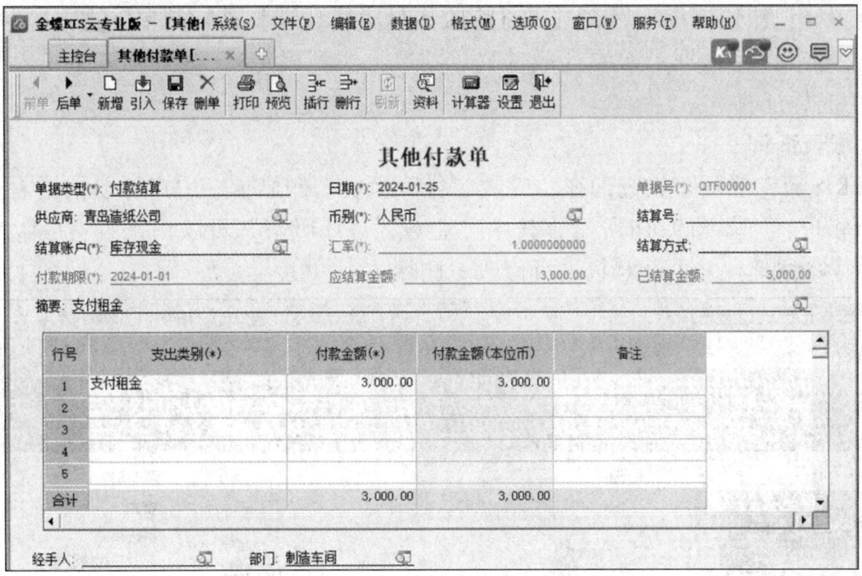

图9-14　其他付款单的录入与审核

操作提示

📖支出类别在“应收应付”—“收支类别”或“基础设置”—“收支类别”已经设置好不同的收支内容及对应科目。

📖如果支出类别中的对应科目设置了辅助核算，需要注意辅助核算明细信息的填写。比如支出类别的对应科目为“制造费用——其他”，并设置了部门核算，则需要在录入其他付款单时录入“部门”信息。

②生成凭证需要设置模板，以“付款结算”为例，贷方科目取自其他付款单的结算账户，借方科目取自支出类别设置的会计科目，金额取自其他付款单上的结算金额，其模板如图9-15所示。

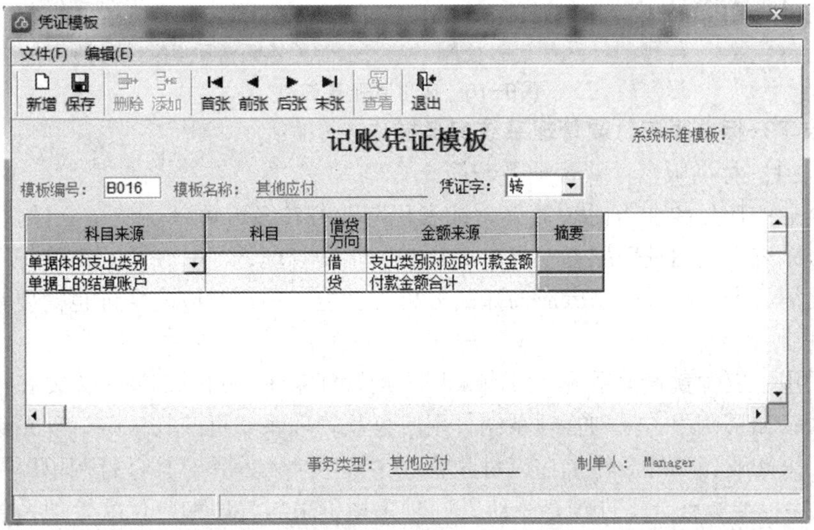

图9-15　其他付款单记账凭证模板

③设置好记账凭证模板后，进入【应收应付生成凭证】进行制单，选择“付款结算”或者“其他应付”（依据录入的其他付款单的单据类型确定），进入凭证生成界面，点击【按单】生成凭证。

（5）账表查询

金蝶KIS云专业版账表查询在“应收应付”模块右侧显示，用户可以根据需要查询各种序时簿和报表，如图9-16所示，其中“业务凭证序时簿”可以用来查看应收应付模块中生成的记账凭证，并可以对其进行修改、删除。

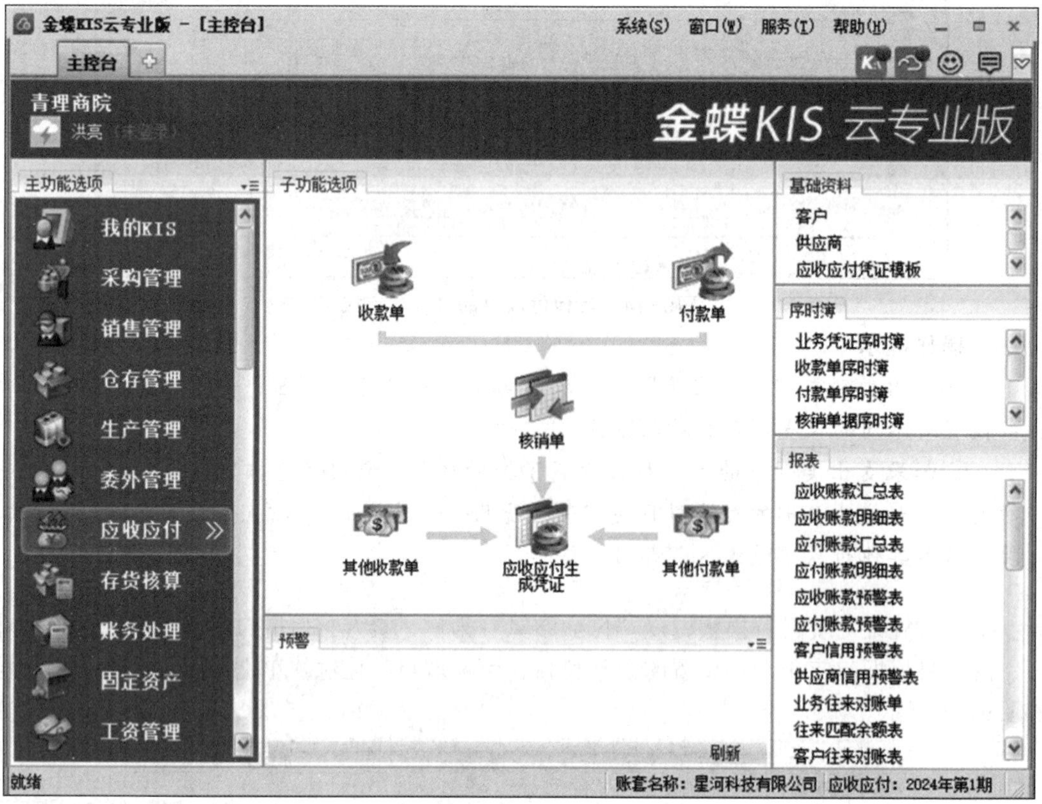

图9-16　应付款账表查询

9.3.2　用友T3-标准版应付款管理系统实务操作

1）用友T3-标准版应付款管理系统简介

如果企业的应付款业务比较简单，或者现购业务较多，可以不使用应付款管理功能，直接在总账系统中使用辅助核算“供应商往来”辅助管理，同时在“往来管理”功能中进行供应商两清、供应商对账、供应商账龄分析等功能应用。对应的凭证也需要在总账系统中进行填制。

如果采用了应付款管理系统，没有采用采购管理系统，则采购发票需要在应付款管理系统中录入；如果使用了采购管理系统，则应付款管理系统可接收采购管理系统中形成的采购发票，采购业务外的应付单在应付款管理系统中录入，并对其进行制单即可。

用友T3-标准版整合了进销存系统，同时采用了采购管理和应付款管理系统。应付款管理系统不单独成为一个系统，其功能分别划分在采购管理系统和核算管理系统中，具体划分为：采购管理系统负责录入、审核、结算采购发票；采购管理系统中的“供应商往来”即具有应付款管理系统中的单据处理功能，负责采购业务外的应付单录入与审核、付款单录入与审核、转账业务和查询业务。核算管理中的“供应商往来制单”就是进行发票制单、付款制单、现结制单、转账制单等工作。

应付款管理系统自动生成凭证要求所使用的往来科目必须是往来受控（应付）科目，一般设置了供应商往来核算的科目可以选择设置为应付受控科目，该功能在基础资料“会计科目”中进行设置。

2）实务操作

（1）期初设置

应付款管理功能应用前需要先将供应商往来期初数据录入，选择“采购管理”—“供应商往来”—“供应商往来期初”，经过筛选过滤后，系统要求录入首次使用该功能时各个供应商所对应的应付款、预付款的期初余额，应付款、预付款的余额大都由采购发票(赊购)、采购业务之外的应付单及预付款项引起，选择后依次录入完毕保存即可。同时进入“核算”—“科目设置”—“供应商往来科目”，进行基本科目、控制科目、结算方式科目等设置，为自动生成凭证设置好对应的会计科目，如应付科目一般为“应付账款”、采购科目一般为“在途物资”或者“原材料”、税金科目为“应交税费——应交增值税(进项税额)”、预付科目为“预付账款”等，如图9-17所示。

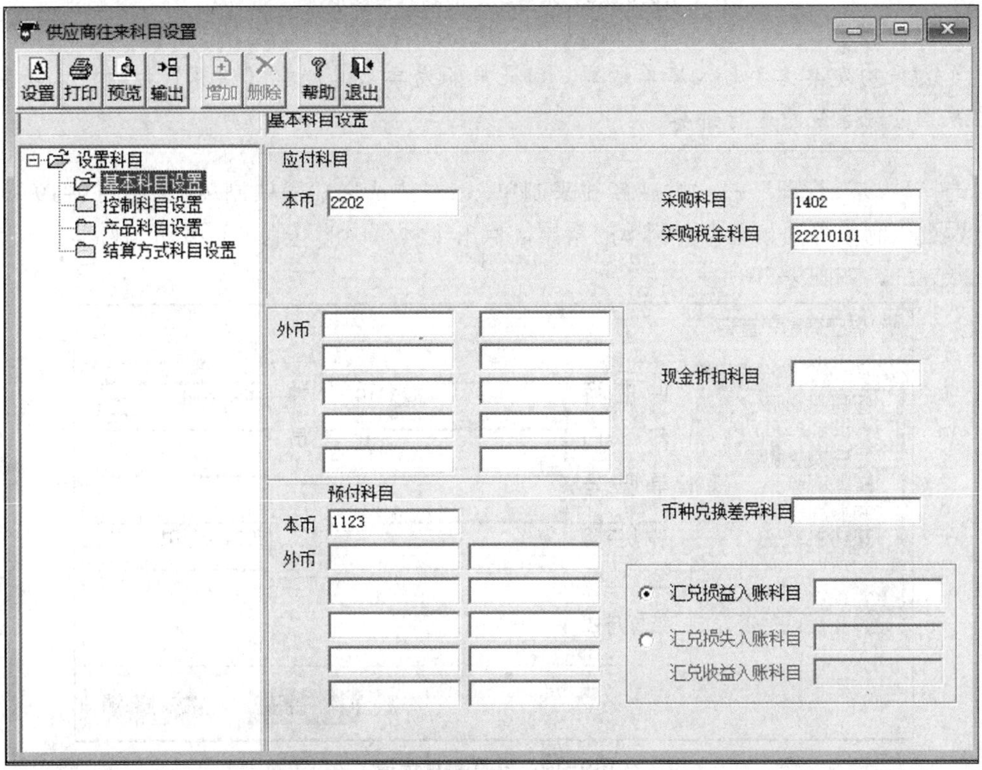

图9-17　供应商往来基本科目设置

（2）日常业务采购发票录入与制单

用友T3-标准版集成了采购管理功能，采购发票在“采购管理”功能下，点击【增加】按钮，填写保存后复核（如果是现结的发票，需要选择工具栏中的“现付”，不选择则默认为赊购），才可在核算管理中进行“供应商往来制单”，自动生成凭证。选择采购管理中的“采购发票”录入并复核发票，如图9-18所示。

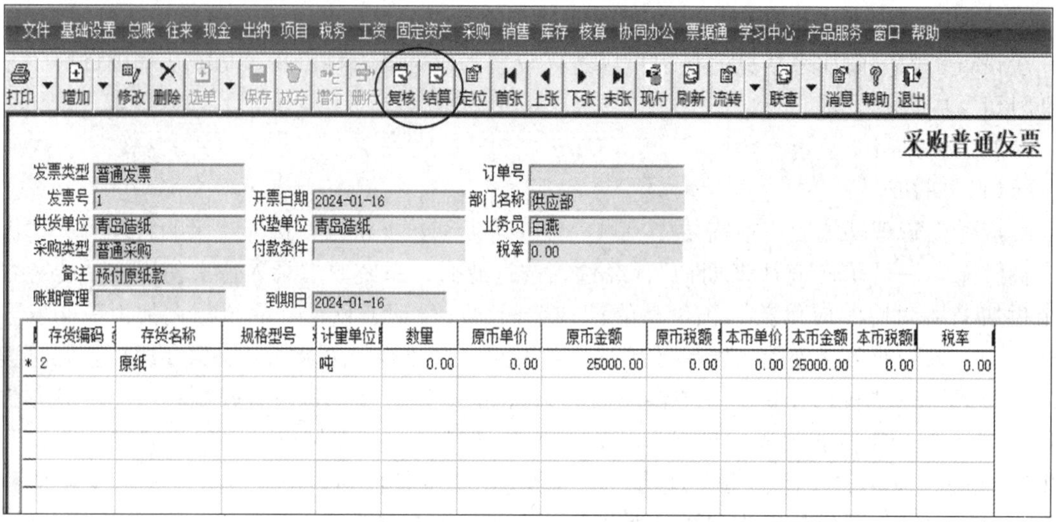

图9-18　采购发票的录入与复核

操作提示

🕮采购发票需要与入库单结算，因此采购发票工具栏有【结算】按钮，本功能在采购管理系统中进行讲解。

选择“核算管理”—“供应商往来制单”，左侧选择“发票制单”，如图9-19所示，确认后进入制单界面，选中要制单的票据，点击工具栏中的【制单】按钮，自动生成赊购的记账凭证，如图9-20所示。

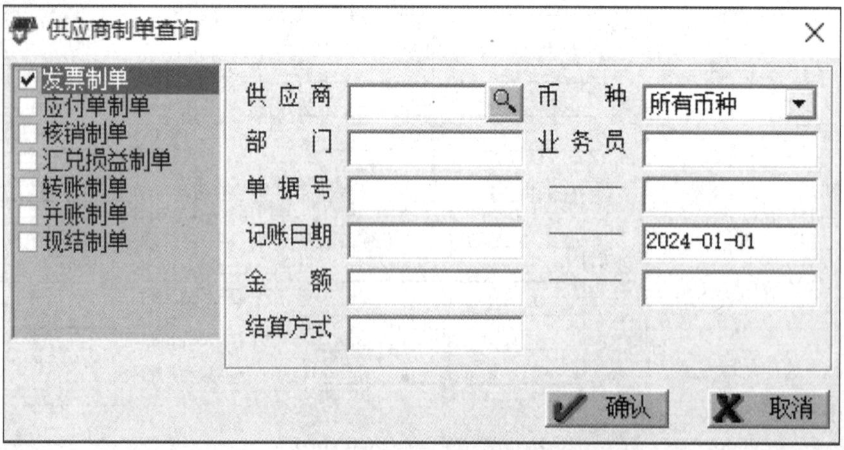

图9-19　发票制单选择

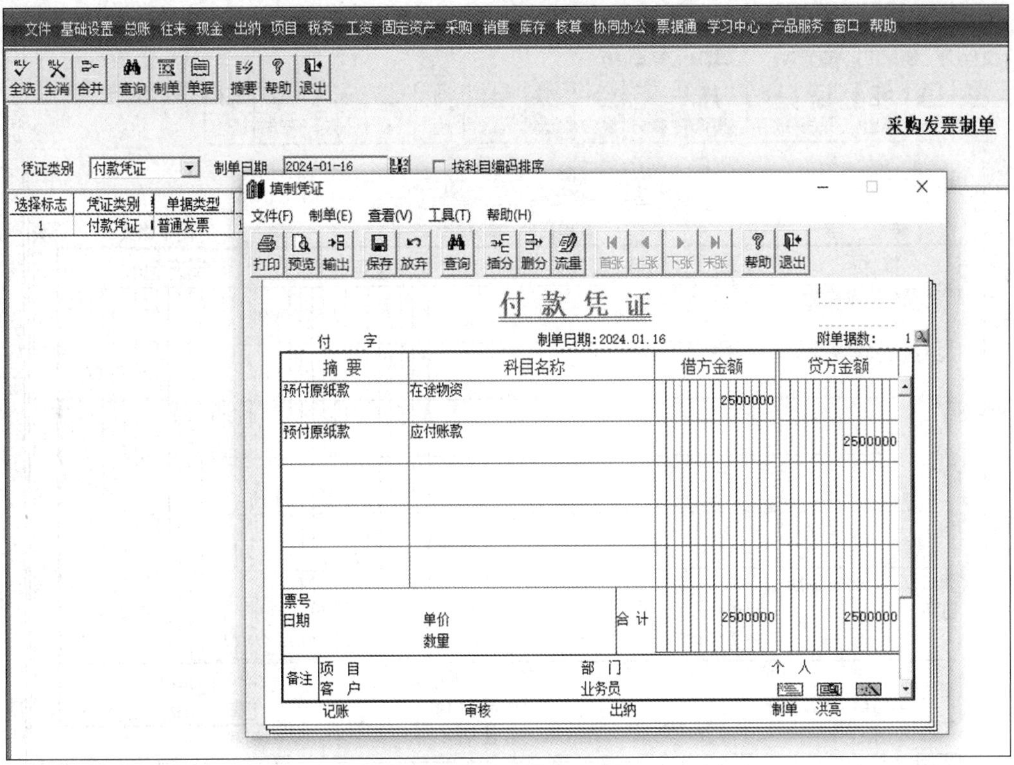

图9-20　采购发票制单结果

（3）日常业务除采购业务外的应付单及制单

采购业务外的应付款项，需要用户录入一张应付单，选择“采购管理”—“供应商往来”—“应付单”，填写完毕保存后，上部【审核】按钮就会变亮，审核无误后点击【审核】按钮，如图9-21所示。

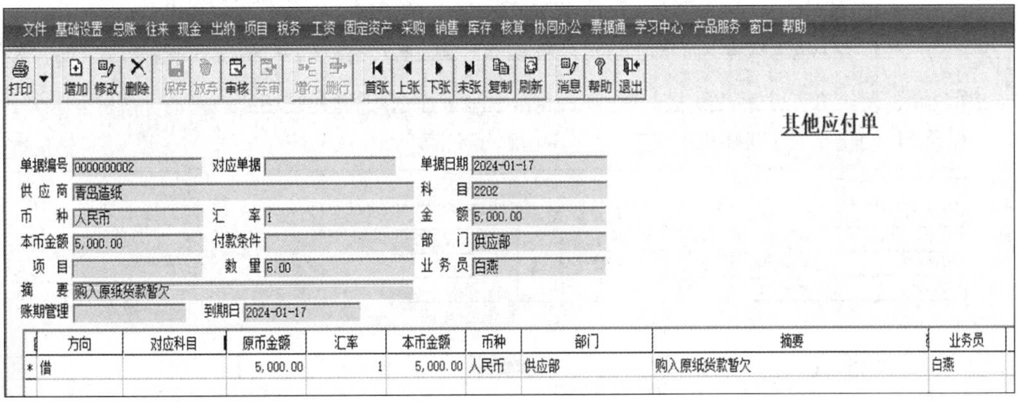

图9-21　其他应付单录入与审核

选择“核算管理”—“供应商往来制单”—“应付单制单”，确认后进入制单界面，选中要制单的票据，点击工具栏中的【制单】按钮，自动生成记账凭证。正常情况下该凭证默认贷方科目为“应付账款”，借方科目为空，用户可以根据需要正确修改该凭证并保存，如图9-22所示。

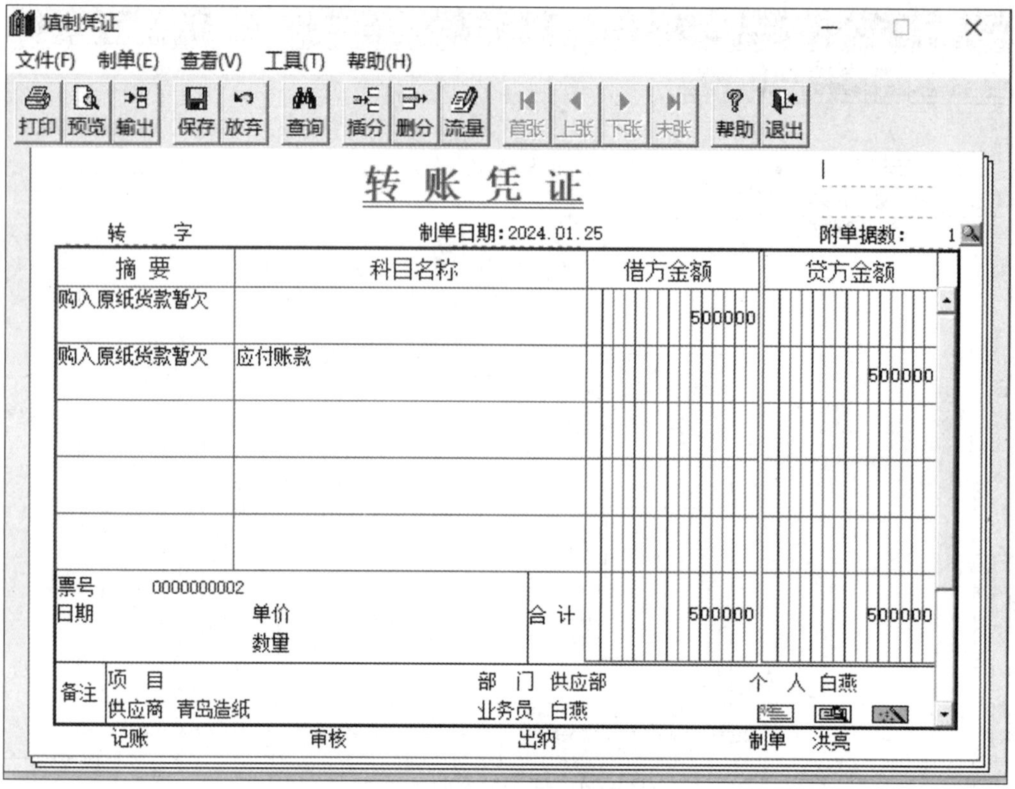

图9-22 其他应付单制单结果

(4) 付款及制单业务处理

支付给供应商货款，需要选择"供应商往来"—"付款结算"，进入付款单界面，录入的顺序为：首先选择供应商，确定供应商后，【增加】按钮可用，点击【增加】按钮，录入相应的结算方式、金额等必须录入的数据，然后保存，如图9-23所示。

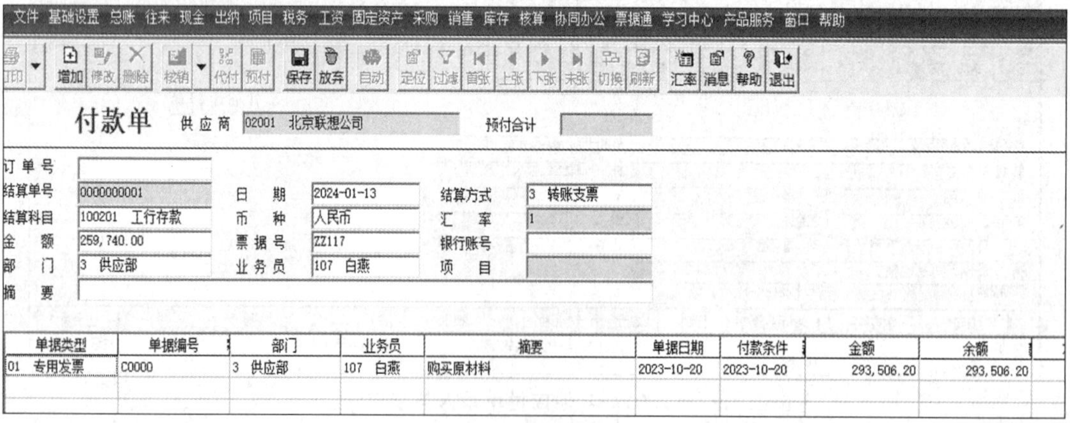

图9-23 付款单录入

①核销处理与制单。保存后，如果该笔款项是归还供应商以前的货款，则需要点击工具栏中的【核销】按钮进行核销，这时在供应商制单中才可以自动生成自制凭证。在核销过程中，需要录入本次结算金额，用户可手工录入本次结算金额，本次结算金额不能超过

本次付款和预付款项的合计数。核销完毕，表明该笔业务已经全部或者部分归还欠款，同时到“核算管理”—“供应商往来制单”—“核销制单”生成对应的记账凭证，结果如图9-24所示。

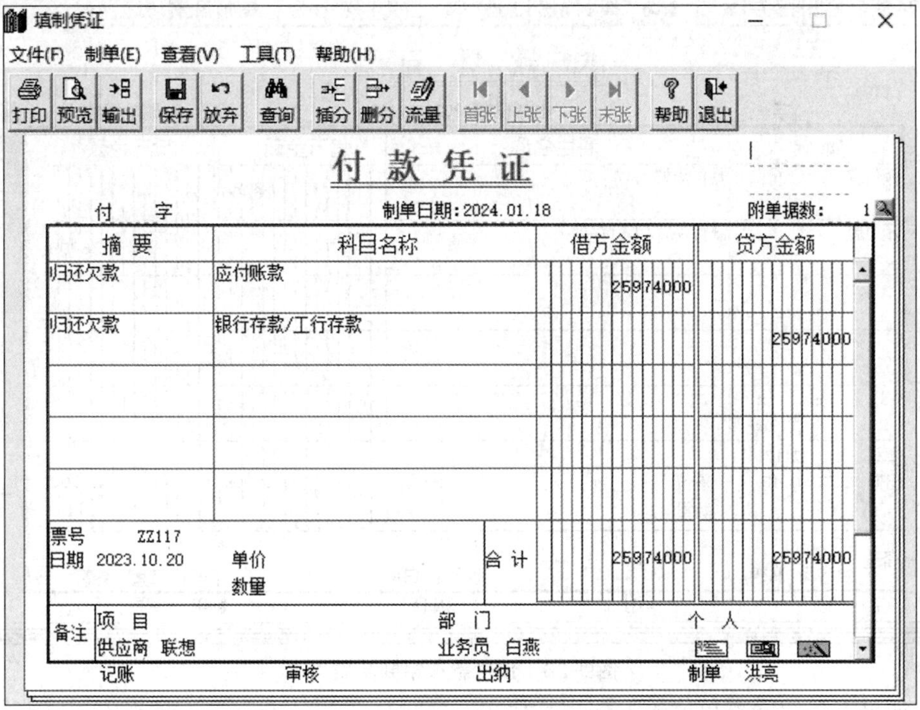

图9-24　付款单核销制单

②如果是预付供应商的款项，录入完保存后，点击工具栏中的【预付】按钮，形成预付款项，然后进入“核算管理”—“供应商往来制单”—“核销制单”生成对应的记账凭证，如图9-25、图9-26所示。

图9-25　预付款单据录入

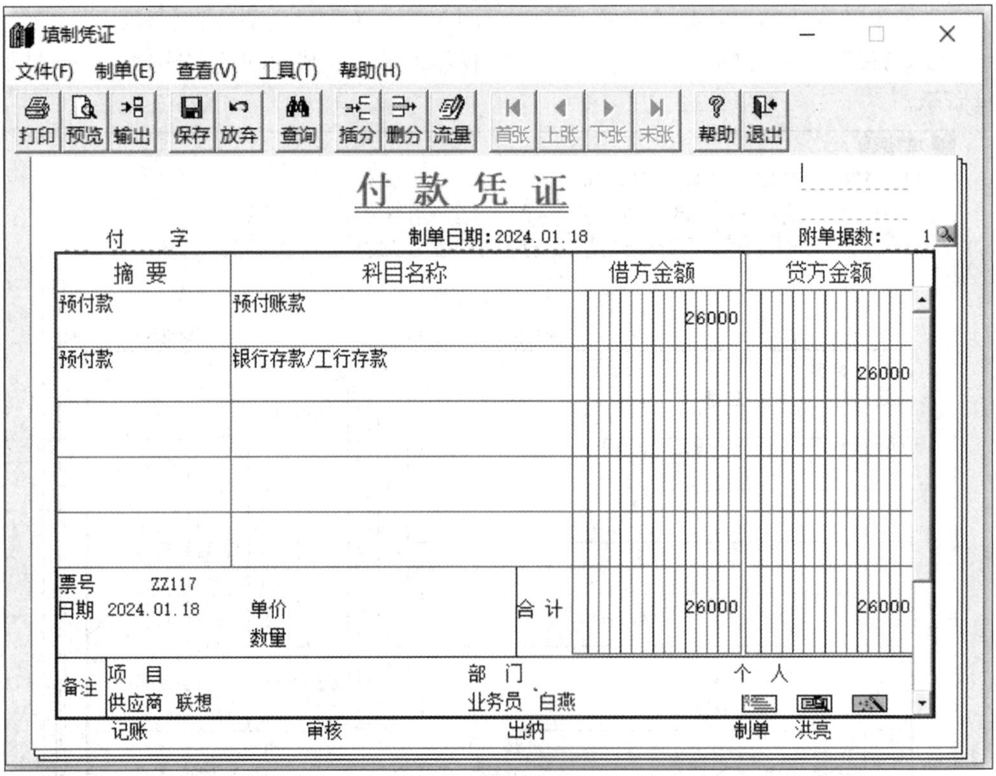

图9-26　预付款核销制单结果

③如果支付给一家单位的款项，是代另一家单位付的款，点击工具栏中的【代付】按钮进行操作，系统要求用户选择所代付单位的名称及金额。代付后，仍需要核销才能制单，已在上述提及，这里不再重述，如图9-27所示。

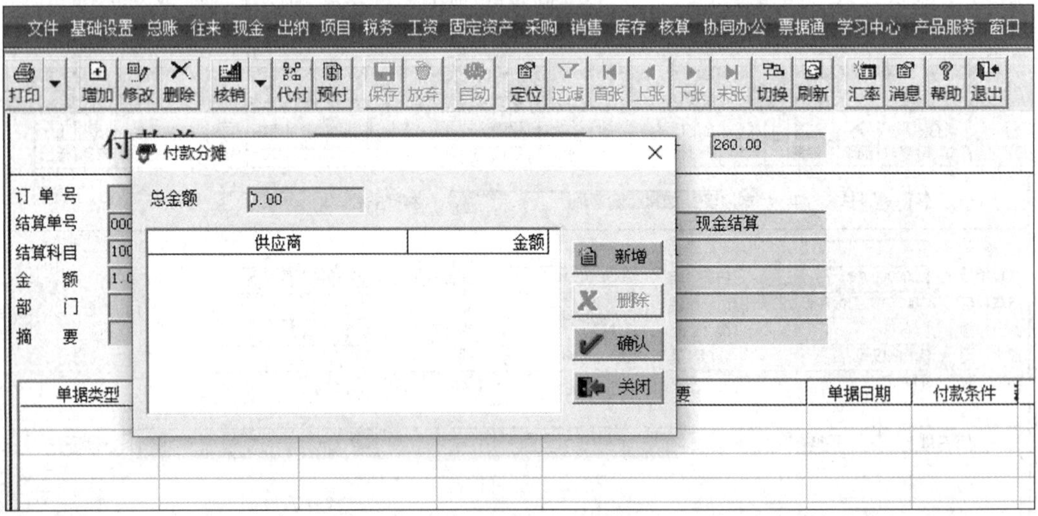

图9-27　代付款录入

（5）转账业务及制单

转账业务主要讲解应付冲应付、预付冲应付、应付冲应收等业务，选择“采购管理”—“供应商往来”—“应付冲应付”，选择“转出户”和“转入户”，点击【过滤】按钮，如有符合条件的，则会显示在下面，点击【确认】按钮即可，如图9-28所示。

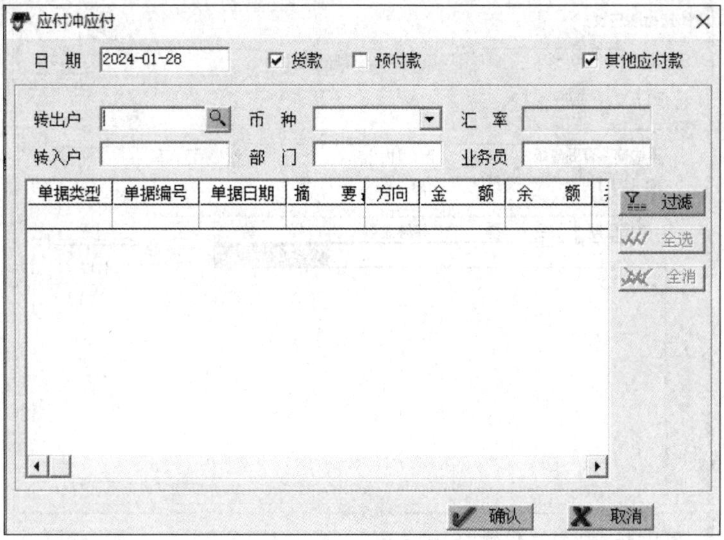

图9-28　应付冲应付

选择“采购管理”—“供应商往来”—“预付冲应付”，选择“预付款”“应付款”的供应商，进行选择过滤，符合条件的单据显示出来后，填入“转账金额”，点击【分摊】按钮，确认即可，如图9-29所示。

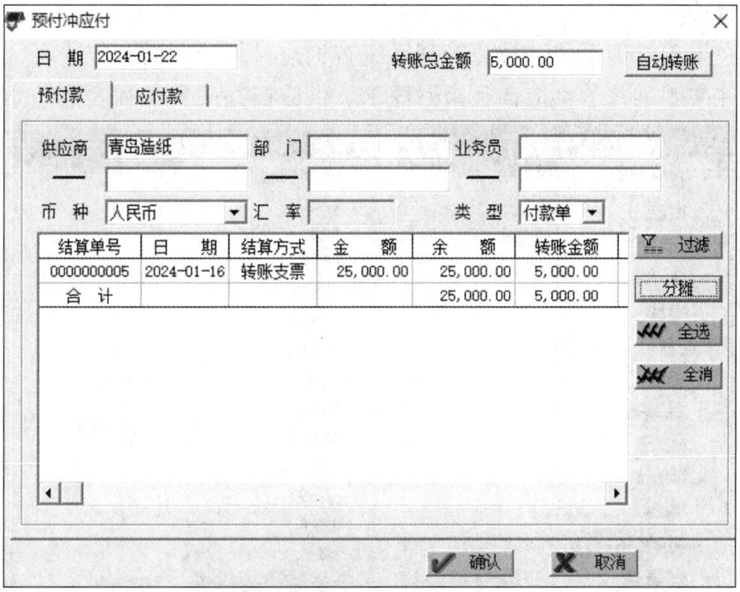

图9-29　预付冲应付

操作提示

📖自动转账功能用于匹配全部供应商预付款和应付款并对冲。

选择“采购管理”—“供应商往来”—“应付冲应收”，选择“应付”“应收”的供应商，选择过滤，符合条件的单据显示出来后，输入“转账金额”，点击【分摊】按钮，确认即可，如图9-30所示。

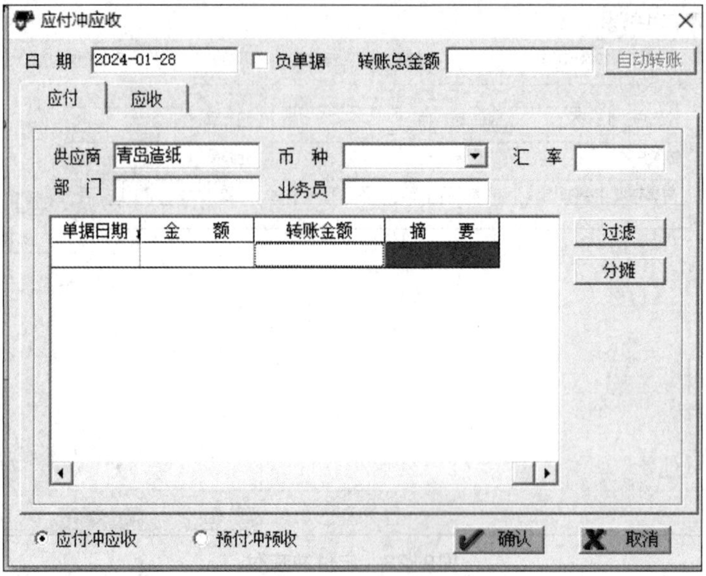

图9-30 应付冲应收

在采购管理中转账完毕后，进入“核算管理”—“供应商往来制单”—“转账制单”，选择对应的转账记录，点击工具栏中的【制单】按钮生成凭证。

（6）账表查询

用户可以在采购管理系统和核算管理系统查询应付款管理的相应账表，如供应商往来总账、供应商往来明细账、供应商往来对账单、供应商往来凭证列表等，如图9-31所示。

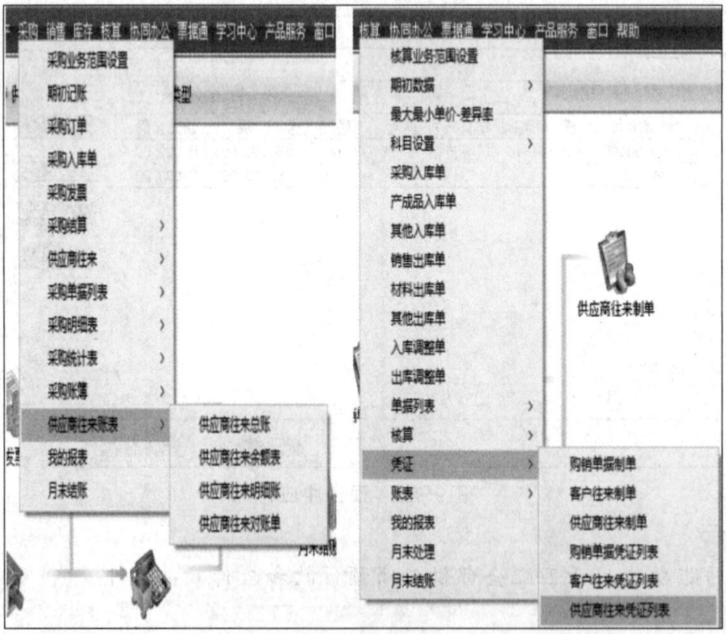

图9-31 供应商往来账表查询

思政小课堂

思政目标	思政素材
应付款日常处理，强化专业思维，培养业财融合意识与业财一体化处理能力	文献阅读：皮一芒.用友ERP-U8应付款管理系统问题处理［J］.财会月刊，2016（16）：102-104

章末习题

一、单项选择题

1.应付款管理系统和（　　）之间有数据传递关系。

A.销售管理系统　　B.账务处理系统

C.固定资产系统　　D.工资管理系统

2.下列选项中，属于应付款管理模块转账处理功能的是（　　）。

A.应收冲应收　　B.预收冲应收　　C.计提坏账准备　　D.应付冲应收

3.应付款管理系统日常处理业务不包括（　　）。

A.单据处理　　B.转账处理　　C.初始设置　　D.凭证处理

二、多项选择题

1.下列属于应付款管理系统处理的票据有（　　）。

A.应收票据　　B.应付票据　　C.付款单和退款单　　D.采购发票与应付单

2.“用现金支付临时租用设备的租金10 000元”这笔业务在金蝶软件系统中应做（　　）操作。

A.新增支出类别　　B.新增其他付款单　　C.新增付款单　　D.新增预付单

3.应付款管理模块可查询（　　）。

A.销售发票　　B.采购发票　　C.其他付款单　　D.付款单

三、判断题

1.进行预付冲应付的操作时，选择“自动转账”，系统会匹配所有供应商预付款和应付款并对冲。（　　）

2.在财务软件应收/应付款管理模块中，受控科目和基础科目的设置目的是正确生成应收款、应付款记账凭证。（　　）

3.应付款管理系统中根据付款单生成的记账凭证只能在应付款管理系统中删除。（　　）

四、简答题

1.应付款管理模块主要解决哪些问题？

2.金蝶KIS云专业版提供了几种关于付款的核销单？

3.通过两个财务软件的实务操作理解并梳理财务软件应付款管理模块的一般原理与操

作流程。

五、操作实践题

请说明以下业务应如何处理？（即说明在哪个系统中新增什么单据、是否需要制单，如需制单应怎么处理）

1月31日，支付给神州公司326 000元转账支票一张，其中320 000元用以归还前欠货款，另外6 000元作为预付款。

六、上机实验

要求：根据下列资料，进行应付款管理操作，并根据两个财务软件的应付款管理功能，比较二者之间的异同。

1.应付款管理系统的参数设置和初始设置

（1）业务控制参数（见表9-1）（启用日期：2024年1月1日）

表9-1 **业务控制参数表**

项目设置名称	设置内容
应付款核销方式	按单据
控制科目依据	按供应商
产品采购科目依据	按存货

（2）科目设置

•基本科目设置

应付科目：应付账款；预付科目：预付账款；采购科目：在途物资；采购税金科目：进项税额22210101（具体科目代码根据实际科目代码选择即可）。

•结算方式科目设置

结算方式：现金支票；币种：人民币；科目：库存现金1001。

结算方式：转账支票；币种：人民币；科目：银行存款——工行存款100201（具体科目代码根据实际科目代码选择即可）。

（3）期初数据（见表9-2）

表9-2 **应付账款期初数据** 单位：元

单据类型	发票编号	开票日期	客户名称	备注	单价	方向	金额	部门	业务员
专用发票	C0000	2023-10-20	北京联想公司	购买原材料	5 200	贷	259 740	供应部	白燕

会计科目：应付账款；期初余额：259 740元。

（4）收支类别（见表9-3）

表9-3 **支出类别**

代码	类别名称	科目
2	支付租金	制造费用-其他

2.日常业务处理

（1）1月16日，预付青岛造纸公司25 000元货款，通过工行存款支付，结算方式为转账支票（转账支票号为ZZ115）。

（2）1月17日，白燕从青岛造纸公司购入原纸，收到普通发票一张，数量为5吨，单价5 000元，货税款暂欠。

（3）1月18日，支付给北京联想公司260 000元转账支票一张（转账支票号为ZZ117），其中259 740元用以归还前欠货款，另外260元作为预付款。

（4）1月22日，将预付给青岛造纸公司的25 000元账款冲抵所欠的应付账款。

（5）1月25日，用现金向青岛造纸公司支付制造车间临时使用设备租金3 000元。

第10章/ 会计报表系统操作原理与比较应用

【学习目标】通过本章学习，掌握通用财务软件会计报表格式获取方式，熟练运用账上取数、表间取数和表内计算，进行取数公式设置，掌握数据表的生成和报表数据查询。

应用实践问题导入

张晓所在的辉煌公司下设几十个分销部门，管理层为了加强对各个分销部门的管理与考核，要求财务部门能够随时提供一张内部报表，该报表能够提供各个分销部门的业务完成情况以及业务完成的负责人，同时能够提供一年四个季度以及近三年的业务完成情况与趋势图。如果你是张晓，应该怎样设计报表以满足管理的需求？

10.1 会计报表系统概述

在传统的手工方式下，每到期末出报表的时候，就是会计人员最头疼的时候，为什么呢？主要就是因为报表编制工作的大量汇总与计算以及汇总计算过程中出现的错误、不平衡等。使用了财务软件后，这些问题都已经不再是问题了，通过财务软件给定的自动取数设置功能可以在几分钟的时间内实现会计报表的编制与生成，并且还可以利用财务软件提供的分析功能实现报表分析，包括比例分析、图表分析等。本章主要介绍会计报表系统的基本操作原理以及报表编制与生成的实务比较。

会计报表是以日常会计核算资料为依据，对其进行归纳、整理、汇总用以反映企业某一特定日期的财务状况和某一时期经营成果、现金流量等的会计信息文件。

编制会计报表的目标是向企业现实和潜在的投资者、债权人、政府及有关部门、社会公众及企业管理者等信息使用者提供各种决策有用的信息。

按照《企业会计准则》的规定，会计报表应当包括资产负债表、利润表、现金流量表、所有者权益（或股东权益，下同）变动表和报表附注。按编制时间不同，会计报表可分为月报、季报和年报。按报送的范围和对象不同，会计报表可分为对外报表和对内报表。对外报表主要是为了满足企业外部信息需求者的需求，对外公开披露的用以反映企业财务状况、经营成果和现金流量等信息的报表，如资产负债表、利润表和现金流量表等；对内报表主要是出于商业机密考虑、不宜对外公开报送的、对内部管理者披露的用于满足内部管理需要的各种报表，如为了分析各项期间费用和成本费用的发生和前后期变动情况，可自行编制期间费用分析表和各种成本报表等。一般说来，对外报表有固定的格式和披露要求，对内报表没有固定的格式，各个单位可按照自身需要自行设定，并加以编制。

财务软件中的会计报表系统就是为解决会计报表编制问题而开发的模块，它一般独立于财务软件其他各模块，是以财务软件各系统数据为源头，利用各个系统提供的数据和信息及外部加工进行报表编制和分析的系统。

10.1.1　会计报表系统的内容组成

按照上述会计报表分类的思路，各类财务软件开发设计的会计报表系统一般包含对内报表和对外报表两部分，其中，对外报表一般都给定了报表模板，该模板设置好了报表格式和报表数据获取公式，用户可以根据自己单位的需要进行选择，每个会计期间利用该模板（如资产负债表模板、利润表模板）生成会计报表。对内报表一般不给定模板（个别财务软件也会给定部分内部报表模板），由用户自定义设置报表格式和公式，按照用户自己设定的取数公式获取数据进而编制报表。

10.1.2　会计报表系统的主要功能

现有财务软件设计的会计报表系统具有一个共同的特点：按照EXCEL操作风格和界面进行设计开发，除实现与账务处理系统等的数据共享功能外，还可以单独作为一个电子数据处理软件，具有数据、图形等处理的功能。

本教材仅从财务软件报表生成的过程分析会计报表系统的功能，按照财务软件的操作过程和上述报表分类，报表系统主要具有以下几个功能：

（1）新建会计报表，即通过新建功能构建一张会计报表。

（2）报表设置，通常可以包括两个方面：格式设置与取数公式的设置。可以利用财务软件提供的格式设置功能设置会计报表的格式（对已经存在模板的可引用模板），包括报表大小、字体、网格线、文字区等。取数公式的设置需要利用财务软件提供的取数函数或是公式向导定义会计报表各个数据单元的取数公式。

（3）生成会计报表。完成报表的设置后，即可通过报表计算等功能完成报表的生成与保存。

（4）输出会计报表。输出会计报表包括查询会计报表、打印会计报表等具体的功能。

（5）会计报表分析。利用生成的会计报表数据进行会计报表的分析，包括资产负债表分析、指标分析等。

10.1.3　报表的数据来源

一般来讲，利用财务软件会计报表系统进行会计报表编制中最困难的环节是取数公式的设置，在设置取数公式时，用户首先要确定各个数据单元中的数据来源。

报表的数据来源

因此，会计报表系统既能自身进行数据计算，也能与账务处理系统、工资管理系统、固定资产系统、进销存管理系统等联用，通过取数函数从相应系统中取数，生成各种报表。

10.2 会计报表系统操作原理

10.2.1 进入会计报表系统

一般部门级财务软件会计报表系统与账务处理系统会集成在一个界面下，企业级财务软件会计报表系统一般单独设置为一个独立模块。

10.2.2 新建报表

新建报表可以用来自行新建一张报表，也可以从给定的报表模板中引入一张报表。无论哪种财务软件，第一次建立某张报表时必须使用该功能，通过点击【新建】按钮或者【模板引入】按钮建立自己所需的会计报表，一般说来，点击【新建】按钮后，系统会出现一张空白表格，用户需要自行对空白表格的边线、项目、内容、行列进行设置，设置的方式类同于操作EXCEL画表格；点击【模板引入】按钮后，系统会导入财务软件内已经设置好的会计报表格式，用户只需要检查该格式是否符合单位需要，如不完全符合则简要修改其格式与公式即可。

10.2.3 设置报表格式

如果是引入的报表模板，只需要按自己的需要调整给定模板；如果是新建的表格，一般需要进行以下操作：

（1）设定报表的行数与列数。

（2）定义行与列的高度和宽度。

（3）画表格线。

（4）设置单元格的属性，如该单元格是数值型或是字符型，该单元格的字形、字体、颜色、字号等。

（5）填入表格的项目和内容文字，即表格的表头、表体和表尾的主要内容。如资产负债表，表头需要输入表的名称“资产负债表”及“编制单位”、“编制日期”、“单位”等；表体需要填入“资产”“负债及所有者权益（或股东权益）”“行次”“年初余额”“期末余额”，项目下面需要填入“货币资金”“应收账款”等内容；表尾需要输入“制表人”等内容。

10.2.4 设置报表取数公式

设置报表取数公式是通用财务软件会计报表系统的核心环节，报表能够自动生成正确的数据，正是基于用户正确地对报表公式进行设置。

（1）每张表的取数公式设置不需要重复进行，仅在建立一张新表时进行一次，生成带有公式格式的表，以后各期按照此格式生成所需要的数据表即可。

（2）取数公式的数据来源一般包括：从账务处理系统各个会计科目分类账上取数；从其他会计报表取数；报表自身内部四则运算获取；从工资管理系统、固定资产系统等取数；外部输入等。

（3）获取的金额数据主要有期初余额、借方发生额、贷方发生额、当前余额。各个财务软件设置不同，个别财务软件还会有借贷差、贷借差、上年同期数、上期数等。获取的外币和数量数据主要有期初数量（外币）、本期增加数量（外币）、本期减少数量（外币）、当前库存数量（外币）。对设置了辅助核算的会计科目，还可以获取辅助核算各个辅助项目的金额、数量及外币数据。

（4）一般来说，取数公式的设置可以分为以下几类：单一科目取数公式、多个科目取数公式、表内运算、表间取数；此外，科目取数还可以包括金额取数公式、数量取数公式、外币取数公式、辅助核算取数公式等。各个财务软件都给定了公式定义向导，由于开发设计语言及使用的函数代码不同，公式表述也不尽相同，但最终数据获取效果是一致的。

（5）部分财务软件除给定了计算公式设置外，还给定“审核公式或者校验公式定义”，主要定义报表内和报表间的钩稽关系，确保数据正确可靠。

10.2.5　生成数据会计报表

一般财务软件都提供了一个自动生成功能，比如数据处理、生成报表等模块，用户点击该功能按钮，系统会自动按照设定好的公式生成数据表。由于每种含公式的报表模板都是唯一的，因此对于月表、季表、半年表等，在生成报表数据时用户需要确定生成报表数据所属的日期，财务软件根据该日期自动生成所属期间的报表。

10.2.6　报表分析

一般财务软件都提供了报表分析的功能，我们可以利用财务软件的报表分析功能进行比率分析、图表分析；也可以根据业务的需要，自定义分析报表，并设置各个分析数据的金额公式，完成报表分析。

10.2.7　报表打印

对于生成的会计报表，用户可以直接保存形成数据表，也可以打印形成纸质报表，用以对外报送、对内报送及存档。

10.2.8　现金流量表

在此，由于现金流量表的特殊性，我们认为有必要对现金流量表进行一个单独的说明。现金流量表的编制方法主要有两种：拆分凭证分析法、凭证录入法。

1）拆分凭证分析法

拆分所有的有现金类科目的凭证，将一对多、多对一或多对多的凭证拆分为一对一的形式，从现金类科目的T形账户中可按照核算项目、下级科目展开，可以查看所有的此类凭证，直接判断现金流量所属的类别。在确定了现金流量所属的类别之后就可以产生报表了。

2）凭证录入法

现金流量表以直接法编制，流程如下：

选取编制现金流量表的总账账套，只要账套中有的凭证，无论是否过账、是否审核，均可以在现金流量表中体现。

定义现金类会计科目，各个单位的现金类会计科目有所不同，但目前大致有以下几种：有的单位视现金、银行存款为现金类会计科目；有的单位视现金、银行存款、其他货币资金为现金类会计科目；还有一些单位视现金、银行存款、其他货币资金为现金类会计科目，三个月变现的短期投资为现金等价物。

提取数据由模块自动完成，此过程是将凭证拆分的过程，由一借多贷、一贷多借或是多借多贷拆分为一借一贷。

在提取了数据之后，通过现金类会计科目的T形账户中每笔现金发生额的对方科目来设置现金流量表的报表项目。

不同的币别可以按币别展开，每种币别可以设置一种方案加以保存，通过选取不同的方案可以编制不同币别的现金流量表。

10.3 通用财务软件会计报表系统实务操作比较应用

10.3.1 金蝶KIS云专业版会计报表系统实务操作

1）打开软件，进入报表与分析

会计报表系统的主要操作界面分上下两个部分，上半部分为自定义报表和报表分析，下半部分为利用T形账户编制现金流量表。右侧为已经引入或者建立的报表，自动保存在“我的报表”中，在以后连续期间可直接点击打开，如图10-1所示。

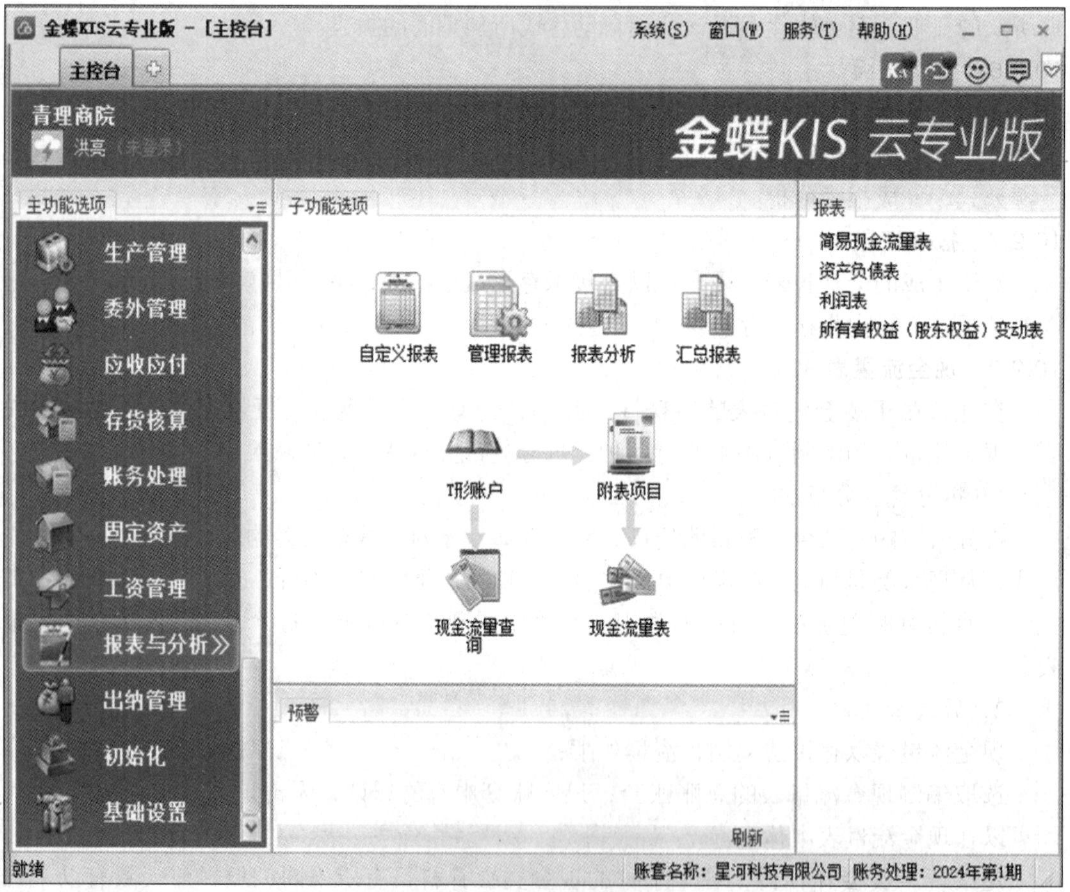

图10-1 金蝶KIS云专业版报表与分析界面

点击图中的【自定义报表】按钮，系统给定了两种新建报表的方式：第一种为新建报表，由用户自行设计报表模板；第二种为引入报表，通过引入功能引入财务软件已经给定的模板或者引入在用户计算机中已经存在的报表（后缀为.dbf、.xls等格式）。

2）引入报表

利用引入报表功能可以快速形成所需报表，选择“自定义报表”，进入如图10-2所示界面，点击“引入”功能的下拉箭头，选择引入所需报表模板。

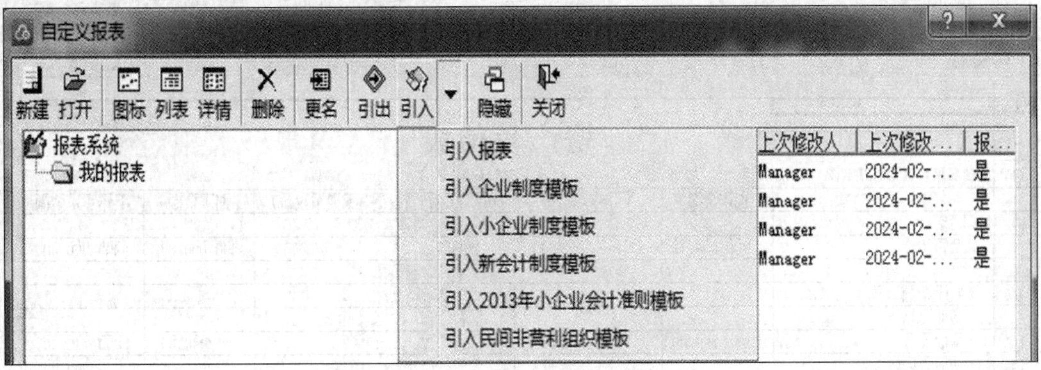

图10-2　引入模板或者引入外部报表

（1）如需要引入财务软件给定的模板，则选择图10-2中列表中的模板即可。引入模板后如有相应报表项目和实际工作不一致，用户可进行更改。

选择“引入新会计制度模板”，系统会将自带的报表模板自动引入，引入过程会提示是否覆盖以前的报表，如图10-3所示。

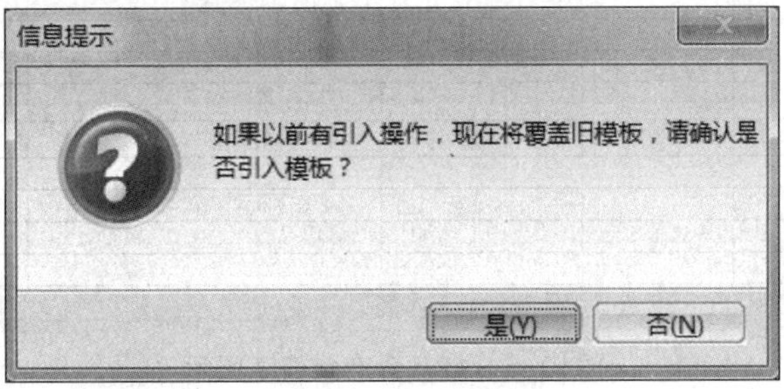

图10-3　提示对话框

点击【是】按钮，系统将自带的四个报表引入其中，如图10-4所示。

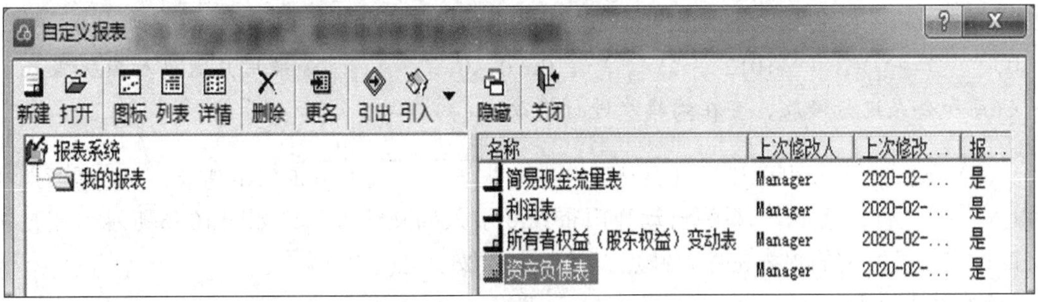

图10-4　选定需要打开的报表

引入后，可以选择一个所需的报表，点击【打开】按钮即可，如打开资产负债表，则在图10-4的右侧选择“资产负债表”，点击【打开】按钮，弹出如图10-5所示资产负债表模板，单击“自动重算”即可计算资产负债表相关数据，生成资产负债表。

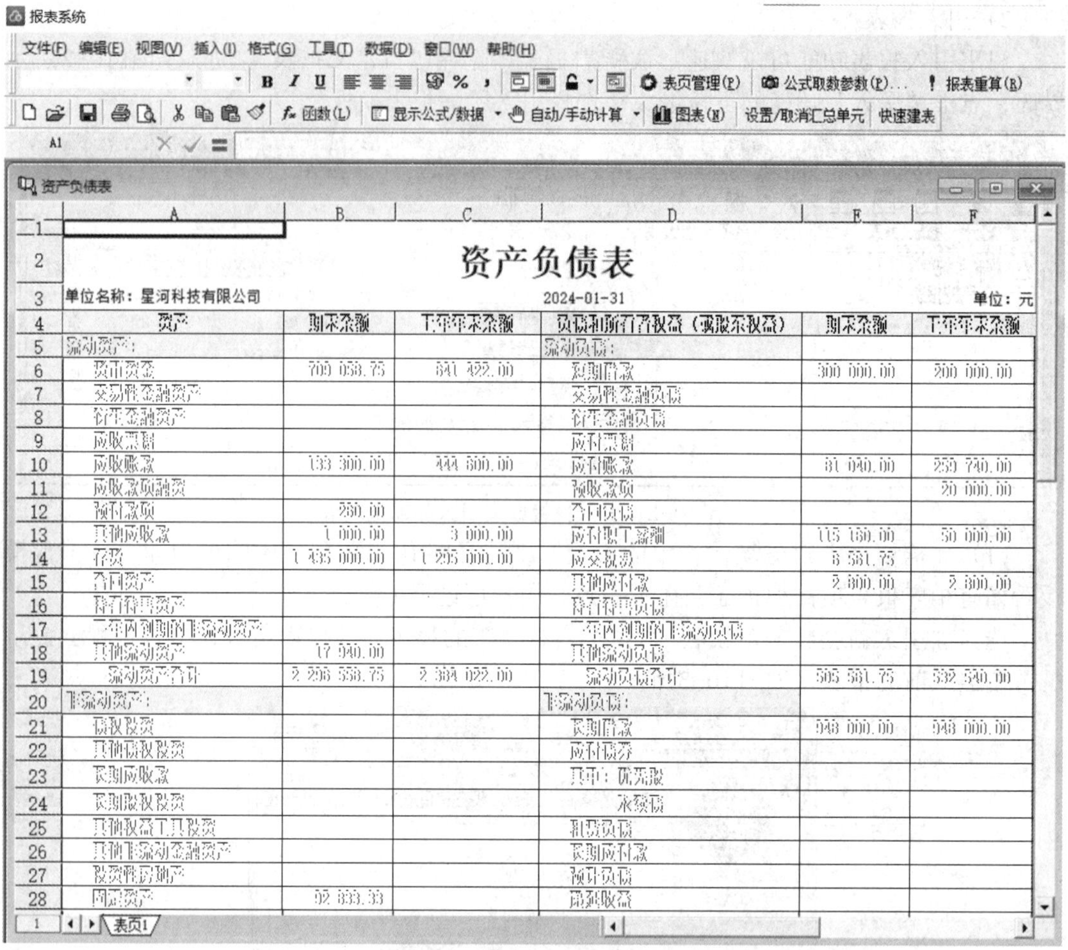

	A	B	C	D	E	F
1						
2			资产负债表			
3	单位名称：星河科技有限公司			2024-01-31		单位：元
4	资产	期末余额	上年年末余额	负债和所有者权益（或股东权益）	期末余额	上年年末余额
5	流动资产：			流动负债：		
6	货币资金	709 058.75	841 422.00	短期借款	300 000.00	200 000.00
7	交易性金融资产			交易性金融负债		
8	衍生金融资产			衍生金融负债		
9	应收票据			应付票据		
10	应收账款	133 300.00	444 600.00	应付账款	81 040.00	259 740.00
11	应收款项融资			预收款项		20 000.00
12	预付款项	260.00		合同负债		
13	其他应收款	1 000.00	3 000.00	应付职工薪酬	115 160.00	50 000.00
14	存货	1 435 000.00	1 295 000.00	应交税费	6 581.75	
15	合同资产			其他应付款	2 800.00	2 800.00
16	持有待售资产			持有待售负债		
17	一年内到期的非流动资产			一年内到期的非流动负债		
18	其他流动资产	17 940.00		其他流动负债		
19	流动资产合计	2 296 558.75	2 384 022.00	流动负债合计	505 581.75	532 540.00
20	非流动资产：			非流动负债：		
21	债权投资			长期借款	948 000.00	948 000.00
22	其他债权投资			应付债券		
23	长期应收款			其中：优先股		
24	长期股权投资			永续债		
25	其他权益工具投资			租赁负债		
26	其他非流动金融资产			长期应付款		
27	投资性房地产			预计负债		
28	固定资产	92 833.33		递延收益		

图10-5　打开资产负债表图示

操作提示

📖引入的模板除格式已经给定外，对应单元格的取数公式也已经给定，如图10-5中“货币资金”公式在编辑栏中显示为：“=ACCT（“1001：1002”，“Y”，“”，0，0，0，“”）+ACCT（“1012”，“Y”，“”，0，0，0，“”）”。如果用户需要对模板报表项目和公式进行修改，可在编辑栏进行修改。

（2）如需要引入用户计算机中已经存在的报表（后缀为.dbf、.xls等格式），需要选择“引入”—“引入报表”，系统自动弹出查找要引入的文件界面，如图10-6所示，用户可以查找到自己所需的报表文件，并点击【确定】按钮进行引入。

3）新建报表

如模板中和用户的计算机中都没有需要的报表格式，则需要用户重新建立一张报表，这时我们需要使用“新建”功能，鉴于新建报表能够练习到对表头、表体、表尾的规划和设置，本部分以新建报表为例，详细对会计报表的格式设置进行学习。

（1）点击【新建】按钮，进入设置的空白表格界面，如图10-7所示。

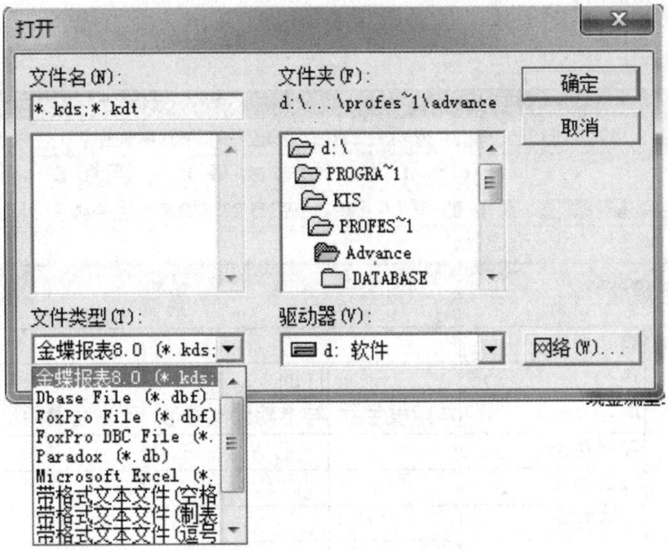

图10-6　外部引入报表

图10-7　新建报表

（2）例如，我们需要建立一个期间费用分析表，该表的格式与内容见表10-1。

表10-1　期间费用分析表

单位　　　　日期　　　　金额单位：

项目	本期发生数	与上期同比增减	所占总费用比重
管理费用			
销售费用			
财务费用			
合计			

①利用财务软件提供的编辑功能进行报表格式定义，按照上述表样，分别输入各项内容如图10-8所示。

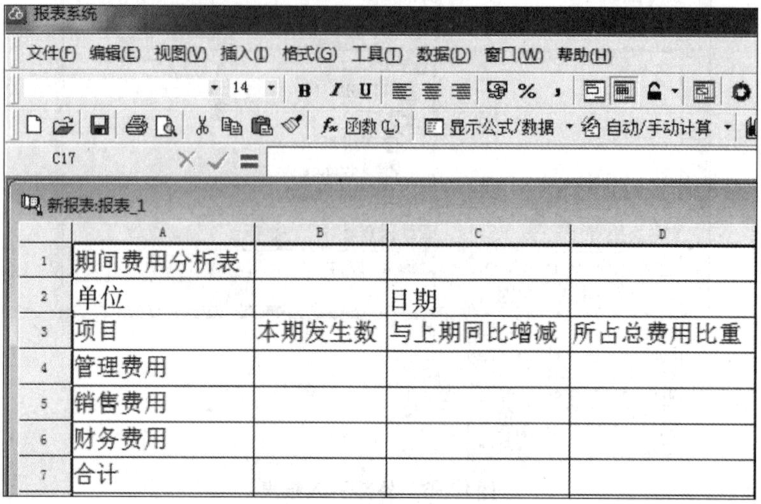

图10-8 报表项目内容

②对该表的行高、列宽、合并、居中、划线、字体大小等进行编辑，一般该功能都在“格式”菜单中。点击“格式”菜单，主要编辑功能有“单元属性”“行属性”“列属性”“表属性”“表页管理”“定义斜线”“单元融合”等，如图10-9所示。

图10-9 格式菜单功能

③如果需要对该表的外观、行列、页眉页脚进行设置，可点击“表属性”，如该表设置为10行6列，外观网格色为灰色，则操作步骤为：选择“表属性”—“行列”，将总行数更改为“10”，总列数更改为“6”；继续选择“表属性”—“外观”，显示网格，网格色为“灰色”。操作图示与结果如图10-10、图10-11所示。

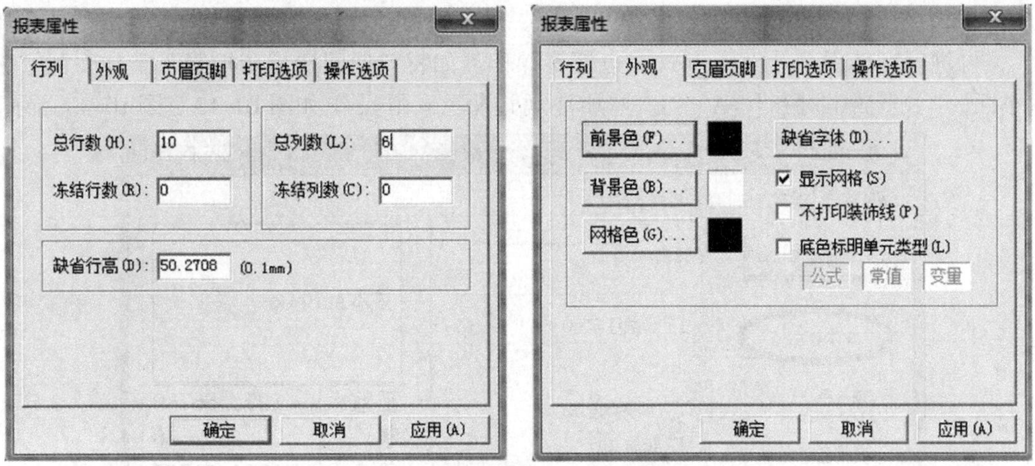

图10-10　行列及外观设置

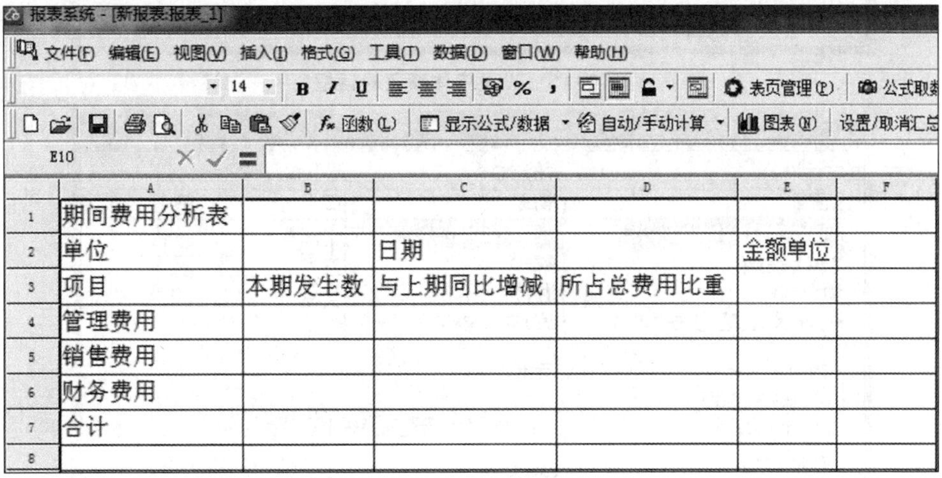

图10-11　行列及外观设置结果

④如果行高和列宽不够，可以增加行高与列宽，如修改行高为“100”，列宽为“500”。则用鼠标选中要更改的单元格区域“A1：E7”，点击“格式”—“行属性”“列属性”，将行高和列宽更改为“100”和“500”，结果如图10-12所示。

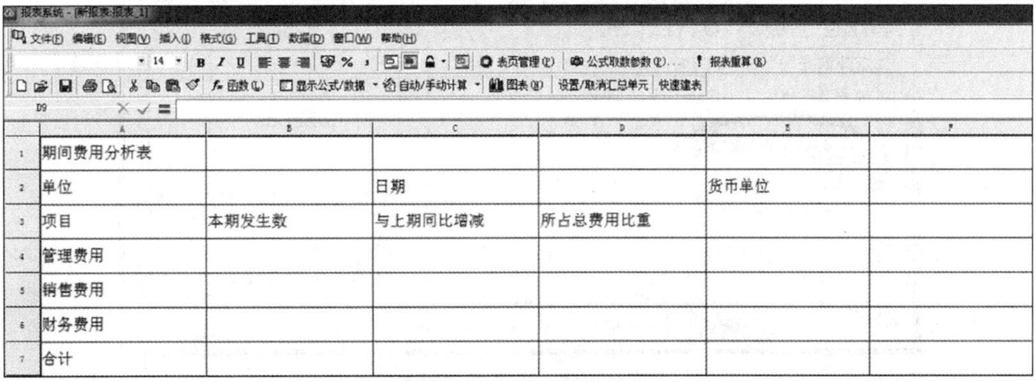

图10-12　设置行高和列宽

⑤如需要对单元格进行更改字体及颜色、对齐设置及增加边框等操作，点击“单元属性”，可进行字体颜色、对齐方式、边框等操作。如将“期间费用分析表”字体变为“宋体小四”“水平居中对齐”“A3：E7增加常规边框”，则操作如图10-13至图10-17所示。

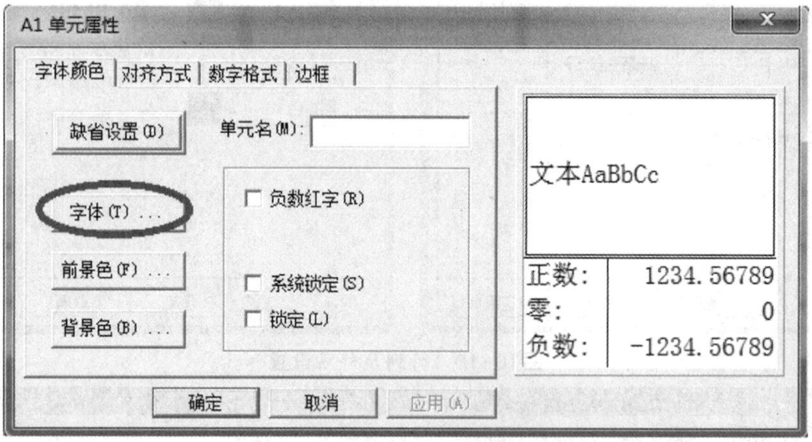

图10-13　设置字体颜色对话框

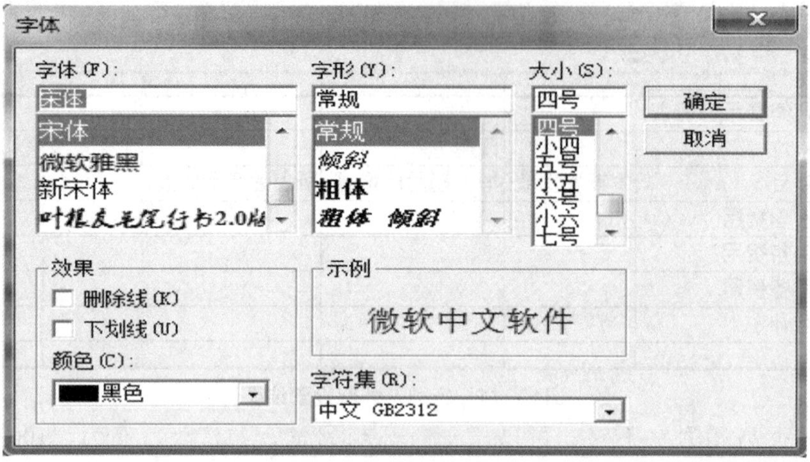

图10-14　设置字体

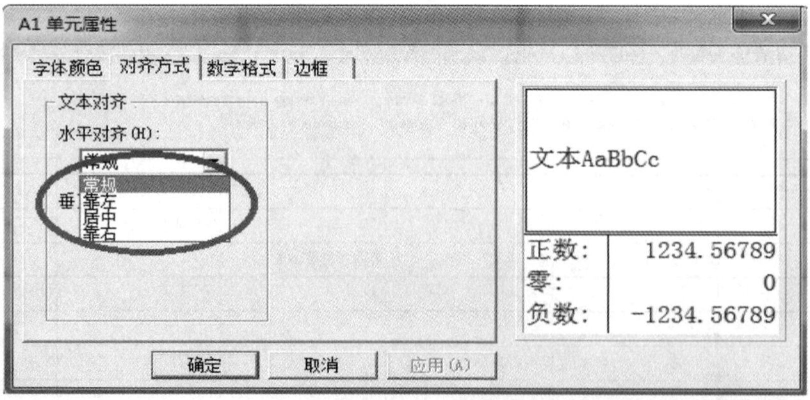

图10-15　设置居中对齐

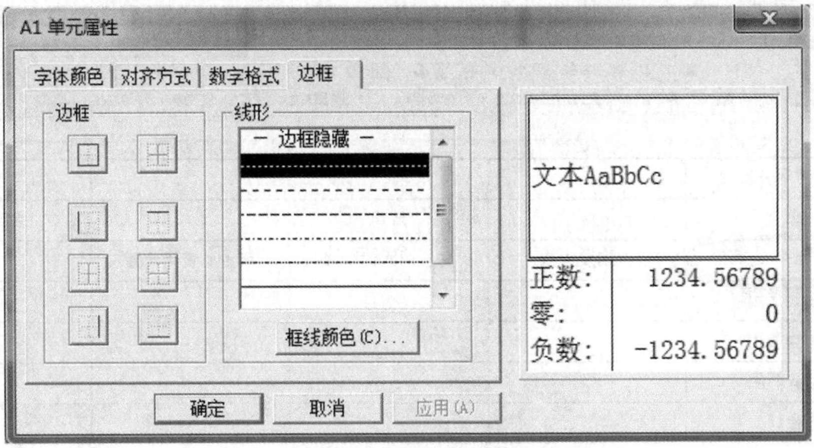

图10-16　设置边框

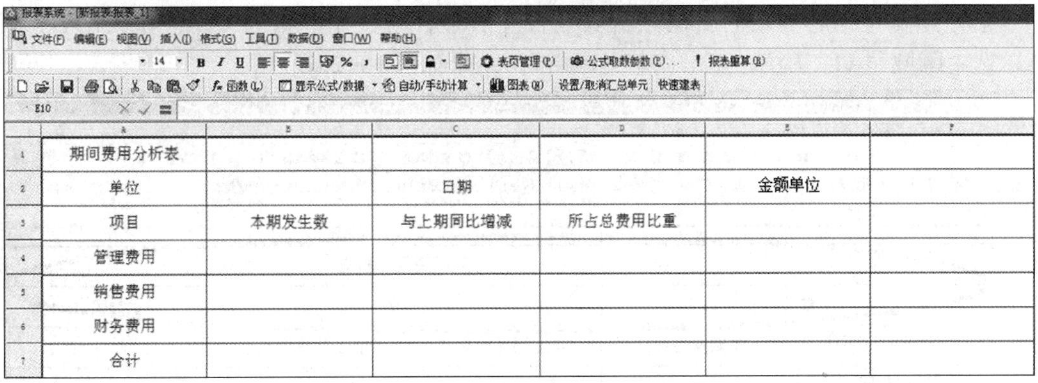

图10-17　设置结果

⑥如需要插入斜线，可使用“定义斜线”功能，如将图10-17中A3单元格“项目”更改为二分的“项目\金额”，则需要点击“定义斜线”，设置斜线类型为“二分”，下面将二分内容设置为“1.项目”“3.金额”，右侧预览，最终定义完毕，点击【确定】按钮，结果如图10-18、图10-19所示。

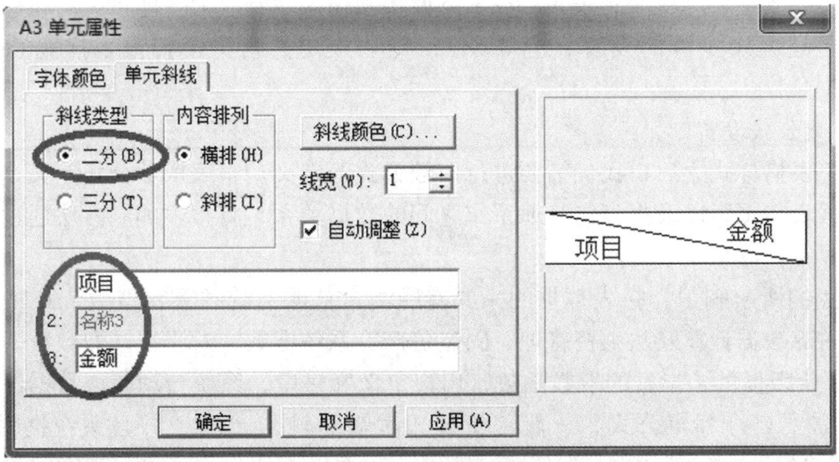

图10-18　设置单元格斜线

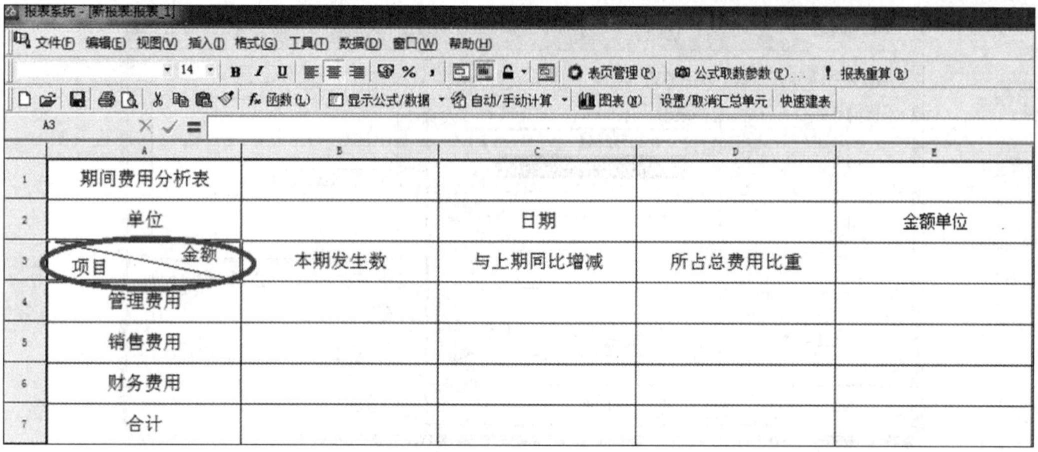

图10-19 单元格斜线设置结果

⑦如需要将标题“期间费用分析表”合并居中，可使用“格式”—“单元融合”功能，选中区域“A1：E1”，点击“单元融合”，结果如图10-20所示。

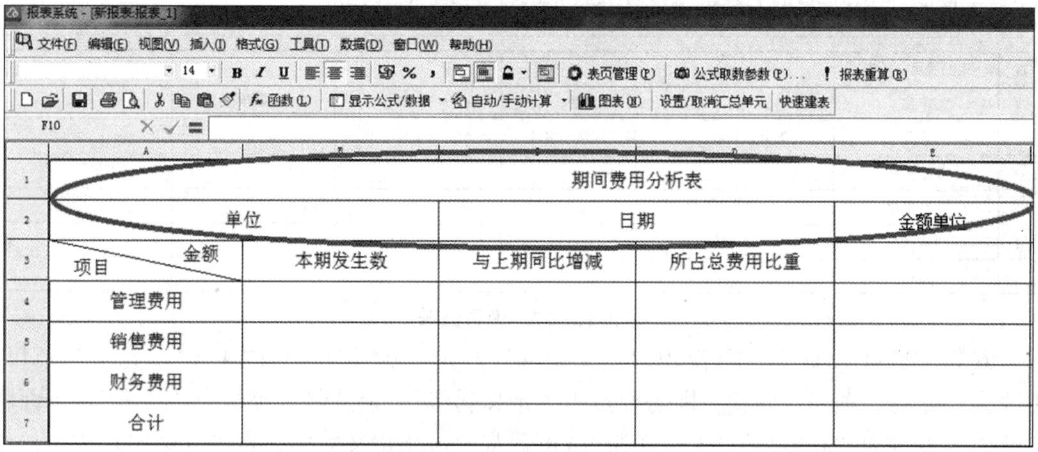

图10-20 表标题合并居中

⑧如果需要在表尾填入制表人，在表下面手工输入“制表人”即可。

经过上述几个步骤的设置，金蝶KIS云专业版用户自己设置报表样式的工作基本完毕。

4）取数公式设置

设置完表格样式之后，我们需要进行取数公式的定义。报表取数公式定义是根据报表与账簿、报表与报表以及报表与其他系统之间的数据关系，将报表编制方法通过取数公式来描述。

按照我们所学知识，报表数据的来源有四类：从账务处理系统取数、从其他报表取数、报表内部数据计算及从工资管理、固定资产等系统取数，对于自动取数公式设置，金蝶KIS云专业版提供了丰富的取数函数，用户定义好之后，系统自动获取数据，对于表内计算数据需要自行编辑公式，一般编辑公式时需要输入“=”，并且系统提供了“加”“减”“乘”“除”“乘方”“括号”等操作符号。下面以上述报表为例，来讲解公式的定义过程。

（1）点击“插入”菜单下的“函数”功能，即图标，系统自动弹出函数选择向导，如图10-21所示。

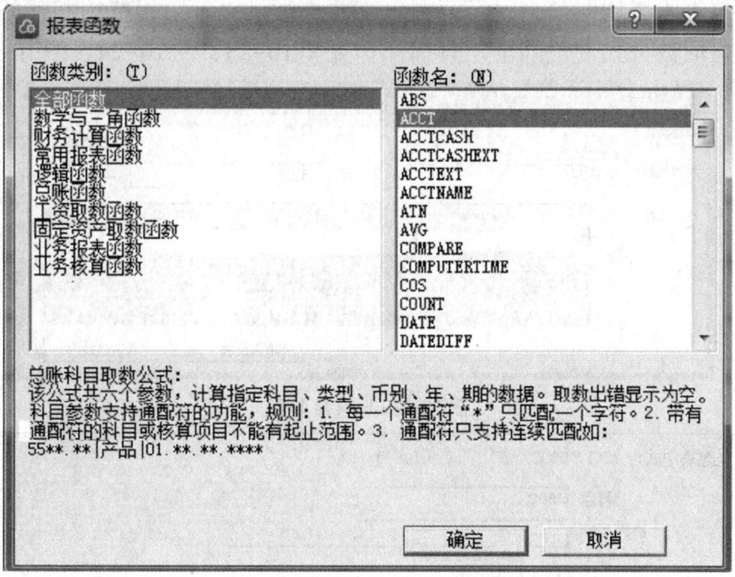

图10-21　金蝶KIS云专业版报表函数

（2）按照上述期间费用分析表，先进行管理费用、销售费用和财务费用“本期发生数”的取数公式设置。选中单元格B4，本单元格选择管理费用的本期发生数，一般管理费用发生时记入借方，因此只需要在管理费用账上取它的本期借方发生额即可。金蝶KIS云专业版账上取数公式一般使用ACCT函数，按照上述思路，选择“ACCT”，点击【确定】按钮，出现如图10-22所示界面。

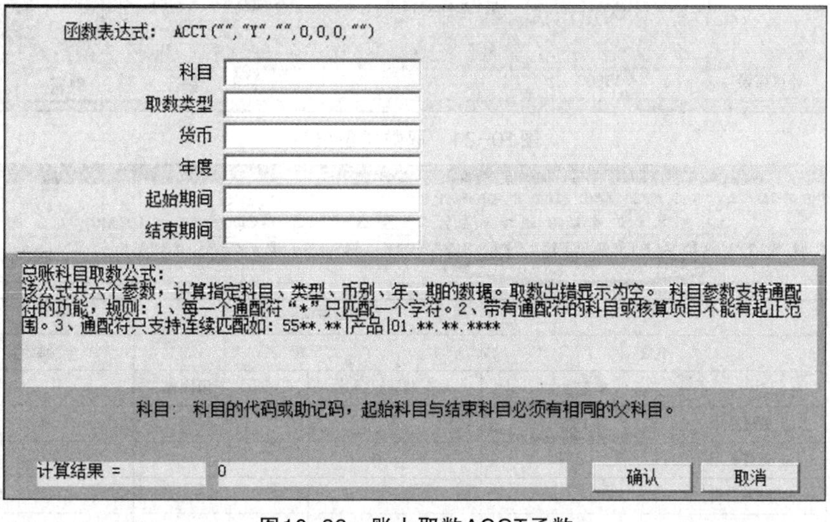

图10-22　账上取数ACCT函数

关于科目，按【F7】键，出现取数科目向导对话框，选择管理费用科目（6602）至管理费用科目（6602），没有辅助核算项目；关于取数类型，按【F7】键，选择借方发生数（JF）；货币可以按照默认或者选择记账本位币，默认情况下是综合本位币，对于没有外币业务的企业，其综合本位币和记账本位币是一致的；年度按照默认或者填入当前所属会计年度；起始期间和结束期间根据报表实际情况填列，如果是一个期间的，则默认为当前期间，如果报表所属期间是一月至三月，需要进行设置。销售费用和财务费用的“本期发生数”单元格取数公式设置同上。具体操作如图10-23、图10-24、图10-25所示。

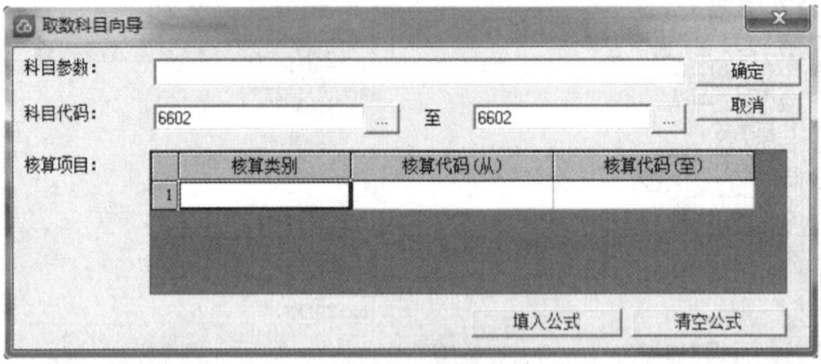

图10-23　科目参照

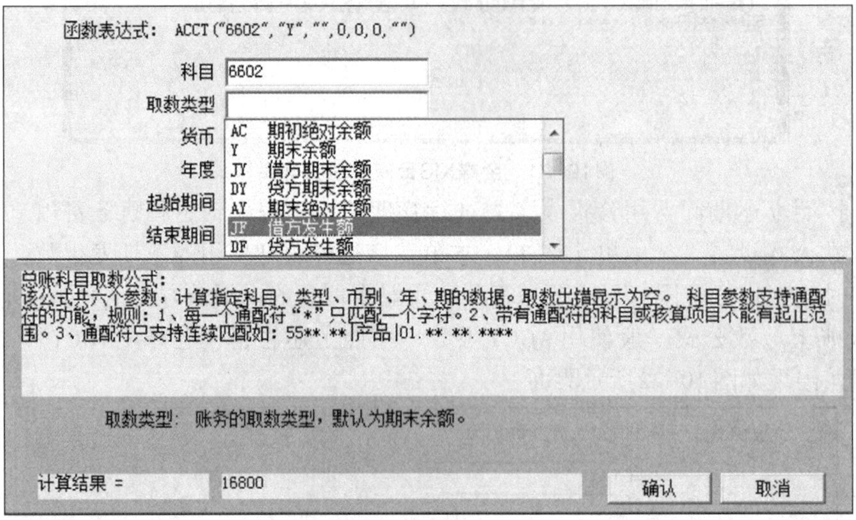

图10-24　取数类型设置

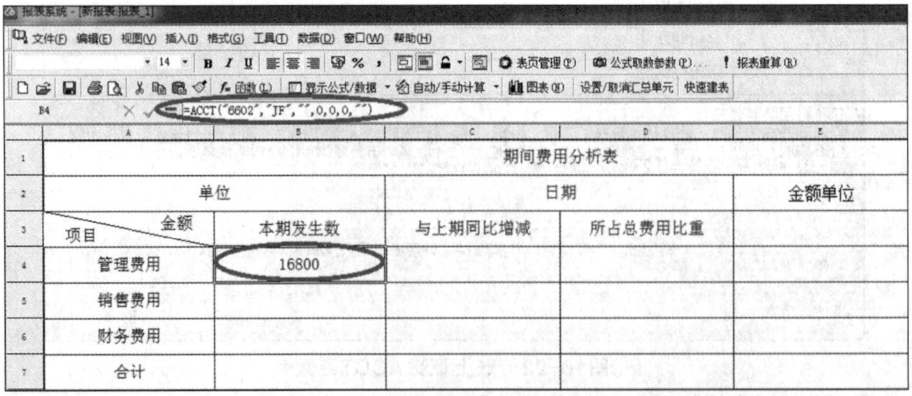

图10-25　设置结果示意图

操作提示

📖账上取数公式选择管理费用借方发生数作为本期发生数，因为在一般情况下管理费用发生记在借方，如果企业有冲减管理费用的业务，也应当记入借方，用红字冲销。如果将冲销业务记在贷方，则本期发生数应当是借贷差，本财务软件的函数为“SY利润表实际发生数”。销售费用、财务费用设置取数公式步骤同上。

📖需要重点说明的是，上述账上取数公式的练习，以管理费用为例需要取“借方发生额”，如果报表项目获取的不是本期发生数，而是期初、期末金额，参见图10-24，取数类型需要选择“借方期初余额”“贷方期初余额”“期末绝对余额”；如果报表项目获取的是期初数量、期末数量和数量发生额，则取数类型需要选择“数量期初”“数量期末”“数量借方发生（增加）”“数量贷方发生（减少）”；如果报表项目获取的是辅助项目数据，可参照图10-23中核算项目进行选择。

（3）“合计”单元格可使用“表内计算”的方式，该单元格的公式为“=单元格B1+单元格B2+…+单元格BN”（或者其他四则运算）。例如，计算单元格B7，则需要选中单元格B7，在编辑栏中输入“=B4+B5+B6”，点击对号，即可完成表内计算，除四则运算外，也可使用表10-2中列示的数学计算函数进行公式设置。

表10-2　**数学计算函数**

描　述	公　式
求和公式	=SUM（起始单元格：终止单元格）
求平均值	=AVG（起始单元格：终止单元格）
舍位函数	=ROUND（X，小数位数）
计数公式	=COUNT（起始单元格：终止单元格）
求最大值	=MAX（起始单元格：终止单元格）
求最小值	=MIN（起始单元格：终止单元格）

（4）“与上期同比增减”单元格的取数有两种方法：

第一种直接使用账上取数，需要使用函数公式向导，点击账上取数函数“ACCT”，并按照账上取数方法设置完毕管理费用本期发生数公式，然后在编辑栏中输入减号“-”，再重复上述操作，但需要把“起始期间和结束期间”改为“上一期”即“-1”，继续上面同样的步骤即可完成设置，销售费用和财务费用同上。

第二种使用表间取数，即如果存在上一期该报表数据，计算本期与上期增减数时，计算公式设置为：“本期发生数单元格的数据-上一期该单元格数据”，上一期数据可以使用表间取数函数REF或者REF_F进行取数，REF函数是指定表页、指定单元格取数函数，REF_F函数是指定报表、指定表页、指定单元格取数函数，这两个函数的向导界面如图10-26、图10-27所示。

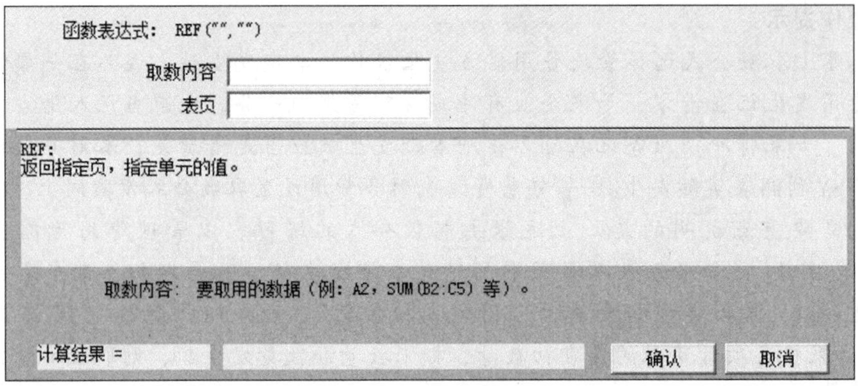

图10-26　REF函数取数

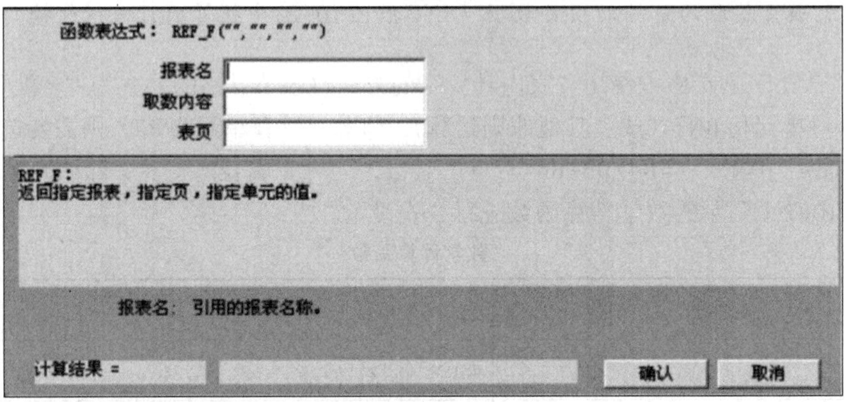

图10-27　REF_F函数取数

（5）“所占总费用比重”单元格的取数，采用与“合计”单元格一样的表内计算方法，仅仅是由加法改为除法。例如，管理费用对应的单元格的公式为“=B4/B7”，销售费用对应的单元格的公式为“=B5/B7”，财务费用对应的单元格的公式为“=B6/B7”。

（6）公式设置完毕，系统自动计算出数据，也可以选择“数据”—“报表重算”进行计算，如果想在报表中查看编辑公式，可以在“编辑”—“显示公式（显示数据）”进行转换。

（7）保存退出即可。

5）现金流量表的编制

金蝶KIS云专业版提供了两种现金流量表的编制方法：函数法和T形账户法。函数法是使用系统给定的现金流量取数函数（ACCTCASH）进行公式设置，获取凭证录入过程中指定现金流量的数据，生成现金流量表；T形账户法是将现金类会计科目指定对方科目以及对方科目对应的现金流量表主表项目、现金流量表附表项目，系统根据指定的钩稽关系自动获取数据，分配各个项目，形成现金流量表。

（1）函数法编制现金流量表

在“报表与分析”中选择“简易现金流量表”，如图10-28所示，可以直接调用现金流量表的模板。

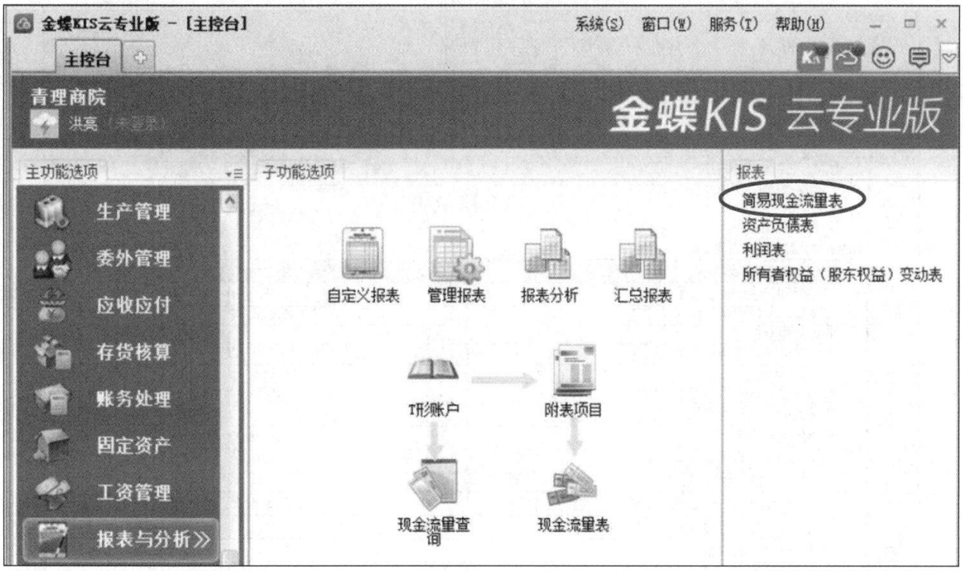

图10-28　调用简易现金流量表模板

系统弹出如图10-29所示的现金流量表，在工具栏中单击【自动/手动计算】中的自动计算或【报表重算】，系统自动计算现金流量，生成现金流量表，如图10-30所示。

现金流量表

会企03表

单位名称：　2024-01　单位：元

项目	行次	本期金额	上期金额
一、经营活动产生的现金流量：			
销售商品、提供劳务收到的现金	1		
收到的税费返还	2		
收到其他与经营活动有关的现金	3		
经营活动现金流入小计	4		
购买商品、接受劳务支付的现金	5		
支付给职工以及为职工支付的现金	6		
支付的各项税费	7		
支付其他与经营活动有关的现金	8		
经营活动现金流出小计	9		
经营活动产生的现金流量净额	10		
二、投资活动产生的现金流量：			
收回投资收到的现金	11		
取得投资收益收到的现金	12		
处置固定资产、无形资产和其他长期资产收回的现金	13		
处置子公司及其他营业单位收到的现金净额	14		
收到其他与投资活动有关的现金	15		
投资活动现金流入小计	16		
购建固定资产、无形资产和其他长期资产支付的现金	17		
投资支付的现金	18		

图10-29　现金流量表模板

图10-30　生成现金流量表

需要注意的是，在金蝶KIS云专业版中现金流量表模板中的现金流量表取数公式是基于总账科目进行设置的，比如“处置固定资产、无形资产和其他长期资产收回的现金净额”，基于该公式取不到相应的数据。所以基于模板生成现金流量表需要核对各个项目的公式，日常核算要与模板中的取数公式保持对应关系。

如果不使用模板中的取数公式，可以使用“ACCTCASH”函数自行设置取数公式，即基于记账凭证中指定的现金流量进行现金流量表的生成，如图10-31所示。

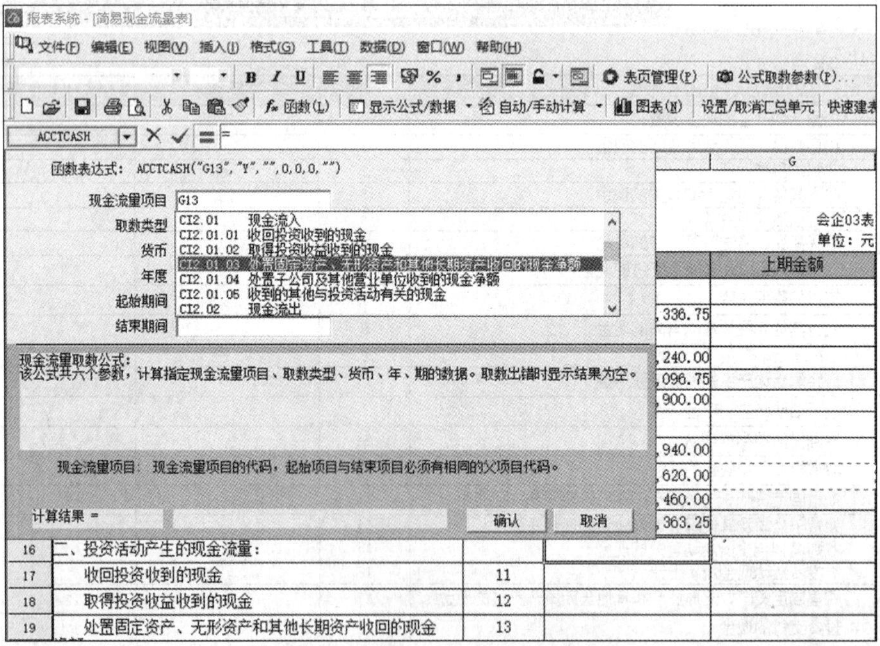

图10-31　ACCTCASH函数取数公式设置

使用该方法编制现金流量表需要注意的是：一定要确保所有记账凭证中关于库存现金、银行存款、其他货币资金等属于现金流量表现金概念的科目均通过“流量”指定其现金流量项目，否则现金流量表不能准确编制。

（2）T形账户法编制现金流量表

①在图10-32中选择“报表与分析”—“T形账户”，如果已经在凭证录入时指定了现金流量项目，可以按照下级科目、核算项目、现金项目、币别展开查看，如图10-33所示。

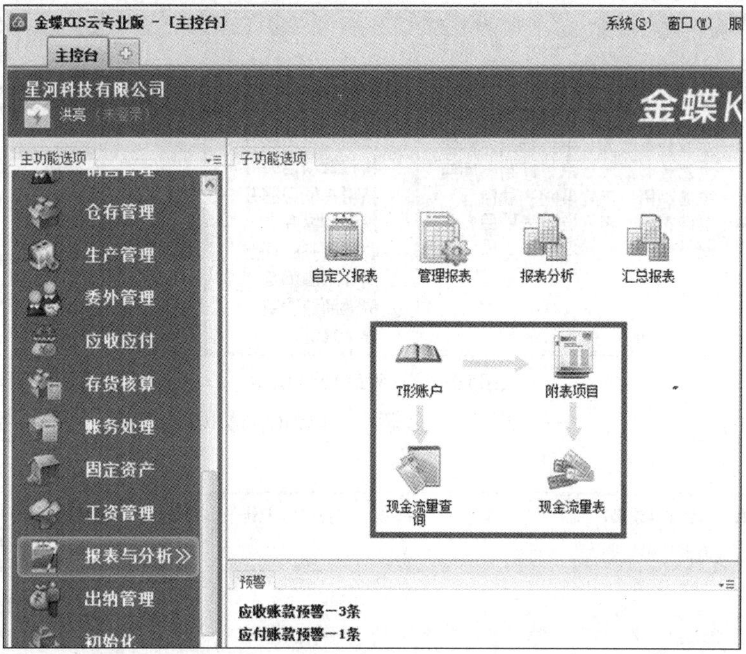

图10-32　报表与分析——T形账户

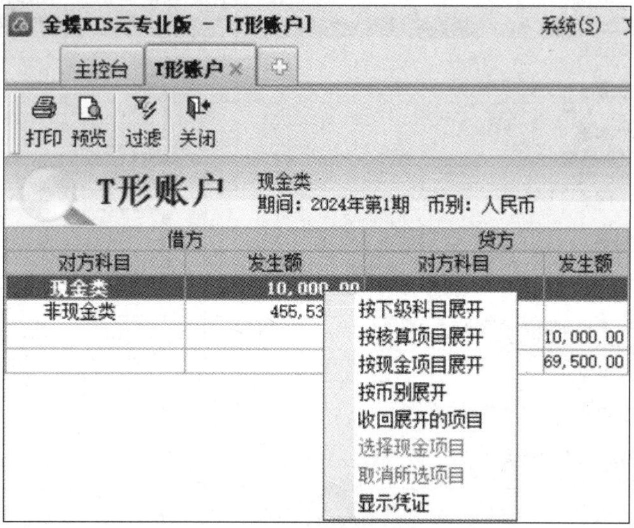

图10-33　T形账户展开

②选择“报表与分析”—“附表项目”，设置T形账户展开的科目对应的附表项目，

单击“选择附表项目”进行现金流量表附表项目的统一指定，如图10-34所示。

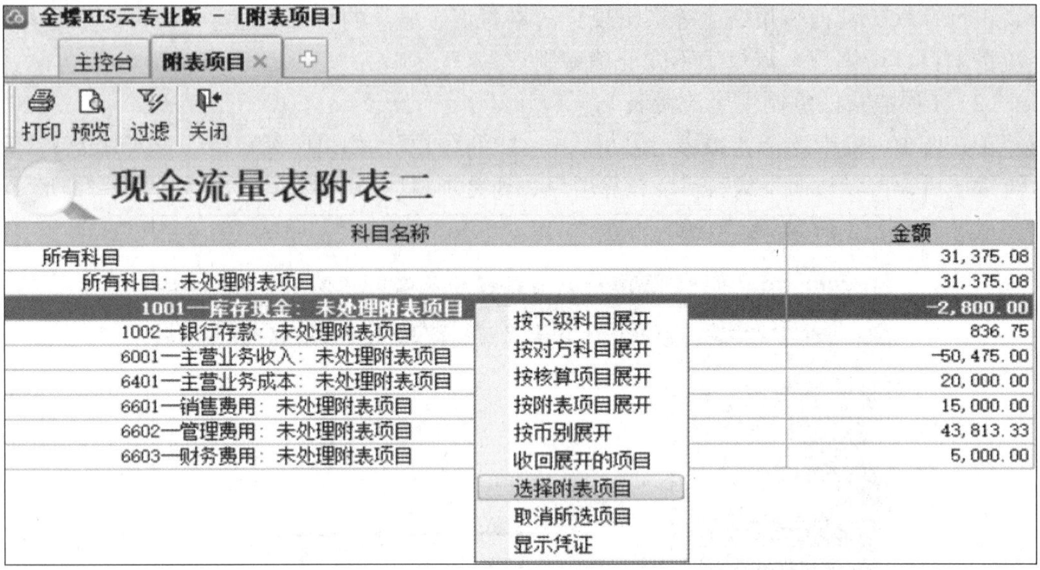

图10-34　附表项目指定

③选择“报表与分析”—“现金流量表”，自动生成现金流量表，包括主表和附表，如图10-35所示。

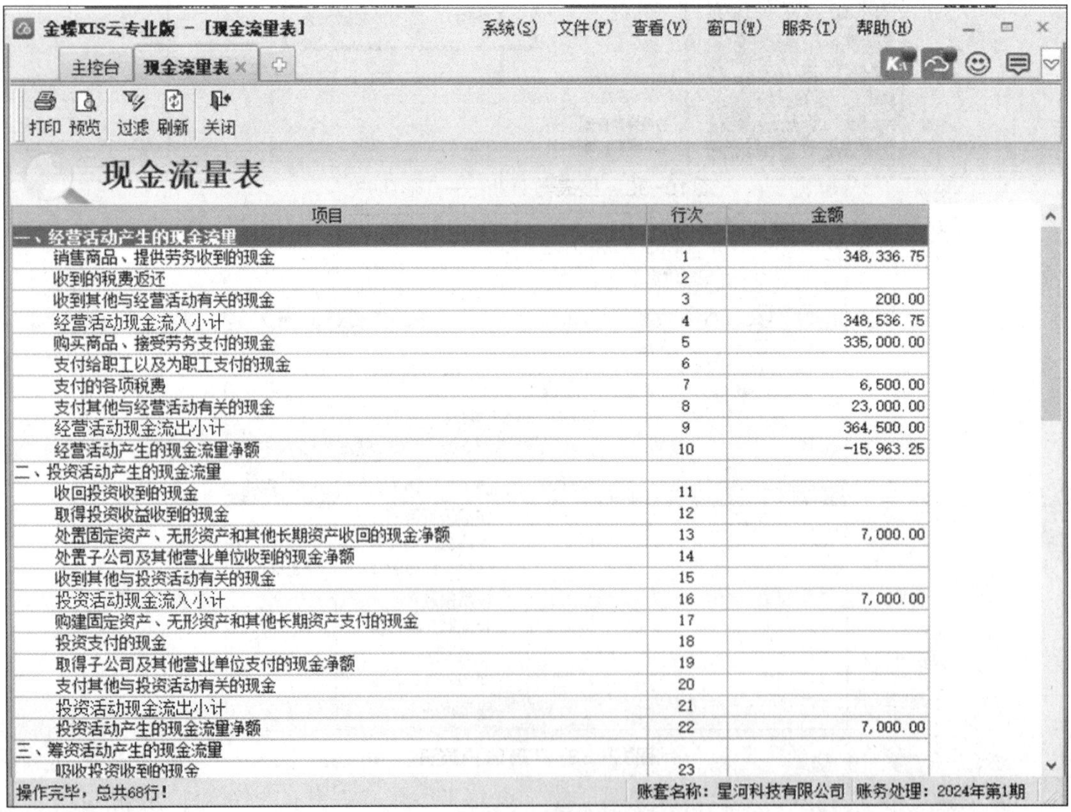

图10-35　生成现金流量表

6）报表分析

金蝶KIS云专业版提供了报表分析模板，主要有资产负债表分析、指标分析、利润表分析和自定义分析，给定了资产负债表结构和各种指标分析体系，并可以形成图形分析报表。对于给定模板的分析，数据自动生成；对于自定义报表分析，用户需要自行设置报表项目和公式，运行生成分析数据。

首先，用户可以利用金蝶软件提供的报表分析模板直接进行计算生成，如图10-36所示。

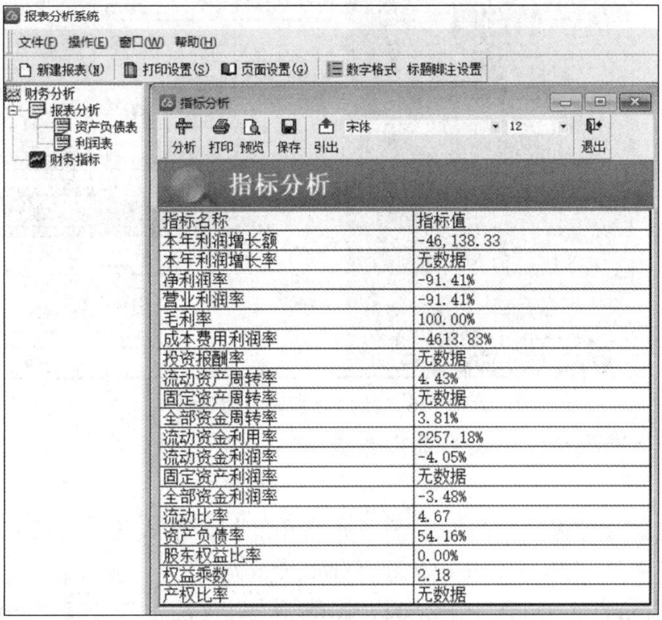

指标名称	指标值
本年利润增长额	-46,138.33
本年利润增长率	无数据
净利润率	-91.41%
营业利润率	-91.41%
毛利率	100.00%
成本费用利润率	-4613.83%
投资报酬率	无数据
流动资产周转率	4.43%
固定资产周转率	无数据
全部资金周转率	3.81%
流动资金利用率	2257.18%
流动资金利润率	-4.05%
固定资产利润率	无数据
全部资金利润率	-3.48%
流动比率	4.67
资产负债率	54.16%
股东权益比率	0.00%
权益乘数	2.18
产权比率	无数据

图10-36　指标分析

如果用户想自行设计分析报表，可以选择菜单里的“新建报表”，如图10-37所示。

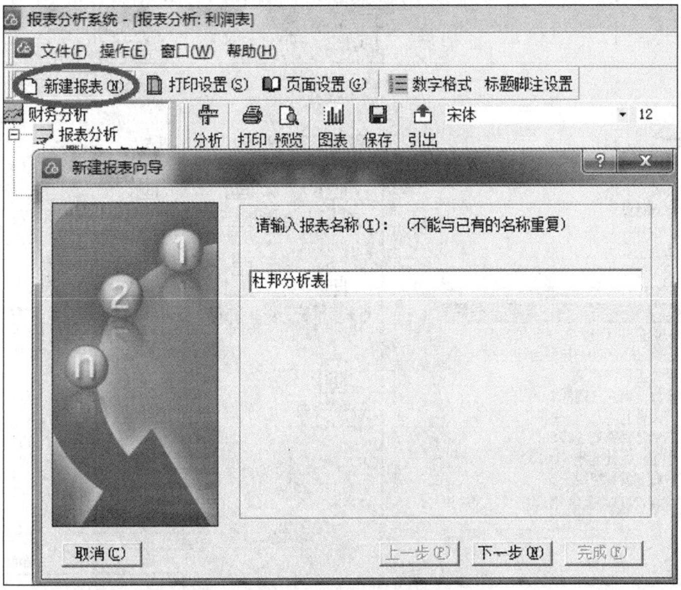

图10-37　新建杜邦分析表

在新建报表的界面，进行报表项目名称以及计算公式的设置，如图10-38所示。

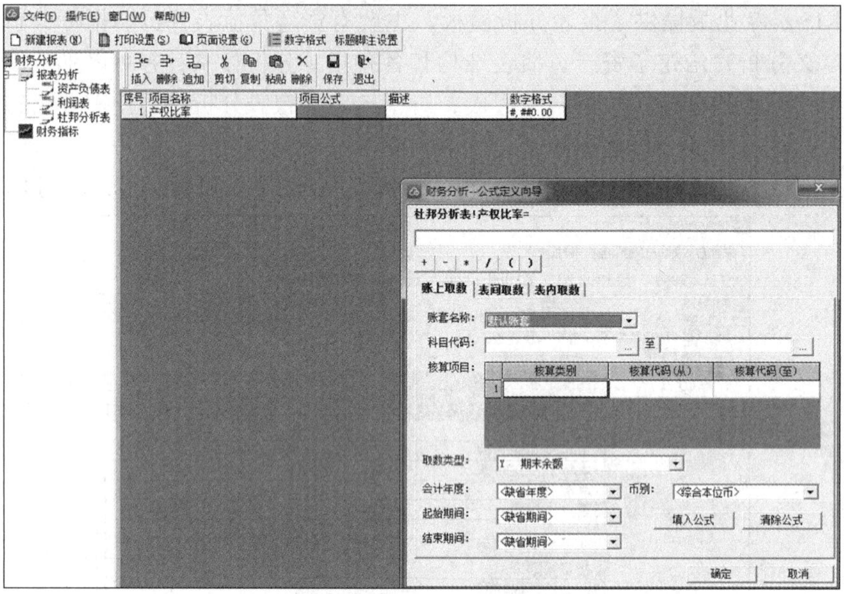

图10-38 杜邦分析表内容设计

10.3.2 用友T3-标准版会计报表系统实务操作

1）获取报表

用友T3-标准版会计报表系统提供了三种常用的报表格式获取方式：

（1）通过报表模板获得。系统提供了工业、商品流通业、施工企业、房地产、医院等多种不同行业的常用报表模板，用户可以根据需要自行选定行业或者2017年新会计准则下的报表模板，或是选择小企业报表模板。操作方式为：打开用友T3-标准版财务报表，选择“文件”—“新建”，弹出模板选择对话框，如图10-39所示，也可以点击快捷工具栏的【新建】按钮，出现空报表，选择“格式”—“报表模板”即可，如图10-40所示。

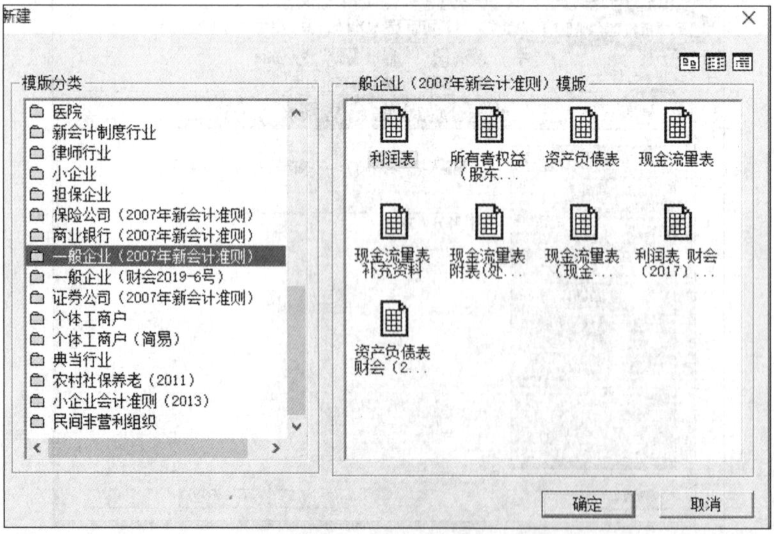

图10-39 新建报表模板

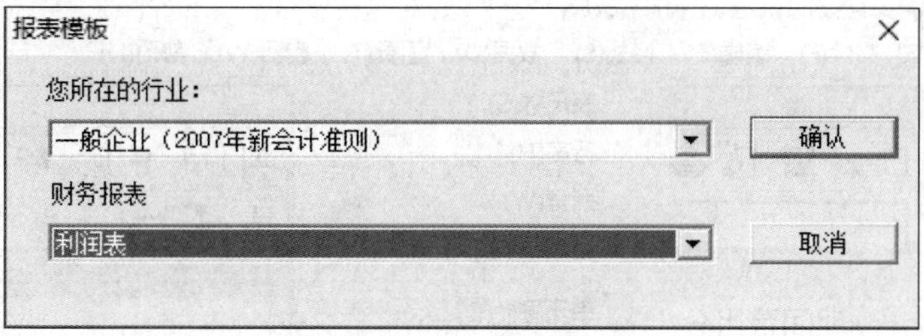

图10-40　报表模板选择

（2）如果用户已经用EXCEL等工具形成过会计报表，则需要把该文件引入用友T3-标准版会计报表系统，可以选择“文件”—“打开”功能或者点击工具栏中的【打开】按钮，选择需要打开的文件类型和文件即可引入，如图10-41所示。

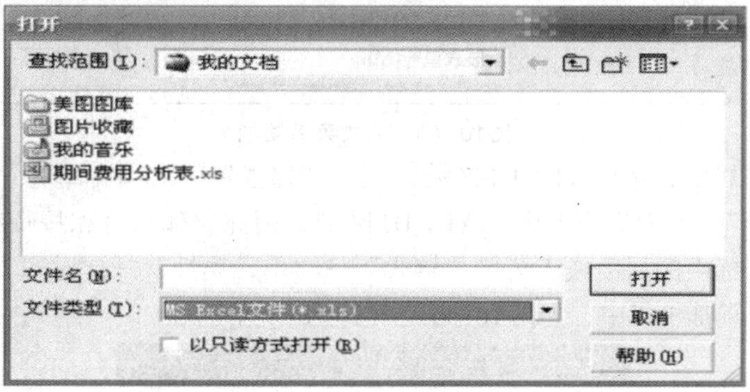

图10-41　打开外部报表文件

（3）自定义报表。如果模板中找不到需要的报表，而用户在电脑上也没有其他报表可以引入，则需要自行定义报表格式，也就是自己设置报表格式。我们仍然以上述期间费用分析表为例，操作方式如下：

①选择“文件”—“新建”，如果是模板界面，选择“常用”—“空报表”，并将期间费用分析表项目内容录入，如图10-42所示。

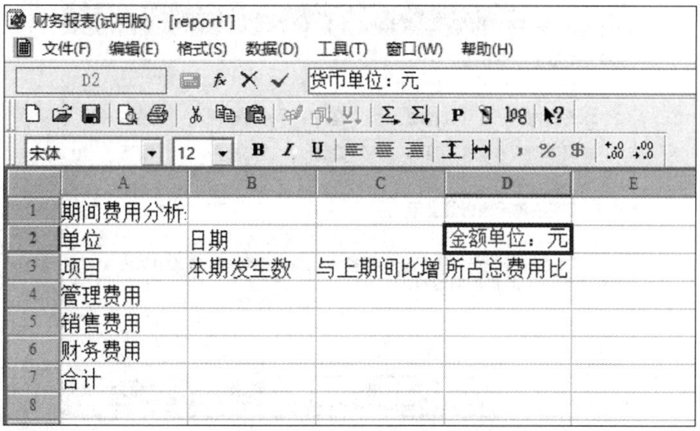

图10-42　新建空报表并录入内容

②对该表的字体、边框、居中排列等进行设置。该功能全部在“格式”菜单中，如图10-43所示。

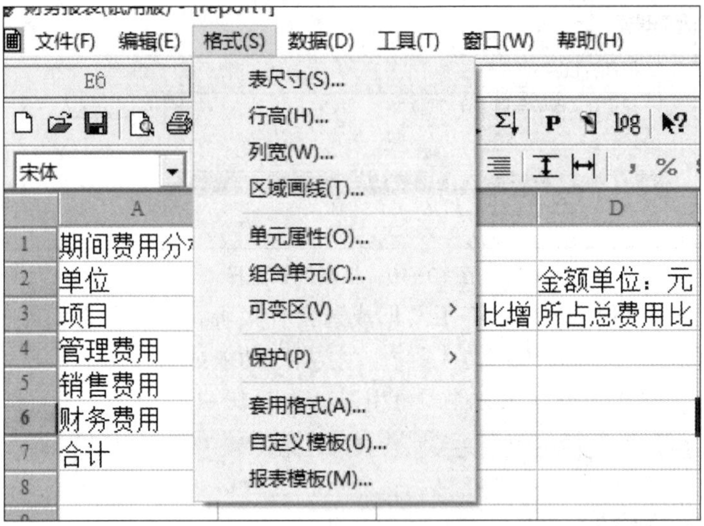

图10-43 格式菜单功能

③标题合并居中，选中A1：D1区域，点击“格式”—“组合单元”—“整体组合”或者“按行组合”(因为用户选中了A1：D1区域，因此整体组合和按行组合是一致的)，然后选择快捷图标中的居中或者菜单“格式”—“单元属性”—“对齐”，进行居中对齐即可，水平、垂直都可居中，如图10-44、图10-45所示。

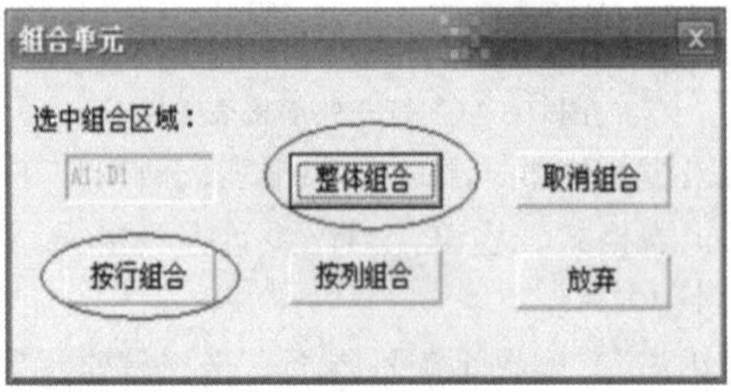

图10-44 合并居中

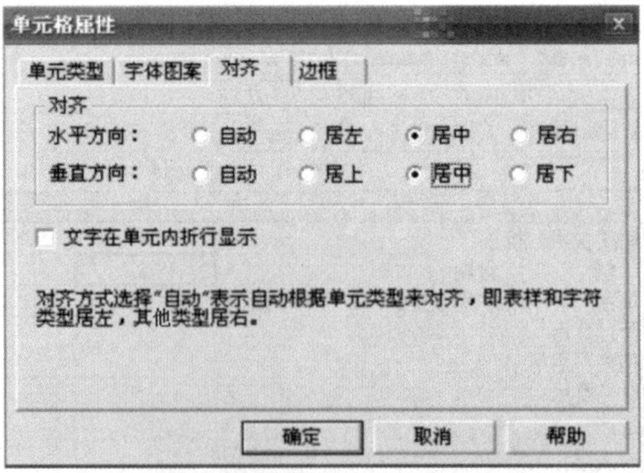

图10-45 单元格属性——对齐

④表体设计边框。选择A3：D7区域，选择“格式”—“单元属性”—“边框”，选定合适的“线型”后，点击左侧“外边框”和“内边框”，然后确定，如图10-46所示。

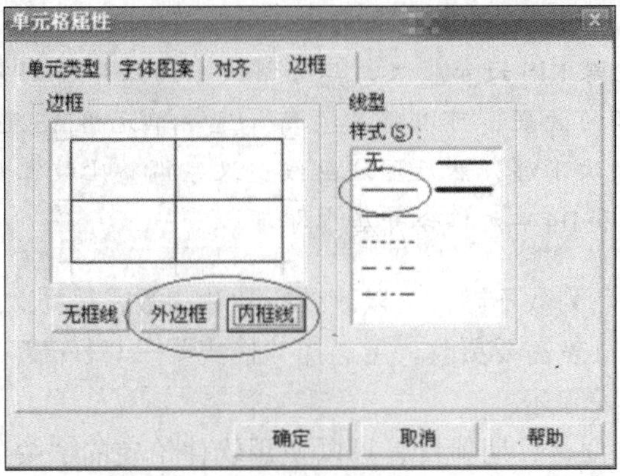

图10-46　单元格属性——边框

⑤设计表体的字体、大小及背景图案等。选择A3：D7区域，选择“格式”—“单元属性”—“字体图案”，按照要求或用户喜好选择“字体”“字型”“字号”“前景色”“背景色”等，点击确定即可，如图10-47所示。

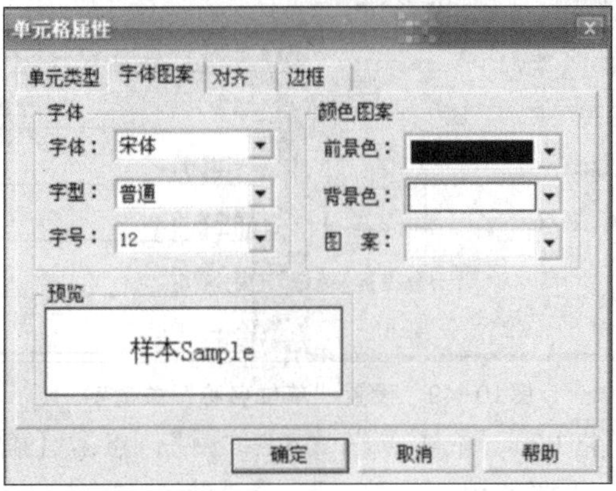

图10-47　单元格属性——字体图案

⑥如需要插入斜线，可使用“区域画线”功能，如将表中A3单元格“项目”画正斜线，则需要选择“格式”—“区域画线”，选择“正斜线”，点击【确定】按钮即可，结果如图10-48所示。

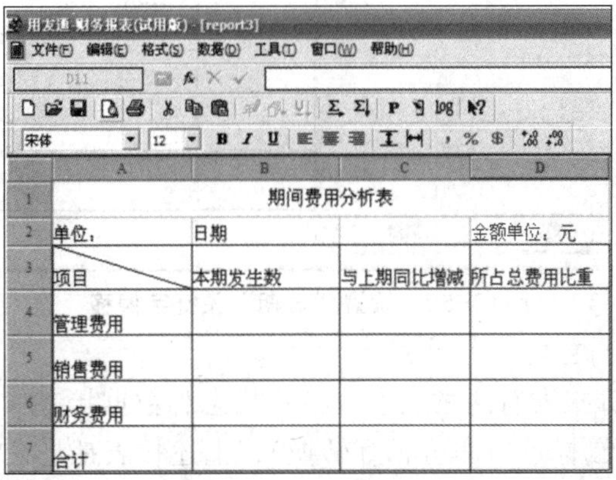

图10-48　正斜线设置结果

操作提示

📖这里相比于金蝶KIS云专业版，二分斜线中的汉字排列需要手工调整，如果要达到排列规范合理的效果，可以将“项目”这一单元格A3变为两个单元格A3和A4，其他项目内容顺次下移，然后区域画线，汉字调整比较容易，B3和B4单元格、C3和C4单元格、D3和D4单元格合并居中即可。

⑦如果表页的行数和列数不够，可以改变行数和列数，选择“格式”—“表尺寸”即可；如果单元格行高和列宽需要更改，可选择“格式”—“行高”或“列宽”进行高度和宽度设置，这里不再一一陈述。

⑧对于报表中的单位、日期项目，可以使用软件给定的“关键字”功能。“关键字”功能是确定报表取数过程中获取哪个单位、哪个年度、哪个月份或者哪个日期的数据，在“格式”状态下选中单元格A2，选择菜单“数据”—“关键字”—“设置”功能，选择单位名称，点击【确定】按钮，结果如图10-49所示。

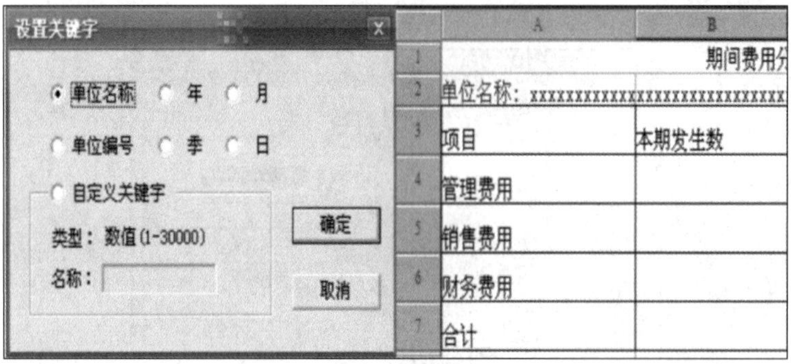

图10-49 设置“单位名称”关键字

对于“日期”（单元格B2），依次点击“年”“月”，点击【确定】按钮，二者在一个单元格中会重叠在一起，需要使用“关键字”—“偏移”功能，向左偏移填写负数，假如“年”向左偏移50，则输入“-50”，结果如图10-50所示。

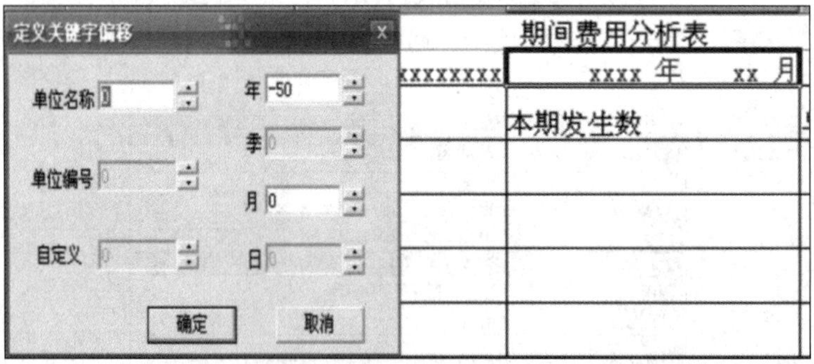

图10-50 设置“日期”关键字偏移

2）设置报表取数公式

用友T3-标准版会计报表有两种状态：格式状态和数据状态（该功能在报表界面左下方以红字显示，用户用鼠标点击即可相互转换），上述报表都是在格式状态下完成的。数据状态就是获取报表数据后的状态，一般来说，格式表一种报表只需要一个即可，数据表则可以有多个，如同一个格式表的月报表可以有12个数据表。在格式表转换为数据表的过程中，数据提取是关键，而提取数据需要设置取数公式才可以执行。对于引入的报表模板，通用财务软件的开发方已经设置了取数公式，用户只需要审核正确性即可，因此本部分着重讲述自定义报表下的取数公式的设置。

按照所有通用财务软件报表取数公式设置的思路，用友T3-标准版会计报表系统的取数公式依然主要有：账上取数、表内计算、表间取数、其他系统取数等形式。

（1）账上取数

针对管理费用、销售费用和财务费用的“本期发生数”，可以直接从各自的账簿文件中获取，这一过程就是账上取数。

①点击快捷工具中的“fx”按钮，或者选择菜单“数据”—“编辑公式”—“定义公式”，如图10-51所示。

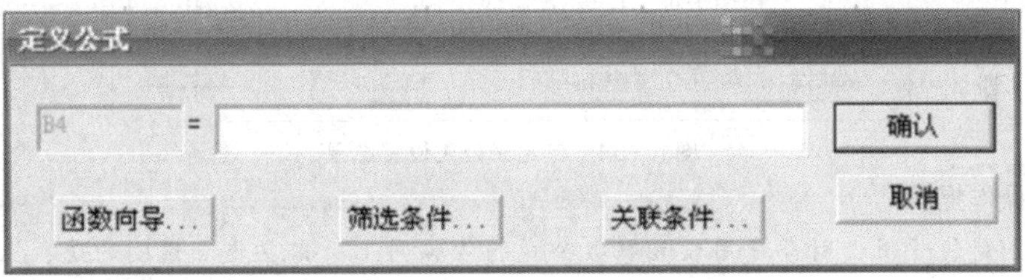

图10-51　定义公式

②点击【函数向导】按钮，选择“用友账务函数”，由于三个期间费用账户在账结法下期末一般转入“本年利润”，无余额，因此选择“本期发生额”，点击【下一步】按钮，选择“参照”，由于费用类账户发生时记在借方，对于单元格B4，选择管理费用科目本月的借方，表示获取管理费用本期借方发生额，点击【确定】按钮，如图10-52、图10-53和图10-54所示。

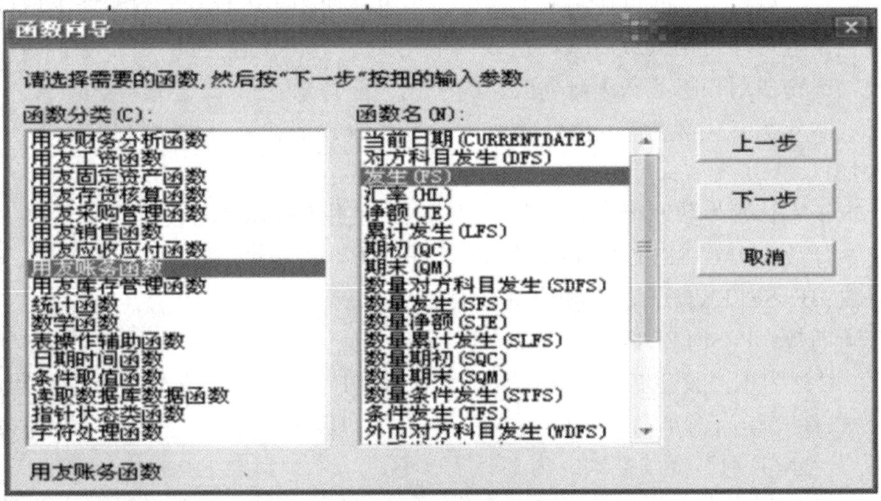

图10-52　选择函数分类及函数名

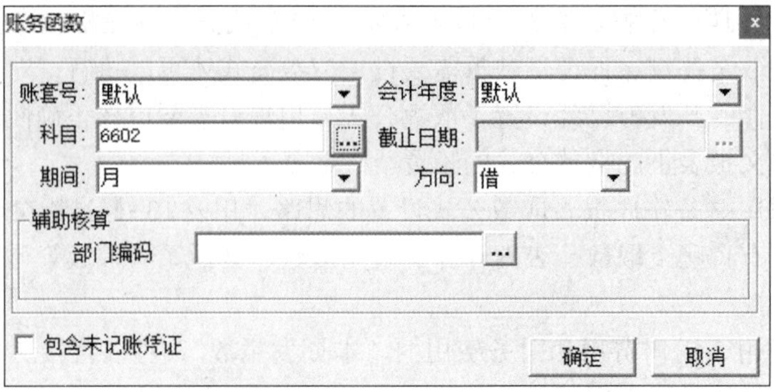

图10-53　账务函数的科目、取数期间及借贷方向设置

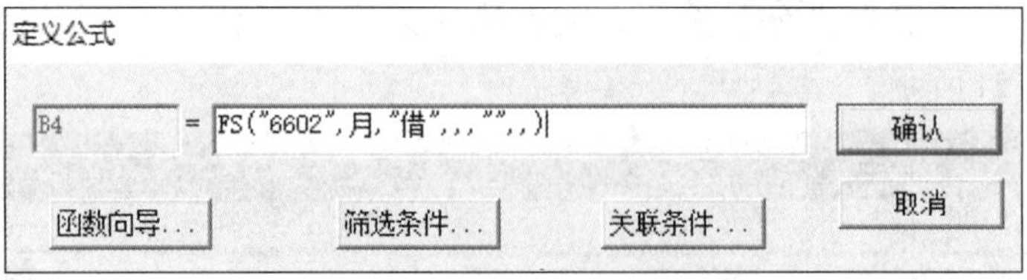

图10-54　自定义公式设置结果

操作提示

销售费用、财务费用设置取数公式的步骤同上。需要重点说明的是，上述账上取数公式的练习，以管理费用为例需要取“本期借方发生额”，如果报表项目获取的不是本期发生数，而是期初、期末金额，参见图10-52，需要选择函数“期初QC”“期末QM”；如果报表项目获取的是期初数量、期末数量和数量发生额，则需要选择函数“数量期初（SQC）”“数量期末（SQM）”“数量发生（SFS）”；如果报表项目获取的是辅助项目数据，可参照图10-53中间部分辅助核算进行选择。

③“合计”单元格，既可使用账上取数，也可以使用表内计算。对于账上取数，按照上面步骤先设置管理费用取数后（如图10-54所示），点击键盘上的“+”号，继续重复上述操作设置销售费用和财务费用账上取数的公式，三者用“+”号连接确认即可。

关于“本年累计发生数”，也可以使用账上取数，取“累计发生（LFS）”函数，如图10-55所示。

关于本年累计发生数、上期数和上年同期数，使用SELECT函数：

本年累计数：D=C+SELECT（D，年@=年 and 月@=月+1）

上月数：E=SELECT（C，年@=年 and 月@=月+1）

上年同期数：F=SELECT（C，年@=年+1 and 月@=月）

其中：C列为本月发生数；D列为本月累计数；E为上月数；F列为上年同期数；“年@=年”为条件“年为当年”；“年@=年+1”为条件“年为上年”；“月@=月”为条件“月为当月”；“月@=月+1”为条件“月为上月”。

按照本教材例子中的期间费用分析表中“与上期同比增减”单元格C4，设置思路为C4=本月发生数-上月数，即“B4-SELECT（B4，年@=年 and 月@=月+1）”。

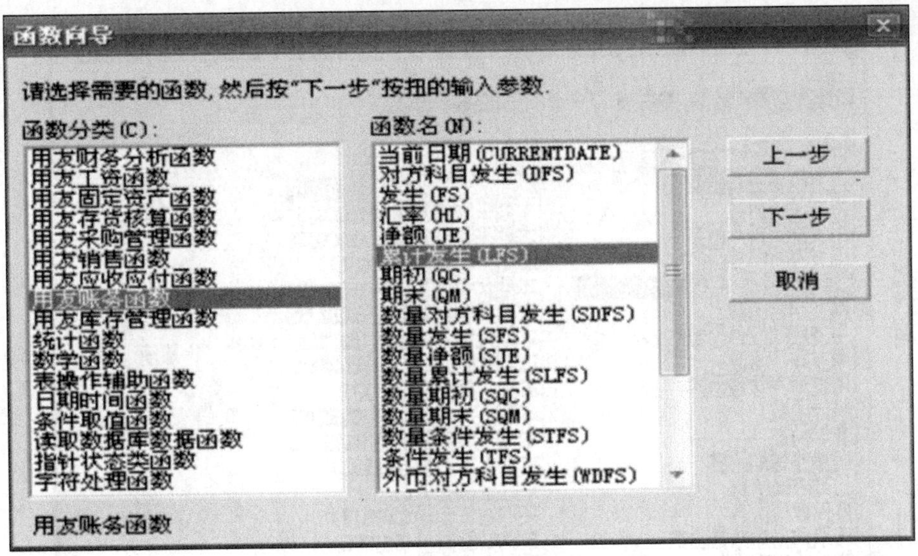

图10-55　账上取数获取累计发生额

（2）表内计算

表内计算就是运用四则运算，对表内某个单元格不能从账上或表间获得的数据进行计算获取，本例中主要体现为“合计”单元格和“所占总费用比重”单元格。对于“合计”单元格，运用表内计算，选中“合计”单元格B7，按键盘“=”或者选择按钮，在输入框中用键盘输入“B4+B5+B6”，点击【确认】按钮即可，如图10-56所示。

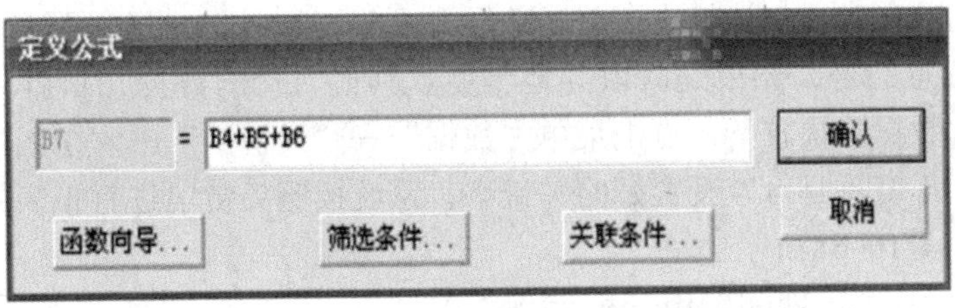

图10-56　表内计算设置“合计”单元格取数公式

对于“所占总费用比重”单元格D4、D5、D6，运用表内计算，其公式为：“D4=B4/B7”“D5=B5/B7”“D6=B6/B7”。

（3）表间取数

表间取数也分为一个报表内部各个表页间取数、不同报表间取数两种形式。一个报表内部各个表页间取数，公式为：“目标区域=数据源区域@页号”。比如，表页1中的单元格B4数据等于表页2中单元格D6，则单元格B4的公式为：“B4=D6@2”。不同报表间取数公式为：“目标区域=“他表表名”->数据源区域@页号”，比如本表表页1中的单元格B4数据等于利润表中第2张表页单元格D6，则单元格B4的公式为：“B4=“利润表”->D6@2”。

（4）其他系统取数

有些报表中的数据需要从固定资产系统、工资管理系统、进销存管理系统、应收应付系统获取，可点击，选择对应的系统函数即可，如图10-57所示。

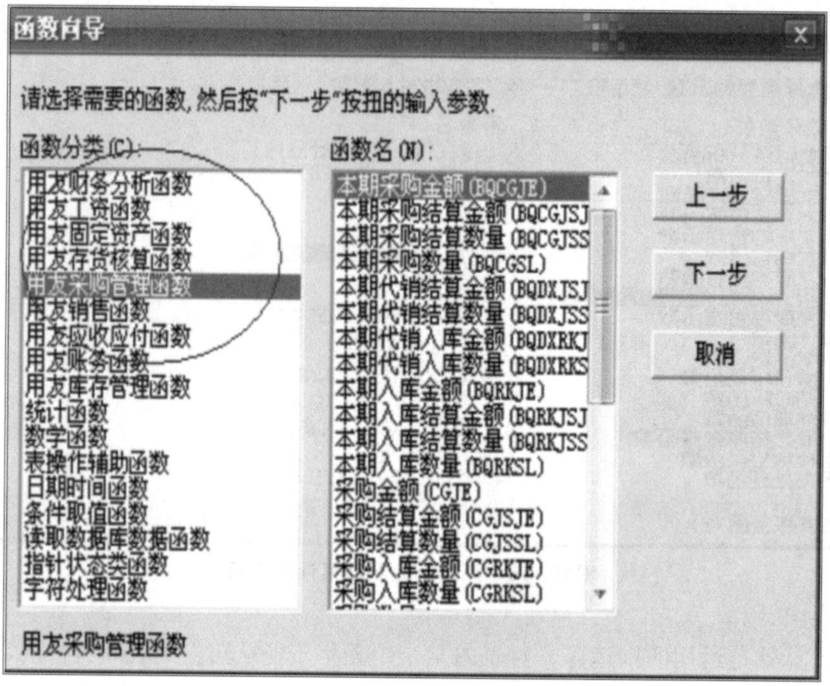

图10-57　其他系统取数函数

3）生成报表

点击报表左下角的【格式/数据】切换按钮，系统就按照格式表中设置好的取数公式获取数据，得到数据表，默认状态下就是获取登录年度和月份的报表数据。

这里需要注意的是，如果是获取其他年度、其他月份的数据，那就需要用到"关键字"功能，在"数据"状态下，点击菜单"数据"—"关键字"—"录入"功能，录入需要生成的单位、年度、月份等设置好的关键字，系统按照关键字进行报表的重新计算，获取报表数据，如图10-58所示。

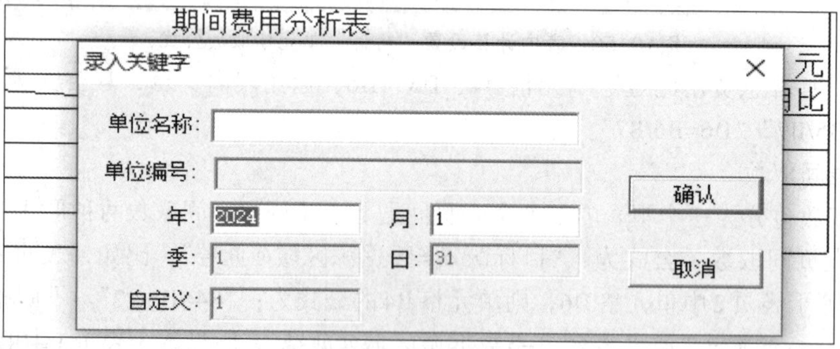

图10-58　录入关键字

4）图表分析

生成数据表后，如果用户希望用图表的形式更直观地进行展示，可以选择生成图表的数据区域，点击"工具"—"插入图表对象"，如图10-59所示，选择需要的图表类型和标题即可完成。

5）现金流量表的编制

用友T3-标准版现金流量表编制采用的是函数法，即使用“现金流量项目金额（XJLL）”函数进行取数，该函数取数也是从账上获取的，因此，也需要进行现金流量项目设置和凭证录入指定现金流量项目的前导工作。

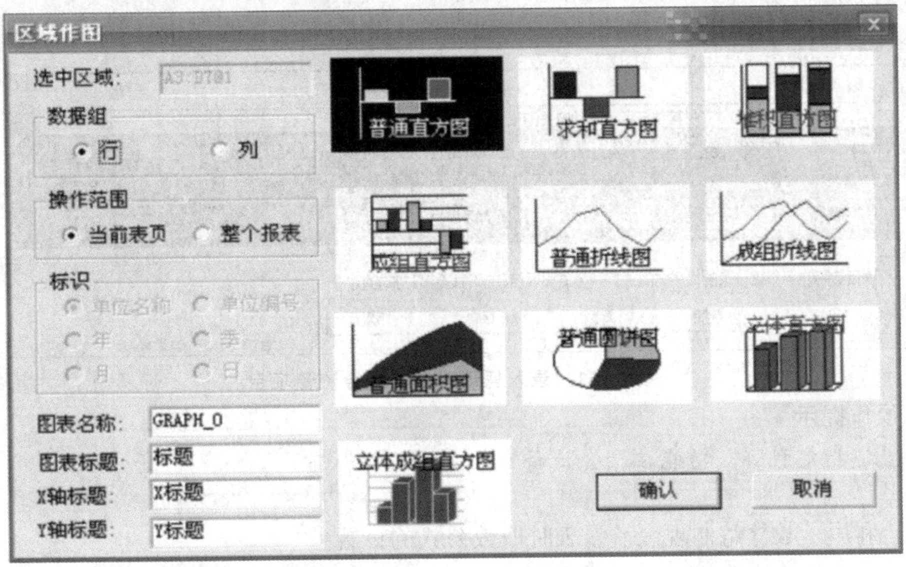

图10-59　插入图表对象

（1）现金流量表编制的前导工作

该项工作主要包括现金流量项目设置和凭证录入指定现金流量项目。现金流量项目设置工作在前面章节“基础设置”—“财务”—“项目目录”中已经讲解，这里不再详细论述，如图10-60所示。

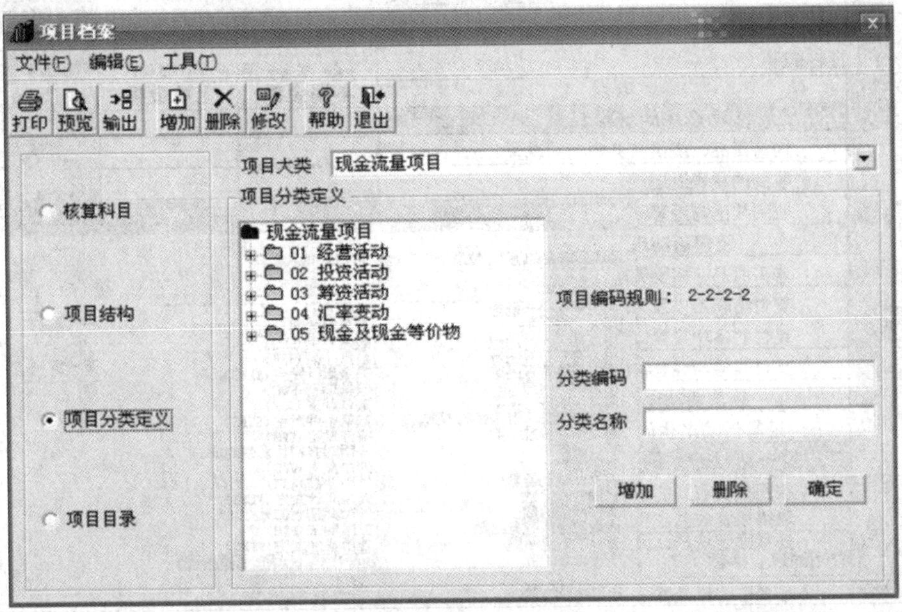

图10-60　现金流量项目设置

凭证录入过程中指定现金流量项目在前面凭证管理的章节也做过详细论述，这里不再赘述，即录入凭证过程中对于指定为“现金流量科目”的会计科目，需要指定具体的现金流量项目，如图10-61所示。

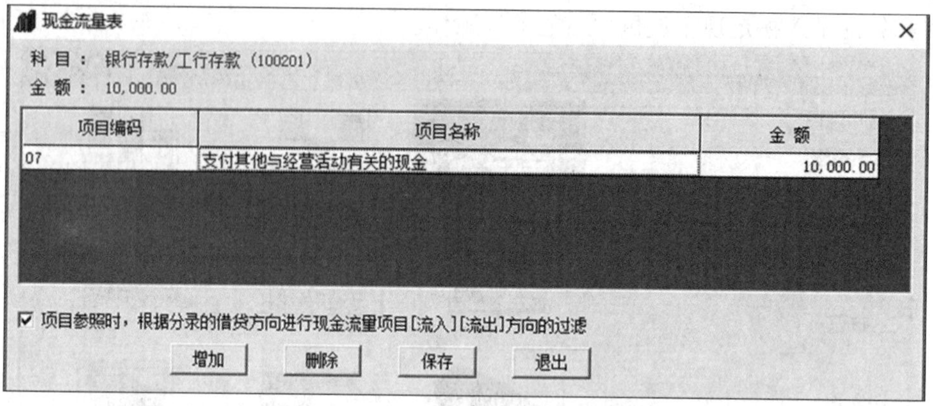

图10-61 录入凭证时指定现金流量项目

操作提示

📖“指定科目”功能在“会计科目”—“编辑”下。

（2）利用函数法编制现金流量表时取数公式的设置

进入“会计报表”模块，新建或者引入一个现金流量表模板，打开后，选中需要设置公式的单元格，点击 f_x，选择“用友账务函数”—“现金流量项目金额（XJLL）”，如图10-62所示。

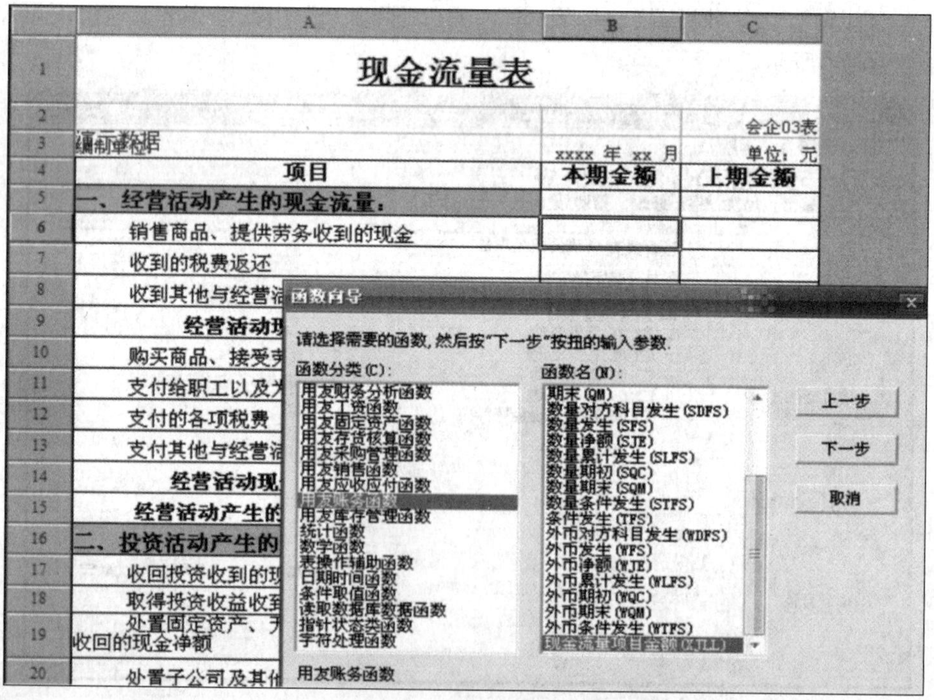

图10-62 现金流量项目金额取数函数设置

点击【下一步】按钮，选择“参照”—“项目编码”，根据业务性质选择对应的现金流量项目：如为现金流入，方向为“借”；如为现金流出，方向为“贷”；其余项目默认，表示当前账套、当前年度、当前月份的现金流量表，用户也可以根据需要自行更改。设置完毕确认即可，如图10-63所示。

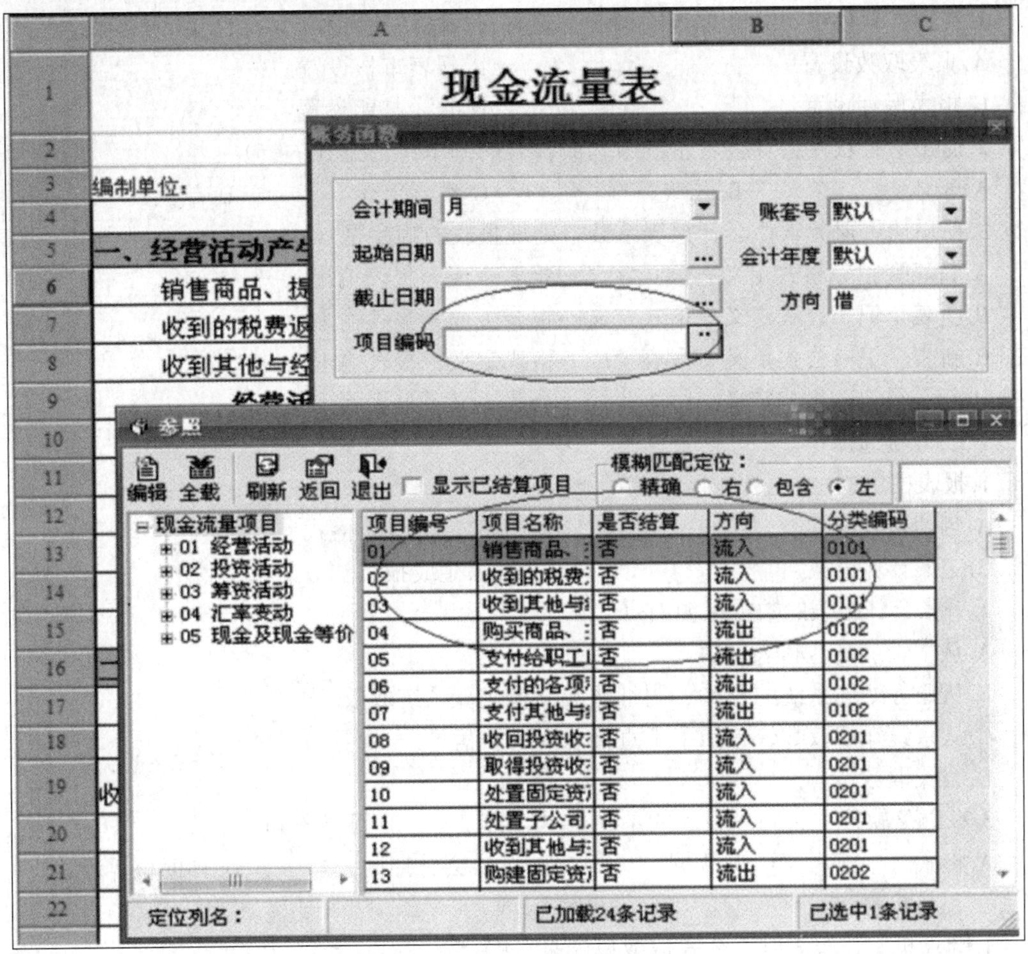

图10-63　现金流量项目设置

思政小课堂

思政目标	思政素材
报表是投资者、债权人等评价公司的主要信息来源，报表数据的公允对使用者乃至经济发展有至关重要的作用。举例买股票。引导学生要有社会责任感、风险意识、法律意识 报表取数公式的设置，培养学生的数据思维、业财一体化理念	阅读材料：魏枫，孙梦宇.巧用“三张表”探寻业财融合之道！[EB/OL].[2023-10-31]. http: //www. 360doc. com/content/21/0323/10/62513802_968411901.shtml

章末习题

一、单项选择题

1.在财务软件中，会计报表的编制一般有报表格式设置和（　　）两个具体过程。

A.报表取数设置　　B.报表审核设置

C.报表保存设置　　D.报表打印设置

2.通用财务软件会计报表系统中构成报表的基本单位是（　　）。

A.表体　　B.区域　　C.组合单元　　D.单元

3.使用通用财务软件会计报表系统，处理报表的顺序是（　　）。

A.新表登记→格式定义→公式定义→报表生成→报表输出

B.新表登记→公式定义→格式定义→报表生成→报表输出

C.新表登记→公式定义→报表生成→格式定义→报表输出

D.新表登记→格式定义→报表生成→公式定义→报表输出

二、多项选择题

1.报表模块的主要操作内容包括（　　）。

A.创建报表文件　　B.定义报表格式

C.定义计算公式　　D.生成报表

2.一张会计报表的数据来源有（　　）。

A.从本表或其他报表取数

B.从账务处理系统的总账、明细账及其他核算系统取数

C.从系统外部取数，包括手工直接录入、软盘等

D.公式取数

3.在财务软件中，同一报表的不同表页，其（　　）可以不同。

A.格式　　B.数据　　C.会计期间　　D.辅助核算项目

三、判断题

1.计算机制作报表时，公式取数只能来自账簿。（　　）

2.计算机制作报表的格式一旦确定，不能进行修改。（　　）

3.在财务软件的会计报表系统中，除了系统预置的模板之外，用户还可以自定义报表模板。（　　）

四、简答题

1.会计报表系统编制会计报表的一般步骤是什么？

2.取数公式的数据来源一般有哪几种？上述两个软件在设计取数公式时有何异同？

3.往来科目在资产负债表中如何设置取数公式？

4.洪亮设计好资产负债表的格式及公式并调用报表编制功能，结果发现资产负债表上并没有数据，试分析其中存在的原因有哪些。

5.通过两个软件的实务操作理解并梳理会计报表模块的一般原理与操作流程。

五、操作实践题

辉煌公司打算使用金蝶KIS云专业版的报表系统编制并生成混合表，见表10-3。其中，货币资金包括库存现金与银行存款。

（1）请参照公式定义界面（如图10-64所示）描述该表的取数公式定义步骤。

（2）如果要单独获取银行存款美元期末金额，应如何设置？

（3）如果要单独获取原材料的期末数量，应如何设置？

表10-3　混合表

	A	B	C	D
1	项　目	期末金额	项　目	本期发生额
2	货币资金		主营业务收入	
3	预付款项		主营业务成本	
4	无形资产		主营业务利润	
5	资产合计		主营业务利润率	

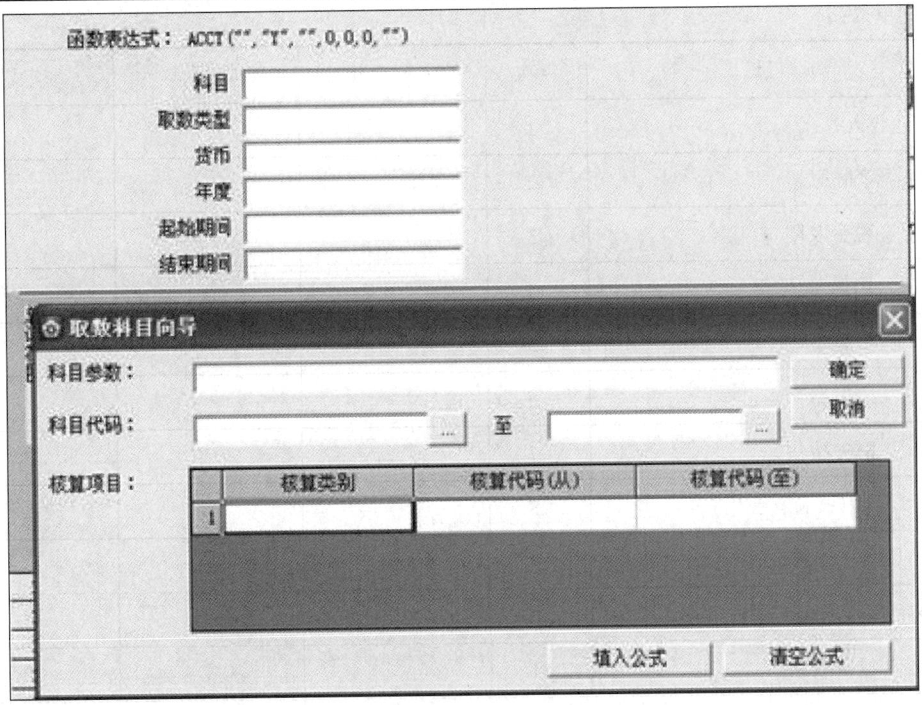

图10-64　公式定义

六、上机实验

要求：根据下列资料，进行会计报表操作，并根据两个软件的报表管理功能，比较二者之间的异同。

根据前面章节的案例资料，完成下面报表的设计与数据提取：

（一）简易资产负债表格式定义与数据提取（见表10-4）

表10-4 简易资产负债表

编制单位： 年 月 日

资 产	行 次	年初数	期末数	负债及权益	行 次	年初数	期末数
货币资金	1			应付账款	5		
应收账款	2			应付职工薪酬	6		
其他应收款	3			实收资本	7		
存货	4			未分配利润	8		
资产合计				负债及权益合计			

（注：由于上述报表是简易资产负债表，项目不完整，因此资产合计与负债及权益合计可能不相等，完整的资产负债表，资产合计=负债及权益合计）

（二）简易利润表格式定义与数据提取（见表10-5）

表10-5 简易利润表

编制单位： 年 月

项 目	行次	上期金额	本期金额	本年累计
一、营业收入	1			
减：营业成本	2			
税金及附加	3			
销售费用	4			
管理费用	5			
研发费用	6			
财务费用	7			
其中：利息费用	8			
利息收入	9			
加：其他收益	10			
投资收益	11			
公允价值变动损益	12			
信用减值损失	13			
资产减值损失	14			
资产处置收益	15			

续表

项　目	行次	上期金额	本期金额	本年累计
二、营业利润	16			
加：营业外收入	17			
减：营业外支出	18			
三、利润总额	19			
减：所得税费用	20			
四、净利润	21			

（三）应收账款明细表的设计与数据提取

自行设计“应收账款明细表”，要求披露应收账款总发生额和余额、各单位所欠余额和本期发生额等数据。

（四）现金流量表的设计与数据提取

利用金蝶KIS云专业版的T形账户法生成现金流量表，同时选择金蝶或用友软件基于凭证中现金流量的指定使用取数公式设置的方法编制现金流量表。

第11章/ 综合模拟实验

一、账套信息和用户

1.建立账套

账套号：系统默认值

账套名称：小组名称

账套路径：系统默认值

公司名称：小组名称

科目体系：新会计准则科目

2.系统参数设置

设置会计期间：2024年01月01日—2024年12月31日

3.财务参数设置

启用会计年度：2024年

启用会计期间：1月

选中“凭证过账前必须审核”

4.出纳参数设置

启用会计年度：2024年

启用会计期间：1月

5.业务基础参数设置

启用会计年度：2024年

启用会计期间：1月

6.操作人员及权限分工（见实训表1-1）

实训表1-1 **操作人员及权限分工**

用户名	用户组	权限
小组成员A	Administrators	小组成员自行讨论并分工
小组成员B	Administrators	

7.新增HKD——港币，汇率为0.88

8.新增“记”凭证字

9.建立客户和供应商档案（见实训表1-2）

实训表1-2　**客户和供应商档案**

客户		供应商	
代码	名称	代码	名称
01	青岛海天	01	济南银座
02	青岛博远	02	济南中铁

10.计量单位（见实训表1-3）

实训表1-3　**计量单位**

组别	代码	名称	系数
数量组	11	台	1
	12	个	

11.物料资料（见实训表1-4）

实训表1-4　**物料资料**

代码	名称	计量单位	计价方法	存货科目	收入科目	成本科目	税率
01	电视机	数量组-台	加权平均法	库存商品	主营业务收入	主营业务成本	13%
02	液晶屏	数量组-个	加权平均法	原材料	其他业务收入	其他业务成本	13%

12.部门与职员档案（见实训表1-5）

实训表1-5　**部门、职员档案**

部门		职员		
代码	名称	代码	姓名	部门
01	财务部	01	小组成员A	财务部
02	销售部	02	小组成员B	财务部
03	采购部	03	张琴	采购部
04	生产部	04	王平	销售部
		05	张强	生产部

13.新增和修改会计科目（见实训表1-6）

实训表1-6　**新增和修改会计科目**

科目代码	科目名称	币别核算	期末调汇	核算项目
100201	工行	否	否	
100202	人行	外币（港币）	是	
1122	应收账款			客户

续表

科目代码	科目名称	币别核算	期末调汇	核算项目
1123	预付账款			供应商
1403	原材料			物料、数量核算
1405	库存商品			物料、数量核算
2202	应付账款			供应商
2203	预收账款			客户
5101	制造费用			
510101	折旧费			部门
510102	工资			部门
6601	销售费用			
660101	工资			部门
660102	折旧			部门
6602	管理费用			
660201	办公费			部门
660202	工资			部门
660203	折旧费			部门

二、初始数据

14.客户初始数据（见实训表1-7）

实训表1-7 **客户初始数据** 单位：元

客户	日期	应收账款	预收账款
青岛海天	2023-12-31	13 000	
青岛博远	2023-12-31	25 000	

15.供应商初始数据（见实训表1-8）

实训表1-8 **供应商初始数据** 单位：元

供应商	日期	应付账款	预付账款
济南银座	2023-12-31	8 000	1 000

16.固定资产初始数据（见实训表1-9）

实训表1-9　**固定资产初始数据**

基本信息		部门及其他		原值与折旧	
资产类别	机器设备	固定资产科目代码	1601	币别	人民币
资产编码	B001	累计折旧科目代码	1602	原币金额	156 000元
名称	自动装卸机	使用部门	生产部	开始使用日期	2023-06-07
计量单位	台	折旧费用科目	制造费用	预计使用期间数	60个月
数量	1			已使用期间数	6个月
入账日期	2023-06-07			累计折旧	15 600元
存放地点	生产部			预计净残值	0
使用状况	正常使用			折旧方法	平均年限法（基于入账原值和预计使用期间）
变动方式	购入				

17.科目初始数据（见实训表1-10）

实训表1-10　**科目初始数据**　单位：元

科目代码	科目名称	方向	期初余额
1001	库存现金	借	5 000
100201	工行	借	285 000
100202	人行	借	10 000HKD
1122	应收账款	借	38 000
1123	预付账款	借	1 000
1405	库存商品-电视机	借	300 000（150台）
1601	固定资产	借	156 000
1602	累计折旧	贷	15 600
2201	短期借款	贷	25 200
2202	应付账款	贷	8 000
4001	实收资本	贷	745 000

18.出纳初始数据

（1）上一年度12月31日，工行东桥支行初始余额为285 000元；银行对账单余额为280 000元；上一年度存在企业已收、银行未收的未达账项一笔5 000元。

（2）工行账号：111；人行账号：222。

三、日常业务资料

19.录入下列所有凭证（注意部分科目的新增和客户档案的新增）

（1）2024-01-08，实收投资款100 000港元，存入人行。

（2）2024-01-10，财务部门购买办公用品2 500元，用现金支付。

（3）2024-01-12，向济南银座采购液晶屏1 000个，单价500元，款项均未付。（采购管理—采购发票—存货核算—业务凭证生成）

（4）2024-01-15，付给济南银座12日部分货款30 000元，款项由工行支付。（在应付款管理系统中进行操作）

（5）2024-01-16，销售给青岛博远电视机50台，每台3 000元，款项均未收。（销售管理—销售发票—存货核算—业务凭证生成）

（6）2024-01-18，收到青岛海天货款123 000元，存入工行。（在应收款管理系统中进行操作）

（7）2024-01-19，购买中央空调，价款100 000元，进项税额13 000元，由财务、采购、销售部门各按30%、30%、40%分摊折旧费，预计使用期限为10年，净残值为0，采取双倍余额递减法计提折旧。款项由工行支付。（固定资产系统）

（8）2024-01-24，生产部领用液晶屏8个用于一般耗用，价值4 000元。

20.建立工资账

建立一个“总工资”类别，并引入所有的部门和职员档案，职员工资资料见实训表1-11，然后核算工资，生成费用分配凭证。

实训表1-11 **职员工资资料表** 金额单位：元

职员姓名	基本工资	加班工时	加班费	应发合计	代扣税	实发合计
小组成员A	3 800	10				
小组成员B	3 400	2				
张琴	2 900	6				
王平	3 000	8				
张强	2 300	6				

（注：生产人员每工时的加班费为40元，其他人员每工时的加班费为60元，奖金为基本工资乘以0.8）

设置工资计算方法、计算工资并进行工资费用分配（计提工资费用）。

21.计提固定资产折旧并生成凭证

22.银行对账（见实训表1-12）

实训表1-12 **工行对账单** 单位：元

日　期	摘　要	借　方	贷　方
01-10	提现	2 500	
01-15	支付货款	30 000	
01-18	收到货款		123 000
01-19	支付款项	113 000	
01-26	收到货款		5 300

假设对账条件为：金额相同、方向相反，对账单中的123 000与日记账中的13 000、110 000属于已达账，按照以上数据进行银行对账。

23.进行凭证审核和过账

24.期末调汇（港币期末汇率为0.876）

25.自定义期末制造费用结转生产成本的凭证模板，并且生成相应的凭证

26.期末结转损益

27.定义并生成混合报表（见实训表1-13）

实训表1-13　**混合报表模板**

混合报表

编制单位　日期　金额单位：

项　目	期末余额	项　目	本期发生额
货币资金		管理费用	
应收账款		销售费用	
固定资产		财务费用	
资产合计		管理费用占期间费用的比重	

要求：建立WORD文件，文件名为账套名称，文件里要求包括以下内容：

一、小组成员（学号、姓名）

二、账套部分内容截图

1.记账凭证序时簿（要求截图必须显示制单人、审核人姓名）

2.银行对账结果的勾对记录

3.科目余额表截图（显示有余额或发生额的科目，且显示项目明细）

4.工资计算方法截图

5.固定资产卡片列表（卡片查询）

6.应收单序时簿

7.应付单序时簿

8.混合报表

参考文献

［1］蔡立新．会计软件应用［M］．北京：首都经济贸易大学出版社，2012.

［2］丁淑芹，蒋飞，武新华．金蝶K/3财务软件实用教程［M］．2版．北京：机械工业出版社，2013.

［3］丁淑芹，于卫．金蝶K/3－ERP软件应用中存在的问题及解决方案［J］．财会学习，2012（8）：68-69.

［4］孙莲香，李天宇．会计电算化技能实训教程（畅捷通T3 10.8版）［M］．北京：清华大学出版社，2017.

［5］孙莲香．财务软件实用教程（畅捷通T3 10.8版）［M］．北京：清华大学出版社，2015.

［6］王先鹿，陈瑞艳，等．金蝶K/3财务软件应用实务大全［M］．北京：机械工业出版社，2013.

［7］王先鹿，丁淑芹．财务软件实用教程［M］．北京：中国致公出版社，2011.

［8］王先鹿，潘联洲．财务软件账务处理系统初始设计缺陷及改进［J］．财会月刊，2011（16）：27-28.

［9］王先鹿，潘联洲．财务软件自动转账功能分析［J］．财会月刊，2011（28）：58-59.

［10］丁淑芹．基于财务软件应用的固定资产管理技术实现［J］．财务与会计，2022（19）：65.

［11］丁淑芹，东宁．基于存货核算与管理的财务业务一体化策略研究——以用友ERP为例［J］．中国管理信息化，2022，25（6）：52-54.

［12］丁淑芹，陈江波．销售与收款的业务财务一体化策略——以用友ERP为例［J］．中国管理信息化，2019，22（9）：66-69.

［13］丁淑芹，刘宁．从业财一体化视角探析政府会计双系统平行记账的技术实现［J］．财务与会计，2018（10）：68-71.